차이란의 미식 방랑기

蔡澜旅行食记

차이란의 미식 방랑기

초판인쇄 2018년 10월 26일
초판발행 2018년 10월 26일

지은이 차이란(蔡澜)
펴낸이 채종준
기 획 박능원
편 집 박준모
디자인 서혜선
마케팅 문선영

펴낸곳 한국학술정보(주)
주소 경기도 파주시 회동길 230 (문발동)
전화 031 908 3181(대표)
팩스 031 908 3189
홈페이지 http://ebook.kstudy.com
E-mail 출판사업부 publish@kstudy.com
등록 제일산-115호(2000. 6. 19)

ISBN 978-89-268-8547-5 13330

차이란 지음 | 임화영 옮김

차이란의
미식 방랑기

이담
Books

1장 여행과 음식

2장 요리 대화방

3 장　　영화와 여인

여행과 음식

여행과 음식

먹고싶은 음식

〈싼롄 생활주간(三联生活周刊)〉이라는 잡지는 실생활에 필요한 정보를 다루기 때문에 사람들에게 인기가 많다. 매주 20~30만 부를 발행하고 있는데, 이 정도면 발행 부수가 꽤 많은 편이라고 할 수 있다. 잡지에 실린 내용도 믿을 만하다. 수많은 자료를 철저하게 분석한 뒤에 정확한 내용만을 수록하기 때문이다. 특집일 경우에는 더욱 그러하다. 그중에서도 제721호 '잔치 음식 탐방-그리운 명절 음식' 편을 보면 내 말뜻을 바로 이해할 수 있을 것이다.

이 특집 편에는 정월 초하루부터 대보름까지 먹는 다양한 중국 명절 음식을 소개하였다. 정월 초하루에 먹는 춘쥐안(春卷, 춘권)을 필두로 해서 이튿날은 설떡의 일종인 녠가오(年糕), 셋째 날은 계수나무 꽃과 새알심을 넣은 구이화 샤오위안쯔(桂花小圆子), 넷째 날은 대추로 만든 떡 짜오니가오(枣泥糕), 다섯째 날은 약밥의 일종인 바바오판(八宝饭), 여섯째 날은 대나무 잎이나 종려나무 잎에 찹쌀과 중국식 햄을 넣고 쪄낸 훠투이 쭝쯔(火腿粽子),

일곱째 날은 국수에 고명을 얹은 솽자오몐(双浇面), 여덟째 날은 완두로 만든 떡 완더우황(豌豆黄), 아홉째 날은 채소 만두의 일종인 쑤셴 자오쯔(素馅饺子), 열째 날은 무를 넣고 만든 지짐 떡 라웨이 뤄보가오(腊味萝卜糕), 열한째 날은 말린 채소를 넣고 만든 찐빵 깐차이바오(干菜包), 열두째 날은 채소와 고기를 넣고 만든 만둣국의 일종인 차이러우 훈툰(菜肉馄饨), 열셋째 날은 강낭콩을 갈아 넣고 롤처럼 만든 윈더우쥐안(芸豆卷), 열넷째 날은 찐빵의 일종인 바오쯔(包子), 그리고 마지막 열다섯째 날에는 새알심을 넣고 만든 탕위안(汤圆)으로 끝을 맺고 있다. 이렇게 음식과 관련된 내용을 읽다 보면 눈으로나마 만족감을 느낄 수 있을 것이다. 특히 타지에서 생활하는 사람들은 고향의 맛이 떠올라 더욱더 위안이 된다.

잡지에는 명절 음식 이외에도 더 많은 먹거리가 소개되어 있다. 고기나 생선을 소금에 절이거나 훈제한 홍콩식 라웨이(腊味), 쩡청(增城)에서 먹는 녠가오, 순더(顺德) 지역에서 잡히는 황어, 후베이(湖北) 지역에서 생산되는 연근, 홍산(洪山)에서 나는 유채의 어린 순인 차이타이(菜薹), 게의 내장과 알로 만든 소스 투황유(秃黄油), 소금에 절인 오리고기 옌수이야(盐水鸭), 톈무산(天目山)에서 나는 죽순을 삶아서 말린 쑨간(笋干), 말린 소고기를 결대로 찢어서 볶은 덩잉 뉴러우(灯影牛肉), 산웨이(汕尾) 지역에서 생산되는 굴, 삶은 돼지고기와 선지 순대로 만든 바이러우 쉐창(白肉血肠), 절인 돼지고기를 말려서 먹는 후난(湖南) 지역의 라러우(腊肉), 닝보(宁波)의 특산품인 말린 생선 위샹(鱼鲞), 게를 술에 절여서 만든 쑤베이(苏北) 지역의 쭈이셰(醉蟹), 달걀이나 오리 알을 술 혹은 술지게미로 절인 쉬푸(叙府)의 특산 음식 짜오단(糟蛋), 갓을 절여서 발효시킨 후 말린 메이간차이(霉干菜), 네이멍구(内蒙古) 시린궈러멍(锡林郭勒盟) 지역에서 생산되는 양고기, 홍콩 지역의 해산물, 돼지머리고기, 오리고기에 약재와 향신료를 넣고 만든 장반야(酱板鸭), 진화

(金华) 지역에서 만든 중국식 햄인 훠투이(火腿), 톈푸(天府) 지역에서 생산되는 땅콩, 저장(浙江) 지역에서 나는 민챙이, 광시(广西) 지역에서 먹는 단오절 명절 음식 쫑쯔(粽子), 쓰촨(四川)에서 만든 소시지, 다롄(大连)에서 생산되는 해삼, 티베트 고원지대에서 채취한 송이, 양비(漾濞)에서 나는 호두, 푸저우(福州) 지역에서 먹는 어묵 완자, 스핑(石屏)의 명물인 두부, 둥베이(东北) 지역에서 자라는 개암버섯, 티베트나 윈난(云南) 지역에서 키우는 돼지 품종인 짱샹주(藏香猪), 거북이처럼 생긴 붉은색 명절 떡인 훙구이궈(红龟粿), 칭위안(清远)에서 생산되는 닭고기, 쉬안웨이(宣威)에서 만든 햄, 민난(闽南) 지역에서 나는 피조개, 지총(鸡枞)이라는 버섯으로 만든 유지총(油鸡枞), 쌀강정 등 수많은 음식이 자세하게 설명되어 있다.

이 중에는 어렸을 때 먹어본 음식도 있겠지만, 제아무리 중국 사람일지라도 처음 들어보는 음식이 대부분일 것이다. 중국은 땅이 넓은 만큼 음식의 종류가 다양하기 때문이다. 지금 소개한 음식만 해도 많다고 생각할지 모르겠지만, 이 중 일부는 식재료에 불과해 이것을 이용해서 훨씬 더 많은 음식을 만들어 낼 수 있다. 아마 3대에 걸쳐 전국을 다니며 일일이 음식을 맛본다고 해도 모든 음식을 다 먹어보지는 못할 것이다.

이 글을 쓰기 위해 전문 칼럼니스트 수차오(殳俏)는 베이징에서 홍콩까지 찾아와 음식에 관한 취재를 진행했을 뿐만 아니라, 광둥성(广东省)에 있는 차오산(潮汕) 등 여러 지역을 돌아다니며 수많은 자료를 수집했다고 한다. 결국, 그녀는 자신이 수집한 자료와 여러 해 동안 기고한 칼럼 중에서 가장 인상적인 것만 선별해서 글을 완성했다. 이처럼 중국 전역에서 활약하고 있는 〈싼롄 생활주간〉의 기자나 칼럼니스트 덕분에 우리는 직접 가보지도, 먹어보지도 않고 중국 곳곳에 숨어 있는 맛집이나 식재료에 대한 정보를 얻을 수 있게 되었다.

TV 다큐멘터리 〈혀끝으로 느낀 중국(舌尖上的中国)〉도 음식에 관한 정보를 습득하는 데 어느 정도 도움이 된다고 할 수 있다. 하지만 문자는 영상과 달라서 글을 읽는 독자들에게 맛을 상상할 수 있는 여지를 남겨준다. 어쩌면 직접 먹는 것보다 더 환상적인 맛을 느낄 수 있어 차라리 글로 읽는 것이 더 나을지도 모르겠다.

잡지에 실린 글 중에서 가장 흥미로웠던 것은 '투황유'를 소개한 칼럼이었다. 쑤저우(苏州) 음식이라고 하지만, 고급스러운 그곳 음식과는 달리 이름부터가 참으로 괴상하게 들렸다. '투(秃)'는 쑤저우 사투리로 '테이(忒)'라고 하는데, '순수한'이라는 뜻이 담겨 있다고 한다. 이것은 게의 내장과 알에 그물처럼 생긴 돼지비계 주왕유(猪网油)를 넣고 만든 소스의 일종이다. 순수하게 게와 돼지비계만으로 만들어서 이런 이름이 붙여진 듯하다. 보통 게 요리를 만들 때는 내장의 끈끈함과 느끼함을 제거하려고 노력하지만, 특이하게도 이 음식은 그 맛을 더욱 살려서 만들었다. 그래야만 밥과 함께 먹었을 때 훨씬 더 고소한 맛이 나기 때문이라고 한다.

이렇게 기름진 음식을 먹을 때면 느끼함을 줄이기 위해 채소를 함께 섭취해야 한다. 그래서 나는 평소에 콩나물이나 차이신(菜心, 채심)을 즐겨 먹는다. 특히 차이타이(菜薹)라고도 부르는 차이신은 줄기 부분에 짙은 자색이 도는 것이 가장 맛있다고 한다. 이 잡지에서는 유명한 홍산 차이타이를 소개해 눈길을 끌기도 했다.

차이타이는 후베이 사람들의 자랑거리로 같은 위도 선상의 산지 중에서 홍산의 차이타이가 가장 맛이 좋다고 한다. 덕분에 일찌감치 황제에게 바치는 진상품으로 선정되기도 했다. 차이타이에 관해서는 유명한 일화도 많다. 과거 삼국(三国) 시대에 병환 중인 손권(孙权)의 어머니는 홍산의 차이타이를 너무나도 먹고 싶어 했다고 한다. 이에 손권은 즉시 사람을 시켜 홍산 차이타이를 직접 재배하게 한 뒤 수확해서 어머니에게 맛보여드렸다. 이때부터 홍산 차이타이는 '효자 채소'라는 별칭을 얻게 되었다고 한다. 그리고 소동파(苏东坡)도 맛좋기로 유명한 차이타이를 맛보기 위해 홍산 근처에 있는 우창(武昌)을 세 차례나 찾은 일화가 있다.

나도 마침 신간 서적 홍보를 위해 홍산이 있는 우한(武汉)을 방문하게 되었다. 잘됐다 싶어 그곳에 사는 친구에게 홍산 차이타이를 구해달라고 부탁했다. 하지만 친구가 지금 '샤차오(下桥)'해서 어쩌면 구하지 못할지도 모른다는 안타까운 소식을 전해왔다. 샤차오는 후베이 사투리로 철이 지났다는 뜻이다. 그래도 친구는 아직 남아 있는 것이 있을지도 모르니 한번 알아보겠다고 내게 위로하듯 말했다.

내 책을 읽어본 독자라면 내가 양고기 애호가라는 사실을 잘 알고 있을 것이다. 그래서 나는 잡지 속에서 양고기를 소개한 칼럼을 유심히 살펴보았다. 칼럼의 내용은 어느 지역의 양고기 요리가 가장 맛있냐는 것이었다. 그리고는 양탕(羊汤)을 예로 들면서 쑤저우의 창수(藏书) 양고기, 산둥(山东)의 산셴(单县) 양고기, 쓰촨의 젠양(简阳) 양고기, 네이멍구의 하이라얼(海拉尔) 양고기로 만든 것이 양탕의 4대 진미라고 소개했다.

그리고 '시멍(锡盟)'이라고 부르는 네이멍구의 시린궈러멍 지역에서 오랫동안 기자 생활을 한 왕룽쿤(王珑锟)은 내게 여러 종류의 양고기 요리를 소개해준 적이 있다. 그는 양 통구이부터 시작해서 온갖 양고기 요리를 다 추천해주었지만, 이상하게도 앞서 말한 양탕에 관해서는 한마디도 언급하지 않았다. 하지만 상관없었다. 내 관심사는 그가 소개해준 밀크티의 일종인 나이차(奶茶)와 양고기를 손에 들고 작은 칼로 잘라먹는 서우바러우(手把肉)로 쏠렸기 때문이다.

네이멍구에 사는 사람들은 보통 아침 8시에서 10시 사이에 차를 마시며 간단하게 요기를 한다. 이때 먹는 것으로는 앞서 말한 나이차와 서우바러우 이외에도 밀가루 반죽을 튀긴 궈쯔(果子), 고기만두, 요거트를 넣고 만든 전병, 매운 소스를 곁들인 순대, 소시지, 양 내장 등이 있다.

그중에서 서우바러우 만드는 방법을 간단하게 소개하면 다음과 같다. 먼저 양고기를 커다란 솥에 넣고 깨끗한 물을 부은 다음 센 불로 푹 끓인다. 이때, 조미료를 넣지 말아야 양고기 특유의 맛을 살릴 수 있다. 고기가 다 익으면 새하야면서도 살짝 누르스름한 빛을 띠게 된다. 먹을 때는 뼈를 손으로 잡은 채 칼로 살점을 발라내면 되는데, 이렇게 먹다보면 자신이 마치 네이멍구의 광활한 초원에 사는 용맹한 유목민처럼 느껴질 것이다.

네이멍구 유목민들은 먹다 남은 서우바러우를 잘 보관해두었다가 얇게 썰어서 뜨거운 나이차에 담가 먹기도 한다. 여기서 말하는 나이차는 홍콩 사람들이 마시는 일반적인 밀크티와는 전혀 다른 것이다. 이곳의 나이차는 우유에 벽돌같이 생긴 좐차[砖茶, 중국 사람이 흔히 마시는 푸얼차(普洱茶)를 가리킴]를 넣고 끓인 것을 말한다. 이것은 갈증을 해소해줄 뿐만 아니라 우유로 만들어서 마시면 속도 든든해진다. 게다가 소화도 촉진해주기 때문에 한 잔만 마셔도 제값을 톡톡히 할 것이다. 아마 지금쯤이면 다들 그곳의 맛있는 음식을 맛보고 싶어 당장이라도 네이멍구로 달려가려 할지도 모르겠다.

요즘 나는 간식으로 호두를 즐겨 먹는다. 호두만큼 몸에 좋고 먹기 편한 간식이 없기 때문이다. 호두 덕분에 나는 호두까기를 모으는 취미도 생겼다. 그래서 식기류를 파는 가게에 들를 때마다 특이한 호두까기가 없는지 묻곤 한다. 이렇게 하나둘씩 사 모은 것과 내 SNS 친구들이 보내준 것까지 합치면 거의 100개는 넘을 것이다.

이렇게 호두를 즐겨 먹다보니 어느 곳의 호두가 가장 맛있는지 궁금하게 되었다. 유럽 각국에도 호두가 있긴 하지만, 맛이 천차만별이라 품질 좋은 호두를 찾아내기가 여간 쉽지 않다. 그러다가 나는 호주 멜버른에 있는 퀸 빅토리아 시장에서 아주 맛좋은 호두를 찾아내게 되었다.

중국 내에서는 한단(邯鄲)에서 생산되는 호두가 가장 맛이 좋다. 하지만 홍콩으로 들어오는 과정 중에 종종 속이 빈 호두가 섞이는 경우도 있다. 가끔 호두를 먹다가 이런 것이 나오면 짜증스럽게 휙 던져버리게 된다. 그래서 나는 한단 지역에서 생산되는 호두보다 더 맛있는 것은 없는지 열심히 찾아보기 시작했다. 그러다가 문득 〈쌴롄 생활주간〉에 실린 기사를 보고, 양비 지역에서도 품질 좋은 호두를 생산한다는 사실을 알게 되었다. 만약 이 기사를 보지 않았다면 양비 호두같이 맛있는 호두가 있다는 사실도 모른 채 평생을 그냥 살 뻔했다.

양비에서 생산되는 호두 알갱이는 반숙 달걀처럼 부드럽고, 그 알갱이를 싸고 있는 속껍질도 반투명한 찹쌀떡처럼 부드러워 보인다. 그리고 나는 기사를 통해 양비 지역에는 호두를 먹고 자라는 돼지가 있다는 사실도 알게 되었다. 그곳의 돼지고기는 올리브와 도토리를 먹고 자라는 스페인 흑돼지보다도 훨씬 더 맛이 좋다고 한다.

호두가 익는 9월이 오면 윈난성 양비로 바로 달려가야 할 듯하다.

후난(湖南)과 후베이(湖北) 여행

내 자선집(自選集)을 홍보하기 위해 중국 각지를 돌아다니며 저자 사인회를 진행할 무렵이었다. 쌴롄(三聯) 잡지사에서 일하고 있는 내 업무 파트너는 베이징(北京)이나 상하이(上海)를 제외한 나머지 도시들은 다음에 돌자고 제안했지만, 나는 오히려 지방 도시들이 더 중요하다고 여겼기 때문에 그의 말을 듣지 않았다. 그러다가 후난성 창사(长沙) 시에 있는 한 서점에서 사인회 요청이 들어왔다는 소식을 접하게 되었다. 그러자 내 머릿속에는 후베이성에 있는 우한(武汉)이라는 도시가 떠올랐다. 왜냐하면, 그곳에 내 열혈 팬인 장칭(张庆)이 살고 있기 때문이다. 그녀는 현지 베스트셀러 잡지인 〈다우한(大武汉)〉의 편집장이다. TV에도 자주 출연해서 우한에서는 자못 이름이 알려진 유명인사였다.

"창사에서 우한까지 얼마나 걸리나요?"

나는 웨이보(微博, 중국의 소셜 네트워크 서비스-역주)로 장칭에게 물어보았다. 요즘은 전화나 이메일보다도 웨이보가 연락하기에 훨씬 편한 듯했다.

"아마 고속열차로 1시간 정도 걸릴 걸요?"라는 답변이 왔다. 잘됐다고 생각한 나는 이번 기회에 후난과 후베이를 쭉 돌고 오기로 했다. 다만 일정이 촉박하기 때문에 창사와 우한 이외의 다른 도시들은 가보지 못하게 되어 아쉬울 뿐이었다.

케세이 드래곤 항공(港龙航空)을 타고 홍콩에서 창사까지 가는 데 두 시간도 채 걸리지 않았다. 마침 봄철이라 도로 옆에는 노란 꽃들이 만개해 있었다. 꽃 이름이 궁금해서 물어보니 '게니리'라고 한다. 이렇듯 아름다운 꽃들이 나를 반겨주었지만, 창사에 대한 첫인상은 그리 좋은 편이 아니었다. 도시 전체가 오염된 공기로 뒤덮여 있어 해질 무렵처럼 어두컴컴했기 때문이다. 칙칙한 분위기 탓에 아름다운 꽃들조차 눈에 잘 들어오지 않았다.

내가 묵게 된 쉐라톤 호텔은 5성급이어서 제법 그럴듯했지만, 객실 내부 공기가 너무 썰렁했다. 리모컨으로 난방기를 아무리 조절해보아도 온도가 올라가지 않았다. 결국, 호텔 종업원에게 이불 몇 장을 더 갖다 달라고 부탁하는 수밖에 없었다.

호텔에 짐을 풀고 나서 행사를 개최할 서점으로 향했다. 마침 서점 근처에 카페와 식당이 있어서 점심은 그곳에서 해결하기로 했다. 창사까지 와서 돼지고기를 간장에 조린 홍사오러우(红烧肉)를 맛보지 않고 그냥 갈 수는 없어 식당으로 들어가서 바로 주문을 했다.

홍사오러우가 나오자마자 슬쩍 눈으로 한번 훑어보았다. 일단 윤기와 빛깔은 마음에 들었다. 한 입 먹어보니 비계 부분은 조리가 잘 되어 있고, 맛도 그리 달지 않았다. 그때, 함께 식사하던 비서 양아오(杨翱)가 고개를 갸웃거리며 내게 물었다.

"홍사오러우는 살코기 부분이 원래 이렇게 '차이(柴)'한가요?"

'차이'는 질기고 딱딱하다는 뜻의 광둥(广东) 사투리이다. 물론 홍사오러우는 이렇게 차이하게 만들어서는 안 된다. 비계와 살코기 모두 부드러워야 하는데, 이건 재료의 문제가 아니라 요리사의 실력 문제인 것 같았다.

나는 애초에 점심때는 간단하게 먹자고 제안했지만, 막상 식당에 들어오고 나니 음식이 계속해서 나왔다. 결국, 테이블 가득 다양한 음식이 차려졌으나 딱히 내 입맛에 맞는 것은 없었다. 하지만 채소와 달걀 요리를 맛보고 나서는 내 입에서 칭찬이 쏟아지기 시작했다.

내 입맛을 사로잡은 채소와 달걀은 후베이 출신 미식 문화연구가 구칭성(古清生) 선생이 제공한 것이라고 한다. '선눙자(神农架, 선눙자린취(神农架林区)의 약칭. 중국에서 지정한 자연보호구역으로 후베이성(湖北省)에 있음.-역주)' 지역에서 채소 재배와 닭 사육을 하는 그는 〈인생은 먹잇감을 찾는 것(人生就是一场觅食)〉, 〈스유위(食有鱼)〉라는 음식문화 관련 에세이를 집필한 작가이기도 하다. 그는 내가 창사에 온다는 소식을 전해 듣고 특별히 나를 위해 그 먼 곳에서 식재료를 보내주었다고 한다. 정말 감사할 따름이다.

구 선생은 유기농 차 농원도 운영하고 있는데, 그가 재배한 홍차로 차를 끓여보았더니 향이 참으로 그윽했다. 나는 평소에 녹차는 잘 마시지 않는다. 하지만 그의 농원에서 생산한 녹차를 '냉포(冷泡)' 방식으로 우려냈더니 차에서 매우 싱그러운 향이 났다. 이렇게 차를 우려내는 방식은 현재 전국 각지에서 유행하고 있다. 냉포차(冷泡茶)를 만들려면 먼저 깨끗한 찻잎에 생수를 붓고 하룻밤을 담가둔다. 다음날 우려낸 차를 마시면 되는데, 따뜻한 것을 좋아한다면 뜨거운 물을 더 부어서 마시고 그렇지 않으면 실온 상태로 그냥 마시면 된다. 다만 차 속의 디오필린 함량 여부에 관해서는 아직 많은 연구가 이뤄지지 않았기 때문에 너무 많이 마시지 않는 것이 좋다. 구 선생의 차는 생산량이 많지 않아 시중에서는 찾아보기 힘들지도 모른다. 하지만 꼭 구매하고 싶다면 인터넷에서 '구칭성 차 농원(古清生茶园)'을 검색한 뒤에 그 사이트에서 주문하면 된다.

저녁에 열린 독자와의 간담회는 성공적이었다. 질의 시간에 독자들이 수준 높은 질문을 많이 해서 더욱 만족스러웠다. 행사가 끝난 뒤에는 주최 측에서 친절하게도 우리를 발 마사지 숍으로 데려가 주었다. '베이징이 중국의 수도(首都)라면, 창사는 중국의 각도(脚都)이다.'라는 말이 있을 정도로 창사 사람들은 세족(洗足)과 발 마사지를 즐겼다. 이렇듯 창사의 발 마사지가 유명하다는 말을 하도 많이 들어서 잔뜩 기대하고 갔지만, 내가 보기에는 그냥 일반적인 수준에 불과했다.

세상에 안마사는 많지만, 그들의 실력이 다 좋은 것은 아니다. 따라서 안마를 받으러 갈 때는 반드시 안마에 일가견이 있는 사람과 함께 가야 한다. 그래야 전문 기술자의 안마를 받을 수 있을 것이다. 나도 미식 전문가라고 감히 자칭할 수는 없지만, 만약 홍콩에서 누군가에게 맛집을 소개해야 한다면 누구보다도 더 자신 있게 안내할 수 있다.

다음 날 아침, 우리는 현지인이 추천해준 최고의 맛집 '샤지미펀(夏记米粉)'에 가서 아침을 먹었다. 식당 이름처럼 창사 사람들은 '펀(粉)'을 즐겨 먹는다고 한다. 여기서 말하는 '펀'은 상하이식 국수나 일본식 우동과 같은 흰 국수류를 가리킨다. 광둥의 사허펀(沙河粉)이나 베트남의 쌀국수와는 또 다른 차이가 있다. 펀이라고 부르는 이곳의 국수류는 아무 맛이 없어 먹을 때 반드시 소스를 뿌려서 먹어야 한다.

식당에 일반적인 면류도 있기에 그것도 따로 한 그릇 주문해서 먹어보았다. 하지만 국물이 거의 없고 면발에 탄성도 전혀 없어서 별다른 맛이 느껴지지 않았다. 창사에는 면류가 많지 않아 다른 것과 비교할 대상이 없으니 차라리 면류의 원조 격인 란저우(兰州)의 라멘(拉面)과 비교해서 맛을 평가하는 편이 나을 듯하다.

우리는 식사를 마친 후에 강변 쪽으로 걸어가면서 창사 시내를 구경해보았다. 과거 항일전쟁 시기에 창사에서 전투가 벌어진 탓에 도시 전체가 불타버려 현재 창사에 남아 있는 유적은 거의 없다고 한다. 하지만 도시 재건사업으로 인해 도로와 건물을 새로 짓다보니 다른 도시에 비해 훨씬 더 깔끔하고 산뜻해보였다. 강변 쪽의 건물은 옛 모습을 본떠 재건하긴 했지만, 고풍스러운 멋은 전혀 느껴지지 않고 오히려 세속적으로 보이기까지 했다.

점심때는 창사에서 가장 유명한 식당인 '훠궁뎬(火宫殿)'의 초대를 받아 그곳에서 식사를 해결하게 되었다. 이 식당은 창사를 찾는 관광객들이 한 번쯤은 꼭 들리는 필수 코스라고 한다. 이곳에 오면 창사의 유명한 음식을 모두 맛볼 수 있어 사람들은 이 식당을 '창사 먹거리 속성반'이라고 부르기도 했다.

식당 안으로 들어서니 주인이 반색하며 달려 나와 우리를 맞이해주었다. 그는 우리 일행을 제일 큰 방으로 안내해주면서 예전에 이곳에서 마오쩌둥(马泽东) 주석이 식사를 한 적이 있다고 살짝 귀띔해주었다. 그러면서 나를 그가 앉았던 자리에 친히 앉혀주기도 했다. 내가 앉은 좌석 바로 뒤에는 마오쩌둥 동상이 놓여 있었다. 그래서인지 감시를 받는 느낌이 들어 식사하기가 영 불편했다. 그뿐만 아니라 바로 앞에 있는 대형 TV 스크린에서는 혁명시대의 다큐멘터리 영상이 계속 재생되었다. 마오쩌둥의 고향과 가까운 탓인지 창사에 발을 들인 이후로 줄곧 내가 만나고 들었던 것은 모두 그와 관련된 것뿐인 듯했다.

잠시 앉아서 기다리니 첫 요리로 고사리와 죽순으로 만든 냉채가 나왔다. 봄철 채소로 만든 냉채를 먹으며 봄을 만끽하다보니 계속해서 후난의 전통요리가 줄줄이 테이블 위에 올려졌다. 자라 등껍질에 붙은 살로 만든 요리에서부터 양화(阳华) 지역에서 나는 해삼으로 만든 요리, 마오쩌둥 고향에서 만드는 방식으로 만든 홍사오러우, 둥안(东安)식 닭튀김, 가늘게 채 썰어 무친 소 천엽, 달걀노른자를 넣고 만든 새우 요리, 돌돌 말린 포두부를 넣고 만든 쏘가리찜, 건육 찜, 돼지고기볶음, 비름나물 무침 등이 나왔다.

이것 이외에 추억의 간식거리인 두부를 발효시켜 만든 처우더우푸(臭豆腐), 찹쌀 반죽 튀긴 것에 시럽을 바른 탕유바바(糖油粑粑), 돼지 선지로 만든 룽즈주쉐(龙脂猪血), 멥쌀 반죽에 다진 파를 넣고 튀긴 충유바바(葱油粑粑), 쌀로 만든 두부인 즈룽 미더우푸(芝蓉米豆腐), 밀가루 반죽에 다진 돼지고기를 넣고 롤처럼 말에서 찐 나오쑤이쥐안(脑髓卷)도 맛볼 수 있었다.

솔직하게 말해서 음식 종류는 많았지만, 내 입맛을 만족시킨 요리가 없어 조금 실망스러웠다. 그 순간 내 머릿속에는 오로지 창사에서 가장 맛있는 홍사오러우를 먹고 싶다는 생각뿐이었다. 하지만 지금까지 내가 창사에서 먹었던 홍사오러우는 대부분 비계 부분은 조리가 잘 되어 있었지만, 살코기 부분은 어느 한 곳도 내 마음에 쏙 들게 만든 곳이 없었다. 아마 창사의 일반 가정주부들 솜씨가 훨씬 더 나을지도 모르겠다.

이 식당에서 만든 거무스레한 처우더우푸는 겉은 바싹하게 잘 구워졌지만, 속은 그리 부드럽지 않았다. 그리고 무슨 바바(粑粑)라고 하는 전통 간식은 TV에서 봤을 때는 굉장히 맛있어 보였지만, 직접 먹어보니 이상한 맛이 났다. 당시 TV에서도 외지인이 그것을 먹고 인상을 쓰니 그 모습을 본 현지인들이 촌뜨기라고 놀리며 웃던 장면이 기억난다.

아무리 그래도 전통적인 것이 외지에서 들여온 것보다 나은 것은 사실이다. 한번은 누군가에게 초대를 받아 현지에서 가장 유명하다는 식당에 들른 적이 있다. 뜻밖에도 그 식당에서 제일 먼저 내온 요리는 연어 회였다. 당시 얼음을 잔뜩 담은 커다란 접시 위에 어중간한 빛을 띠는 연어 회 몇 점이 달랑 놓여 있어 당황했던 기억이 난다. 이처럼 어설프게 흉내를 내느니 입맛에 조금 맞지 않더라도 현지의 전통 음식을 대접하는 편이 훨씬 나을 것이다.

후난성 창사에서 후베이성 우한까지는 고속열차로 1시간 하고도 26분밖에 걸리지 않았다. 중국 내에 고속열차가 도입된 이래로 우한은 교통의 중심지가 되었다. 고속열차의 발전으로 인해 교통 불모지의 공업 도시에 불과했던 우한이 관광 도시로 변모하게 된 것이다.

고속열차의 발전은 실로 놀라웠다. 속도는 말할 것도 없고, 객실이나 좌석이 너무나도 깨끗하고 편안했기 때문이다. 좌석은 일등석과 이등석 두 종류로 나뉘는데, 차이는 단지 일등석이 이등석보다 좌석 간격이 조금 더 넓다는 것뿐이었다. 하지만 일등석의 가격은 264.50위안(元)이고, 이등석은 일등석보다 100위안이나 더 저렴했다. 일등석이든 이등석이든 간에 일본의 신칸센보다 훨씬 합리적인 가격이라는 것만은 확실했다.

열차는 조금의 흔들림도 없이 안정적으로 운행을 했다. 열차 내부를 둘러보다가 문득 입구 한쪽 구석에 작은 플라스틱 걸상이 차곡차곡 쌓여 있는 것이 보였다. 응? 저건 뭐지? 한참을 궁금해하다가 옆 사람에게 물어보니 좌석을 구하지 못한 사람이 통로에 앉을 때 쓰는 것이라고 한다. 그럼 저 걸상은 누가 제공하는 거지? 개인적으로 가져오는 건가? 궁금증이 꼬리를 물었지만, 옆 사람이 귀찮아할 것 같아 더는 캐묻지 않았다.

후베이 사투리는 쓰촨 사투리와 유사한 점이 많지만, 열차 내에서 들리는 후베이 사투리는 전혀 알아들을 수 없었다. 옆자리 여자 승객은 휴대폰을 붙잡고 시끄럽게 수다를 떨어댔고, 몇몇 남자 승객은 마치 싸우듯이 큰소리로 대화를 나누었다. 알아듣지 못하는 사투리로 떠들어대니 내 귀에는 그저 소음으로만 들릴 뿐이었다. 덕분에 나는 우한까지 가는 내내 잠시도 쉬지 못했다.

우한의 역사(驛舍)는 창사만큼이나 웅장하면서도 아름다웠다. 아름다운 역사를 구경하며 밖으로 나오니 〈다우한〉의 편집장인 장칭이 친구 샤오만 (小蛮)과 함께 나를 기다리고 있었다. 나를 마중 나온 일행 중에는 '충원수쥐 (崇文书局)'라는 출판사의 홍보 매니저 슝팡(熊芳)도 있었다.

우한의 역사는 여느 공항만큼 크기가 큰 탓에 주차장까지의 거리가 꽤 멀었다. 게다가 짐까지 끌고 가야 하니 더욱 불편할 수밖에 없었다. 중국은 주요 인사들만 공항이나 역사 출입구에 차를 대고 내릴 수 있을 뿐이었다. 일반 이용객들은 눈이 오나 비가 오나 직접 짐을 끌고 주차장으로 걸어가야 했다. 우리는 주차장에 도착한 후에 차를 타고 우한 시내로 향했다. 달리는 차창 밖으로 높이 솟은 공장 굴뚝이 드문드문 보이자 그제야 예전에 학교에서 중국 제일의 중공업 도시는 우한이라고 배웠던 사실이 기억났다.

내가 묵을 호텔은 강변 쪽에 자리 잡고 있었다. 5성급의 마르코 폴로 호텔(Marco Polo Hotel)로 최근에 지어진 건물이라고 한다. 사실 나는 십여 년 전에도 우한을 방문한 적이 있다. 그때를 생각하니 당시 한창 인기를 끌던 라디오 프로그램 진행자가 떠올랐다. 성이 탄(谈)이고, 이름이 샤오(笑)였는데, 특이한 이름이라서 지금까지도 또렷하게 기억이 난다. 당시 그는 방송에도 진출하여 사회 소외계층을 찾아다니며 선물을 주거나 소원을 들어주는 TV 프로그램을 진행하고 있었다. 그래서인지 그가 타고 다니는 차량은 아무 데나 주차해두어도 누구도 제지하지 않았다.

이것 말고도 나는 우한에 대한 또 다른 기억이 있다. 예전에 내가 우한을 찾았을 때는 무더운 여름이었다. 그래서 밤이 되면 커다란 대나무 침상을 길거리에 꺼내놓고 일가족이 오순도순 모여 밤하늘의 별을 감상하며 잠을 청하는 모습이 눈에 띄기도 했다. 장칭에게 요즘도 그러는지 물어보니 그녀는 고개를 가로저으며 지금은 별조차도 보기 힘들다고 아쉬워하며 말했다.

이번 우한 여행에 동참한 사람 중에는 좡톈(庄田)도 있었다. 그녀는 이번에 특별히 광저우(广州)에서 나를 위해 이곳까지 와주었다. 그리고 내 인터넷 공식 카페 '차이란지기회(蔡澜知己会)'의 터줏대감 격인 한타오(韩韬)도 와주었는데, 그는 지난(济南) 출신이지만 박사과정을 밟기 위해 부인과 함께 창사에서 살고 있었다. 이렇게 구성된 우리 일행은 기차역에서부터 두 대의 차량으로 나누어 타고 호텔에 도착했다. 각자 방에서 짐을 풀고 난 뒤에 우리는 허기를 때우기 위해 급히 호텔 식당을 찾아 나섰다.

우한 사람들은 오리 목을 매콤하게 조린 야보쯔(鴨脖子)를 즐겨 먹었다. 그래서인지 우한에 사는 장칭의 친구 샤오만도 식당 종업원에게 양해도 구하지 않은 채 직접 싸 온 야보쯔를 테이블 위에 당당하게 꺼내놓았다. 주문한 음식이 나올 기미조차 보이지 않자 너무 배가 고팠던 나는 테이블 위에 놓인 야보쯔를 하나 집어 들고 먹어보았다. 사실 나는 이렇게 통째로 조리된 커다란 오리 목을 좋아하지 않는다. 기껏해야 톈샹러우(天香楼, Tin Heung Lau)라는 음식점에서 파는 간장에 조린 오리고기인 장야(酱鸭)를 먹어본 것이 다였다. 당시 오리 살코기와 함께 오리 목 부위도 얇게 저며서 내왔는데, 조금 질겨서 꼭꼭 씹어 먹었던 기억이 난다. 더군다나 샤오만이 가져온 것은 매운 것이어서 사람들은 내가 먹지 못할까 걱정을 했다. 하지만 그들은 내가 매운 고추를 먹고 자란 동남아 출신이라는 것을 잠시 잊은 듯하다.

맛은 의외로 괜찮았다. 하지만 함께 섞여 있는 오리의 창자 부위는 조금 매운 듯했다. 나는 지금껏 야보쯔가 후베이의 전통 먹거리라고 알고 있었는데, 사람들 말을 들어보니 최근 십여 년 사이에 유행하기 시작한 음식이라고 한다. 문득 나는 오리 목을 제외한 나머지 부위는 어떻게 처리하는지 궁금해지기 시작했다. 전해 들은 바에 따르면 진공포장을 해서 다른 지역으로 내다 팔고 있다고 한다.

음식도 유행하는 시기가 있기 마련이다. 십여 년 전에 우한을 방문했을 때는 생선을 불에 구워서 먹는 사오카오위(烧烤鱼)가 사람들 사이에서 한창 인기를 끌고 있었다. 광둥에서는 '성위(生鱼)'라고 하는 가물치를 주로 구워 먹었는데, 이 생선은 몸통에 반점이 있고 머리는 뱀처럼 생겨 다른 나라에서는 '스네이크 헤드 피시(Snake Head Fish)'라고 불렀다. 동남아나 베트남 일대에서 잡히는 가물치는 가격도 저렴했지만, 최근 우한의 어느 곳에서도 이 생선을 먹는 모습을 찾아볼 수 없었다.

이번 홍보일정은 꽤 빡빡했는데, 이는 내가 원한 것이기도 하다. 지방으로 홍보를 나온 김에 가능한 한 여러 언론 매체를 만나고, 독자들과도 자주 접촉하는 것이 좋다고 생각했기 때문이다. 며칠 강행군 한 탓에 오십견이 재발해서 잠도 제대로 못 잤지만, 팬들과 만날 기력은 남아 있으니 문제될 것은 없었다.

첫 번째 행사 장소는 우한 창장대교(长江大桥) 건너편 한양(汉阳) 지역에 세워진 '칭촨거(晴川阁)'라는 누각이 있는 곳이었다. 중국 당대(唐代) 시인 추이하오(崔颢)의 유명한 시 구절 중에 '맑은 강물에 한양의 나무들이 또렷이 비치네.'라고 묘사한 곳이 바로 그곳이라고 한다. 그날따라 보슬비가 내린 탓에 장칭은 야외행사를 망칠까 봐 이만저만 걱정이 아니었지만, 나는 오히려 운치가 느껴져서 좋았다. 어떤 명승지는 여러 번 와본 곳인데도 기억이 잘 나지 않는 곳이 있다. 하지만 이곳은 오자마자 예전에 방문했던 기억이 떠오르는 것을 보니 나와 인연이 깊은 곳인 듯하다.

비가 계속 그치지 않아 우리는 행사장에 쳐둔 천막 안에서 잠시 비를 피했다. 잠시 후, 사람들이 행사에 참석하기 위해 하나둘씩 모여들자 신기하게도 비가 멈췄다. 하늘이 도운 덕분에 행사장은 뜨거운 열기로 가득했다. 독자들도 내게 심오한 질문을 던져서 행사의 품격을 높여주기도 했다. 나는 갑자기 이렇게 많은 사람이 도대체 나를 어떻게 알게 되었는지 궁금해졌다. 그래서 내가 출연한 TV 여행 프로그램을 보았는지, 아니면 내가 집필한 책을 읽고 알게 되었는지 물어보았다. 그랬더니 후자라고 답한 사람이 대다수였다.

행사가 끝난 후에 우리는 식사를 하기 위해 칭촨거 뒤편 공원에 있는 칭촨 호텔(晴川饭店)로 향했다. 이 호텔은 몇몇 문인과 지식인이 의기투합해서 함께 운영하는 곳으로 화려하거나 웅장하지는 않았지만, 단아한 멋이 느껴졌다. 호텔 측은 우리를 위해 특별히 어선 한 척을 빌려서 창장(长江)에서 나는 신선한 민물 생선을 잡아 요리해주기도 했다.

식당 메뉴판에는 오리로 만든 우한의 대표 간식거리인 저우헤이야(周黑鸭)와 쑥 무침, 훙후(洪湖)식 연근 절임, 창장의 민물새우 요리, 몐양(沔阳)식 쏘가리 완자탕, 달걀 만두, 말린 무 돼지고기 조림, 차이타이 돼지고기 볶음, 황포(黄坡)식 처우더우푸 튀김, 고사리 돼지고기 볶음, 연근 갈비찜, 얇게 저민 오리고기와 표범 가죽처럼 생긴 포두부로 만든 요리, 말린 감자채를 넣고 끓인 고깃국 등 각종 전통 요리가 잔뜩 있었다. 디저트까지 합치면 일일이 다 셀 수 없을 정도로 많은 숫자였다.

나는 후베이로 오기 전에 말로만 듣던 훙산 차이타이를 꼭 먹어봐야겠다고 마음을 먹었다. 여기서 말하는 차이타이는 광둥 사람들이 흔히 알고 있는 차이위안(菜远), 즉 차이신을 일컫는다. 홍산에서 나는 것은 다른 지역의 차이타이와는 달리 붉은빛을 짙게 띠고 있다고 한다. 이렇게 홍산 차이타이처럼 줄기가 붉은 것은 쓰촨 전역에서 생산되고 있지만, 홍콩에서는 거의 찾아볼 수 없다. 유일하게 가우룽(九龍, Kowloon)의 유명한 약국 옆에 있는 한 채소가게에서만 이것을 팔고 있다.

붉은빛을 띠는 홍산의 차이타이는 향이 좋을 뿐만 아니라 먹으면 쓴맛과 단맛이 동시에 난다고 한다. 하지만 아쉽게도 내가 갔을 때는 현지 사람들 표현대로 '샤차오'해서 맛을 볼 수 없었다. 앞서 말했듯이 샤차오는 후베이 사투리로 철이 지났다는 뜻이다. 잘 기억해두었다가 나중에 후베이 사람을 만나면 한번 써먹어 봐야겠다.

장청이 내 오십견이 도졌다는 말을 듣고는 침을 놔줄 의사를 수소문해주었다. 진료실 안으로 들어가니 나이가 좀 들어 보이는 사람과 젊은 청년이 함께 있었다. 나는 당연히 나이가 든 쪽이 의사인 줄 알았지만, 알고 보니 젊은 쪽이 의사 선생이었다. 젊은 판칭즈(范庆治) 선생은 이제 겨우 27살이라고 한다. 그리고 함께 있던 사람은 시술을 도와주는 조수였다. 중국 제일의 침술가 웨이멍룽(尉孟龙) 선생의 수제자여서 그런지 판 선생이 놓아주는 침을 몇 대 맞고 나니 신기하게도 잠이 잘 왔다.

푹 잔 덕분에 나는 다음날 맑은 정신으로 아침을 먹으러 갈 수 있었다. 우한이 관광 도시로 명성을 얻은 뒤에 관광객들로부터 사랑을 받는 장소가 두 군데 있는데, 그곳은 바로 우한대학의 벚꽃 길과 조식을 전문적으로 파는 먹자골목 후부샹(户部巷)이다. 후부샹은 길이가 150m, 너비가 3m 정도에 불과한 좁은 골목길로 명대(明代) 가정(嘉靖) 연간에 편찬된 〈후광투징즈(湖广图经志)〉에서도 그 기록을 찾아볼 수 있다. '후부(戶部)'는 당시 재정(財政) 출납을 관장하던 관청을 가리키는 말이다. 이곳에서 우리가 가장 먼저 들른 곳은 '쓰지메이 탕바오(四季美汤包)'라고 하는 가게였다. 가게 주인과 안면이 있는 장칭이 신경을 좀 써달라고 부탁을 했더니, 그는 아예 그날 장사를 접어버렸다. 덕분에 우리는 느긋하게 아침 식사를 즐길 수 있게 되었다.

이른 아침부터 골목에는 다양한 먹거리 장사들이 몰려들었다. 만두 안에 육즙이 든 탕바오(汤包)를 비롯해서 어탕국수인 셴위 후탕펀(鲜鱼糊汤粉), 만둣국의 일종인 훈툰(馄饨), 쌀과 녹두로 만든 쿠더우쓰(枯豆丝), 면에 소스를 넣고 비벼 먹는 러간몐(热干面), 순두부의 일종인 더우푸나오(豆腐脑) 등 셀 수 없이 많은 음식을 팔았다.

우리가 자리 잡고 앉은 가게는 탕바오를 파는 가게였다. 가게 한쪽 구석에 놓인 대나무 찜통에서 김이 모락모락 나기 시작하자 뚜껑을 한번 열어보았다. 솔잎이 깔린 찜통 안에는 탕바오가 먹음직스럽게 익어 있었다. 하나를 꺼내 들고 맛을 보니 피가 얇고 안에는 육즙이 가득했다. 맛있기로 유명한 징장(靖江)의 탕바오와도 능히 견줄 만했다. 내 기억으로는 예전에 우한에서는 탕바오를 먹을 때 식초와 생강 채가 든 소스를 찍어 먹었다. 소스 위에 하얀돼지기름까지 동동 떠 있는 것으로 지금 우리가 먹는 것과는 사뭇 다른 것이었다.

어탕국수의 일종인 위탕펀(鱼汤粉)을 만들 때는 먼저 붕어를 큰 솥에 넣은 뒤에 몇 시간 동안 뼈가 물러질 정도로 푹 삶는다. 여기에 쌀국수를 넣고 걸쭉하게 끓인 다음, 생선 비린내를 제거하기 위해 검은 후춧가루를 살짝 뿌려준다. 국수가 다 익으면 그릇에 국수를 먼저 담은 뒤에 국물을 붓는다. 마지막으로 다진 파와 매운 무절임의 일종인 라뤄보(辣萝卜)를 고명처럼 올려 먹으면 된다. 우한에서는 이것을 먹을 때 밀가루 반죽을 기름에 튀긴 유타오(油条)를 함께 먹는다고 한다. 길쭉하게 생긴 유타오를 뚝뚝 뜯어서 국물에 담가 먹으면 온종일 속이 든든해질 것이다. 우한 사람들 말에 따르면 찬바람이 쌩쌩 부는 겨울철이라도 이것을 먹으면 땀이 줄줄 흐른다고 한다.

우한에서는 훈툰을 만들 때 돼지고기 대신에 우창 지역에서 나는 우창위 (武昌鱼)라는 생선을 넣는다. 크기도 일반 훈툰보다 2배는 더 컸다. 게다가 생선을 넣고 만들었지만, 가시도 씹히지 않고 비린내도 전혀 나지 않았다. 어찌 보면 돼지고기로 만든 것보다 식감이 훨씬 부드러워 더 맛있게 느껴졌다. 하지만 요즘 우창위가 너무 비싸져서 대신에 방어를 넣고 만들기도 한다.

쿠더우쓰는 쌀과 녹두 간 것으로 만든 후베이 사람들의 주식(主食)이다. 이것으로 국물 요리를 만들면 탕더우쓰(汤豆丝), 말리면 간더우쓰(干豆丝), 볶으면 차오더우쓰(炒豆丝)가 된다. 볶을 때는 무르게 볶는 롼차오(软炒) 방식과 바싹하게 볶는 쿠차오(枯炒) 방식이 있다. 그중에서 쿠차오 방식으로 만든 것은 기름을 충분히 붓고 튀기듯이 지져낸 후에 차게 식혀서 바싹하게 만든 것을 말한다. 이것을 작은 그릇에 옮겨 담고 그 위에 참기름에 볶은 소고기나 돼지고기, 버섯 등을 얹으면 그 유명한 쿠더우쓰가 완성된다.

러간몐은 삶은 면에 깨를 갈아 만든 소스를 넣고 비벼 먹는 국수를 말한다. 후난과 후베이에서는 이것을 만들 때 알칼리수를 많이 넣지 않기 때문에 면 자체는 그리 쫄깃하지 않다. 아마 이곳 사람들이 약간 무른 듯한 면발을 좋아해서 그런 것 같았다. 광둥 지역에서 면발이 쫄깃한 윈툰몐(云吞面, 완탕몐)을 즐기는 것처럼 지역마다 입맛이 다르기 때문일 것이다.

순두부로 만든 더우푸나오는 단맛이 나는 것도 있고, 짠맛이 나는 것도 있다. 보통 한 가지 맛만 골라서 먹는데, 우한 사람들은 두 종류의 맛을 한꺼번에 주문해서 먹는다. 그렇게 먹어야 단맛과 짠맛이 조화를 이루어 환상적인 맛이 난다고 한다.

쓰지메이 탕바오(四季美汤包)
우한(武汉) 창장대교(长江大桥) 우창(武昌) 다리목 부근

만족스러운 아침 식사를 끝낸 후에 우리는 점심을 먹기 위해 또다시 길을 나섰다. 어째 우한에 온 이후로는 줄기차게 먹기만 하는 것 같다. 소화도 시킬 겸 해서 우리는 근처 둥후(东湖)까지 뛰어서 가기로 했다. 예로부터 '항저우(杭州)에 시후(西湖)가 있다면, 우한에는 둥후가 있다.'라는 말이 있다. 하지만 내가 보기에는 둥후가 시후보다 10배는 더 큰 듯했다. 우리는 호숫가에 자리 잡고 앉아 차를 끓이기 위해 불을 피웠다. 그랬더니 자못 운치가 느껴져 기분이 좋아졌다.

최근 둥후 주변에는 토속 음식점이 하나둘씩 생겨나기 시작했다. 주로 호수에서 잡은 민물고기 요리를 판매하고 있는데, 맛은 그다지 특별한 것이 없었다. 만약 내가 이곳에서 음식점을 운영한다면 광둥성 순더(顺德)나 둥관(东莞) 지역에서 요리사를 초빙해와 음식을 만들게 했을 것이다. 그들은 생선 요리에 일가견이 있어서 둥후에서 잡은 잉어나 붕어, 초어, 메기 등으로 맛있는 요리를 만들어낼 것이기 때문이다. 아마 후베이 사람들이 그 요리를 맛보면 지금껏 경험해보지 못한 색다른 맛이라고 하며 푹 빠져들게 될지도 모른다. 더군다나 후베이에서 나는 식재료를 그대로 이용해서 만든 요리이니 누가 마다하겠는가?

점심 식사를 마친 후에 우한의 대형 서점인 충원수청(崇文书城)으로 가서

독자와의 간담회를 진행했다. 행사장에 도착해서 보니 우한 사람들이 이렇게 책을 많이 읽나 싶을 정도로 서점의 규모가 대단했다. 나는 행사에 참석한 독자들에게 이 지역 방송국인 후난위성TV에서 프로그램을 재미있게 잘 만들지 않느냐고 물어보았다. 그러자 그들은 일제히 고개를 가로저으며 이곳 사람들은 TV보다 책을 더 즐겨 읽는다고 말했다.

서점 홍보 매니저인 슝팡이 내게 이번에 참석한 사람 수가 지금껏 진행해온 순수문학 작가들의 사인회에 참석한 사람 수보다 훨씬 많다고 전해주었다. 그 말을 들으니 기분은 좋았지만, 나는 진정한 순수문학 작가가 아니므로 굳이 그들과 비교할 필요는 없다고 생각한다. 아무튼, 나는 기쁜 마음으로 즐겁게 행사를 마무리했다.

나는 문득 우한 사람들이 왜 TV를 즐겨보지 않는지 궁금해지기 시작했다. 그 의문은 우한대학을 방문하고 나서야 풀리게 되었다. 직접 가본 우한대학은 마치 작은 도시처럼 규모가 실로 방대했다. 우한의 인구는 800만 명 정도인데, 그중에서 130만 명이 대학생이라고 한다. 이처럼 우한에는 학생이 많아 책을 읽는 사람이 더 많게 느껴진 것이다.

우한대학 교정에는 벚나무가 가득했다. 벚꽃이 한창 필 때면 돈을 받고 입장을 시켜도 될 만큼 장관을 이룬다고 한다. 하지만 예전에 중일 관계가 좋지 않을 때는 일부 과격한 학생들에 의해 이 아름다운 벚나무가 베어질 뻔하기도 했다. 다행히 주변 학생들이 말린 덕분에 오늘날까지도 아름다운 모습을 간직할 수 있게 되었다.

아쉽게도 우리가 우한대학을 방문했을 때는 벚꽃이 홍산 차이타이처럼 '샤차오'해서 멋진 장관을 볼 수 없었다. 하지만 대학 캠퍼스에서 진행된 강연은 만족스러웠다. 학생들은 열정적으로 질문을 해댔고, 내가 한 답변도 그들의 열띤 호응을 얻었기 때문이다. 양쪽 모두 흡족해한 강연이었다.

우한을 떠나기 전에 나는 장칭과 함께 민성 텐스뎬(民生甜食店)에 가서 아침을 먹었다. 이 음식점은 이미 대중화되었지만, 본점의 음식 맛은 아직 정통성을 유지하고 있었다. 가장 인상적인 요리는 쌀과 녹두를 갈아서 만든 더우피(豆皮)였다. 이것을 만들 때는 먼저 평평한 팬 위에 반죽을 얇게 두른 다음, 그 위에 찹쌀밥을 깐다. 다시 그 위에 여러 가지 향신료를 넣고 조린 고기를 잘게 다져서 올린다. 아랫면이 익으면 돼지기름을 조금 더 붓고 뒤집어서 윗면을 익힌다. 더우피가 다 익으면 조리용 철판(요즘은 얇은 접시나 뒤집개를 이용함)으로 듬성듬성 썰어내면 된다. 예전에는 더우피를 만들 때 달걀을 넣지 않았다고 한다. 달걀을 넣기 시작한 것은 생활 형편이 조금 나아진 이후부터였다. 나는 이런 전통 조리법이 사라질까 봐 걱정되어 항상 조리과정을 찍어서 웨이보에 올려두곤 한다.

마찬가지로 후미주(糊米酒)도 제작과정을 영상으로 찍어서 올려둔 것이 있다. 이것을 만들 때는 먼저 술지게미를 커다란 솥에 넣고 끓인다. 이때 솥 안쪽 가장자리에는 찹쌀 반죽을 길게 늘여서 붙여둔다. 찹쌀 반죽이 어느 정도 익으면 접시를 칼날처럼 세워서 반죽을 툭툭 썰어 솥 안으로 밀어 넣는다. 이렇게 만들어진 후미주는 맛이 조금 달긴 하지만, 단 것을 좋아하지 않는 사람이라도 거부감 없이 마실 수 있을 정도이다. 나는 후미주 말고도 단주(蛋酒) 만드는 방법도 찍어두었는데, 재료는 다르지만 제작방법은 후미주와 비슷하다.

우한의 또 다른 전통 아침 먹거리로 중루 사오메이(重卤烧梅)라는 것이 있다. 사오메이는 사오마이(烧卖)라고도 하는데, 돼지기름에 볶은 찹쌀과 다진 고기를 만두피에 싸서 만든 것을 말한다. 이것 말고도 만두 안에 육즙이 많이 든 관탕 정자오(灌汤蒸饺)나 한쪽 면만 구워서 익힌 성젠 바오쯔(生煎包子), 팥죽의 일종인 홍더우 시판(红豆稀饭), 닭 볏처럼 생긴 만두 지관자오(鸡

冠饺) 등 맛있는 먹거리가 많았다.

특히 지관자오는 우한 사람들에게는 유타오와 같이 없어서는 안 될 중요한 아침 먹거리이다. 반달처럼 생겼는데, 혹자는 닭 볏처럼 생겨서 지관자오라고 부르게 되었다고 말하기도 한다. 하지만 내가 보기에는 얇고 크기가 커서 닭 볏보다는 차라리 전병을 더 닮은 것 같다. 안에는 우한 사람들 입맛에 맞게 고기소가 조금밖에 들지 않았다.

민성 톈스뎬(民生甜食店)
武汉胜利街八十六号

사람들은 베이징은 제일의 도시(首都), 상하이는 마력의 도시(魔都), 창사는 발의 도시(脚都)라고 부르곤 한다. 그리고 이곳 우한은 '대학의 도시(大學之都)'라고 칭하고 있다.

요즘 들어 사람들의 생활 수준은 높아졌지만, 아침 식사는 잘 챙겨 먹지 않는 경향이 있다. 이로 인해 도시에서 아침 식사를 하는 광경이 점점 사라져가고 있어 안타까울 뿐이다. 하지만 우한에서는 지금도 조식 문화를 중요하게 여겨 꾸준하게 아침 식사를 하는 전통을 이어오고 있다. 심지어 우한 사람들은 명절 쇠는 것(过年)에 버금갈 정도로 아침 먹는 것을 중요시하여 '아침을 쇤다.'라는 뜻인 '궈짜오(过早)'라고 부르기도 한다. 그러니 우한을 대학의 도시라고 부를 것이 아니라 '아침밥의 도시(早餐之都)'라고 불러야 마땅하다.

03

스하오 후퉁(十号胡同)

광저우에 있는 '스하오 후퉁'은 2013년 8월 29일에 정식으로 영업을 시작한 식당이다. 이곳은 내가 운영에 참여한 음식점 메이스팡(美食坊)처럼 나와 인연이 깊은 곳이다. 그 이야기를 하자면 한참 전으로 거슬러 올라가야 한다.

나는 2010년에 TV 프로그램 촬영차 말레이시아에 있는 팡코르 라웃 리조트(Pangkor Laut Resort)를 방문한 적이 있다. 그곳에서 리조트 설립자인 프란시스 여(Francis Yeoh)를 만나게 되었는데, 생각지도 못하게 그는 나를 당시 한창 오픈 준비 중이었던 '랏 텐 후퉁(Lot 10 Hutong)'으로 데려갔다. 그곳은 쿠알라룸푸르의 유명 맛집을 한데 모아놓은 일종의 푸드코트(Food Court)였다.

"어째서 킴리엔키(金蓮記, Kim Lian Kee)는 없는 거죠?"

여러 음식 코너 중에서 킴리엔키가 보이지 않자 궁금해서 물어보았다. 킴리엔키는 내가 쿠알라룸푸르에 올 때마다 즐겨 찾는 푸젠(福建)식 볶음면을 파는 곳이다. 당시 주변 사람들에게 이곳의 음식이 맛있다고 입에 침이 마를 정도로 칭찬을 했더니, 그때부터 그곳의 주인은 나를 무작정 신뢰하게 되었다. 프란시스 여의 말을 들어보니 그도 킴리엔키를 섭외하기 위해 열심히 노력했지만, 끝내 실패했다고 한다. 그래서 내가 나서서 연락을 해보았더니, 고맙게도 그는 만사를 제쳐두고 달려와 주었다. 결국, 내가 중간에서 중재를 잘해준 덕분에 현재 킴리엔키는 이곳에 입점해 랏 텐 후퉁의 명물이 되었다.

랏 텐 후퉁을 만든 프란시스 여는 말레이시아의 갑부로 왕족이 아닌 사람 중에서 두 번째로 높은 '딴 스리(Tan Sri)'라는 작위를 부여받은 인물이다. 그가 경영하고 있는 그룹은 말레이시아 현지 10대 기업 중 하나로 모노레일, 정수(淨水)설비, 부동산 등 다양한 사업을 진행하고 있다. 게다가 그는 홍콩

과도 인연이 깊은 사람이다. 젊었을 적에 홍콩 TV 프로그램 〈환러진샤오(欢乐今宵, Enjoy Yourself Tonight)〉에서 아먀오(阿妙) 역할로 출연한 천이신(陈仪馨)과 결혼을 했기 때문이다. 나중에 그녀가 세상을 떠나자, 그는 두 번 다시 결혼하지 않겠다고 선언했다. 정말 신의가 있는 사람인 것 같다.

나는 돈도 많은 그가 왜 이렇게 작은 음식점 사업에 열중하는지 궁금해서 직접 물어보았다. 그의 대답은 의외로 간단했다. 어릴 적부터 먹어온 길거리 음식을 잘 보존하지 않으면 조만간 사라져버릴지도 모르기 때문이라고 한다. 나도 그의 생각에 전적으로 동감한다. 멸종하기 쉬운 동물을 보호해야 하는 것처럼 전통 음식도 명맥을 잘 유지해야 하기 때문이다. 이런 점에 있어서 나와 프란시스 여는 죽이 잘 맞는 것 같았다. 그래서 우리는 친한 친구가 되었다.

쿠알라룸푸르에 있는 랏 텐 후퉁에는 31개의 음식코너가 있다. 커자(客家, 객가) 전통 음식을 파는 냥더우푸(釀豆腐)에서부터 라오포 뒤샤오추(老婆多小厨), 비비큐(BiBiQo), 사오바오황(燒包黄), 진마진 바오빙(金馬津薄餅), 난양 텐 커피(南洋十号咖啡, Nan Yang Ten Coffee Shop), 처드 브라더스(Chud Brothers), 둥팡 텐핀(東方甜品, Oriental Dessert), 중화 하이난 치킨라이스(中華海南鷄飯, Chong Hwa Hainan Chicken Rice), 핀첸 클랑 바쿠테(品芋肉骨茶, Pin Qian Klang Bak Kut Teh), 덕 킹(Duck King), QQ 마츠(麻糍), 이칭 마유(義青麻油), 호웡키(何荣記, Ho Weng Kee), 사리팬 카페(Sarifan Cafe), 혼키 포리지(漢記靚粥, Hon Kee Porridge), 소사이어티 비스트로(Society Bistro), 산터우 차오저우 미(汕头潮州麋), 아이스 룸(Ice Room), 임비 로드 오리지널 포크 누들(燕美路正宗猪肉丸粉, Imbi Road Original Pork Noodles), 타이레이로이케이(大利來記, Tai Lei Loi Kei), 이바오라이(怡寶來), 타이 코너 미니 웍(Thai Corner Mini Wok), 수이바(水吧, Juice Bar), 위레이멘즈자(鱼類面之家), 야키토리(Yakitori), 홍타이(鴻泰, Kong Tai), 라오유지

(老油記), 라이얌차(禮飮茶, Layumcha), 준키(津記, Zhun Kee), 킴리엔키가 랏 텐 후퉁에 입점해 있는 음식점들이다.

이곳은 일본의 유명한 실내 디자이너에게 의뢰해서 내부 구조를 복잡한 미로나 후퉁(胡同)이라고 불리는 중국의 골목길처럼 꾸몄다고 한다. 그리고 가장 번화한 부킷 빈탕(Bukit Bingtang)거리 랏 텐(Lot 10, 十号)에 식당을 열었기 때문에 이름을 '랏 텐 후퉁'이라고 부르게 되었다. 랏 텐 후퉁은 끊임없이 변화하고 발전하면서 지금까지 영업을 계속해왔다. 장사가 최고로 잘 될 때는 하루에 15,000명 이상의 손님이 이곳을 찾는다고 한다. 결국 이곳은 쿠알라룸푸르의 가장 유명한 관광 명소가 되었다.

예전에 광저우에는 홍콩의 센트럴(中环)처럼 딱히 내세울 만한 중심 상업 지구가 없었다. 그래서 탄생하게 된 곳이 바로 '주장신청(珠江新城)'이다. 후즈슝(胡志雄)이라는 친구는 이곳에 있는 빌딩 두 층을 매입하고는 어떻게 활용하면 좋을지 내 의견을 물어왔다. 그때 나는 프란시스 여가 랏 텐 후퉁의 해외 진출을 시도하고 있다고 한 말이 떠올랐다. 그래서 곧바로 연락을 취해보았더니 그는 무척 좋아하며 언제 만나면 좋겠냐고 물어왔다. 그래서 나는 빠르면 빠를수록 좋다고 대답해주었다. 그랬더니 그는 당장 30여 명의 소상인을 이끌고 광저우로 담판을 지으러 왔다. 현장 답사를 한 후에 사업 전망이 있다고 판단한 그는 광저우에 랏 텐 후퉁을 입점하기로 했다. 물론 사업을 진행하는 과정 중에 우여곡절을 겪기도 했지만, 인제 와서 그 일을 다시 거론할 필요는 없을 것 같다. 어쨌든 광저우에 '스하오 후퉁'이 생겨났기 때문이다.

드디어 광저우에 스하오 후퉁이 문을 열게 되자, 프란시스 여는 성대한 개업 행사를 치르기 위해 말레이시아 관광청장 황옌옌(黃燕燕)을 비롯해서 할리우드에도 진출한 경험이 있는 영화배우 양쯔충(楊紫瓊, 양자경)과 세계적인 디자이너 지미 추(Jimmy Choo)를 초청해서 테이프 커팅식을 진행했다.

행사에 참석한 양쯔충은 세계적인 스타임에도 불구하고 전혀 거드름을 피우지 않아 무척 놀라웠다. 같이 사진을 찍자고 요청하는 사람들에게 단 한 번도 싫은 내색을 하지 않았기 때문이다. 식사하는 도중에도 사진을 찍기 위해 몇 번이나 자리에서 일어나는 모습을 보니 안쓰러운 생각이 들 정도였다. 나와 인사를 나누면서 그녀는 예전에 자신이 홍콩에 진출했을 때 많은 도움을 주어서 고맙다는 말을 전했다. 사실 그건 오래전 일인 데다가 내가 딱히 도와준 것도 없었다. 단지 무슨 일이 있으면 언제든지 내게 연락하라고 말해 준 것이 다였다. 그런데도 새삼스럽게 너무 정중하게 감사의 뜻을 표하니 도리어 내가 몸 둘 바를 모를 정도였다.

정말 의외였던 것은 지미 추가 말레이시아 화교 출신이라는 사실이다. 그의 중국어 이름은 저우양제(周仰杰)라고 한다. 사람들에게 저우양제라고 하면 아는 사람이 거의 없겠지만, 지미 추라고 하면 아마 모르는 사람이 없을 것이다. 이미 세계 각국에는 그의 구두 브랜드숍이 입점해 있고, 왕실이나 할리우드 스타들도 그가 제작한 구두를 즐겨 신었기 때문이다. 미국 영화나 드라마에서도 그의 이름이 자주 거론될 정도이니 이제 그는 유명인사라고 할 수 있다. 행사장에서 그를 만났을 때 나는 평소에 늘 궁금하게 여겼던 점을 슬며시 물어보았다.

"당신은 왜 구두 디자이너가 되었나요?"

"내 아버지도 구두를 만들었어요. 내가 아버지 뒤를 잇는 것은 어찌 보면 당연한 일이었죠. 온 가족이 영국에 이민 온 뒤에 아버지는 나를 제일 좋은 학교로 보내 디자인 공부를 시키셨어요. 이게 바로 내가 구두 디자이너가 된 이유에요."

그는 내 질문에 디자이너가 된 과정을 몇 마디 말로 간략하게 설명했지만, 분명 그 과정 중에는 온갖 시련과 부단한 노력이 깃들어 있을 것이다. 그는 말끝에 이런 말도 덧붙였다.

"내 재능을 알아봐주는 사람을 만난 것도 디자이너가 된 결정적인 요인 중 하나라고 할 수 있죠."

"요즘도 구두를 직접 만드시나요?"

내가 다시 질문하자 그는 즉석에서 신발을 벗어 내게 보여주며 말했다.

"중국 사람은 명절에 새 신발을 신는 풍습이 있죠. 나도 좋은 일이 있을 때마다 새 신발을 장만하곤 한답니다. 광저우에는 내가 강의를 나가는 대학이 있는데, 어젯밤 그곳에서 이 신발을 직접 만들었어요. 우리 같은 디자이너는 신발을 아주 빨리 만든답니다."

"다이애나 왕세자빈도 당신에게 구두 제작을 의뢰한다고 들었어요. 그렇다면 세계 최고의 미녀들이 모두 당신에게 발을 맡기는 셈이네요. 내가 아는 리한샹(李翰祥) 감독은 발에 대한 애착이 있죠. 만약 그가 구두 디자이너의 영향력이 이렇게 대단한 줄 알았다면 진즉에 직업을 바꿨을 거예요."

내가 농담을 던지자 그도 재미있는지 웃음을 터뜨렸다. 이어지는 개업식에서 프란시스 여는 흥미로운 연설을 했다.

"우리 선조들은 동남아로 건너가 주로 음식 장사를 하며 생계를 이어갔습니다. 그때는 고향인 중국이 동남아보다도 훨씬 못살았기 때문입니다. 하지만 현재 중국은 부강해졌습니다. 돌이켜 생각해보면 우리 소상인들은 동남아에서 잘 살아왔다고 할 수 있습니다. 모든 고난을 이겨내며 우리의 것을 잘 보존해왔기 때문입니다. 우리는 그동안 동남아에서 전통의 맛을 잘 유지하였고, 이제는 그것을 다시 광저우로 가져오게 되었습니다. 힘겹게 지켜온 만큼 여러분의 입맛에도 잘 맞을 거라고 확신합니다. 과거 우리 선조들은 가난했지만, '핑(平), 량(靚), 정(正)'한 음식만을 만들어왔습니다. 이는 '싸고,

청결하고, 맛있는' 음식을 말합니다. 저 또한 그들의 정신을 그대로 이어받아 이곳 광저우에 스하오 후통을 들여오게 되었습니다. 모두의 마음에 드는 곳이길 바랍니다."

프란시스 여는 스하오 후통에서 판매하는 음식은 소상인들이 만든 '컴포트 푸드(Comfort Food)', 즉 옛 맛이 느껴져 마음의 위안을 얻을 수 있는 음식임을 강조했다. 나는 이 말을 중국어로 어떻게 번역하면 좋을지 내내 고민했지만, 딱 들어맞는 말을 찾을 수가 없었다. 만약 컴포트 푸드가 어떤 것인지 알고 싶다면 스하오 후통으로 가보면 된다. 왜냐하면, 이곳에서 파는 음식이 바로 컴포트 푸드이기 때문에 한 번 맛을 보면 어떤 뜻인지 바로 이해할 수 있을 것이다.

스하오 후통(十号胡同)
中国广州珠江新城华夏路28号/富力盈信大厦1楼

04

항저우 여행

최근 홍콩에서 항저우로 운항하는 직항 비행기는 하루 5회로 증편되었다. 항저우 공항 역시 이 추세에 발맞추어 예전 청사 주변에 2개 동을 더 증축하였다. 이로 인해 항저우의 도시 규모는 커졌지만, 여타 도시와 별반 다를 바 없이 무턱대고 크고 높은 빌딩들을 마구 지어대서 교통은 완전히 지옥이었다.

이번 항저우 여행은 미식 탐험을 위한 것이 아니라 친구들의 초청을 받아 가는 것이었다. 진행자로 유명한 화사오(华少)와 내 오랜 친구 선훙페이(沈宏非)가 독서 토론 프로그램에 출연해달라고 부탁했기 때문이다. 프로그램 제목은 '화사오는 책 읽는 걸 좋아해(华少爱读书)'였다. 요즘 책과 관련된 프로그램이 드물기 때문에 명맥을 유지하는 데 도움을 주기 위해 나는 선뜻 그들의 요청에 응했다.

나는 항저우에 간 김에 책 사인회도 함께 진행하기로 했다. 요즘 출판사 측이 적극적으로 지원을 하지 않아 내가 직접 홍보에 나서기로 한 것이다. 명색은 책 홍보를 위한 것이었지만, 실상은 독자와의 만남이 주목적이었다. 사실 이런 조촐한 행사 한 번으로 얼마나 많은 책을 팔 수 있겠는가!

행사는 항저우 시내 백화점에 있는 신화(新华)서점에서 진행되었다. 행사장에 도착해보니 점잖아 보이는 독자들이 넓은 매장을 가득 메우고 있었다. 어림잡아 수백 명은 되는 듯했다. 별 탈 없이 질의응답 시간까지 모두 마친 후에 참석자들을 위해 사인을 해주게 되었다. 하지만 다른 지역에서 온 사람들이 너무 많은 탓에 장내가 무척 혼란스러웠다. 시간도 부족해서 사인지에 독자들의 이름을 하나하나 써주지 못한 것이 못내 아쉬웠다. 이번 행사는 항저우에 사는 독자들을 위한 것이었기 때문에 그들에게도 신경을 써주지 않을 수 없었다. 그래서 나는 그들과 일일이 기념 촬영을 해준 뒤에 행사를 원만하게 마무리했다.

이어서 현지 신문과 잡지 인터뷰도 진행되었다. 인터뷰는 늘 하던 일이라 어려울 건 없었지만, 다만 취재기자가 미리 준비를 해서 늘 반복되는 질문을 하지 않았으면 했다. 하지만 한결같은 질문이 또다시 튀어나왔다.

"항저우 음식에 대한 평가 한 마디만 해주시겠어요?"

상대방의 약점을 건드리는 것은 정말 못 할 짓이다. 만약 상대방의 비위를 거스를 만한 이야기를 하면 기분이 상하는 것을 넘어서 언쟁이 붙을 수도 있기 때문이다. 그래서 웬만하면 좋게 말하고 넘어갈 수도 있겠지만, 내 나이쯤 되면 이런 것에 어느 정도 단련이 되어 있어 그냥 솔직하게 말하고 만다.

"별로예요."

나는 무심한 듯 뚱한 표정으로 대답했다.

"별……별로라고요? 어떻게 그런 말씀을……."

질문한 기자의 얼굴을 바라보니 화난 기색이 역력했다.

"나는 항저우에 올 때마다 여러 음식을 맛봤지만, 모두 시원찮았어요. 그런 느낌이 자꾸 반복되다 보니 이제는 항저우 요리에 대한 실망감마저 느껴지더군요."

"지금껏 먹어본 항저우 요리 중에서 맛있는 것은 전혀 없었나요?"

"있긴 있지요."

"무슨 요리인가요? 어느 식당에서 드셨나요?

항저우 사람들의 자존심을 회복할 만한 일말의 희망이라도 발견한 듯 그는 눈을 반짝이며 내게 질문을 퍼부어댔다.

"톈샹러우라고 하는 음식점으로 홍콩에 있는 거예요."

홍콩에 있는 식당이라는 말에 기자는 다시 시큰둥한 표정으로 질문을 이어갔다.

"거기서 무슨 요리를 드셨나요?"

"간장 양념 오리구이, 오리 혀 조림, 쑥부쟁이 무침……."

나는 생각나는 대로 그곳에서 먹었던 요리 이름을 줄줄 읊어댔다. 하지만 기자는 내 말허리를 싹둑 자르며 끼어들었다.

"그런 요리는 이곳에도 다 있는 거잖아요."

"물론 그렇긴 하죠. 하지만 항저우에서 먹어본 쑥부쟁이 무침은 재료를 너무 엉망으로 손질해서 맛이 별로였어요. 부실한 재료로 만들면 쑥부쟁이 향이 제대로 살지 않거든요. 그리고 간장 양념 오리구이랑 오리 혀 조림도 그저 그랬어요. 소스가 너무 짜지 않으면 너무 단 것뿐이었거든요."

내 말을 부정할 수 없었던 기자는 수긍하듯 고개를 끄덕이며 질문을 이어갔다.

"그리고, 또 다른 건요?"

"다른 거라……. 아! 게살 새우볶음, 훈제 개구리 다리, 동파육(东坡肉), 드렁 허리 튀김, 돼지고기와 타차이(塔菜, 탑채)로 만든 요리 등도 먹을 만했어요."

"그런 요리들도 항저우에 다 있는 거잖아요. 게다가 지금은 청명절 전후라 타차이가 나는 철도 아니잖아요. 홍콩에서도 먹기 힘들 텐데요?"

"웬걸요. 며칠 전에도 먹었는걸요? 작년 겨울에 저장해둔 거였어요. 신문 지에 잘 싸서 냉장고에 보관해뒀다가 요리할 때 겉에 잎은 다 떼버리고 심지 부분만 쓰면 되거든요."

기자는 내 답변에 말문이 막힌 듯 얼렁뚱땅 다른 질문으로 넘어갔다.

"또……또 다른 건 없나요?"

"참, 훈툰도 있네요."

"훈툰이요?"

"오리 한 마리를 커다란 뚝배기에 넣고 몇 시간 동안 푹 곤 후에 아이 팔 뚝만 한 진화(金华) 햄과 초어(草鱼)로 만든 어묵, 시후에서 생산된 채소, 청경 채 등을 넣고 한소끔 끓이면 돼요. 상에 내기 전에 훈툰 몇 알을 탕에 집어넣 으면 끝이랍니다."

기자는 더는 질문할 것이 없는지 그쯤에서 인터뷰를 흐지부지 마치게 되 었다. 인터뷰 장소를 떠나기 전에 나는 마지막으로 의미심장한 말 한마디를 덧붙였다.

"항저우는 일반 가정주부 솜씨가 더 좋은 것 같아요. 웬만한 홍콩 맛집 주방장보다 훨씬 더 나아요."

다음날, 나는 앞서 말한 독서 토론 프로그램에 출연하였다. 당시 화사오와 선훙페이 말고도 여성 진행자 한 명이 더 있었지만, 내가 녹화하는 당일에는 스케줄 문제로 다른 여성이 대신 출연하게 되었다. 방송국에 도착해서 녹화장소로 가보니 세트 규모가 어마어마했다. 얼마나 대단한 프로그램이기에 세트장이 이렇게 화려한지 의아할 정도였다. 하지만 나중에 알고 보니 그 모든 것이 다 나를 위한 배려라고 한다. 이런 독서 토론 프로그램에 엄청난 제작비를 투자하는 것은 보기 드문 일이라 그저 감사할 따름이었다.

프로그램의 스토리 구성은 매우 독특했다. 어쩌다 외딴 섬에 고립되어 버린 화사오와 선훙페이는 쓸쓸한 나날을 보내게 된다. 이때, 해적 분장을 한 아름다운 여성이 나타나 작은 배를 타고 나가서 손님을 태우고 다시 섬으로 돌아온다. 손님은 책 몇 권을 가지고 와 그들에게 책을 읽어주며 무료함을 달래준다. 이것이 바로 프로그램의 대략적인 내용이다. 예상대로 이날 손님은 바로 나였다.

우리의 대화는 해도 해도 끝이 나질 않았다. 내 생각에 이 프로그램은 다른 예능 프로그램보다 훨씬 더 재미있는 것 같다. 주제가 책에 관한 것이어서 다소 딱딱해보일지도 모르겠지만, 진행자들이 즐겁고 편안한 분위기를 만들어주어 고정 시청자가 꽤 많을 듯했다.

우리는 책에 관한 것뿐만 아니라 음식, 더 나아가 인생에 관해서도 토론했다. 선훙페이는 가끔 해적 분장을 한 아가씨에게 농담을 던지며 큰 웃음을 선사해주었다. 그리고 화사오는 아는 것이 많아서인지 어떤 말을 해도 대화가 통했다. 덕분에 우리 세 사람은 시간 가는 줄도 모르고 열띤 토론을 벌이게 되었다.

대화 내용이 재미있고 없고는 카메라 감독이나 조명 감독의 표정만 봐도 바로 알 수 있다. 이미 했던 얘기를 또 떠들어낸다면 매번 그 장면을 보는 사람들은 지겨워할 것이 분명하기 때문이다. 곁눈질로 살짝 살펴보니 그들은 손으로 입을 가린 채 억지로 웃음을 참고 있었다. 그뿐만 아니라 뒤쪽에 서 있던 스태프들도 슬금슬금 앞으로 다가와 우리가 녹화하는 모습을 지켜보았다. 우리가 하는 대화가 재미있었는지 그들은 배꼽을 움켜잡은 채 숨죽여 웃고 있었다. 나는 이런 방송 프로그램은 반드시 오락성도 갖추어야 한다고 생각한다. 재미있지 않으면 도대체 누가 방송을 보겠는가?

빡빡한 일정 탓에 녹화가 끝나자 나는 완전히 녹초가 되어버렸다. 맛집 탐방도 귀찮게 여겨졌던 나는 친구들과 함께 호텔 주변 골목길을 돌아다니며 간단한 요깃거리를 찾아보았다. 의외로 그런 곳에서 생각지도 못한 맛있는 먹거리를 발견하는 경우도 있기 때문이다. 융숭한 대접을 받는 자리보다 훨씬 더 편하고 좋아 우리는 결국 아침저녁을 계속 골목 안 식당에서 때우게 되었다.

"항저우까지 왔는데, 시후에 가보실 생각은 없나요?"

누군가가 내게 시후에 가보라고 권했지만, 나는 묵묵히 고개를 가로저었다. 그 이유에 대해서 이미 나는 여러 번 언급한 적이 있다. 최근 시후는 관광객들로 인해 늘 인파로 북적인다. 사람도 많은 데다가 요즘은 날씨도 더워서 체취에 민감한 나로서는 가기가 꺼려지는 것이 사실이다. 결국 이번에 나와 함께 항저우에 온 한타오만 시후를 둘러보게 되었다. 나중에 그가 웨이보에 올려둔 글을 읽어보니 예리한 관찰력으로 시후를 제대로 표현한 듯했다.

"시후는 사람이 많을 때보다 인적이 드물 때 오는 것이 더 나은 것 같다. 아내와 함께 시후 주변을 걷다가 엉뚱하게도 엄지손가락을 들고 사람들이 있는 곳을 쓱쓱 문질러 지워버리면 좋겠다는 생각을 해보았다. 하지만 사람이 많든 적든 간에 시후는 여전히 아름다웠다. 마치 짙은 화장을 하든 옅은 화장을 하든 다 잘 어울리는 아름다운 여성처럼 말이다. 다만 춘추(春秋) 시대 월(越)나라 미인 서시(西施)만은 시후처럼 다른 사람과 공유하는 것이 아니라 나만의 것으로 남겨두고 싶다. 그녀는 아무에게나 웃음을 흘리는 요부(妖婦)가 아니라 풍류를 아는 명기(名妓)이기 때문이다."

05
다롄(大连) 여행

이번에 일이 생겨서 다시 다롄을 찾게 되었다. 마지막으로 다롄에 가본 것이 벌써 십여 년 전 일이라 그곳에 관한 기억이 가물가물했다. 늙어서 기억력이 나빠진 탓도 있지만, 딱히 인상에 남는 것도 없어서 아침을 어디에서 먹었는지조차도 떠오르지 않았다. 그래서 다롄으로 가기 전에 미리 방문 소식을 웨이보에 올려두고 현지 사람들의 도움을 받기로 했다.

3시간 넘게 비행한 후에야 우리 일행은 겨우 다롄에 도착할 수 있었다. 너무 늦은 시간에 도착한 탓에 밖으로 나가서 식사하기는 힘들 것 같아 호텔에서 룸서비스를 시켜 대충 허기를 때우기로 했다. 우리가 묵은 호텔은 힐튼 호텔이었다. 홍콩에서는 이미 자취를 감춰버린 호텔이었지만, 중국 내에서는 인기가 여전한 듯했다. 듣자 하니 다롄에서 이곳이 가장 좋은 호텔이라고 한다.

다음 날 아침에 일어나자마자 웨이보부터 확인해보았다. 신기하게도 댓글에는 하나같이 '먼쯔(焖子)'라는 단어가 등장했다. 이렇게 모두 입을 모아 추천하는 음식이 도대체 어떤 것인지 궁금해서 참을 수가 없었다. 하지만 해야 할 일이 있기 때문에 멀리 나갈 수는 없었다. 그래서 다시 웨이보로 힐튼 호텔 주변에는 먼쯔를 파는 곳이 없는지 물어보았다. 그랬더니 다들 내 질문이 어이가 없었는지 키득키득 웃으며 먼쯔는 늦은 오후나 저녁쯤에 먹을 수 있는 음식이라고 댓글을 달아주었다.

먼쯔를 못 먹는다고 해서 아침을 거를 수는 없기에 또다시 웨이보로 다롄에서 먹을 만한 아침거리를 추천받아보았다. 하지만 별다른 먹을거리가 없는지 다롄의 젊은 친구들은 딱히 이렇다 할만한 음식을 대지 못했다. 그러던 와중에 누군가가 24시간 운영하는 '슝디라몐(兄弟拉面, 형제라몐)'에 가보라는 댓글을 달아주었다. 마침 호텔 근처에도 있다고 하니 일단 그리로 가서 아침을 해결하기로 했다.

우리는 차를 타고 근처에 있는 프랜차이즈 식당 슝디라몐으로 향했다. 벽에 걸려 있는 메뉴판을 보니 음식 종류는 그리 많지 않았다. 단둘이서 아침을 먹으러 오긴 했지만, 그곳에 있는 음식을 모두 먹어보고 싶은 욕심에 메뉴판에 있는 면 종류를 모조리 다 시켜버렸다. 덕분에 테이블이 모자랄 정도로 음식이 잔뜩 차려졌지만, 딱히 입맛에 맞는 것은 없었다. 하지만 냉면은 한국 냉면 못지않게 맛있었다.

불현듯 내 머릿속에는 이런 생각이 떠올랐다. 우한처럼 모든 도시가 아침밥을 중요하게 여긴다면 어떻게 될까? 그러면 명절처럼 음식 종류가 다양해져 골라 먹는 재미가 있을 것이다. 어쩌면 우한처럼 아침밥 먹는 것을 명절 쇠는 것과 동격으로 여기게 될지도 모른다. 그렇게 되면 얼마나 좋을까!

나중에 홍콩으로 돌아가 내가 쓴 〈차이란 식단(蔡澜食単)·중국편〉을 다시 읽어보니 다롄편이 있었다. 나는 그 글을 읽고 나서 무릎을 '탁' 내리쳤다. 그제야 다롄의 한 시장에서 아침을 먹은 기억이 되살아났기 때문이다. 그때 나는 그곳에서 성게를 넣은 순두부 요리를 먹었다. 지금 소개해도 늦지 않았을 거라고 믿는다. 다롄에 갈 계획이 있는 독자들은 '다롄시 사허커우취(沙河口区) 시안루(西安路)'로 찾아가보길 바란다.

아침을 먹은 뒤에 나는 다시 호텔로 돌아와 인터뷰를 진행했다. 기자는 내게 현재의 다롄은 십여 년 전 방문했을 때와 어떤 점이 다른지 물어보았다. 그래서 나는 과거에는 오래된 건물이 많았는데, 지금은 여타 도시와 마찬가지로 빌딩 숲을 이루고 있다고 말해주었다. 최근 중국의 대도시는 고층빌딩과 상가들이 난립하면서 천편일률적으로 변해가는 것 같았기 때문이다.

다롄은 먹는 것도 많이 달라지기는 했다. 직접 확인해보기 위해 나는 인터뷰를 마치고 나서 한타오가 추천해준 '다롄 라오차이관(大连老菜馆)'을 찾아가 보았다. 식당 안으로 들어서자마자 바로 커다란 수족관이 눈에 띄었다. 그 안에는 각종 어류와 싱싱한 해산물이 가득 들어 있었다. 나는 종업원에게 자연산은 없냐고 물어보았다. 그러자 그는 손가락으로 노란색과 검은색 물고기를 가리켰다. 자세히 살펴보니 누런빛을 띠는 것은 조기였고, 검은빛이 도는 것은 가물치였다. 자연산은 이것밖에 없기에 나는 그 두 생선을 조리해달라고 부탁했다.

나는 주방장에게 생선을 쪄달라고 했지만, 그는 머리를 벅벅 긁으며 찜 요리는 자신이 없다고 쭈뼛거리며 말했다. 그래서 나는 그냥 약한 불로 오래 삶아달라고 부탁했다. 삶으면 생선 살이 퍽퍽해지기는 하지만, 맛은 오히려 담백해진다. 여기에 간장소스를 곁들여 먹으면 생선 맛을 좀 더 살릴 수 있을 것이다. 맛은 예전만 못했지만, 그런대로 먹을 만했다.

먼쯔는 어땠냐고? 나는 조미료를 전혀 넣지 않고 만든 전통 먼쯔를 맛보고 싶었다. 그래서 종업원에게 그런 것은 없냐고 물어보니 그 식당에는 해산물을 넣은 삼선(三鮮) 먼쯔밖에 없다고 한다. 그거면 어떠하랴 싶어 삼선 먼쯔를 주문했다. 이 식당에서 만든 삼선 먼쯔에는 해삼, 새우살, 조갯살이 들어 있었다. 젓가락으로 위에 덮여 있는 해산물을 이리저리 헤집어보니 옅은 초록빛을 띠는 반투명한 고체 덩어리가 나타났다. 이것이 바로 그 유명한 먼쯔였다.

삼선 먼쯔에 들어 있는 해삼 자체는 별맛이 느껴지지 않았다. 새우도 양식한 것이어서 그런지 맛이 그저 그랬다. 게다가 조갯살도 묵은 닭을 씹는 것처럼 질기기만 했다. 주인공인 먼쯔는 한 입 먹자마자 입안 가득 물컹함이 느껴졌다. 마치 잘게 뜯은 모(饃)라는 빵에 양고깃국을 부어 먹는 양러우 파오모(羊肉泡饃)를 처음 맛봤을 때처럼 색다른 느낌이 들었다.

예전에 나는 시안(西安)에 처음 갔을 때 사방으로 수소문해서 파오모(泡饃)라는 요리를 찾아다녔다. 파오모라는 이름을 듣자마자 맛이 어떨지 궁금해서 참을 수 없었기 때문이다. 맛있다는 말을 하도 많이 들었던 터라 절대 실망하지 않을 거라고 굳게 믿었다. 하지만 결과적으로 나는 크게 실망을 하고 말았다. 언젠가 TV에 출연해서 파오모에 관한 맛 평가를 부탁받았을 때 나는 이렇게 말했다. 예전에 가난해서 쌀밥을 제대로 먹을 수 없었을 때 밀가루 반죽을 쌀알처럼 밀어서 쌀밥처럼 보이게 만들어 먹던 그 맛이라고. 그러자 현장에 있던 현지인들이 불쾌한 듯 얼굴을 붉혔다. 미안한 마음에 얼렁뚱땅 말을 돌려서 간신히 험악한 분위기에서 빠져나오기는 했지만, 그 이후로 나는 절대 현지인들 앞에서 어렸을 때 즐겨 먹던 전통 음식을 절대 비평하지 않게 되었다.

너무 많이 주문한 탓에 우리는 음식을 다 먹지도 못하고 남기고 말았다. 더군다나 삼선 먼쯔는 손도 대지 못한 상태였다. 그렇다고 버리고 올 수도 없어서 종업원에게 부탁해서 남은 음식을 다 싸달라고 했다.

저녁때가 되자 살짝 허기가 느껴져 요기할 만한 것을 찾게 되었다. 그러다가 문득 낮에 식당에서 싸 온 먼쯔가 생각났다. 포장을 풀고 먼쯔를 입속

에 넣는 순간 나는 깜짝 놀라고 말았다. 그냥 물컹하기만 하던 먼쯔가 부드러우면서도 쫄깃하게 느껴졌기 때문이다. 게다가 시간이 좀 지나서인지 해산물의 맛이 잘 배어들어 씹을수록 깊은 맛이 우러났다. 나도 모르게 먼쯔만 쏙쏙 골라 먹은 탓에 그릇 안에는 해삼과 새우, 조갯살만 남게 되었다.

먼쯔 맛에 푹 빠져버린 나는 무엇에 홀린 듯 호텔을 빠져나와 택시를 잡아탔다. 기사가 목적지를 묻기에 나는 다짜고짜 먼쯔 파는 곳으로 가자고 말했다. 그러자 그는 이상하다는 듯 나를 한번 흘낏 쳐다보더니 곧장 중산(中山) 공원 근처에 있는 한 시장으로 데려다주었다.

시장으로 들어서니 불을 피워두고 열심히 먼쯔를 볶는 노점상들의 모습이 보였다. 그들은 젓가락으로 먼쯔를 이리저리 뒤집으면서 노릇하게 구워낸 뒤에 접시에 옮겨 담았다. 그리고는 한쪽 구석에 있는 절구에 다진 마늘, 마즙, 액젓을 넣고 잘 섞은 다음 갓 볶아낸 먼쯔 위에 듬뿍 뿌렸다. 나도 먼쯔

한 접시를 주문한 뒤에 다진 마늘을 많이 넣어달라고 큰소리로 연거푸 외쳐 댔다. 이런 먹거리에는 마늘이 많이 들어가야 맛있기 때문이다. 하지만 먹고 나면 냄새가 난다고 사람들이 가까이 오려고 하지 않는 것이 문제였다. 아무 튼, 먼쯔를 먹고 나서 나는 그 맛에 푹 빠져버리고 말았다. 먼 길을 마다하지 않고 다렌까지 온 보람이 느껴졌다.

일을 다 마치고 나니 10시가 훌쩍 넘어버렸다. 〈맛·다렌미식(味道·大连美食)〉의 저자 왕시쥔(王希君)은 나에게 식사 접대를 하기 위해 '르펑위안(日丰园)' 식당 여사장을 그 시간까지 대기시켜놓았다고 한다. 여기에 다렌의 유명 요리사인 둥창쥐(董长作)와 그의 친구들도 동행하게 되어 우리는 마치 무슨 군단처럼 위풍당당하게 식당으로 향하게 되었다.

거기서 무엇을 먹었는지 궁금하다고? 테이블 위에는 식욕을 돋우는 음식이 잔뜩 차려져 있었지만, 만두로 인해 다른 것들은 모두 빛을 잃고 말았다. 총 6종류의 만두가 차례로 테이블 위에 올려졌다. 가장 먼저 나온 것은 당근이 든 만두였다. 이 만두는 만들 때 소금으로 살짝 간을 했을 뿐, 다른 조미료는 일절 쓰지 않았다고 한다. 조미료를 넣지 않았는데도 단맛이 느껴져 조금 이상하다는 생각이 들었다. 알고 보니 굴이 들어가서 그런 것이었다. 아주 적은 양이 들어가 있어서 아마 다른 사람들은 눈치채지 못했을 것이다.

다음으로 먹은 것은 강낭콩이 든 물만두로 만두소에는 조갯살도 조금 들어 있었다. 그리고 오이가 든 물만두에는 재첩이 섞여 있는 듯했다. 이어서 잉어 살이 든 물만두와 호박과 가리비를 넣고 만든 물만두를 차례로 맛보았다.

가장 압권이었던 것은 부추와 성게를 넣고 만든 물만두였다. 하지만 이 식당의 사장이자 다렌 제일의 여성 요리사인 쑨제(孙杰)는 오히려 미안하다는 듯 쭈뼛거리며 이런 말을 꺼냈다.

"요즘은 제철이 아니라 성게에는 살이 별로 없고, 부추도 질긴 편이에요.

다들 양해해주세요."

지나치게 겸손한 말이었다. 제철을 따질 것도 없이 이곳의 물만두는 천하 일미였다. 누구나 이곳에 와서 물만두를 먹어보면 다롄에 온 것을 절대 후회 하지 않을 것이다.

르펑위안(日丰园)
다롄시(大连市) 샤오핑다오(小平岛) 군항(军港) 앞
TEL . +86 8477 8315

차이란(蔡澜)의 미식 방랑기

왕제(汪姐)의 환영파티

상하이에 갔을 때는 나는 '라오지스(老吉士)'와 '샤오바이화(小白桦)', 그리고 '아산식당(阿山饭店)'만 둘러보고 돌아왔다. 단지 이 세 곳에서만 정통 상하이 요리를 맛볼 수 있기 때문이다. 최근 퓨전 요리를 선보이는 여타 식당들은 돼지기름을 전혀 쓰지 않기 때문에 소스가 묽어져서 음식에서 깊은 맛이 느껴지지 않는다. 게다가 이런 식당들은 겉보기만 그럴싸할 뿐 가격만 비싸서 가라고 등을 떠다밀어도 다시는 가고 싶지 않다.

이번 후저우(湖州) 지역 출장은 그 지역에서 꽤 유명한 미식 작가 선훙페이와 함께였다. 나는 이곳에 도착하자마자 정통 후저우 요리부터 맛보았다. 그뿐만 아니라 내 SNS 친구 '지하에 사는 포르쉐'의 집에 초대를 받아 오랜만에 평범한 집밥 요리도 즐길 수 있었다. 그리고 후저우에서 마지막으로 찾은 곳은 선홍페이가 추천한 '왕제의 쓰팡차이(私房菜)'였다. 나는 집밥 요리를 가리키는 이 '쓰팡차이'라는 말에 조금 민감하다. 매번 잔뜩 기대했다가 실망한 적이 한두 번이 아니었기 때문이다. 이번에는 선홍페이가 자신만만하게 추천한 곳이라 조금은 믿음이 갔다. 하지만 일말의 의심이 생겨나는 것은 어쩔 수 없는 일인가 보다. 아무튼, 나는 반신반의하는 심정으로 그를 따라나섰다.

유리 공예가 양후이산(杨惠姍)의 비서 쑨위(孙宇)가 차를 몰고 마중 나와 우리를 왕제의 식당까지 데려다주었다. 나는 그녀를 친근하게 '샤오 위(小宇)'라고 불렀지만, 자꾸 작은 물고기라는 뜻의 '샤오위(小鱼)'로 들려 자꾸 웃음이 났다. 아무튼, 이 물고기 친구는 몸집은 작았지만, 엄청난 대식가였다. 아무리 많이 먹어도 포만감을 못 느끼는 듯했다. 이번 여행에 매번 동행했는데, 그때마다 그녀의 뱃속에서는 꼬르륵하는 소리가 났다. 심지어 그녀의 웨이보 닉네임조차도 '배부른 행복'일 정도였다. 그녀의 말에 따르면 자신은 배가 불러야 행복을 느낄 수 있기 때문에 그렇게 지은 것이라고 한다.

천만다행으로 그녀는 요리사와 결혼을 했다고 한다. 남편의 이름도 '집안이 순탄해야 한다.'는 뜻의 '자순(家顺)'이었다. 예전에 '자순'이라는 제목으로 두 편 정도의 글을 썼던 기억이 난다. 보통 요리사들은 집에서 요리를 잘하지 않는다고 하지만, 그녀의 남편은 조금 다른 것 같았다. 집에서 요리하는 것을 좋아할 뿐만 아니라 장보기나 설거지도 자주 도와준다고 한다. 샤오 위는 그저 그가 만든 요리를 먹기만 하면 되니 얼마나 행복할까?

"어느 쪽으로 가나요?"

차에 올라탄 후에 나는 그녀에게 식당 위치를 물어보았다.

"홍차오(虹桥) 쪽으로 가면 돼요."

"잘됐네요. 그 부근에 '아산식당'이 있으니 만약 지금 가는 곳의 음식이 별로라면 바로 아산으로 옮기면 되겠네요."

샤오 위는 먹는 것은 좋아했지만, 방향 감각은 전혀 없는 듯했다. 어쩜 그리 막히는 곳만 골라서 가는지……. 우리는 한 시간 넘게 빙빙 돌며 헤매다가 간신히 목적지에 도착할 수 있었다. 식당은 어느 대형 건물 5층에 자리 잡고 있었다. 내부에 있는 3개의 룸 중에서 2개는 12명이 한꺼번에 앉을 수 있을 정도로 컸다. 우리는 인원이 적었기 때문에 작은 룸을 예약했다. 원래 6명으로 예약했지만, 내 비서인 샤오 양(小杨)도 합석하게 되어 우리는 총 7명이 되었다. 음식이 모자랄까 봐 조금 걱정되기는 했지만, 나는 원래 저녁을 많이 먹지 않는 데다가 오늘은 술만 마실 생각이어서 괜찮을 듯했다. "여기는 양이 많아서 아마 다 먹지도 못할 거예요."

먼저 도착해 있던 선훙페이가 내 걱정을 눈치챘는지 왕제는 손이 커서 음식이 부족하지는 않을 거라고 설명해주었다. 식당에는 선훙페이 말고도 '지하에 사는 포르쉐'도 와 있었다. 그리고 면 요리를 잘 만드는 내 SNS 친구 '살림꾼의 나날'과 그의 친구 '라오보터우(老波头)'도 참석했다. 유명한 현지 미식 작가인 라오보터우는 별명이 '돼지기름 대왕'이라고 해서 한참을 웃었다.

서로 반갑게 인사한 후에 자리에 앉자마자 '인쓰제차이(银丝芥菜)'라고 하는 냉채 요리가 테이블에 올려졌다. 이 지역에서는 설날에 먹는 음식인데, 요리 재료로 사용되는 인쓰제(银丝芥)는 포서우제(佛手芥)라고도 부른다. 인쓰제는 갓의 일종으로 밑동 부분은 짧고, 줄기와 잎이 가는 것이 특징이다. 이 채소로 절임을 만들면 알싸한 맛으로 인해 1년을 두고 먹어도 맛이 변하지 않는다고 한다. 특히 술안주로 먹으면 개운함이 느껴져 더욱 좋을 것이다.

이 냉채를 만들 때는 인쓰제와 화고(花菇) 버섯, 목이버섯, 넙나물, 그리고 먹물버섯이 들어간다. 먼저 기름을 두른 팬에 재료를 넣고 잘 볶은 다음 간

장, 식초, 소금, 설탕을 넣고 약한 불에서 30분간 푹 익힌다. 재료가 충분히 익으면 꺼내서 한 김 식힌 후에 밀폐 용기에 담고 3~4일 정도 보관해둔다. 그리고 먹기 직전에 고추기름을 살짝 넣고 잘 버무리면 맛있는 인쓰제차이가 완성된다.

직접 먹어보니 짠맛과 단맛, 그리고 고추기름이 들어서 그런지 기름진 맛도 났다. 하지만 이런 맛들이 서로 어우러져 환상적인 맛을 창출해내는 듯했다. 한마디로 너무 맛있었다. 정말 오랜만에 진정한 상하이 요리를 맛보게 되어 나는 기쁨을 감출 수가 없었다. 이곳에 오기 전에 음식이 맛없으면 바로 아산식당으로 옮겨가리라는 생각은 이미 사라진 지 오래였다.

이어서 나온 요리는 게를 술에 담가 숙성시켜 만든 쭈이셰였다. 이것은 왕제가 〈혀끝으로 느낀 중국〉에 출연할 때 선보인 요리로 오늘 직접 맛을 보게 되어 무척 감격스러웠다. 확실히 이곳의 쭈이셰는 다른 곳과는 맛이 달랐다. 신기하게도 짠맛이라고는 조금도 느껴지지 않고, 달콤하면서도 고소했다. 체면 불구하고 접시까지 싹싹 핥아먹고 싶었지만, 아쉽게도 다른 사람을 위해 남겨두어야만 했다.

창샤(呛虾)는 내가 예전에 먹었던 것과는 만드는 방법이나 먹는 방법이 완전히 달랐다. 붉은빛이 도는 삭힌 두부 소스에 생새우를 찍어 먹는 것이 아니라 술이 섞인 간장 소스에 생새우를 잘 재운 다음 고수를 듬뿍 얹어서 먹는 것이었기 때문이다. 나는 손으로 새우를 집어서 먹어보았다. 새우 등이 굽어 있어서 둥그런 앞니로 깨물어 먹기에 딱 좋았다. 새우를 깨문 채 있는 힘껏 쭉 빨아들였더니 고소한 새우 살이 입안으로 들어왔다. 그렇게 하나씩 먹고 난 새우껍질을 접시 가장자리에 쭉 늘어놓았더니 둥그런 원이 만들어졌다. 그 모습이 신기했던지 사람들은 휴대폰을 꺼내 들고 사진을 찍어댔다.

다음으로 동과(冬瓜) 요리가 등장했는데, 커다란 동과를 얇게 편으로 썬 것이었다.

"향이 나는 채소가 들었나요?"

독특한 향이 나기에 선훙페이에게 물어보았다.

"네. 사실 향이 강한 처우차이(臭菜)로 만든 요리는 다른 곳이 더 잘 만들긴 해요. 상하이 사람들은 그다지 좋아하지 않지만, 오늘은 그냥 맛만 보시라고 일부러 주문해봤어요."

젓가락으로 집어서 한번 먹어보니 짠맛이 강하게 느껴지는 것 이외에 특별한 맛은 없었다. 이어서 나온 탕수 소스로 조린 갈비도 단맛만 강하게 느껴졌다. 내가 보기에는 일부러 짠 음식과 단 음식을 순차적으로 내와 맛을 조화를 이루려고 한 듯하다.

다음으로 나온 요리는 오징어로 만든 것이었다. 접시 위에는 적당한 크기의 오징어가 듬성듬성 썰린 채 통째로 놓여 있었다. 사실 이런 오징어 요리는 저장성 닝보 사람들이 더 잘 만든다. 하지만 상하이에서 저장 일대의 모든 요리를 맛볼 수 있으니 그리 손해 볼 것은 없을 것 같았다.

오징어 요리를 먹다보니 유명 작가이자 내 오랜 친구인 니쾅이 생각났다. 그는 상하이 태생이었지만, 이상하게도 상하이에 가볼 생각을 전혀 하지 않았다. 상하이 요리를 맛본 김에 그에게 사진이라도 보내줘야겠다 싶어 재빨리 카메라를 꺼내 들고 음식 사진을 찍기 시작했다. 웨이보를 이용해서 사진을 전송하면 편하겠지만, 그는 웨이보조차도 이용하지 않았다. 할 수 없이 '니쾅 문학 연구회' 사람에게 출력한 사진을 주며 대신 전달해달라고 부탁하는 수밖에 없었다.

초록빛이 선명한 줄기상추 무침은 한눈에 봐도 너무 평범한 듯했다. 흔히 들어가는 고추나 참기름조차도 들지 않았기 때문이다. 하지만 이상하게도 윤기가 잘잘 흘러보였다. 아마도 뜨거운 기름을 끼얹은 후에 한 김 식혀서

그런 것인 듯했다.

건두부로 만든 쑤지(素鸡)는 서양식 햄처럼 보였다. 먹어보니 신기하게도 진짜 고기 맛이 났다. 이곳에서 만든 쑤지는 기름지고 강한 맛이 특징인 능유츠장(浓油赤酱)을 넣고 만들었다고 한다. 그리고 닭을 그대로 삶아서 썰어낸 바이체지(白切鸡)는 말 그대로 닭고기 맛이어서 전혀 특별한 것이 없었다.

이 식당에서는 쉰위(熏鱼)를 만들 때 병어가 아니라 쏘가리를 사용하는 것 같았다. 이 요리를 만들 때는 먼저 생선을 기름에 살짝 튀긴 뒤에 걸쭉한 소스를 넣고 바짝 조린다. 이것을 한 김 식힌 뒤에 얇게 썰어 접시에 담아내면 된다. 그리고 글루텐으로 만든 멘진(面筋) 안에는 다진 돼지고기가 들어 있었다. 이 요리는 어찌 보니 유부와 당면을 넣고 끓인 탕에서 유부만 건져낸 것처럼 보였다.

가장 맛있었던 것은 무채와 해파리를 넣고 만든 평범한 무침 요리였다. 처음 딱 봤을 때는 맛이 없어 보여 쉽사리 손이 가질 않았다. 게다가 이미 움직이지도 못할 정도로 많이 먹은 상태여서 맛보고 싶은 생각이 더욱 없었다. 그때, 선훙페이가 한번 맛이라도 보라고 권하지 않았다면 아마 나는 평생 후회할 뻔했다. 한입 먹고 나서 너무나도 색다른 맛에 홀딱 반해버렸기 때문이다. 그래서 나는 평소에 니쾅이 하던 대로 무침 요리가 반쯤 남은 접시를 내 앞으로 끌어다 놓았다. 정말이지 이 요리는 식탐을 부릴 정도로 맛있었다.

더 먹지 못하고 남은 음식은 포장해달라고 부탁했다. 아마 대부분은 샤오위의 뱃속으로 다시 들어갈 것이다. 그녀의 표정을 살펴보니 아직 더 먹고 싶은 듯했기 때문이다. 나는 그녀에게 부끄러워할 필요가 없다고 말해주었다. 많이 먹는 것이 죄는 아니지 않은가! 하지만 그녀를 제외한 나머지 사람들은 배부르다고 난리였다. 선훙페이도 배가 많이 불렀는지 식당을 나오면서 이렇게 말했다.

여행과 음식

"대부분 냉채 요리였는데도 이렇게 배가 부르다니! 게다가 우리는 반도 채 먹지 못했잖아요."

듣던 대로 왕제의 손이 크긴 큰가 보다.

환상적인 양고기 파티

나와 친분이 있는 사람은 중국 어느 지역을 가도 항상 있다. 게다가 다들 먹는 것을 좋아해서 그들이 추천하는 현지 음식이라면 믿을 만하다. 특히 나는 베이징 갈 때마다 홍량(洪亮)을 찾는다. 웨이보 닉네임이 '마음의 샘물이 솟는 집'인 그는 미식에 관한 글을 많이 써서 요즘 팬들도 많이 생겼다고 한다. 그는 현재 카메라 대행 판매업을 하고 있다. 그는 베이징에 살면서 전국 곳곳으로 출장을 다니기 때문에 베이징 먹거리뿐만 아니라 다른 도시의 음식에 대해서도 일가견이 있다.

"이번에 오시면 어떤 걸 맛보고 싶으세요?"

그가 먼저 내 의견을 물어왔다.

"내가 양고기라면 사족을 못 쓴다는 건 잘 알고 있지요?"

나의 이 한마디로 이번 베이징 여행에서는 환상적인 양고기 파티가 벌어지게 되었다. 먼저 나는 6~7명의 친구와 함께 '칭이차오위안(情忆草原)'이라는 식당으로 향했다.

식당은 외진 곳에 자리 잡고 있었다. 내부 장식도 그다지 특별한 건 없었지만, 식당 안으로 들어서니 진한 양고기 냄새가 풍겨와 내 식욕을 자극했다. 홍량의 말에 따르면 식당 주인은 나를 위해 특별히 목축업을 하는 사람에게 부탁해서 그날 아침에 도축한 양을 보내달라고 했다고 한다. 그리고 나는 이 식당에 오기 전에 요리 하나를 미리 주문해두었는데, 그것은 바로 양의 위로 만든 '싼웨이 바오러우(三胃包肉)'였다.

자리에 앉아서 기다리니 커다란 조롱박처럼 생긴 접시 안에 음식이 담아져 나왔다. 다들 알다시피 양에게는 4개의 위가 있다. 내가 주문한 음식은 그중에서도 세 번째 위로 만든 것이다. 이 위는 뒤집으면 대여섯 개의 주름만 보일 정도로 굴곡이 거의 없다. 만드는 방법은 이렇다. 먼저 양의 위에 양고기 뱃살 부위를 얇게 썰어서 채워 넣고 실로 잘 꿰매둔다. 그런 다음, 찬물에 넣고 팔팔 끓인 후에 약한 불에서 15~20분 정도 더 뜸을 들이면 맛있는 싼웨이 바오러우가 완성된다.

쑨원밍(孫文明)이라는 식당 주인은 기골이 장대한 사나이 중의 사나이였다. 주문한 음식이 나오자 그는 무시무시해 보이는 식칼을 들고 와 고깃덩어리를 거침없이 서걱서걱 썰어댔다. 칼끝이 닿은 곳에서는 뜨끈뜨끈한 육즙이 쉴 새 없이 흘러나왔다. 안에 든 고기도 육질이 부드러워 다들 맛있다고 하며 열심히 먹어댔다. 하지만 나는 고기보다도 육즙이 더 맛있는 것 같았다. 달콤하면서도 진한 맛이 느껴졌기 때문이다. 아무튼, 이 싼웨이 바오러우는 지금껏 내가 먹어본 양고기 요리 중에서 가장 맛있는 것이었다.

다시 테이블 위를 살펴보니 접시 위에 짙은 녹색 채소가 담긴 것이 보였다. 채 썬 다시마처럼 보였는데, 알고 보니 몽골 부추라고 한다. 소금에 절인 부추가 숨이 죽어서 채 썬 것처럼 보인 것이다. 한번 먹어보니 색다른 맛이 느껴졌다. 이것을 양고기와 함께 먹으면 간장 소스가 따로 필요 없을 듯했다.

또 다른 녹색 채소 요리는 야생 부추 꽃을 잘게 다져서 만든 것이었다. 마침 음력 2월경이라 부추가 한창 맛있을 때였다. 이런 제철 부추를 양고기와 곁들여 먹으니 천하일미가 따로 없을 정도였다. 한번 먹어보면 페퍼민트를 넣고 만든 서양식 양고기 요리보다 훨씬 낫다고 여길 것이다.

이어서 나온 것은 양고기 샤부샤부(涮羊肉)였다. 커다란 샤부샤부 솥에 담긴 육수는 시뻘건 용암처럼 펄펄 끓고 있었다. 하지만 이것을 테이블 위에 올려놓자마자 종업원은 찬물을 끼얹었다. 그러자 솥에서는 '푸시시'하는 소리가 나며 하얀 김이 피어올랐다. 이것이 바로 양고기 샤부샤부를 먹는 전통 방식이라고 한다. 그럼, 이쯤에서 양고기 샤부샤부에 대해 알아보도록 하자.

과거에는 잦은 전쟁으로 인해 군인들은 밥조차 제대로 해먹을 수 없는 형편이었다. 그래서 그들은 임시방편으로 얇게 썬 양고기를 끓는 국에 넣고 살짝 데쳐서 먹었다고 한다. 나중에 전쟁이 잦아들고 평화가 찾아오자 이 음식은 몽골 초원에 사는 왕족들만 즐길 수 있게 되었다. 원(元)나라와 청(淸)나라 왕족들도 이 음식을 베이징으로 들여왔지만, 일반 백성에게는 그림의 떡이었다. 민간에는 먹는 것을 허가해주지 않았기 때문이다. 청대(淸代)에 들어서는 일부 대신(大臣)들에게만 양고기 샤부샤부를 먹을 수 있게 허락해주었다고 한다. 하지만 황실 요리사는 바깥출입을 할 수 없기 때문에 대신들은 양고기 장사치들에게 이 음식을 만들게 해서 먹었다. 당시 이런 음식을 만들던 사람 대부분은 회족(回族) 출신이었다. 이처럼 양고기 샤부샤부는 왕족과 고위 관료들만 먹을 수 있는 고급 요리였지만, 후에 황제가 일반 백성들도 즐길 수 있게 은혜를 베풀어주어 대중화되었다고 한다. 당시 황제는 단 두 곳에서만 이 요리를 판매할 수 있게 허가해주었는데, 그곳은 바로 '둥라이순(東来順)'과 '이탸오룽(一条龙)'이다.

현재 여러 분점을 보유하고 있는 둥라이순은 맛이 천차만별이라 맛있는 집을 잘 골라가야 한다. 그리고 베이징의 번화가 쳰먼(前门) 거리에 자리 잡고 있는 이탸오룽은 오랜 역사를 자랑하기 위해 식당 안에 200여 년 전 황제가 사용하던 샤부샤부 솥을 진열해두기도 했다. 하지만 최근 관광객이 늘면

서 그들의 요구에 따라 싼 가격의 세트 메뉴를 자꾸 출시하다보니 양고기 질
이 많이 떨어지게 되었다.

　요즘 양고기 식당에서는 얼린 양고기를 대패질하듯이 썰어내기 때문에
돌돌 말린 형태가 대부분이다. 이렇게 양고기를 얼려서 써는 전통은 1930년
대부터 시작된 것이라고 한다. 당시 주방장들은 고깃덩어리 위에 커다란 얼
음을 올려놓고 한 손으로 얼음을 붙잡은 뒤에 다른 한 손으로 고기를 썰어냈
다. 이렇게 10여 년 동안 고기를 썰다보니 그들의 손가락은 구부러져서 잘
펴지지 않는 일종의 직업병이 생기게 되었다. 중국 근·현대 정치가 저우언
라이(周恩来)가 둥라이순에 들렀을 때 이 모습을 보고 안타까웠는지 전문가
들에게 양고기 써는 기계를 만들도록 지시했다고 한다. 이후에 양고기 집 주
방장들은 고기를 편하게 썰 수 있게 되었다.

오늘 우리가 먹은 샤부샤부용 양고기는 목심, 갈빗살, 그리고 3D 세 종류였다.

"목심은 양의 어느 부위인가요?"

내가 궁금하게 여기자 쑨 사장이 달려와 열심히 설명해주었다.

"머리 쪽 부위예요."

하얀 비곗살이 콕콕 박혀 있는 분홍빛 양 목심을 육수에 살짝 담갔더니 순식간에 익어버렸다. 맛도 괜찮은 편이었다.

"갈빗살은요?"

다음으로 나온 양 갈빗살은 양 목심보다 색이 짙고 비계 부분도 더 많았다. 그래서인지 고기 빛깔이나 결이 무척 예뻐 보였다. 보기 좋은 떡이 먹기에도 좋듯이 맛도 목심보다 훨씬 나은 듯했다. 점점 더 맛있는 고기가 나오자 마지막으로 나올 3D의 맛이 더욱 궁금해졌다.

3D가 나오자 쑨 사장이 다시 와서 친절하게 설명해주었다.

"3D는 목장에서 가장 살찐 놈을 골라 도축한 거예요. 일반 양보다 40% 정도는 살이 더 올라 있답니다. 이런 양의 5번째와 12번째 갈빗살을 일일이 손으로 얇게 썬 것을 3D라고 해요."

"그런데 왜 3D라고 부르나요?"

내가 다시 물어보자 그는 이렇게 말했다.

"그렇게 이름을 지었더니 그럴싸하게 들렸는지 유명해지던데요?"

어이가 없었지만, 일단 맛부터 보기로 했다. 먼저 양고기를 육수에 넣고 익힌 뒤에 몽골 부추를 얹어서 먹었더니 맛이 꽤 괜찮았다. 만약 몽골 부추가 싫다면 다진 부추 꽃과 함께 먹으면 된다. 그 모습을 본 쑨 사장이 내게 이렇게 말했다.

"저는 예전부터 양고기를 무슨 참깨 소스나 이상한 조미료 같은 것에 찍어 먹는 걸 싫어했어요. 그렇게 먹으면 양고기 본연의 맛을 느낄 수 없거든요. 그런 소스에 찍어 먹는 사람들을 보면 안타까울 뿐이에요."

맞는 말이었다. 이런 천연 재료로 만든 것이야말로 질 좋은 양고기와 어울릴 만하기 때문이다.

이후로도 4~5접시 정도의 고기 요리가 나왔지만, 조금 기름진 듯했다. 느끼한 것을 계속 먹었더니 속이 좋지 않아 갑자기 푸얼차가 마시고 싶어졌다. 하지만 베이징에서는 짙게 우려낸 푸얼차를 마시기가 힘들었다. 베이징뿐만 아니라 홍콩이나 마카오에 있는 샤부샤부 집에 가도 마찬가지였다. 아무리 종업원에게 차를 짙게 우려 달라고 부탁해도 소용이 없었기 때문이다. 그래도 보통 홍콩에서는 세 번 정도 말하면 알아듣고 원하는 대로 해주었지만, 베이징에서는 일곱 번이나 요구해도 도통 알아듣지를 못했다. 그래서 아예 포기하고 대신 맥주를 마시기로 했다.

이곳에서는 무절임을 만들고 나서 하루나 이틀 정도 재운 뒤에 내놓는다고 한다. 상큼한 맛이 일품이어서 느끼한 고기의 뒷맛을 잠재우기에 좋을 듯했다. 그리고 둥베이식 라오후차이(老虎菜)도 있었는데, 요리 이름에 왜 하필이면 호랑이라는 뜻의 라오후(老虎)를 붙였는지 궁금해졌다. 그 이유는 나도 먹고 나서야 알게 되었다. 이 요리는 고추와 고수, 오이를 함께 무쳐서 만든 것이었는데, 그중에서 고추는 아주 매운 것을 사용해서 만든다고 한다. 하지만 재료로 들어간 세 가지 채소 모두 초록색이라 자칫 잘못해서 매운 고추를 집어먹으면 아마 혼쭐이 날 것이다. 마치 숨어 있는 호랑이에게 기습을 당한 것처럼 깜짝 놀라며 물을 찾게 된다. 나도 한번 당하고 나서야 왜 이것을 라오후차이라고 부르게 되었는지 알게 되었다.

이상하게도 매운 것을 먹었더니 갑자기 식욕이 돌기 시작했다. 숯불을 살펴보니 아직 불길이 살아 있는 것 같아 즉시 쑨 사장을 불러 추가 주문을 했다.

"꼬랑지 고기도 한 접시 갖다 주세요."

꼬랑지 고기는 양의 꼬리 부위와 아무런 관련이 없다. 사람들은 흔히 비곗살을 이렇게 부르곤 한다. 보통 베이징의 샤부샤부용 양고기는 대패질하듯 얇게 썰어내기 때문에 대게 돌돌 말려 있고, 색도 비곗살 한 점 없이 온통 붉은 것이 대부분이다. 하지만 홍콩 사람들은 샤부샤부를 먹을 때 살코기와 비계가 반반씩 섞인 소고기를 즐겨 먹는다. 이런 그들이 베이징에 와서 항상 먹던 대로 고기를 주문하면 식당 종업원들은 그 말 자체를 이해하지 못할 것이다. 왜냐하면, 양고기에는 소고기의 대리석 문양 같은 마블링이 거의 없기 때문이다.

어쩌면 홍콩 사람들은 이렇게 마블링이 하나도 없는 샤부샤부용 고기를 보면 당황할지도 모른다. 그래서 나는 즉석에서 묘책을 하나 내보았다. 바로 양 꼬랑지 고기를 주문하는 것이었다. 비계만 있는 꼬랑지 고기와 살코기만 있는 베이징식 양고기를 한꺼번에 집어 들고 먹으면 살코기와 비계가 반반씩 섞인 홍콩식 샤부샤부가 되지 않겠는가?

육수에 담가서 익힌 꼬랑지 고기는 새하얀 백옥과도 같았다. 이것을 다진 부추 꽃과 함께 먹었더니 그 어떤 고급 요리와 비교할 수 없을 정도로 맛있었다. 쑨 사장이 이 모습을 보긴 했지만, 그저 웃을 뿐 뭐라고 하지는 않았다.

아차차! 인제 와서 생각해보니 맨 처음에 나온 요리를 소개하지 못한 것 같다. 소금물에 삶은 양의 간이었는데 조금 퍽퍽하기는 했지만, 돼지 간보다는 훨씬 맛있었다. 그리고 중간에 나온 부랴트(Buryat)식 양고기 만두도 빼먹은 듯하다. 부랴트족은 몽골족의 한 분파로 현재 러시아 산하의 부랴트 공화국에 대부분이 살고 있다. 이곳의 수도는 울란우데(Uran-Ude)이고, 네이멍구에도 만 명이 조금 안 되는 부랴트족이 살고 있다. 보통 이들은 만두소를 만들 때 고기를 가리지 않고 양고기나 소고기 등 닥치는 대로 사용하였다. 심지어 어떤 때는 말고기를 넣기도 한다. 어떤 고기든 다져서 양파나 야생 부추를 넣으면 바로 부랴트식 만두가 완성된다. 하지만 말이 부랴트식 만두이지 내가 보기에는 홍콩식 물만두인 관탕자오(灌汤饺)와 비슷해서 굳이 이곳까지 와서 시켜 먹을 필요는 없을 듯하다. 차라리 그냥 만두를 주문해서 먹는 것이 더 나을 것이다.

너무 많이 먹었더니 숨쉬기도 힘들 지경이 되었다. 그때, 양 콩팥 구이가 나왔다. 보통 이런 요리는 기다란 쇠꼬챙이에 고기를 줄줄이 꿰어서 불에 구운 다음, 콩팥의 냄새를 잡기 위해 쯔란(孜然)을 잔뜩 뿌려서 내온다. 하지만 쯔란은 향이 강해서 모든 식재료의 맛을 눌러버리는 단점이 있다. 그뿐만 아니라 이런 향을 싫어하는 사람은 인도 사람의 겨드랑이 냄새를 맡은 것처럼 손사래를 치며 접시를 멀찍이 밀어버릴 것이다. 하지만 이곳의 콩팥 구이는 요리하기 전에 냄새가 나는 요세관 부위를 깔끔하게 제거하고 만들기 때문에 따로 쯔란을 뿌릴 필요가 없다. 그저 소금만 살짝 뿌려냈을 뿐인데도 냄새가 전혀 나지 않아 신기했다.

맛있는 양 콩팥 구이를 먹으며 행복감에 취해 있을 무렵, 쑨 사장이 들어와 우리에게 술을 한 잔씩 권했다. 36도짜리 술이었는데, 나는 겁도 없이 그것을 한입에 털어 넣었다. 정말 독한 술이었다. 술을 마신 뒤에 나는 그에게 어떻게 이 식당을 열게 되었는지 물어보았다.

"저는 한때 초원 지역에서 유목민들과 어울리며 산 적이 있어요. 그들과 친구처럼 지내며 그들의 열정을 존경하게 되었죠. 나중에 베이징으로 돌아와 그들의 마음을 담아 이 식당을 열었답니다. 사실 식당을 연 지는 1년 남짓밖에 되지 않았어요."

"양고기는 어디에서 가져오나요?"

"여러 지역에서 공수해 와요. 지금 여러분이 먹고 있는 목심은 도퍼 양(Dorper Sheep)의 것이에요. 도퍼 양은 키우기가 쉬워 생산량이 꽤 많답니다. 살도 잘 오르는 편이라 육질이 무척 좋아요. 이 품종의 양은 남아프리카에서 처음 들여왔다고 하네요. 흰 것과 검은 것 두 종류가 있지만, 맛에는 큰 차이가 없어요. 그리고 목심을 제외한 나머지 부위는 모두 네이멍구 후룬베이얼멍(呼伦贝尔盟)의 신바얼후쭤치(新巴尔虎左旗)에서 들여온답니다. 그곳은 여러 종류의 풀이 자라기 때문에 고기에서도 다양한 맛이 느껴져요."

"와!"

생각지도 못한 그의 해박한 지식에 나도 모르게 탄성을 지르고 말았다. 이때, 지금까지의 모든 요리를 압도할 만한 것이 등장했다. 거대한 양 갈빗살이었다.

"이건 아주 특별한 우리 식당만의 서우바러우에요!"

쑨 사장은 맛에 자신 있다는 듯 모두를 향해 큰 소리로 말했다. 이렇게 큰 고깃덩어리는 찬물에 넣고 15분 정도 이리저리 뒤집어가며 삶아야 속까지 잘 익는다. 자세히 살펴보니 갈빗대에 붙은 고깃점에는 비계와 살코기가 적당히 섞여 있었다. 쑨 사장은 재빨리 갈빗대를 손으로 잡고 칼로 고기를 듬성듬성 썰어주었다. 나는 먼저 살코기 부분을 맛본 다음, 이어서 비곗살도 먹어보았다. 신기하게도 각각의 고기 맛이 전혀 다르게 느껴졌다. 내가 좋아하는 쌴웨이 바오러우에 버금갈 정도로 부드럽고 맛도 좋았다.

점잖은 홍콩 사람이나 여성들은 쑨 사장이 고기 써는 모습을 보면 무서워서 입맛이 싹 달아나버릴지도 모른다. 하지만 우리 일행은 그런 것에 전혀 개의치 않기 때문에 순식간에 고기를 다 먹어치워 버렸다. 맛있는 음식이라면 물불을 가리지 않는 우리 같은 사람만이 쑨 사장의 투박한 모습을 받아들일 수 있을 것이다.

"갈빗대가 이렇게 크고 길면 도대체 양은 얼마나 크단 말인가요?"

너무 궁금해서 바로 쑨 사장에게 물어보았다.

"이가 겨우 4개밖에 안 난 어린 양인걸요."

"이가 4개밖에 안 났다고요?"

"네. 양은 해마다 이가 두 개씩 자라요. 그러니까 지금 선생님이 드시는 것은 2~3살짜리 양이라고 할 수 있죠. 그런 양을 잡아야 육질이 좋답니다. 하지만 젖을 짜는 양은 맛이 없어요."

"그렇군요. 그런데 이곳의 육수는 맛이 특이한 것 같아요. 홍콩에서는 육수를 낼 때 암탉을 주로 쓴답니다. 그래야 국물에서 단맛이 나거든요."

내가 육수 얘기를 꺼내자 쑨 사장이 갑자기 생각이 난 듯 이렇게 말했다.

"육수 얘기가 나왔으니 말인데, 이참에 맛있는 육수로 죽을 끓여 올게요."

이제는 배가 꽉 차서 더 들어갈 자리도 없었지만, 그는 기어코 죽을 만들어서 내왔다. 나는 맛만 조금 보려고 하다가 너무 맛있어서 내리 세 그릇이나 먹어버렸다.

"여러분이 다 먹지 못할까 봐 생선 요리는 내오지 말라고 했어요."

"허허, 생선 요리까지 주시려고요?"

"다른 식당에서 파는 붕어는 자잘하지만, 여기서 파는 것은 두세 근은 너끈히 나갈 정도로 크답니다."

"어떻게 만드나요?"

"나중에 와서 먹어보면 아실 거예요."

"더 소개할 요리가 남았나요?"

"우리 식당은 소고기 스테이크도 먹을 만하답니다. 고급 레스토랑에서 먹는 것과는 차원이 다를 거예요."

"나는 양고기가 더 좋은데……, 다른 양고기 요리는 없나요?"

"양의 목 부위로 만든 요리도 맛이 괜찮을 거예요. 양의 목을 2.5㎝ 크기로 두툼하게 자른 다음, 뼈가 무를 정도로 푹 익힌 것이랍니다. 그래야 먹을 때 안에 든 골수가 잘 빠져나오거든요."

그의 설명을 듣는 것만으로도 벌써 입안에 군침이 가득 돌았다. 다른 요리도 궁금해서 재차 물어보았다.

“또 다른 거는요?”

“요거트 소스를 곁들인 양 갈비찜도 괜찮아요.”

나는 신 것은 별로 좋아하지 않지만, 그래도 한번 먹어보고 싶었다.

“그리고 또 없나요?”

“양의 창자로 만든 요리도 있어요.”

딱 내가 좋아하는 스타일의 요리였다. 내 반응을 살펴보더니 쑨 사장이 이렇게 말했다.

“오늘 선생님이 오시기를 기다리면서 싼웨이 바오러우를 미리 만들어두었더니 식어버려서 맛이 좀 덜한 것 같아요. 다음번에 오시면 도착하는 시간에 맞춰서 즉석에서 만든 따끈한 요리를 대접해드릴게요. 그래야 더 맛있거든요.”

그래! 이참에 다음번에 가서 먹을 메뉴를 미리 정리해두자. 뜨끈뜨끈한 싼웨이 바오러우, 양의 목 부위로 만든 탕, 요거트 소스를 곁들인 양 갈비찜, 양 창자 요리, 소고기 스테이크, 유목민식 생선요리……. 어이쿠, 이때도 배 터지게 실컷 먹을 수 있겠는걸!

칭이차오위안(情忆草原)
北京崇文区龙潭东路[광밍(光明)교 서남쪽 모퉁이에 있는 광밍병원에서 남쪽으로 200m]
TEL . +86 10-8562 7589

08

바오두 펑진성(爆肚冯金生)

어떤 도시를 방문했을 때 그곳만의 특별한 음식을 맛보고 오지 않으면 시간만 낭비했다고 할 수 있다. 어떻게 현지 음식을 먹어보지도 않고, 그 지역의 문화를 이해했다고 말할 수 있겠는가?

나는 베이징에 갈 때마다 수육의 일종인 루주(卤煮)와 콩을 갈아서 만든 더우즈(豆汁), 구운 오리고기인 카오야(烤鸭), 그리고 양고기 샤부샤부를 항상 먹었다. 베이징에서 제일 처음 가본 식당은 '만푸러우(满福楼)'라고 하는 전통 음식점이었다. 자금성 근처에 있어서 그런지 주변 환경이 고즈넉하면서도 아름다웠다. 이곳에 가면 미니 사이즈의 샤부샤부 냄비를 1인당 하나씩 주기 때문에 먹기 편할 것이다. 맛도 홍콩 사람들 입맛에 잘 맞는 편이었다.

최근 나는 일 때문에 베이징을 찾는 일이 잦아졌다. 그 와중에 나는 홍량이라는 믿을 만한 베이징 친구를 사귀게 되었는데, 앞서 소개한 '칭이차오위안' 역시 그가 추천한 식당이다. 이번에 다시 베이징을 방문하게 되었을 때도 나는 그에게 괜찮은 양고기 식당을 알아봐달라고 부탁했다. 양고기가 맛있는 곳이라면 모조리 찾아가 먹어보고 싶었기 때문이다. 이렇게 여러 양고기 식당을 다니다보면 조리법을 비교해볼 수 있을 뿐만 아니라 양고기를 좋아하는 내 식성도 만족시킬 수 있어 그야말로 일거양득이라고 할 수 있다.

이번에 홍량이 소개해준 곳은 '바오두□진성룽(爆肚□金生隆)'이라고 하는 식당이었다. 출입문 위쪽에는 조금 특이해 보이는 아크릴 간판이 걸려 있었다. 중간에 □로 가려진 글자에는 부수 ' 冫'만 드러나 있었기 때문이다. 도대체 왜 이렇게 해둔 것인지 무척 궁금했다. 이 이상한 간판 아래에는 '광서(光绪) 19년에 개업함'이라고 써둔 글귀도 보였다. 이를 보고 알 수 있듯이 이곳은 백 년 전통의 역사를 지닌 오래된 식당이다. 게다가 홍량이 추천해준 곳이라 맛은 확실히 보장할 수 있을 것이다.

식당 입구 쪽에는 숯을 넣을 수 있는 샤부샤부 냄비 10여 개가 일렬로 쭉 놓여 있었다. 모두 구리로 만든 것이어서 무척 고풍스러워 보였다. 그리고 그 옆에는 화로가 놓여 있어 물을 끓일 수도 있었다.

식당 내부는 그리 크지 않았지만, 깔끔하게 잘 꾸며두었다. 식당 한쪽 벽면에는 커다란 사진 4장이 쭉 걸려 있는데, 그중 맨 앞에 있는 것이 이 식당을 처음 개업한 펑톈제(冯天杰, 1874~1949)의 사진이다. 두 번째 사진은 2대 계승자 펑진성(冯金生, 1917~1998)이고, 세 번째 사진은 1947년에 출생한 3대 계승자 펑궈밍(冯国明)이라고 한다. 그리고 마지막 네 번째 사진의 주인공은 4대 계승자이자 현재 주인인 1964년생 펑멍타오(冯梦涛)였다.

호랑이도 제 말 하면 온다더니 마침 이곳의 현재 주인 펑멍타오가 나타났다. 그는 키가 훤칠하게 큰 데다가 안경을 끼고 코밑에는 수염까지 기르고 있었다. 단정한 옷차림과 잘 가꾼 외모 덕분에 그는 세련되면서도 무척 점잖아 보였다. 마치 시대극 속 한 인물이 걸어 나온 듯했다. 들어오면서 본 이상한 간판에 관해 물어보았더니 그는 살짝 미소를 지으며 이렇게 대답했다.

"당시 아버지가 식당 이름을 빨리 등록하지 않아 그만 다른 사람한테 뺏기고 말았어요. 똑같은 이름을 쓸 수가 없어 가운데 '펑(冯)'자를 종이로 가려두게 되었죠. 하지만 비바람이라도 불라치면 종이를 붙여두는 것도 소용없었어요. 그래서 아예 '펑'자가 가려진 형태로 간판을 제작해버렸답니다. 하하하!"

천엽 요리의 일종인 바오두(爆肚)는 베이징의 전통 먹거리 중 하나이다. 예전에 나랏일을 하는 고위 관료들이 조정에 나가기 전에 간단하게 요기를 하기 위해 먹던 음식이라고 한다. 여기서 바오두의 '바오(爆)'는 물에 끓여서 익히는 조리법을 말한다.

양에게는 4개의 위가 있는데, 그중 첫 번째 위를 '반추위'라고 한다. 식당 벽에 걸려 있는 메뉴판 설명글에는 간단하게 '질김'이라고만 쓰여 있었다. 두 번째 위인 '벌집위'에도 똑같은 말이 쓰여 있는 것이 보였다. 하지만 세 번째 '겹주름위'에는 적당히 질기면서 부드럽다고 적혀 있었다. 마지막으로 네 번째 위인 '주름위'는 아주 부드럽다고 소개해두었다.

바오두를 먹는 방법은 과거에 먹던 방식까지 모두 합친다면 13가지나 된다고 한다. 펑밍타오는 우리에게 양의 모든 부위를 맛보게 하려고 네 개의 접시에 각각의 부위를 담아서 내왔다. 그중 세 개는 조금 질겼지만, 씹으면 씹을수록 단맛이 느껴졌다. 하지만 내가 가장 맛있게 먹은 부위는 가장 부드러운 주름위였다.

바오두를 찍어 먹는 참깨 소스는 이곳에서 특별히 만든 것이라고 한다. 사실 나는 이런 고기를 먹을 때 그냥 먹는 것이 가장 좋다고 생각한다. 만약 싱겁게 느껴지면 다진 부추 꽃으로 만든 장이나 소금에 절인 몽골 부추를 함께 곁들여 먹으면 된다.

벽에 걸린 나무 편액을 살펴보니 청대 어느 시인이 쓴 시 한 수가 새겨져 있었다.

"뜨거운 탕에 고기를 집어넣고 살짝 익히니 술안주가 바로 만들어졌네. 만약 이가 무뎌서 잘 씹을 수 없다면 그냥 꿀떡 삼켜도 부드럽게 잘 넘어갈 것이라오."

이 식당에서 파는 술은 얼궈터우(二鍋头)였다. 주인 펑밍타오가 특별히 주문해서 만든 술이라고 한다. 이곳에서는 얼궈터우 이외에 다른 술은 일절 팔지 않았다. 덕분에 우리는 좋은 술을 실컷 마시며 즐길 수 있었다. 그는 요리

에 쓰이는 간장도 직접 공장에서 받아온다고 말했다. 싼 것은 맛이 없기 때문에 믿을 만한 공장에서 생산되는 질 좋은 간장만을 쓴다는 것이다. 일본에서 6년 동안 살았던 그는 식재료를 중시하는 일본인들의 영향을 받아 식재료를 고르는 데도 무척 신경을 쓰는 것 같았다.

술과 함께 테이블 위에는 설탕과 식초로 절인 마늘장아찌, 참깨 소스로 버무린 오이 등 각종 채소 요리가 가득 차려졌다. 특히 무채 무침은 달콤하게 잘 무쳐져서 내 입맛에 잘 맞았다. 이어서 소 위 4종류가 나왔다. 양, 벌집위, 천엽, 막창이 접시에 각각 담겨서 테이블 위에 올려졌다.

너무 많이 먹어 더는 못 먹겠다고 여길 때쯤, 메인 요리인 양고기 샤부샤부가 나왔다. 냄비를 자세히 살펴보니 가장자리는 두껍고, 바닥은 움푹 패여 있었다. 이런 냄비에 육수를 담아 끓이면 열전도가 잘 돼서 고기가 잘 익을 듯했다. 내가 냄비를 이리저리 살펴보자 펑명타오가 다가와서 자세하게 설명을 해주었다.

"이 냄비는 주문 제작한 거예요. 그리고 낡은 냄비는 주변 이웃들 것을 사들인 거고요. 문화혁명 이후에 국가에서 운영하는 식당에서 끼니를 해결할 수 있게 되자, 사람들은 집에서 쓰던 오래된 샤부샤부 냄비를 우리 식당에 가져와 팔기 시작했어요. 별로 쓸모가 없다고 하면서요."

정말 안타까운 일이다. 만약 홍콩으로 가져와 골동품으로 팔았다면 큰돈을 받을 수 있을 텐데 말이다. 펑명타오는 냄비에 이어 고기에 대해서도 이렇게 말했다.

"우리 식당에서는 고기를 조금 두껍게 썬답니다. 그래서인지 어떤 손님은 먹기가 조금 불편하다고 하더군요."

그는 그렇게 말했지만, 나는 살짝 두꺼운 이곳의 고기가 무척 마음에 들었다. 얼린 후에 대패질하듯 썰어서 돌돌 말린 샤부샤부용 고기는 이미 물리도록 많이 봐왔기 때문이다. 어떻게 기계로 썬 얄팍한 고기를 정성 들여서 도톰하게 손으로 썬 고기와 비교할 수 있단 말인가!

목심은 양의 목 근처에 있는 부위를 말한다. 이 부위는 비계가 30% 정도를 차지하고 있어 육질이 부드러운 편이다. 그리고 양의 등 바깥쪽 부위에 있는 엉덩잇살은 비계가 절반 이상을 차지하고 있어 가장 기름지다. 반면에 등 안쪽 부위에 있는 등심은 살코기로만 되어 있다. 그래서 약간 퍽퍽할 듯하지만, 먹으면 꽤 부드럽고 연하다. 등심보다 더 깊숙한 곳에 있는 허리 부위 살은 엉덩잇살처럼 절반 정도가 비계로 이루어져 있다. 또 다른 부위인 허벅지 앞쪽 살은 육질이 꽤 부드럽다. 허벅지 안쪽 살 역시 등심처럼 살코기로만 이루어져 있지만, 맛을 보면 꽤 부드럽게 느껴질 것이다. 하지만 꼬리 근처에 있는 살은 비계가 20% 정도밖에 없어 조금 퍽퍽하다. 마지막으로 양고기 부위 중에서 가장 맛있는 부위는 양의 뱃살이나 길쭉하게 생긴 홍두깨살이다.

어떤 식당은 고기를 주문하면 한 접시에 대충 섞어서 담아주기 때문에 정확하게 어느 부위를 먹는지 알 수 없는 경우가 많다. 하지만 이곳에서는 고기를 부위별로 따로 담아줘서 맛을 제대로 음미할 수 있다. 이런 방식을 처음 시도한 사람은 다름 아닌 2대 계승자 '펑진성' 선생이었다.

나는 양고기 샤부샤부를 먹을 때 감질나게 고기를 하나씩 떼서 넣는 것을 싫어한다. 그래서 젓가락으로 고기를 뭉텅이로 집어서 그냥 냄비 안에 집어넣는다. 익었는지 안 익었는지는 그저 감에 맡길 뿐이다. 이 식당에서는 양고기를 약간 두껍게 썰긴 하지만, 육수에 오래 넣어두지 않아도 잘 익었다. 맛도 꽤 괜찮아서 나는 배가 빵빵하게 차오를 무렵에야 겨우 젓가락질을 멈출수 있었다. 이번에도 맛있는 양고기를 맛보게 되어 무척 만족스러웠다.

바오두 펑진성(爆肚冯金生)
北京市西城区安德路六铺炕一区六号楼南侧
TEL . +86 10-6527-9051

09

간저우(贛州) 여행

흔히 중국 땅은 너무 넓어서 삼대에 걸쳐 돌아다녀도 다 가볼 수 없을 거라는 말이 있다. 나조차도 누군가의 초청을 받지 않았더라면 중국 땅에 간저우라는 곳이 있는지조차 몰랐을 것이다. 더군다나 이렇게 직접 방문하게 될 줄은 꿈에도 몰랐다.

처음에는 나는 '贛'이라는 글자를 어떻게 읽어야 할지 몰라 살짝 당황했다. 글자 속에 '章'이 있으니 '장'이라고 읽어야 할지 아니면 오른쪽에 있는 '贡'을 기준으로 해서 '궁'이라고 읽어야 할지 헷갈렸다. 나중에서야 표준어로는 '간', 광둥어로는 '깜'이라고 읽는다는 것을 알게 되었다.

간저우는 장시(江西)성 제2의 도시로 난창(南昌)에 버금갈 정도로 큰 도시이다. 그건 그렇고 초행길이다 보니 홍콩에서 어떻게 가야 할지 난감해지기 시작했다. 직항편도 없다 하니 먼저 선전(深圳)으로 가서 그곳에서 간저우로 넘어갈 수밖에 없을 것 같았다. 비행기를 타고 가면 시간이 얼마 걸리지 않을 테지만, 대신에 매일 한 차례밖에 운항하지 않았다. 친구 말을 들어보니 별도의 고속열차 편도 없는 데다가 차로는 6~7시간이나 걸린다고 한다. 상황이 이렇다 보니 교통편을 고르고 말고 할 처지가 못 되었다.

우리는 차 두 대를 전세 내서 선전공항으로 향했다. 오후 2시 반 비행기였는데, 일찌감치 서두른 탓에 우리 일행은 12시 반쯤 공항에 도착할 수 있었다. 하지만 비행기가 두 시간 정도 지연돼서 4시 반쯤 되어야 출발할 수 있다는 비보가 전해졌다. 졸지에 우리는 공항에서 4시간이나 대기하게 되었다.

나는 그냥 마음을 비우기로 했다. 국내선 비행기는 늘 시간을 제대로 지키지 않았기 때문이다. 오죽했으면 우스갯소리로 요즘은 돈 없는 사람이나 비행기를 탄다고 하겠는가!

공항 내에도 식당이 있어서 한번 둘러보기로 했다. 얼핏 보니 차오저우 음식을 파는 식당이 그나마 먹을 만한 것이 있는 듯했다. 그때 한 친구가 안

차이란(蔡瀾)의 미식 방랑기

으로 들어가면 더 많은 식당이 있으니 먼저 탑승 절차를 밟은 뒤에 천천히 둘러보자고 제안했다.

탑승 게이트 내에 있는 통로는 걸어가기에는 너무 긴 듯했다. 하지만 무빙워크도 없어서 오로지 두 다리로 천천히 걸어갈 수밖에 없었다. 걸어가면서 보니 통로 양쪽에는 해외 명품 숍들이 쭉 늘어서 있었다. 임대료가 만만치 않겠지만, 공항 말고는 입점할 만한 곳에 별로 없었을 것이다. 하지만 나는 거들떠보지도 않고 그냥 지나쳐버렸다.

이런 곳에서 파는 물건들은 홍콩에서도 다 살 수 있기 때문이다. 앞으로 좀 더 걸어가 보니 중국 브랜드 상점들이 나타났다. 그곳에는 허유산(許留山, Hui Lau Shan)이나 허니문 디저트(Honeymoon Dessert, 满记甜品) 같은 홍콩의 프랜차이즈 디저트 전문점도 있었다.

오래 걸었더니 다리가 아파서 잠시 쉬었다 가기로 했다. 우리는 만두와 국수를 파는 근처 식당으로 들어가 자리를 잡고 앉았다. 하지만 비싸기만 할 뿐, 맛은 없어서 먹는 둥 마는 둥 하다가 바로 젓가락을 내려 놓아버렸다.

엎친 데 덮친 격으로 비행기가 더 늦어질 거라는 소식이 전해졌다. 도대체 왜? 공항 측에 항의를 해봤지만, 공중에서 교통 체증이 생긴 것과 비슷하니 그저 기다리라고만 한다. 그들 입장에서는 흔한 일이라 마치 남 일처럼 너무 쉽게 말하는 것 같다. 그럼 도대체 언제 출발할 수 있단 말인가? 모른다고? 바로 내일 홍보행사가 잡혀 있는 나로서는 안달이 날 수밖에 없었다. 오늘 비행기를 탈 수 있긴 한 건지…….

간절하게 다시 물어봤지만, 역시 돌아오는 대답은 잘 모르겠다는 말뿐이었다. 그래서 나는 급히 차 한 대를 준비시켰다. 만약 오늘 비행기를 탈 수 없다면, 즉시 차로 갈아타고 밤새 간저우로 달려갈 생각이었다. 약속은 꼭 지켜야 했기 때문이다. 비행기를 타고 가기로 한 내 결정을 뒤늦게 후회했지만,

아무 소용이 없었다. 비행기는 돈 없는 사람이나 타는 거라는 한 말이 우스 갯소리가 아니었나 보다.

기다리고, 기다리고, 또 기다렸다. 그때, 우리가 탈 비행기가 지금 막 베이징에서 이륙했다는 소식이 들려왔다. 나는 그제야 안도의 한숨을 내쉬었다. 가만, 그렇게 날아오다가 이곳에 착륙하지 않고 그냥 지나쳐버리는 건 아닐까? 하도 걱정을 했더니 별생각이 다 들었다.

기다리기 지루해서 그곳에 있는 상점들을 샅샅이 훑어보았다. 그중 한 상점에서는 모조 도자기를 팔고 있었다. 만약 진품과 똑같이 만든 것이라면 몇 점 살 생각이었지만, 자세하게 살펴보니 새로운 디자인을 약간 가미한 것이었다. 나는 이렇게 기초에 충실하지 않은 것을 싫어한다. 마치 퓨전요리처럼 정체성이 없어 보이기 때문이다.

우리는 7시 반이 되어서야 간신히 비행기를 탈 수 있었다. 따져보면 공항에서만 7시간을 허비한 셈이다. 그래도 이번은 양호한 편이었다. 예전에 베이징으로 가는 비행기를 14시간 동안 기다린 적이 있기 때문이다. 게다가 도착한 후에도 기내에서 한참 동안 발이 묶여 있었다.

우여곡절 끝에 간저우에 도착하긴 했지만, 이미 해가 저물어 주위는 어두컴컴했다. 우리 일행은 공항에서 차로 40~50분 정도 걸리는 '우룽 커자 문화원(五龙客家文化园)'에 있는 숙소에 여장을 풀었다. 듣자 하니 저녁도 커자풍으로 꾸며 놓은 문화원 정원에 준비해놓았다고 한다.

정원에 놓인 테이블 위에는 수많은 요리가 차려져 있었다. 적어도 20가지는 넘는 듯했다. 밥을 먹으면서 커자 전통 공연도 감상했는데, 징이랑 북소리가 너무 커서 고막이 터질 뻔했다. 사실 나는 이런 곳에서 음식을 먹을 때가 가장 난감하다. 그들의 전통 음식을 비판하면 얼굴을 붉히며 기분 나빠하기 때문이다. 그렇다고 해서 듣기 좋은 소리만 골라 하자니 내 양심에 걸리고.

이럴 때 나는 어떤 말을 해야 할지 도통 모르겠다.

한참 고민에 빠져 있을 무렵, 어느 기자가 자꾸 커자 음식에 대해 평가해 달라고 재촉하기 시작했다. 그래서 나는 어릴 때 커자 문화의 영향을 받고 자라 커자 음식을 좋아한다고 에둘러 말했다. 맹세컨대 커자 문화의 영향을 받았다는 말은 진심이었다. 과거에 커자의 전통 가옥인 투러우(土楼)에 가본 적이 있기 때문이다.

동남아 지역에 전해진 커자 음식은 중국 현지의 것과는 조금 다르다. 전통 커자 음식과 맛이 어떻게 다르냐고? 동남아로 넘어가면서 더 맛이 없어진 게 아니냐고? 꼭 그렇지만은 않다. 좋다! 그럼 예를 들어 설명해보겠다. 냥더우푸는 두부에 구멍을 파서 소를 채워 넣은 뒤에 국물에 넣고 끓여내는 커자 전통 음식이다. 하지만 동남아에서 만들 때는 육수 재료로 콩과 갈비뼈를 사용한다. 이것을 오랫동안 푹 끓여서 사용하는데, 직접 먹어보지 않아도 맛이 약간 달짝지근할 거라고 짐작될 것이다. 반면에 지금 우리 앞에 놓여 있는 냥더우푸의 맛은 어떠한가? 짠맛만 느껴지지 않는가? 게다가 중국에서는 두부 소로 다진 생선 살을 넣을 때도 소금에 절인 생선을 써야 더 맛있다고 생각하는 것 같다. 아무튼, 이런저런 이유로 요즘은 전통 커자식 냥더우푸보다는 동남아식으로 만든 것이 더 인기가 많은 듯하다.

싼베이지(三杯鸡)도 마찬가지이다. 이 음식은 원래 닭고기에 간장 한 컵, 기름 한 컵, 술 한 컵을 넣고 만드는 것이지만, 타이완(台湾) 사람들은 그냥 기름 대신에 참기름을 넣으면 더 맛있지 않을까 하고 생각했던 모양이다. 게다가 그들은 바질이나 허브 등을 추가해서 싼베이지의 풍미를 더욱 살려서 만들었다. 이렇듯 이곳의 음식들도 조금씩 맛을 보충하는 편이 나을 듯했다.

다음날 우리는 간저우 특산품인 치청(脐橙), 즉 네이블 오렌지(Navel Orange)를 생산하는 한 농원을 방문했다. 이 품종의 오렌지는 아래쪽에 배꼽처럼 생긴 꼭지가 달린 것이 특징이다. 장시성 남부 지역은 오렌지의 연간 생산량이 백만 톤에 달할 정도로 재배 면적이 넓다. 게다가 이 과일은 아주 오래전부터 중국에서 재배되었다. 관련된 기록을 남북조 시기에도 찾아볼 수 있기 때문이다. 특히 문인 류징수(刘敬叔)가 집필한 〈이위완(庚苑)〉을 살펴보면 ' 난캉(南康) 시스산(乺石山)에는 홍귤, 귤, 오렌지, 유자 등이 많이 난다.'라는 글귀가 있어 이를 통해 당시에도 오렌지를 재배했다는 사실을 확인할 수 있다. 또한, 북송(北宋) 시기에 이르러서는 이곳 주변에 과일나무가 무성하게 자라 숲을 이룰 정도였다고 한다. 그리고 청대에는 황제에게 진상품으로 바쳐졌는데, 특히 옹정제(雍正帝)가 이 과일을 즐겨 먹었다고 전해진다.

나를 초청해준 '후이청(汇橙)'이라는 회사는 임야를 매입한 후에 나무를 잔뜩 심어 일찌감치 오렌지를 재배해왔다고 한다. 감사하게도 우리 일행이 이곳에 왔을 때 커자 전통 의상을 입은 여성들이 반갑게 맞아주었다. 하나같이 친절하고 귀여워 보였다.

이곳의 특산품인 네이블 오렌지는 언제든지 손만 뻗으면 따먹을 수 있을 정도로 곳곳에 널려 있었다. 어떤 것은 시고, 또 어떤 것은 엄청 달았다. 무엇보다도 이곳에 와서 가장 좋았던 것은 '쉐청(血橙)'이라는 블러드 오렌지를 알게 된 점이다.

이곳에서는 블러드 오렌지도 생산하고 있었다. 한번 맛을 보니 꿀처럼 엄청니게 달았다. 내가 지금껏 먹어본 오렌지 중에서 가장 맛있는 것이라고 할 만했다. 내 생각에는 네이블 오렌지보다 백 배는 더 맛있는 것 같다. 관계자의 말에 따르면 이 품종의 오렌지는 2월에 가장 많이 생산된다고 한다. 그래서 2월에 이곳을 다시 찾아야 하나 어쩌나 고민하고 있을 때, 인터넷으로도 구매할 수 있다는 말을 듣고 다행이라고 생각했다.

간저우에서 이 농원까지는 차로 1시간 정도밖에 걸리지 않았지만, 도로를

여행과 음식

어떻게 포장했는지 부탄의 산길보다도 더 심하게 흔들거렸다. 그 점은 정말 마음에 안 들었다. 간저우로 돌아갈 때도 덜컹거리는 그 길을 다시 지나가야 한다고 생각하니 앞이 캄캄할 정도였다. 게다가 어제 묵었던 그 숙소로 돌아가 짜고 매운 음식을 또 먹어야 한다니…….

결국, 나는 친구의 도움을 받아 그의 차를 얻어 타고 5~6시간을 달려 광저우에 도착할 수 있었다. 도착하자마자 먼저 나는 포시즌스(Four Seasons) 호텔에 투숙해서 늘어지게 한잠을 잤다. 그랬더니 원기가 회복되어 다음 날 다시 태어난 것처럼 쌩쌩하게 일어날 수 있었다.

10

샤먼(厦门) **여행**

이번에는 샤먼에 일이 생겨 그리로 가게 되었다. 나는 출발하기 전에 웨이보에 글을 올려 SNS 친구들에게 아침으로 먹기 좋은 음식을 추천해달라고 부탁했다. 왜냐하면 내게 아침밥은 너무나도 중요한 것이기 때문이다.

글을 올리자마자 순식간에 수많은 댓글이 달렸다. 국물이 얼큰한 사차몐(沙茶面)이나 가는 면발이 특징인 몐센후(面线糊)를 먹어보라는 댓글이 특히 많았다. 그 밖에도 갯벌에서 자라는 유충으로 만든 투쑨둥(土笋冻)이나 굴전의 일종인 하이리젠(海蛎煎), 밀전병에 여러 재료를 넣고 싸 먹는 바오빙(薄饼)도 먹어보라고 추천해주었다. 하지만 나중에 말한 세 가지 음식은 아침거리가 아니지 않은가! 친구들이여, 친절이 너무 지나친 것 같네.

아침에 홍콩 드래곤 항공을 타고 1시간 정도를 날아서 샤먼에 도착했다. 이번에는 류쉬안창(刘绚强)과 루젠성(卢健生)이라는 두 친구를 대동하고 가게 되었다. 이 두 사람은 샤먼에 자주 다니기 때문에 현지에 아는 친구들도 많았다. 덕분에 구경을 잘하고 갈 수 있을 거라는 믿음이 생겼다.

점심때가 되자 우리는 민주루(民族路) 76호에 있는 '우탕 사차몐(乌糖沙茶面)'이라는 식당으로 향했다. 안으로 들어서니 식당 한쪽 구석에 각종 토핑 재료가 쓰인 메뉴판이 보였다. '순 살코기, 갈매기살[간옌(肝沿), 돼지 간 주변에 있는 얇은 살코기 층, 타이완에서는 간롄(肝连)이라고 함], 대창, 돼지 비장, 곱창, 돼지 간, 돼지 콩팥, 돼지 심장, 돼지 위, 오징어, 새우, 돼지 직장, 돼지 힘줄, 고깃국물, 돼지 허파, 굴, 맛 조개, 완자, 달걀' 등 수많은 재료가 있었다. 그것을 보고 있으니 홍콩의 카트 누들(Cart Noodle, 车仔面)이 떠올랐다. 이곳에서도 카트 누들을 먹을 때처럼 자신이 먹고 싶은 토핑을 고르면 즉석에서 면과 함께 담아 내주었다.

맛은 어떠냐고? 이곳에서는 샤먼에서 나는 신선한 해산물로 육수를 내기 때문에 맛이 없을 수가 없다. 하지만 땅콩으로 만든 사차 소스[沙茶酱, 사테(Sate) 소스의 일종]를 넣어 먹는 것을 보니 동남아의 영향을 받은 듯했다. 이곳 사람들은 수십 년 전부터 이런 방식으로 먹어왔다고 항변을 하지만, 민난 지역 전통 방식은 아니었다.

이곳의 사차 소스는 독특한 향이 나면서 조금 매운 편이었다. 내가 보기에는 동남아에서 먹는 사테 소스보다 맛이 훨씬 못한 듯했다. 게다가 샤먼 사람들은 면 요리를 잘 못 하는지 사차몐 면발이 쫄깃하지도 않고 꼬들꼬들하기만 했다. 이런 음식은 대충 허기만 때울 뿐이지 한 끼 식사로는 부족할 것 같았다.

내 눈치를 살피던 친구가 갑자기 찌개의 일종인 둔탕(炖汤)을 먹으러 가지 않겠냐고 제안했다. 나는 반색하며 그를 따라나섰다. 우리가 간 곳은 '바오구이(宝贵)'라고 하는 식당이었는데, 안으로 들어서자마자 주인아주머니가 직접 나와 친절하게 맞아주었다. 그녀는 유머 감각이 뛰어난 사람이었다. 식당 이름을 왜 '소중한'이라는 뜻의 바오구이라고 지었냐고 물어보니, 남편이 자신을 하도 '소중한 사람'이라고 불러서 그렇게 지어버렸다고 한다.

이 '소중한' 식당에서는 어떤 음식을 파는지 궁금하다고? 메뉴는 셀 수 없을 정도로 많았다. 내가 이 식당 안으로 들어섰을 때 가장 먼저 눈에 띈 것은 커다란 양철 찜통 안에 든 작은 사기그릇들이었다. 그 그릇 안에는 식당에서 파는 각종 음식이 다양하게 들어 있었다. 마치 예전 홍콩 거리에서 찜 요리를 팔던 모습과 비슷한 것 같았다. 찜통 안에 든 것 중에서 특히 새눈치가 담긴 그릇에 시선이 갔다. 이런 생선은 홍콩에서도 맛보기가 힘들기 때문이다. 새눈치 같은 바닷물고기를 직접 잡아서 뜨끈한 탕으로 끓여 먹으면 맛이 정말 환상적이다. 이곳에서는 이것 말고도 망둑어, 기름장어, 네날가지, 전복, 해삼, 거북이 등을 푹 고아서 팔고 있었다.

다른 찜통 안에는 기름기가 자르르 흐르는 밥들이 그릇째 담겨 있었다. 흰쌀밥에는 절인 생선이나 오징어가 들어 있고, 붉은 현미밥에는 절인 건육의 일종인 라웨이가 들어 있었다. 보면 볼수록 계속 군침이 돌았다. 먹다가 음식이 부족하다 싶으면 떡을 넣고 끓인 짜주(杂煮)나 죽순이 든 돼지 내장탕, 땅콩을 넣고 조린 돼지 꼬리 고기, 절인 채소를 넣은 대창 볶음, 달걀을 넣은 고기 장조림 등을 더 주문해서 먹으면 된다.

이곳에는 내 SNS 친구들이 추천해준 굴로 만든 하이리젠도 있었다. 차오저우에서는 하오라오(蚝烙), 홍콩에서는 호뱅(蚝煎)이라고 하는 이 음식은 굴을 전처럼 부친 것이었다. 요리에 사용된 굴은 신선할 뿐만 아니라 알이 엄지손가락만 할 정도로 살이 통통하게 올라 있었다. 이외에도 토란 완자 튀김, 오향육, 바오빙도 있어 이곳에 오면 골라 먹는 재미가 있을 것이다. 친구 손에 이끌려 우연히 찾아온 장소에서 전통적인 음식을 맛볼 수 있어서 너무나도 기뻤다.

바오구이(宝贵)
民族路88号
TEL . +86 592-208 8994

요즘 샤먼에는 최신 호텔이 우후죽순처럼 생겨나고 있었다. 하지만 함께
간 류쉬안창 선생은 여전히 바닷가에 있는 마르코 폴로 호텔을 선호했다. 8층
짜리 작은 호텔에 불과했지만, 깔끔하면서도 편안했기 때문이다.

우리는 호텔에 여장을 풀고 나서 또다시 맛집을 찾아 나섰다. 우리가 찾
아간 맛집은 '옌위(宴遇)'라는 음식점으로 젊은 사람들이 자주 다니는 중심
가에 자리 잡고 있다. 최근 이곳은 트렌디한 인테리어로 인해 많은 사람이
즐겨 찾는 식당이 되었다고 한다. 잠시 살펴보니 소문대로 손님들이 끊임없
이 밀려들어 빈 테이블을 찾아볼 수 없을 정도였다. 우리는 먼저 옌위의 메
인 셰프 우룽(吴嵘)을 만나 보았다. 그는 푸젠 지역의 전통 조리법을 전수 받
은 사람이었지만, 요즘 젊은 세대들이 좋아하는 퓨전 요리도 잘 만들었다. 그
리고 이 식당에는 장충밍(张淙明)이라는 셰프도 있었다. 우룽과는 선후배 사
이라고 한다. 두 사람은 이곳에서 선의의 경쟁을 벌이고 있지만, 평소에는 무
척 친한 사이였다.

식당 이름 '옌위'는 공교롭게도 연인과 만남을 뜻하는 '옌위(艳遇)'라는
말과 발음이 같았다. 이름이 재미있다는 생각을 하며 자리에 앉아 테이블 위

를 힐끗 쳐다보니 콘돔 같은 것이 보였다. 깜짝 놀라서 포장을 뜯어보니 물티슈였다. 아무튼, 다시 본론으로 돌아와 우리는 무엇을 먹을지 고민하기 시작했다. 제일 먼저 나온 것은 가우룽 세트 요리로 투쑨둥, 문어, 간장을 곁들인 망고, 두부피에 각종 재료를 넣고 말아서 튀긴 우상쥐안(五香卷), 채소 완자 튀김, 해파리냉채, 전병에 엿과 무절임을 넣고 말아서 만든 충탕쥐안(葱糖卷), 별벌레류인 사충(沙虫) 요리, 그리고 절인 방어가 있었다.

가장 인상적이었던 것은 삶은 문어였다. 다른 곳에서 먹었던 문어처럼 질길 것으로 생각했다면 그건 오산이다. 민난 지역에서 생산되는 문어는 부드러우면서도 쫄깃하기 때문이다. 일반적인 문어와는 차원이 다르므로 꼭 먹어보라고 권하고 싶다. 그리고 망고도 먹는 방식이 아주 독특했다. 이곳에서는 망고를 간장에 찍어 먹거나 때에 따라서 설탕이나 실고추를 넣어 먹었다. 이런 식습관은 동남아에서 넘어온 것인지 아니면 이곳에서 생겨난 것인지 알 수 없었다.

이어서 테이블 위에 올려진 음식은 불도장(佛跳墙)이었다. 미니 사이즈로 작게 만들어서 한 사람 앞에 하나씩 놓고 먹기 좋았다. 그리고 계속해서 샤먼식으로 우스터소스를 넣고 조린 새우, 오징어를 넣고 만든 볶음면, 기름에 튀긴 게, 닭 육수로 끓인 명주조개탕, 파 기름으로 향을 낸 조기찜, 으깬 토란을 곁들인 저민 소라, 전통 게살 죽, 부추 군만두, 돼지기름으로 볶은 채소, 두리안을 넣고 만든 미니 사이즈 약밥, 달콤하게 끓인 땅콩 탕, 그리고 각종 과일 등이 푸짐하게 차려졌다.

튀긴 게 요리는 민난 지역에서 꽤 유명한 요리이다. 만드는 방법은 간단하다. 살이 통통하게 오른 게를 두 동강 낸 다음, 드러난 게살 부분을 팬에 닿게 넣어서 기름에 튀기듯 지져내면 된다. 이렇게 만든 게 튀김이 24덩어리나 테이블 위에 올려졌다. 하나같이 살이 가득 차서 덕분에 우리는 게살을 푸짐하게 맛볼 수 있었다.

중국 월(越)나라 미녀 서시(西施)의 혀를 닮았다고 해서 서시설(西施舌)이라고도 하는 명주조개는 조개 종류 중에서도 크기가 꽤 큰 편이다. 홍콩에서는 이것을 과이페이퐁(贵妃蚌)이라고 부르는데, 홍콩에서 파는 것보다 훨씬 크고 좋은 것 같았다. 자세히 살펴보니 날개같이 생긴 것이 보였는데, 나중에서야 그것이 생식기라는 것을 알게 되었다. 이 조개는 암수가 한 몸이어서 그런 것이라고 한다. 과거 홍콩에 있던 '다이팟하우(大佛口)'라는 식당에서는 조개의 생식기만 따로 모아서 쌓아두었는데, 보통 한 마리에 하나씩이라고 해도 합치면 수백 개는 더 되었다. 당시에는 상어지느러미라고 하며 먹었던 기억이 난다.

부추 군만두도 널리 알려진 민난 요리 중 하나이다. 샤먼에 들렀다면 한 번쯤은 꼭 맛봐야 할 음식이다. 이것을 만들 때는 부추, 말린 두부, 다진 돼지고기, 봄 죽순을 잘 버무린 뒤에 만두피에 잘 싸서 바삭하게 구우면 된다. 그리고 으깬 토란은 달콤한 게 꽤 맛있어서 계속 손이 갔다. 이것을 짭짤한 맛이 나는 소라와 함께 먹으니 단맛과 짠맛이 조화를 이루어 더욱 식욕이 돋는 것 같았다.

옌위(宴遇) 嘉禾路21号
TEL . +86 592-806 6917

배불리 실컷 먹고 나서 숙소로 돌아오니 피곤했는지 바로 잠에 곯아떨어져 버렸다. 다음 날 아침, 나는 일어나자마자 무엇을 먹을지부터 고민하게 되었다. 사실 오늘 일정이 빡빡해서 미리 속을 든든하게 채워두지 않으면 안 되기 때문이다. 근처 시장에 먹을 만한 곳이 없는지 알아보았지만, 딱히 갈 만한 곳이 없었다. 요즘 샤먼에서도 아침밥을 잘 챙겨 먹지 않아서 메뉴가 다양하지 않은 듯했다. 샤먼에서 우한 얘기를 꺼내긴 그렇지만, 우한 사람들은 아침밥을 무슨 명절 음식처럼 푸짐하게 차려 먹는다.

나는 일찌감치 현지 미식 전문가들에게 오늘 하루 동안 길 안내를 해달라고 부탁해뒀다. 그렇게 모인 사람들이 바로 옌위의 셰프 장충밍과 우룽, 웨이보 닉네임이 '해산물 아저씨'인 친구, 〈고령가(牯岭街) 소년 살인 사건〉이라는 영화를 좋아해서 웨이보 닉네임을 '고령가 소년'이라고 지은 미식 전문 기자, 그리고 마지막으로 '구룽톈청(古龙天成)' 간장공장 책임자인 옌징(颜靖)이었다.

민난 사람들은 '버섯 족발' 통조림을 즐겨 먹는다고 한다. 이것을 면과 함께 볶아먹으면 그 어떤 고급 요리 못지않게 맛있기 때문이다. 이 통조림을 생산하는 '구룽식품(古龙食品)'이라는 회사는 족발을 만들 때 간장이 하도 많이 쓰여서 따로 공장을 설립하기도 했다. 그러다가 사업 규모가 점점 커지면서 직접 관리하기 힘들어지자, 옌징에게 공장 관리를 맡기게 되었다고 한다.

우리 일행은 먼저 샤먼에서 가장 오래된 '바스(八市)'라는 시장으로 향했다. 이곳은 샤먼에서 모르는 사람이 없을 정도로 유명한 시장이다. 몇 구역에 걸쳐 조성된 이 시장에는 온갖 식재료가 다 갖춰져 있어 구경할 것이 많았다. 하지만 해산물은 광둥 연안에서 생산되는 것과 비슷한 게 많아서 그런지 신기하게 느껴지지 않았다. 그래도 '러위(鲥鱼)'라고 하는 생선은 구경할 만했다. 생긴 것이 준치랑 똑 닮아서 같은 종류가 아닌지 의심이 들 정도였다. 민난에서는 우스갯소리로 '러위로 만든 음식은 마누라하고도 나눠 먹지 않는다.'라고 말할 정도로 인기가 많은 생선이었다.

시장 안을 둘러보다가 어느 골목 안에서 돌로 만든 문과 돌비석을 발견하게 되었다. 비석에는 '석(石)' 자만 보일 뿐, 다른 글자는 거의 지워져 잘 보이지 않았다. 비석 옆에는 굴을 파는 노점상 할머니가 앉아 계셨는데, 60여 년간 이곳에서 굴을 까며 살았다고 한다. 연륜에서 묻어나는 탁월한 솜씨 때문인지 그녀가 까둔 생굴은 특히 더 싱싱해보였다. 그런데 샤먼 사람들은 굴을 굴이라고 하지 않고 하이리(海蛎)라고 불렀다. 예전에 샤먼 출신 배우 린후이황(林辉煌)에게서 굴에 관한 이야기를 들었던 기억이 난다. 그는 어릴 때 밥은 잘 먹지 않고, 항상 해변에 가서 굴을 캐 먹으며 배를 채웠다고 한다. 어릴 때부터 비싼 굴을 잔뜩 먹고 자란 그가 부러울 따름이었다.

시장 한가운데 있는 광장에는 '라이춰구징(赖厝古井)'이라는 오래된 우물터가 있었다. 그 주변에는 몇몇 어르신이 낮은 걸상에 앉아 차를 끓여 마시고 있는 모습이 보였다. 샤먼의 노인들은 정말 여유로운 생활을 하는 듯했다. 아침에 일어나면 달콤한 파이 같은 셴빙(馅饼)이나 녹두떡으로 끼니를 때우고, 오후가 되면 톄관인(铁观音)차나 다홍파오(大红袍)차를 끓여 마시며 신문을 본다. 그러다 보면 어느새 하루가 다 가버린다.

이 시장에는 '라이춰 볜스 싸오(赖厝扁食嫂)'라는 아침밥 전문 식당이 있다. 식당 이름에 있는 '볜스(扁食)'는 만두의 일종인 샤오훈툰(小馄饨)을 가리킨다. 이 식당에서는 샤오훈툰 이외에 비빔면도 맛볼 수 있다. 또 다른 식당 '유성 펑웨이 샤오츠(友生风味小吃)'와 '천싱짜이 인스뎬(陈星仔饮食店)'에서는 면발이 가는 국수인 '몐셴후(面线糊)'나 짭조름한 맛이 나는 죽을 팔았다. 그리고 '아제우샹(阿杰五香)'에서는 두부피에 각종 재료를 넣고 말아서 튀긴 우샹줴안 같은 음식을 맛볼 수 있다. 이곳에 오면 샤먼의 전통적인 아침 식사를 제대로 즐길 수 있을 것이다.

빡빡한 오늘 일정을 다 소화해내기 위해서는 좀 더 빨리 움직여야 했다.

우리는 아침을 후다닥 먹어치운 뒤에 오전에는 사인회를 진행하기 위해 '종이 세상(紙的世界)'이라는 서점으로 향했다. 이곳은 책을 천장까지 쌓아두었기 때문에 높은 곳에 있는 책을 꺼내려면 사다리를 타고 올라가야 했다. 예쁜 서점 이름만큼이나 구조도 독특해서 분위기가 참 좋은 듯했다.

우리는 행사 시작 시각보다 훨씬 일찍 도착했지만, 벌써 많은 사람이 내책을 사기 위해 줄을 길게 서고 있었다. 그 모습을 본 나는 서점 관계자에게 테이블을 가져다달라고 하고는 사람들을 향해 먼저 사인해줄 테니 계산은 나중에 하라고 소리쳤다. 그러자 사람들은 환호성을 질러댔고, 서점 안에 있는 300~400명의 독자가 순식간에 내 주위로 몰려들었다. 사인을 마친 뒤에는 그들과 질의응답 시간을 가졌다. 그리고 일일이 기념 촬영까지 해주었더니 독자들은 마냥 좋아했다.

이번 행사에는 웨이보 닉네임이 '목어(木魚)가 차에 관해 묻다'와 '오동나무 산장 주인'인 친구들이 각각 취안저우(泉州)와 푸저우(福州)에서 나를 위해 달려와 주었다. 친구들이 많이 모이니 주변이 자못 떠들썩해졌다. 이처럼 친구들과 독자들의 성원에 힘입어 행사는 성황리에 막을 내렸다. 행사가 끝난 뒤에 주최 측을 통해 책이 8,000부나 팔렸다는 소식을 듣고 나는 깜짝 놀라고 말았다. 정말 샤먼에는 열혈 독자들이 많은 듯했다.

이어서 나는 라디오 방송에도 출연하게 되었다. 진행자는 홍옌(洪岩)이었는데, 그녀는 내게 민난어를 할 줄 아는지 물어보았다. 그래서 나는 또박또박한 민난어 발음으로 재미있는 이야기 하나를 들려주었다.

"예전에 샤먼 출신의 한 남자가 사방이 육지로 둘러싸인 안시(安溪)로 가서 찻잎 장사를 하며 살게 되었어요. 그렇게 지내다가 그 지역의 순박한 처녀 한 명을 아내로 맞아들이게 되었죠. 그러던 어느 날, 그는 아내를 데리고 주변이 바다로 둘러싸인 샤먼으로 귀향하게 되었어요. 막 샤먼에 도착했을

때, 그들은 바다를 가로질러 가는 큰 배 한 척과 그 뒤를 따르는 작은 배 한 척을 발견했답니다. 그 모습을 본 아내는 이렇게 말했다고 해요. '어머나, 엄마 배가 새끼 배를 낳았네!'

점심때는 '사오주페이(燒酒配)'라는 식당에서 밥을 먹었다. 사오주페이란 술안주로 곁들여 먹는 요리를 말하기도 한다. 그곳에서 먹은 음식 중에서 가장 기억에 남는 것은 '충탕쥐안'이었다. 이것은 푸젠성에서 즐겨 먹는 바오빙의 또 다른 형태였다. 전병 안에 들어가는 기본적인 재료는 바오빙과 같았지만, 특이하게도 충탕쥐안에는 엿과 무절임도 들어갔다. 이때 들어가는 엿은 파의 흰 밑동처럼 생겼다고 해서 탕충(糖葱)이라고 부른다. 충탕쥐안을 먹으면 엿과 무절임에서 새콤달콤한 맛이 나서 특히 아이들한테 인기가 많다고 한다. 나와 함께 각종 식품을 파는 인터넷 쇼핑몰 '화화스제(花花世界)'를 운영하는 류쉬안창 선생은 마치 덩치 큰 아이처럼 충탕쥐안을 4개나 먹고도 더 먹고 싶다며 칭얼댔다.

오후에는 '중화 얼뉘(中华儿女)' 박물관에서 기자들과 인터뷰를 했다. 기자 회견장에 들어가 보니 내가 앉을 좌석이 기자석과 너무 멀리 떨어져 있었다. 그래서 나는 직접 의자를 들고 기자들 코앞까지 가서 자리를 잡고 앉았다. 가까이 앉으면 거리감이 좁혀져 친구처럼 편안하게 대화할 수 있기 때문이다.

기자 회견을 마친 뒤에 샤먼에서 가장 고급스럽다는 '룽후이(融绘)' 둥두(东渡)점에 가서 저녁을 먹었다. 룽후이는 샤먼의 유명 셰프 장충밍이 운영하는 음식점이다. 우리가 방문한 둥두점은 샤먼의 랜드마크인 둥두루(东渡路)의 뉴터우산(牛头山) 공원 근처에 있었다. 차를 주차장에 세워두고 산길을 따라 조금 올라가니 산 절벽 아래에 지어둔 38m 높이의 엘리베이터가 보였다. 이것을 타고 올라가야 음식점에 도착할 수 있다고 한다. 음식점 안으로 들어가 보니 창을 통해 경치가 사방으로 훤히 내다보였다. 샤먼 대교도 바로 코앞에 있는 듯 매우 가까워 보였다.

우리가 예약해둔 룸 한쪽에는 십여 명이 앉을 수 있는 원탁이 있고, 다른 한쪽에는 오픈형 조리대가 놓여 있었다. 원탁에 앉지 않고 조리대 앞의 바 테이블에 앉아서 식사하면 훨씬 더 정감이 느껴질 듯했다. 그리고 원탁이 있는 곳에 앉으면 대형 스크린을 통해 현장에서 바로 찍은 장충밍의 기예에 가까운 요리 솜씨를 감상할 수 있었다.

맨 처음 나온 음식은 내가 가장 좋아하는 바오빙이었다. 민난 사람들은 명절이 되면 무슨 의식처럼 이 음식을 꼭 먹었다. 하지만 만드는 방법이 복잡해서 재료를 준비하는 데만도 꼬박 2~3일이 걸린다고 한다. 예전에는 온 집안사람이 함께 모여 바오빙을 만들기도 했지만, 요즘 홍콩에서는 이런 모

차이란(蔡瀾)의 미식 방랑기

습을 거의 찾아볼 수 없다. 푸젠성에 사는 한 친구는 집에서 만든 바오빙은 아무리 많이 먹어도 물리지 않는다고 말하곤 했다. 샤먼 주변 지역에서는 이 음식을 모두 바오빙이라고 부른다. 동남아에서도 바오빙이라고 하지만, 취안 저우나 타이완에서는 룬빙(润饼)이라고 불렀다.

테이블 위에는 바오빙에 들어갈 속 재료들이 잔뜩 차려지기 시작했다. 바오빙의 속 재료 중 가장 핵심은 살짝 데친 물김이라고 할 수 있다. 이곳에서는 김을 '후타이(琥苔)' 혹은 '후타이(浒苔)'라고 한다. 일반적으로 해조류는 너무 많이 익히면 향이 사라져 맛이 제대로 살지 않기 때문에 조리를 잘해야 한다. 맛을 살짝 보니 이곳 역시 김을 너무 많이 익힌 듯했다. 김 이외에도 바오빙의 속 재료로 자잘하게 빻은 땅콩 가루, 다진 도미 살, 달걀지단, 말린 고기 가루, 튀긴 쌀국수, 파채, 다진 마늘 볶음, 숙주, 고수가 나왔다. 김까지 합치면 총 10가지였다. 동남아에서는 도미 살 대신 게살을 넣어 먹기 때문에 이곳보다는 좀 더 고급스러운 바오빙을 먹는다고 할 수 있다.

바오빙을 맛있게 싸 먹는 방법은 다음과 같다. 먼저 동그랗게 잘 부쳐진 밀전병을 골라 접시 위에 반듯하게 펼쳐 놓는다. 그런 다음, 한쪽 면에 먹고 싶은 재료를 이것저것 골라 담는다. 그리고 다른 한쪽 면에는 소스를 바른다. 소스를 바를 때는 밑동 부분에 칼집을 넣어 붓처럼 만든 파 줄기로 다진 마늘을 넣은 식초 소스, 겨자 소스, 고추소스, 토마토소스 등을 펴 바른다. 마지막으로 밀전병 중간에 주재료를 넣고 잘 싸서 먹으면 된다.

바오빙에 들어가는 주재료는 만들 때 정성을 많이 들여야 한다. 먼저 양배추채, 당근채, 죽순채, 다진 삼겹살, 말린 두부채, 마늘종, 완두콩, 새우, 굴, 잘게 다진 가자미 살, 다진 파 말린 것 등을 넣고 충분히 잘 볶는다. 물기가 너무 없다 싶으면 육수를 조금 넣으면 된다. 민난 사람들은 이것을 밤새도록 볶아야 더욱 맛이 좋아진다고 한다.

정통 방식으로 만든 바오빙을 먹고 나니 다른 음식은 먹을 필요가 없을 듯했다. 하지만 계속해서 맛있는 음식들이 나오자 도저히 거부할 수 없었다. 얇게 저민 소라에서는 차 향이 났는데, 테관인 우린 물에 살짝 익혀서 그런 것이라고 한다. 그리고 삼겹살과 병어를 중국식 된장으로 조린 것도 꽤 맛있었다. 식재료로 사용된 병어는 7~8근은 너끈히 나갈 정도로 큰 것이었다. 이어서 술을 넣고 찐 홍새우 요리가 나왔는데, 민난에서 생산되는 최상품의 홍새우로 만든 것이라고 한다. 그뿐만 아니라 싱싱한 굴이 들어간 굴전이나 장어를 넣고 푹 고은 투룽탕(土龙汤)도 먹을 만했다. 민난식 위바오(芋包)는 토란 반죽으로 만든 만두피에 돼지고기, 새우, 죽순, 올방개 등을 넣고 만든 것이었다. 그리고 짜차이바오(杂菜煲)는 구룽(古龙)산 돼지족발 뼈에 갓을 넣고 푹 끓인 것을 말한다. 마지막으로 3종류의 생선 냉채 요리가 나왔는데, 손으로 잘게 찢은 쥐치, 우스터소스를 넣은 전갱이, 아욱을 곁들인 창꼬치가 바로 그것이었다.

이것 말고도 이곳에는 수많은 요리가 있으니 직접 와서 꼭 맛보기를 바란다.

롱후이(融绘) 둥두(东渡)점
东渡路濠头站港区北通道
TEL . +86 592-810 8777

11

산책하기 좋은 홍콩의 셩완(上環)

내가 하는 산책은 남들이 하는 것과는 조금 다르다. 경치 좋은 공원 주변을 어슬렁거리는 것이 아니라 맛집을 찾아다니며 맛있는 음식을 맛보는 것이기 때문이다. 나는 먹는 것 이외에는 아무것도 관심이 없다. 산책 코스도 내가 사는 가우룽 근처가 아니라 홍콩 섬이 대부분이다. 그중에서도 나는 셩완 일대를 주로 간다.

왜 하필이면 셩완이냐고? 홍콩 섬 쪽에는 오래된 상점이 많아 그곳에 가면 옛 정취나 인간미가 느껴지는 것 같아서였다. 하지만 처음 방문하게 되면 거만한 점원의 태도에 살짝 당황할지도 모른다. 마치 자신과는 아무런 상관이 없는 듯 손님이 와도 거들떠보지도 않기 때문이다.

이런 대접은 다소 불쾌하게 느껴질지도 모른다. 하지만 일단 단골손님이 되어 그들과 친해지게 되면 진정한 홍콩의 정을 느낄 수 있을 것이다. 정성껏 대접하는 것은 물론이고, 가게 안의 온갖 음식을 다 꺼내 와서 맛보라고 권해줄 것이기 때문이다. 그렇게 자주 들르다보면 그들은 당신을 한솥밥 먹는 가족처럼 여기게 된다. 그때가 되면 국 한 그릇이나 반찬 한 가지라도 더 챙겨주며 마치 엄마가 딸에게 밥을 먹이는 심정으로 정성을 다하게 될 것이다.

일단 나의 산책은 웰링턴 거리(Wellington St.)에서 머서 거리(Mercer St.) 모퉁이를 돌면 바로 나오는 버드 거리(Burd St.)의 '상기콘지(生記粥品, Sang Kee Congee)'에서 시작된다. 이곳은 새롭게 개장한 홍콩식 티 레스토랑 스타일의 차찬탱(茶餐廳)으로 규모가 꽤 큰 편이었다. 하지만 나는 골목 안에서 탁자 몇 개만 달랑 놓고 장사하는 작고 오래된 식당을 더 좋아한다.

상기콘지의 주인 아펀(阿芬)은 여전히 허둥지둥하며 바쁜 모습이었다. 하지만 일단 주문을 받고 나면 실수 없이 요리를 척척 만들어냈다. 아침 일찍 이곳에 들렀다면 초어로 만든 뜨끈뜨끈한 죽을 맛볼 수도 있다. 이것 말고도 이곳에는 완자, 생선 뱃살, 돼지 내장, 소고기 등을 넣고 만든 죽이나 면류가 잘 갖춰져 있다. 특이하게도 이곳에서는 생선회도 팔았다. 하지만 빨리 가지 않으면 금방 동이 나버려 먹기 힘들지도 모른다. 생선을 날로 먹는 것이 꺼려진다면 뜨거운 죽에 넣고 반쯤 익혀서 먹는 것도 좋은 방법이다.

이곳에서는 죽을 만들 때 조개관자와 은행, 그리고 대나무처럼 생긴 건두부인 푸주(腐竹)를 넣고 만든다. 다른 집의 죽과 비교해보면 맛의 차이를 확연하게 느낄 수 있을 것이다. 길게 설명하면 입만 아플 테니, 직접 가서 한번 맛보기를 바란다. 아마 평생 잊지 못할 그런 맛일 것이다.

만약 자리가 없다면 모퉁이를 돌면 바로 나오는 아편의 또 다른 식당으로 가면 된다. 그곳은 자리가 넉넉해서 여유롭게 식사할 수 있을 것이다. 그뿐만 아니라 그곳에서는 다양한 소고기 요리도 맛볼 수 있다. 죽이야 어차피 본점에서 끓여오는 것을 팔기 때문에 맛에는 큰 차이가 없다.

상기콘지(生記粥品)
7 Burd St, Sheung Wan, Hong Kong
2541 1099

ⓘ 주의

월~토 영업(일요일, 청명절, 중양절, 추석 및 설 첫날부터 7일까지 휴무),
아침 6:30분부터 영업시작

상기콘지에서 나와 앞으로 곧장 가다보면 윙쿳 거리(Wing Kut St.)가 나온다. 그 거리 중간쯤 가다 보면 40여 년 동안 한자리를 지키며 영업해온 '레몬킹(柠檬王, Lemon King)'이라는 노점이 보일 것이다. 현재 이곳은 그 아들이 대를 이어서 운영하고 있다.

여러 해 전에 이곳은 대대적인 노점상 단속에 걸려 손수레를 압수당하고 말았다. 당시 노점상 주인이 나에게 도움을 청해오자, 나는 즉시 논평을 써서 이 일을 공개적으로 비판하였다. 결국 당시 식품환경위생 관련 부처의 책임자인 쥐(卓) 서장은 주인에게 손수레를 돌려줄 수밖에 없었다. 쥐 서장과는 싸우면서 그만 정이 들어버려 그때 이후로 줄곧 친분을 유지하고 있다. 많은 우여곡절을 겪었지만, 레몬킹이 그 자리를 꿋꿋하게 지켜준 덕분에 지금도 우리는 그곳의 맛있는 간식거리를 맛볼 수 있게 되었다. 하지만 레몬킹의 제품은 가짜가 많으니 주의해야 한다. 원조는 윙쿳 거리에 있다는 것을 꼭 기억해두자.

레몬킹(柠檬王)
FP – 20 Wing Kut St, Sheung Wan, Hong Kong
주인 탕(唐) 선생 연락처 : 9295 2658

윙쿳 거리에 있는 '막스누들(麥奀, Mak's Noodle)'이라는 국숫집도 전통 있는 식당 중 하나이다. 그곳에서 웨스턴 마켓(Western Market) 쪽으로 걸어가다 보면 거리 뒤편에 '싱룽홍(成隆行, Shing Lung Hong)'이라는 게 요릿집이 보일

것이다. 매년 게가 많이 잡히는 시기가 되면 이곳에는 민물 게 요리의 일종
인 다자셰(大閘蟹)를 맛보려는 사람들로 줄을 선다. 그리고 이 식당에서는 게
의 내장으로 만든 '투황유'와 게살 수프인 '셰펀(蟹粉)'를 밀폐 용기에 담아
서 판매하고 있다. 집에서 스파게티 면을 삶은 뒤에 이 게장 소스 몇 숟가락을
떠 넣고 비벼 먹으면 그 어떤 훌륭한 이탈리아 요리 못지않게 맛있을 것이다.

막스누들(麥奀)/싱룽홍(成隆行)
120 Wing Lok St, Sheung Wan, Hong Kong
TEL . 2543 8735

싱룽홍 옆에 있는 작은 골목을 지나면 송화단(松花蛋)을 파는 '리운기(李
煥記, Lee Woon Kee)'가 나온다. 이곳에 갈 때마다 식당 여주인은 항상 뚱한 표
정으로 앉아 있곤 한다. 아마도 자신이 만든 송화단 맛에 자부심이 있어 손
님이 오든 말든 상관하지 않기 때문일 것이다. 그녀는 50여 년 동안 자신이
운영하는 농장에서 엄선해온 오리 알을 삭혀서 반숙 송화단을 만들어왔다.
껍질을 벗기면 오리 알 표면에 소나무 꽃 모양이 보이기도 하는데, 이는 미
식가들의 침샘을 자극하기에 충분할 것이다.

리운기(李煥記)
118 Wing Lok St, Sheung Wan, Hong Kong
TEL . 9529 7199

리운기에서 조금만 걸어가면 '차이나 드래곤(中國龍, China Dragon)'이라는 잡화점 하나가 눈에 띌 것이다. 이곳은 중국 각 지역의 전통적인 특산품을 판매하고 있어서 그런지 갈 때마다 정감이 느껴졌다. 즉석에서 조리해주는 밤과 고구마 이외에도 각종 희귀한 식재료들이 가득했다. 이곳에서는 지팡이도 판매했는데, 산초나무로 만들었기 때문에 이것을 짚고 다니면 건강에도 좋다고 한다.

차이나 드래곤(中國龍)
283 Queen's Road Central, Sheung Wan, Hong Kong
TEL . 3158 0203

나는 늘 이때쯤 되면 항상 배가 고파지기 시작한다. 그래서 젊었을 때 자주 가던 옛 남팍홍(南北行) 거리 쪽으로 가보았다. 그곳에는 세이호이통 은행(四海通銀行, Four Seas Communication Bank)이 있는데, 이 은행의 류쭤처우(刘作籌) 은행장은 항상 내게 자신이 수집한 서화를 보여주며 진품을 구분해내는 방법을 알려주곤 했다.

아무튼, 예전에 이곳에는 차오저우 음식을 파는 먹자골목이 있었다. 하지만 골목이 철거된 뒤에는 '퀸 스트리트 쿡드 푸드 마켓(皇后街市, Queen Street Cooked Food Market)' 2층에 있는 '찬춘기(陳春記, Chan Chun Kee)'라는 식당에서나 그 음식을 맛볼 수 있게 되었다. 이곳의 여주인은 아흔 살이 다 되어가지만, 아직도 정정하게 식당을 운영하고 있었다. 그녀는 다른 곳에서는 먹어보기 힘든 차오저우식 돼지 내장탕을 만들어서 팔고 있는데, 이곳의 돼지 내장이나 선지의 맛은 예전 그대로여서 옛 추억이 새록새록 느껴질 것이다.

찬춘기와 마찬가지로 '창기 궈반(曾記粿品)'에서는 차오저우식 부추 지짐떡 이외에 각종 소를 넣고 만든 다양한 지짐 떡을 판매하고 있다. 이곳은 굴전도 먹을 만하다. 하지만 많은 사람이 찾기 때문에 빨리 가지 않으면 음식이 금방 팔려버려 먹지 못하게 되는 경우도 허다하다.

맛있는 음식으로 배를 든든하게 채운 뒤에 본햄 스트랜드 이스트(Bonham Strand East)로 발길을 돌려 '지우용(蕘陽)'이라는 차 상점으로 가보았다. 그곳에서 파는 차 중에서 분홍색 철제 상자에 담긴 '만년춘(万年春)'이라는 수선화차는 60~70년 전부터 동남아로 수출할 정도로 유명하다. 상점에서 한번 시음을 해보면 말로 표현할 수 없는 그윽한 향을 느낄 수 있을 것이다. 게다가 이 차는 소화에도 도움이 된다고 한다.

지우용 차종(蕘陽茶庄)
17 Bonham strand, Sheung Wan, Hong Kong
TEL . 2544 0025

차를 마셨더니 금방 소화가 돼서 다른 음식을 좀 더 먹어도 될 것 같았다. 이럴 때는 퀸스 로드(Queen's Road)에 있는 찬이자이(陳意齋, Chan Yee Jai)로 가면 된다. 그곳에서 파는 제비집 떡이나 율무 과자, 아몬드 주스는 홍콩 사람이라면 모두 열광하는 간식거리이다. 그리고 이곳에서는 두부피를 돌돌 말아서 만든 '잣타이(紮蹄)'를 즉석에서 만들어 판매하고 있었다. 속 재료가 든 것과 들지 않은 것 두 종류가 있는데, 그중에서도 새우가루가 든 것이 더 맛있다. 주문할 때 잘게 잘라달라고 부탁한 후에 거리를 돌아다니며 먹어보는 것도 괜찮다. 그러면 홍콩 성완에서의 미식 산책을 즐겁게 마무리할 수 있을 것이다.

12

두 번째 호주 여행(상)

"어디로 가면 좋을까?"

새해가 오기 전에 어디로 여행 가면 좋을지 친구들과 모여앉아 이리저리 궁리를 해보았다. 나와 내 친구들은 자녀가 없어 걸핏하면 작당 모의를 해서 함께 여행을 다니곤 했다. 딱히 특별한 목적도 없었다. 그저 마음 맞는 친구들끼리 어울려 노는 것이 좋았을 뿐이다. 특히 명절 때는 다른 사람에게 폐를 끼치거나 혼자 쓸쓸하게 보내지 않아도 되기 때문에 더욱 좋았다. 가끔은 죽이 잘 맞는 친구들이 가족보다 나을 때가 있다. 아마 가족도 우리처럼 이렇게 화기애애하게 어울리기 힘들 것이다.

아무튼, 우리는 궁리 끝에 가자 좋은 술을 한 병씩 사 들고 호주로 여행을 떠나기로 했다. 목적지를 호주로 결정한 이유는 바로 쌀국수 때문이었다. 우리 일당들은 하나같이 쌀국수라면 사족을 못 쓰는 '포(Pho, 베트남 소고기 쌀국수)' 마니아들인 데다가 호주 멜버른에는 우리가 모두 좋아하는 쌀국수 맛집 '포 중(Pho Dzung, 勇記) 시티 누들 숍'이 있어서였다. 한동안 그곳의 쌀국수를 맛보지 못했더니 그 맛이 너무 그리워 이번에 다시 찾아가 보기로 결정한 것이다. 그곳의 쌀국수를 맛볼 수만 있다면 비싼 비행기 삯쯤은 문제도 되지 않았다.

이번 여행은 유흥을 목적으로 한 것이 아니기 때문에 카지노 호텔이 아니라 격조 있는 '윈저 호텔(The Hotel Windsor)'에 묵었다. 이 호텔은 1883년에 지어진 이래로 130여 년 동안 줄곧 그 자리를 지키고 있었다. 하지만 세월이 흐르는 동안 여러 차례 리모델링이 진행되었고, 주인도 몇 번 바뀌었다고 한다. 과거에는 인도에서 규모가 꽤 큰 오베로이(Oberoi) 그룹에서 이 호텔을 사들였지만, 그 이후에는 중국계 인도네시아 상인의 손으로 소유권이 넘어갔다. 지금은 그 상인의 부하 직원이 호텔을 관리하고 있었다. 관리인의 이름은 아지트 라오(Ajit Rao)로 내 오랜 친구이다. 이렇게 오랜만에 호주에 와서 그 친구를 만나게 되니 너무나도 기뻤다.

호텔에 머문 지 며칠이 지난 어느 날, 그는 내게 불편한 점은 없는지 친절하게 물어왔다. 그래서 나는 이렇게 말해주었다.

"번거롭게 객실 청소를 매일 두 번씩이나 하지 말고, 한 번씩만 하라고 해주세요."

그는 그러겠다고 하며 호텔 관리 일이 힘든지 이런 말을 덧붙였다.

"요즘 호주에서는 이런 힘든 일을 할 고용인을 찾기가 점점 더 힘들어져요. 호주도 싱가포르처럼 이민자를 적극적으로 받아들였으면 좋겠어요."

고맙게도 호주 관광국에서는 중국 지역 담당자인 왕잉치(王瑩洪)를 호텔로 보내 우리 일행의 방문을 환영해주었다. 듣자 하니 그녀 역시 이민자 출신이라고 한다. 그녀는 얼굴도 예쁜데다가 마음씨도 무척 고운 것 같았다. 우리에게 줄 선물을 하나씩 정성껏 포장해와 나눠주었기 때문이다.

우리는 먼저 한 농장에 들러 점심을 먹었다. 에릭(Eric)과 재닛(Janet)이 운영하는 '로리마 글렌 팜스테이(Laurimar Glen Farmstay)'라는 농장으로 예전에도 한 번 와본 적이 있는 곳이었다. 도착하고 보니 미리 연락이라도 받았는지

차이란(蔡瀾)의 미식 방랑기

그들은 벌써 양고기를 구워놓고 우리를 기다리고 있었다. 호주에서는 자동 숯불 바비큐 그릴을 이용해서 고기를 굽기 때문에 매우 편리해보였다. 커다란 양 한 마리를 통째로 그릴에 집어넣고 불만 붙이면 자동으로 돌아가며 고기가 구워졌다. 2시간 정도면 완성되기 때문에 시간 맞춰서 꺼내 썰어내기만 하면 된다.

잘 구워진 양고기를 보니 콩팥과 그 주위에 붙은 기름진 살들을 떼어 먹고 싶다는 생각이 들었다. 그래서 뱃속을 잘 살펴보았지만, 아쉽게도 이미 도살장에서 내장을 다 제거한 후에 가지고 온 것이라 아무것도 남아 있지 않았다. 할 수 없이 다른 부위의 고기를 맛보았는데, 이것도 먹을 만했다. 껍질은 바삭바삭하고, 살코기에는 기름이 줄줄 흘렀기 때문이다. 더군다나 농장에서 직접 바비큐를 구워 먹는 것은 홍콩에서도 쉽게 접할 수 없는 일이라 더욱 맛있게 느껴졌다.

농장 안에는 호주에서 자라는 각종 나무와 화초가 울창하게 심겨 있었다. 그리고 이곳에서는 페루에서 들여온 라마(Llama)도 기르고 있었는데, 중국 사람들은 이것을 '양퉈(羊驼)'라고 부른다. 농장에는 라마 말고도 다른 신기한 동물들이 많아 구경할 것이 꽤 있었다. 그뿐만 아니라 이 농장은 관광객들을 위해 저렴한 가격으로 숙소도 제공해주었다. 내가 갔을 때도 일본에서 온 몇몇 여성이 장기 투숙을 하고 있었다. 그녀들은 농장에서 머물면서 가끔 케이크를 구워서 사람들에게 나눠주기도 했다. 이들처럼 오랫동안 한곳에 머물며 농장 체험을 해보는 것도 꽤 낭만적일 듯했다.

나는 멜버른이 전혀 낯설지 않다. 십여 년 전, 이곳에서 청룽(成龙, 성룡)과 함께 '성룡의 나이스 가이(Mr. Nice Guy)'라는 영화를 찍은 적이 있기 때문이다. 당시 나는 1년 정도 머물었는데, 가끔 차를 몰고 나가서 도시 구석구석을 구경하기도 했다. 다행히도 도시 모습이 크게 변하지 않아 길을 잃을 걱정은 하지 않아도 될 듯했다.

멜버른에 있는 퀸 빅토리아 시장 역시 옛 모습 그대로였다. 나는 예전에 자주 들렀던 중국 아주머니의 채소 노점상을 찾아보았다. 하지만 장사를 접었는지 어디에도 그녀의 모습은 보이지 않았다. 아쉬운 마음을 달래기 위해 다른 곳으로 발길을 돌려보았다. 다행스럽게도 햄과 소시지를 파는 가게는 여전히 같은 자리에서 영업하고 있었다. 가게 안으로 들어서자 유고슬라비아 출신 가게 주인은 단번에 나를 알아보고는 반갑게 맞아주었다. 나는 그녀에게 지쓰몐(鸡丝面)을 팔던 국숫집이 어디로 갔는지 물어보았다. 하지만 돌아온 그녀의 대답은 나를 실망스럽게 했다.

"요즘 젊은이들이 잘 찾지 않아서 문을 닫았어요."

지쓰몐은 내가 좋아하는 국수 중 하나이다. 만드는 방법도 간단해서 육수에 면을 한 줌 넣고 한소끔 끓인 뒤에 닭고기를 이쑤시개처럼 잘게 찢어서 얹어 먹으면 된다. 어찌 보면 라면보다도 끓이기가 쉽지만, 맛은 훨씬 더 좋을 것이다. 하지만 안타깝게도 닭 육수로 끓여서 국물이 담백한 이 국수는 이제 추억 속의 먹거리가 되어버렸다.

먹고 싶었던 국수를 맛보지 못해 실망하고 있을 무렵, 여전히 같은 자리에서 장사하고 있는 치즈 가게를 발견하게 되었다. 이곳에서 파는 과일이 든 치즈는 호주에서만 맛볼 수 있는 특산품으로 치즈 케이크보다도 훨씬 더 맛있다. 그리고 스파클링 와인의 일종인 호주산 '스파클링 쉬라즈(Sparkling Shiraz)'도 과일이 든 치즈와 함께 호주에서 가장 유명한 특산품으로 손꼽히고 있다. 만약 호주에 와서 이것을 맛보지 않았다면 호주를 제대로 즐겼다고 할 수 없을 것이다. 어찌나 맛있던지 나는 호주에 올 때 친구들이 가져온 위스키는 거들떠보지도 않고, 며칠 동안 이 스파클링 와인만 마셔댔다. 그중에서도 '록퍼드(Rockford)'라는 브랜드의 와인 맛이 괜찮은 것 같다. 하지만 가격이 꽤 만만찮았다.

저녁에 우리는 멜버른의 세인트 킬다(St. Kilda) 해변에 자리 잡고 있는 '라우스 패밀리 키친(Lau's Family Kitchen, 刘家小厨)'라는 식당으로 향했다. 식당 규모는 그리 크지 않았지만, 홀 내부에는 손님들이 바글바글해서 빈 좌석을 거의 찾아볼 수 없을 정도였다. 식당 주인 류화컹(刘华铿)은 저녁마다 늘 이렇게 손님들로 붐빈다고 자랑 섞인 투정을 했다.

나는 이 식당의 주인을 안 지 근 30년이 다 되어간다. 그는 멜버른에 있는 중국 음식점 '완서우궁(万寿宫)'의 옛 주인이기도 하다. 그래서 그는 지금도 명함에 '플라워 드럼 레스토랑(Flower Drum Restaurant, 완서우궁의 영문명)의 창업자'라는 직함을 새기고 다녔다. 그런데 자세히 살펴보니 이름 아래에 작은 글씨로 '은퇴한 거나 다름없음'이라고 적힌 문구가 보였다. 번뜩이는 그의 유머 감각에 혀를 내두르지 않을 수 없었다.

그가 창업한 완서우궁은 멜버른에서 꽤 알려진 유명한 식당이다. 이후에 완서우궁 일에서 완전히 손을 떼고 나서는 자기 아들들이 운영하는 이 식당을 위해 직접 발 벗고 나서서 일을 돕게 되었다. 호주 사람들은 음식을 조금씩 추가해서 먹는 것을 좋아하기 때문에 중국과는 달리 음식을 조금씩 담아내라고 조언해준 것도 바로 그라고 한다.

이 식당의 소 혀 요리는 류화컹이 만들던 방식대로 살짝 익힌 후 훈제를 해서 그런지 아주 맛이 좋았다. 그리고 철판에서 구워낸 양 콩팥 요리도 냄새가 전혀 나지 않게 잘 조리하였다. 또한, 이곳은 생굴 요리도 먹을 만했다. 아무 소스도 뿌리지 않은 생굴 세 알을 내주었는데, 만약 부족하다 싶으면 더 달라고 해서 먹으면 된다. 굴뿐만 아니라 살짝 구워낸 남호주산 새우도 맛이 꽤 괜찮았다. 그리고 조개관자에 얇은 청포묵을 싸서 쪄낸 딤섬도 나왔다. 이것 말고도 소갈비, 생선찜, 불고기 등 셀 수 없이 많은 요리가 테이블

위에 올려졌다. 어느 것 하나 흠잡을 데 없이 맛있어서 우리는 만족스럽게 식사를 즐길 수 있었다.

식당이 잘 되려면 손님에게 접대를 잘 해야 한다. 이것은 류화컹의 성공 비결이기도 하다. 그는 완서우궁을 운영할 때 불편한 좌석에 앉아 있는 손님 일수록 더욱 세심하게 신경을 써주었다고 한다. 그리고 갑자기 손님이 더 들 이닥쳐도 당황하지 않고 요령껏 테이블을 붙여서 자리를 마련해주기도 했다. 이처럼 그는 손님 접대를 잘한 덕분에 크게 성공하게 되었다.

그뿐만 아니라 그가 일하고 있는 이 식당에는 요리 종류도 매우 많았다.

다른 테이블에서 먹는 음식들을 슬쩍 훔쳐보며 세어 보았더니, 어림잡아 10~20종류는 되는 것 같았다. 이렇게 음식 종류가 많다 보니 동양인이나 서양인 모두 이곳을 즐겨 찾고 있었다.

만약 중국 요리를 세계무대로 진출시킬 사람을 찾는다면 류화컹이 적임자라고 할 수 있다. 왜냐하면 그는 프랑스 사람들처럼 접시 위를 화려하게 장식하면 그만이라고 생각하지 않기 때문이다. 그는 좋은 식재료로 뛰어난 조리 기술을 발휘해서 만든 것이야말로 진정한 요리라고 말했다. 여기에 친절한 서비스까지 덧붙여져야 훌륭한 요리가 완성된다고 한다. 그의 주장대로라면 중국 음식점 중에서 미슐랭 3성급에 해당하는 곳은 오직 '라우스 패밀리 키친'밖에 없을 것이다.

라우스 패밀리 키친(Lau's Family Kitchen, 刘家小厨)
http://www.lauskitchen.com.au

13

두 번째 호주 여행(하)

우리 일행은 호주에 며칠 더 묵으면서 빅토리아 주에 있는 유명한 '야라 밸리 도메인 샹동(Yarra Valleys Domaine Chandon)' 와이너리에 가서 와인을 시음하기로 했다. 같이 간 친구 중 몇몇은 소믈리에 자격증을 보유하고 있을 정도로 와인에 관심이 많았다. 그뿐만 아니라 그곳에서 생산되는 고급 와인을 직접 수입해서 소장하는 열성까지 보였다. 나도 와인을 좋아하기는 하지만, 그들처럼 오랜 시간을 기다려 와인을 소장할 만큼은 아니었다. 그저 직접 와서 몇 잔 마시고 가는 거로 족했다.

우리가 호주로 갔을 때는 마침 설 무렵이었다. 그래서인지 멜버른 지방정부는 차이나타운 근처의 도로를 통제한 후에 그곳에서 사자춤을 추게 하거나 폭죽을 터뜨리며 설 명절을 즐길 수 있게 허가해주었다. 호주 정부는 중국 문화를 존중하기는 했지만, 법규를 엄격하게 지켜야 했기 때문에 평소에는 폭죽 터뜨리는 것을 금지하고 있었다. 하지만 이날만은 호주 곳곳에서 폭죽 소리를 들을 수 있어 명절 분위기가 물씬 풍겼다.

이런 날이면 사자춤을 추는 사람들도 수입이 꽤 짭짤해진다. 사자탈을 쓴 춤꾼들이 식당 앞거리에서 춤을 추면, 주인이든 손님이든 가리지 않고 밖으로 나와 흥겨운 공연을 보고 나서 돈을 두둑이 챙겨줬기 때문이다. 그 모습을 보고 있자니 중국의 여느 명절 풍경처럼 자못 떠들썩한 것 같았다.

예전에 영화 촬영차 호주를 방문했을 때 동행한 코디네이터 샤오 윈(小云)은 현재 이곳에 터를 잡고 살고 있었다. 처음에 그녀는 작은 선물 가게를 열어 생계를 이어갔다고 한다. 이후에 현지 화교와 결혼한 뒤에는 '마라이잔(馬来栈)'이라는 식당을 오픈해서 지금까지 운영하고 있었다. 예전에는 그저 어리게만 보였는데, 이제는 딸 셋을 둔 어엿한 아이 엄마라고 한다. 그녀의 소식을 듣자마자 반가운 마음에 일부러 시간을 내서 그녀가 운영하는 식당을 찾았다. 마침 설이라서 그녀의 아이들에게 줄 세뱃돈도 두둑이 준비해갔다. 간 김에 나는 그녀가 만든 볶음밥과 볶음면도 맛보고 왔다. 과연 장사가 잘될 만큼 맛이 좋았다. 이 식당의 영문명은 '잘란 알로(Jalan Alor)'였다.

잘란 알로(Jalan Alor)
7/206 BOURKE ST., MELBOURNE
TEL . +613-9663-1138

가끔 식당도 오랜 친구처럼 편안하게 느껴질 때가 있다. 멜버른에서 가장 유명한 스테이크 전문점 '블라도스(Vlado's)'가 바로 그런 곳이다. 식당 주인 블라도(Vlado)는 항상 고기를 직접 두드려서 부드럽게 만든 후에 정성껏 불에 구워 손님 테이블에 올려주었다. 예전에 스테이크를 먹으러 이곳을 방문했을 때 그는 내게 이런 말을 했다.

"나는 이곳에서 30년 동안 스테이크를 구워서 말았어요. 이제 더는 내가 만든 스테이크를 맛보지 못할 수도 있으니 먹을 수 있을 때 실컷 먹어두세요."

안타깝게도 이번에 다시 방문했을 때 블라도의 모습은 보이지 않았다. 대신에 30년 동안 그의 밑에서 요리를 배운 사람이 스테이크를 만들고 있었다. 열심히 배운 덕분인지 예전에 그가 구워줬던 스테이크 맛이 그대로 났다. 현재 주인과 잠시 만나서 인사를 나눌 때 그 말을 전해주었더니 그저 고개만 끄덕일 뿐이었다. 아마 블라도에게서 인사치레하는 법은 배우지 못한 것 같았다.

블라도스(Vlado's)
61 BRIDGE RD., RICHMOND, MELBOURNE
TEL . +613-9428-5833

'쇼야(升家, Shyoya)'는 내가 이곳에서 유일하게 들른 일본 음식점이다. 이 곳에 머무는 동안 갈 때마다 식당 주인은 우리에게 매번 새로운 음식을 선보여 즐거움을 선사해주었다. 그는 예전에 일본 경제가 급부상해서 모든 것이 풍족했던 시절의 습관을 버리지 못했는지 원가 같은 것은 따지지도 않고 재료를 아낌없이 써서 음식을 만들었다. 생선회 몇 조각을 내올 때도 주변에 얼음을 쭉 둘러서 싱싱한 상태로 먹을 수 있게 신경을 써주었다. 요즘 이렇게 나오는 초밥 전문점은 찾아보기 힘들 정도이다. 이렇게 해외에서나 겨우 누려볼 수 있는 경험이었다.

쇼야는 4~5층짜리 건물 안에 자리 잡고 있었다. 식당 주인은 장삿속에 밝은 사람인 듯했다. 건물 꼭대기 층에 작은 나이트클럽도 함께 운영하고 있었기 때문이다. 그곳에는 일본에서 온 여성 접대부도 있었는데, 그래서인지 일본 긴자(銀座)에 있는 웬만한 나이트클럽보다 분위기가 훨씬 나은 것 같았다. 요즘 긴자의 술집에는 대부분 상하이에서 온 여성들이 접대하는 추세였기 때문이다.

홍콩 TV 버라이어티 프로그램인 〈환러진샤오〉에 출연해서 대중에게 잘 알려진 두핑(杜平) 선생도 이곳 소야에 자금을 투자했다고 한다. 그뿐만 아니라 그는 '긴자'라고 하는 일본 음식점도 별도로 운영하고 있었다. 두핑 선생은 올해 75세나 되었지만, 전혀 나이가 들어 보이지 않았다. 비결을 물어보니 호주에서 열심히 심신을 수양하면서 유유자적한 생활을 한 덕분이라고 한다.

차이란(蔡瀾)의 미식 방랑기

쇼야(升家)
25 MARKET LANE, MELBOURNE
TEL . +613-9650-0950

설 이후에 우리는 시드니를 돌아보았다. 하버 브리지나 오페라하우스는 예전 모습 그대로였다. 하지만 최근에 중국 관광객이 늘어나서 그런지 마치 홍콩의 축소판을 보는 듯했다. 피셔맨스 워프(Fisherman's Wharf)는 말할 나위도 없었다. 곳곳이 중국인들로 가득해서 비집고 앉을 틈도 없으니 아예 가지 않는 게 나을지도 모른다.

나와 내 친구들은 미국 스타일의 프랜차이즈 호텔을 그다지 좋아하지 않는다. 그래서 이번 시드니 여행에서는 오래된 옵저버토리(Observatory) 호텔을 개조해서 만든 '랭엄(The Langham)' 호텔을 숙소로 정했다. 영국의 한 그룹이 운영하고 있는 이 호텔은 객실이 96개밖에 없는 작은 규모였지만, 우아하면서도 고상해보였다. 게다가 록스(The Rocks) 지역에 자리 잡고 있어 오페라하우스와도 가깝고, 주변에는 상가도 없어 조용하게 차를 마시며 휴식을 취하기에 좋을 듯했다.

랭엄(The Langham) 호텔
89 KENT ST., SYDNEY
TEL . +612-92566-2222

저녁에는 시드니에서 가장 유명한 '콰이(Quay)' 레스토랑에서 밥을 먹었다. 이 레스토랑은 여러 번 수상까지 한데다가, 산 펠레그리노(S. Pellegrino)가 선정한 세계에서 가장 좋은 50대 레스토랑 중 하나이기도 하다. 나는 여러 해 전에 이곳에서 식사한 적이 있는데, 그 당시에는 음식 맛이 꽤 괜찮은 편이었다. 하지만 이번에 다시 방문했을 때는 조금 실망스러운 감이 없잖아 있었다. 음식이 예전만 못했고, 새로운 것이라곤 전혀 찾아볼 수 없었기 때문이다. 그래도 메인 셰프가 추천한 메추라기 수프는 먹을 만했다.

다음날 우리는 '진탕(金唐, Golden Century Seafood Restaurant)'이라는 곳도 들러보았다. 이곳은 시드니에서 반드시 가봐야 할 곳 중 하나이다. 최근에는 시드니에서 가장 큰 카지노 안에도 분점을 낼 정도로 규모가 커졌다고 한다. 내부도 화려하게 장식해두어서 그런지 아주 고급스러워 보였다. 우리가 찾아간 곳은 차이나타운에 있는 본점이었다. 하지만 이곳은 해산물은 신선했지만, 조리법이 그다지 특별하지 않아 맛은 멜버른에 있는 완서우궁보다 훨씬 못한 것 같았다.

반면에 SNS 친구와 차를 마시려고 잠시 들렀던 '황관(皇冠, Crown)'이라는 식당은 내게 의외의 기쁨을 안겨주었다. 이곳은 차이나타운이 사람으로 붐비기 전인 오전 7시부터 문을 연다고 한다. 살짝 맛을 보았더니 맛있게 지지고 볶음 음식에서 추억의 맛이 가득 묻어났다. 부친에게서 식당을 물려받은 젊은 주인 진성다(金盛达)는 내게 이렇게 말했다.

"종업원들 모두 수십 년 전에 홍콩에서 함께 넘어온 사람들이에요. 그때부터 지금까지 단 한 번도 사람이 바뀌지 않았어요."

황관(皇冠, Crown)
CNR DIXON& HAY ST., SYDNEY
TEL . +612-9281-0010

"제정신이에요? 시드니에 와서 브라질 바비큐를 먹다니요?"

현지에 사는 한 화교가 의외라는 듯 깜짝 놀라서 말했다. 하지만 모두가 생각하는 것처럼 이곳에서 브라질 음식을 먹는 것은 그렇게 이상한 일이 아니다. 맛이 꽤 괜찮기 때문이다. '포르테냐(Porteno)'라는 식당의 새끼돼지 바비큐는 화로에서 10시간 넘게 구운 것이라 고기가 무척 부드럽게 썰렸다. 그뿐만 아니라 불향도 짙게 나고, 껍질도 바삭거려 중국에서 먹던 사오 루주(燒乳猪)와 비슷한 맛이 났다. 내 말을 믿기 어렵다면 직접 와서 한 번 맛을 보면 바로 이해하게 될 것이다.

마지막 날에는 근처 시장을 무작정 돌아다녔다. 그러다가 그곳에서 난생처음 본 과일을 발견하게 되었다. 겉모습은 비파나무 열매처럼 생겼는데, 껍질을 벗기고 맛을 보니 망고스틴처럼 무척 달았다. 이름을 물어보니 '아차차(Acha Cha)'라고 한다. 원산지는 남아메리카 서부에 있는 아마존 지역으로 정식 영문 명칭은 '허니 키스(Honey Kiss)'였다. 정말 사람은 오래 살고 볼 일이다. 이 세상에는 이처럼 신기한 것들이 많으니 말이다.

14

후쿠시마(福島)에 관한 세 가지 추억

먹을 복을 타고난 사람은 정말 운이 좋은 것이다. 온갖 맛있는 음식이란 음식은 다 먹을 수 있을 테니 말이다. 안타깝게도 젊었을 때의 나는 그런 복은 없는 듯했다. 하지만 홍콩 방송계의 대부이자 쇼브라더스 설립자인 사오이푸(邵逸夫) 선생을 만난 이후로 내 운명은 바뀌게 되었다. 그 덕분에 최고의 요리를 맛볼 기회가 자주 생겼기 때문이다.

예전에 나는 일본에서 공부하면서 사오(邵) 선생이 운영하는 쇼브라더스 영화사를 위해 일하기도 했다. 당시 내가 맡았던 일은 일본 영화를 홍콩으로 수입해오는 일이었다. 보통 나와 같은 일을 하는 영화배급업자들은 업체 측에 뒷돈을 요구하기도 했지만, 아무것도 몰랐던 나는 그저 융숭한 식사 접대만 받았을 뿐이다. 이때 드는 접대비는 업체 측에서 모두 부담했기 때문에 나는 부담 없이 먹고 즐기기만 하면 되었다.

원래 손님 접대는 해외 영업부장이 맡아서 하는 일이었지만, 어찌 된 영문인지 나를 접대하는 사람은 주로 업체 측 사장들이었다. 큰 기업의 사장쯤 되면 크게 할 일이 없기도 하지만, 더 큰 이유는 외국인인 내 앞에서 서투르나마 자신의 영어 실력을 과시하고 싶어서이기도 했다. 그 덕분에 나는 항상 회식 자리에 불려 다니며 맛있는 음식을 실컷 먹을 수 있게 되었다.

'도에이(東映)' 영화사 건물 옆에는 내가 수십 년 동안 다녔던 '지로(次郎)'라는 초밥집이 있다. 그리고 '쇼치쿠(松竹)' 영화사 사장은 교토에 있는 고급 요릿집 '깃조(吉兆)'에서 나를 접대하곤 했다. 멀긴 했지만, 교토와 관련이 있는 회사라 그런지 자주 그쪽으로 갔다. '도호(東寶)' 영화사 사장은 잘 알려진 미식가이고, 오사카 출신이 대부분인 '닛카츠(日活)' 영화사 사람들은 간사이(関西) 지역 사람답게 먹는 것을 즐길 줄 알았다. 또한, '다이에이(大映)' 영화사 사장 나가타 마사이치(永田雅一)는 풍류를 아는 사람이라 거의 매일 저녁 긴자에 있는 술집을 찾아가 맛있는 음식과 술을 즐겼다.

그중에서도 나에게 접대를 가장 많이 해준 사람은 '도요(東洋)' 필름 현상소의 후쿠시마 사장이었다. 거의 매주에 한 번씩은 그를 꼭 만났던 것 같다. 나는 그의 회사에 가서 영화 필름 복사본을 검사하거나 중문 자막의 오·탈자를 검수하는 일을 했는데, 오후 5시 반쯤 되면 모든 일이 다 끝났다. 그러면 그는 바로 나를 데리고 식사를 하러 나가곤 했다.

당시에 도요 필름 현상소는 고급 유흥가인 고탄다(五反田) 지역에 있었다. 그 근처에 이름도 없는 고급 요릿집이 하나 있었는데, 게이샤들이 나오는 요정(料亭)이었다. 그곳을 찾는 손님 대부분은 정계 주요 인사들이나 조직 폭력배의 보스들이라는 말을 전해 들은 기억이 난다. 그리고 당시 그곳의 오카미상, 즉 요정의 마담은 후쿠시마 사장의 애인이었다.

이곳은 요정이라는 이름에 걸맞게 온갖 고급 요리들이 다 갖춰져 있었다. 나는 일본 전통 연회용 요리인 가이세키(懷石) 요리 먹는 예법을 이곳을 드나들 때 다 배웠던 것 같다. 게다가 이곳의 오카미상은 품위가 있는 사람이라 도예에도 조예가 깊었다. 가끔 내게 유명한 도자기 작품을 보여주며 감상하는 방법을 일러주기도 했다. 지금 와서 하는 말이지만, 당시 나는 도자기보다는 그녀 옆에 있는 젊은 게이샤들에게 더 관심이 갔다. 그곳의 게이샤는 요정을 찾는 손님에게 자신이 갈고닦은 기예(妓藝)만 보여줄 뿐, 몸은 팔지 않았다. 하지만 다들 꽃다운 나이인지라 가끔 쉬는 날이면 연락을 해서 밥을 사달라고 하곤 했다. 이렇게 후쿠시마 사장과 비싼 요릿집만 다니다가 문득 궁금증이 생겨 그에게 물어보았다.

"돈을 이렇게 많이 써도 회사에서 뭐라고 하지 않나요?"

그러자 그는 웃으며 내게 말했다.

"쇼브라더스 영화사가 우리 현상소에 의뢰하는 컬러 영화 필름만 해도 40편 정도라네. 게다가 영화마다 수십 개의 복사본까지 현상하니 그 수는 셀 수 없을 정도일 테지. 그렇게 놀랄 것 없네. 자네가 일하는 영화사에서 수입하는 일본 영화는 셈에 넣지도 않았으니까. 지금 내가 사장직을 맡고 있기는 하지만, 회사의 대주주들에게 내 업무를 일일이 보고해야만 한다네. 만약 내가 자네를 제대로 접대하지 않으면 그들은 내가 일을 소홀히 하고 있다고 여길 테지."

그제야 나는 안심하고 마음껏 먹어대기 시작했다. 나는 이렇게 처음에는 아르바이트로 영화 일을 시작했다가 나중에는 쇼브라더스 영화사의 일본 책임자가 되어 도쿄에서 8년간 머무르게 되었다.

일본은 4계절이 분명해 청명절이나 추석 등 절기에 따른 명절이 중국과 비슷하다. 다만 명절에 대문 앞에 두는 장식물이나 선물을 주고받는 풍습이 조금 다를 뿐이다. 나는 이런 일본의 전통 풍습을 앞서 말한 고급 요정에서 다 보고 배웠다. 일본에서는 설날이 되면 대문이나 현관에 소나무 가지로 만든 커다란 장식물을 두는데, 그들은 이것을 '카도마츠(門松)'라고 부른다. 그리고 일본에서는 설날에 하얀 종이꽃을 바치는 풍습이 있는데, 만약 중국 사람들이 이 모습을 본다면 불길하다고 하며 싫어할 것이다. 더군다나 광둥 사람들은 흉조로 여기기 때문에 질색할지도 모른다.

내가 일본에 머무는 동안 해외 로케이션을 위해 홍콩 영화 촬영팀이 자주 일본을 찾았다. 그럴 때면 나는 연출 업무든 제작 업무든 가리지 않고 열심히 나서서 일을 처리해주었다. 세트장 촬영이 필요할 때면 교토에 있는 쇼치쿠 영화사나 도에이 영화사가 소유한 대형 세트장을 빌려서 썼다. 그러다 보니 그곳 세트장 관리 책임자를 접대할 일이 잦아졌다. 게다가 영화는 한번 촬영에 들어가면 몇 달이 걸린다. 덕분에 나는 오사카나 교토 일대의 음식을 모조리 섭렵하며 간사이 음식문화를 제대로 익힐 수 있었다.

하지만 나는 일본의 오키나와에 대해서는 아는 것이 거의 없다. 예전에 만났던 게이샤 중에 그 지역 출신이 몇 명 있었는데, 한번은 그중에 한 명이 술에 취해 잠들었다가 한밤중에 깨서는 갑자기 오키나와 전통 무술을 한 적이 있다. 어렴풋하나마 소림사 무술과 동작이 비슷했던 기억이 난다. 이것이 오키나와에 대해 아는 것 전부였다.

나는 아직도 오키나와에는 가보지 못했다. 나와 여행을 함께 다니는 친구들은 비즈니스 클래스를 즐겨 탔는데, 오키나와로 가는 항공편에는 이코노미 클래스밖에 없기 때문이다. 아직 가보지 못한 곳이긴 하지만, 오키나와 음식에 관해 이야기할 때면 항상 또 다른 후쿠시마 선생이 떠오른다. 그는 젊었을 때 홍콩으로 와서 장사하다가 아예 홍콩에 눌러살게 되었다고 한다. 하지만 잠시도 고향을 잊지 않았던 그는 주변 사람에게 오키나와를 알리기 위해 늘 애를 썼다. 지인들에게 홍콩에 문을 연 오키나와 음식점을 자주 홍보하고 다녔기 때문이다.

오키나와 사람들이 먹는 음식은 일본보다는 중국과 더 유사한 것 같다. 특히 여주와 달걀을 함께 볶은 요리는 중국 요리와 매우 흡사하다. 다만 오키나와에서 생산되는 여주는 크기나 껍질에 붙어 있는 오돌토돌한 돌기가 좀 더 작을 뿐이다. 맛은 중국 것보다 훨씬 더 쓰지만, 한번 맛을 보면 그 맛에 완전히 매료되어버릴 것이다. 오키나와산 여주 맛에 반한 중국 사람들이 그 종자를 가져와 중국 땅에 심어보았지만, 이상하게도 똑같은 맛이 나지 않았다. 그리고 오키나와 사람들은 중국 사람들처럼 소고기보다는 돼지고기를 더 즐겼다. 그래서인지 돼지고기로 조리한 요리가 특히 더 많았다. 그중에서도 간장소스를 넣고 볶은 돼지고기 요리가 가장 보편적이면서도 맛있다고 할 수 있다.

이런 정보는 모두 후쿠시마 선생을 통해 알게 된 것이다. 그는 나에게 오키나와식 삭힌 두부도 맛보게 해주었는데, 소금을 많이 쓰지 않고 절였기 때문에 오래 두고 먹을 수는 없었다. 하지만 식감은 중국의 일반적인 삭힌 두부보다 훨씬 더 부드러웠다. 예전에 융키(鏞記, Yung Kee) 식당 주인이 나에게 특별히 만들어준 삭힌 두부 맛과 비슷한 것 같았다. 그래서 나는 그가 세상을 떠난 후에는 이 오키나와식 삭힌 두부만 먹게 되었다.

오키나와에서는 모즈쿠라고 하는 큰실말도 생산된다. 실처럼 가는 해초의 일종인 모즈쿠를 한자로 쓰면 '수운(水雲)'이 된다. 융키 주인의 큰아들인 간젠청(甘健成)은 이것을 중국에 들여와 널리 보급해보려고 했지만, 중국 사람들의 입맛에 맞지 않아 실패하고 말았다.

오키나와에서 생산되는 소금에 절인 생선도 중국 것과 비슷했다. 최근 홍콩에서는 자연산 절인 생선이 자취를 감추고 있는 상황인지라 오키나와에서 삭힌 두부나 절인 생선을 수입해오는 것도 괜찮은 생각 같았다. 그리고 오키나와산 액젓은 세심한 공정을 거치기 때문에 차오저우나 태국, 베트남에서 생산되는 것보다 훨씬 더 안심하고 먹을 수 있다.

후쿠시마 선생은 광둥어에 능숙했을 뿐만 아니라 중국 문화도 무척 사랑했다. 그래서 홍콩에 정착했을 당시에는 중국의 골동품이나 서화를 수집하기도 했다. 그렇게 모은 물건이 꽤 되어서 주변 사람들이 이제는 내다 팔라고 권유하기도 했지만, 그는 꿈쩍도 하지 않았다. 최근 부인이 세상을 떠난 이후로는 홀로 지내며 반려견과 함께 매일 산책 다니며 시간을 보내고 있다.

마지막으로 세 번째 후쿠시마는 쓰나미가 발생한 바로 그 후쿠시마이다. 당시 쓰나미로 인해 생긴 쓰레기들은 아직도 다 정리가 되지 않은 상태이고, 원자력 발전소 부근은 여전히 폐허로 남겨져 있었다. 최근에는 누군가가 과

거에 일어났던 재난을 잊지 않기 위해 그 지역에 버려진 개나 고양이에 관한 다큐멘터리를 제작해서 방영하기도 했다. 지금도 후쿠시마에는 수많은 사람이 아직도 자신의 집으로 돌아가지 못하고 있고, 아이들 학교 문제도 여전히 최대 골칫거리로 남겨져 있다. 일본은 빈부격차가 심하지 않은 나라여서 조금 낫긴 하지만, 후쿠시마의 참상을 바라보면 여전히 가슴이 아프다.

후쿠시마에 지진이 발생한 지 벌써 2년이라는 세월이 흘렀다. 후쿠시마에 참사가 일어난 그 날이 되자 문득 후쿠시마와 관련된 세 가지 추억이 뇌리를 스쳐 지나갔다.

15

부탄 여행

전체 면적이 38,000여 제곱킬로미터에 달하는 부탄은 거의 타이완에 맞먹는 크기라고 할 수 있다. 크기는 비슷하지만, 지도를 살펴보면 부탄은 가로로 길게 누워 있고, 타이완은 세로로 곧게 서 있는 형태이다. 하지만 두 나라의 인구를 비교해보면 타이완은 2천만 명이 넘지만, 부탄은 고작 70여만 명에 불과하다.

부탄은 '산악 국가'라고 불릴 정도로 국토 대부분이 산으로 이루어져 있다. 그래서 부탄에서는 산림을 보호하기 위해 나무 하나를 벨 때마다 세 그루의 나무를 심도록 법률로 규정했다. 하지만 이러한 노력에도 불구하고, 내 눈으로 직접 본 부탄은 약간 황폐한 느낌이었다. 타이완처럼 산 전체가 초록빛으로 물들어 있지 않았기 때문이다. 이것은 내가 두 나라를 직접 가보고 비교한 후에 얻는 결론이므로 틀림없을 것이다. 나는 여기서 또 다른 궁금증이 생겼다. 사람들은 부탄을 '가장 행복한 나라'라고 부르는데, 과연 떠도는 소문처럼 부탄은 전 세계에서 행복지수가 가장 높은 나라일까?

우리는 먼저 첵랍콕(Chek Lap Kok) 공항에서 비행기를 타고 방콕에 들러서 '드루크 항공(Druk Air)'편으로 갈아탔다. 한참을 비행하다가 중간에 주유를 위해서 방글라데시에 잠시 들르고 나서야 간신히 부탄 파로(Paro) 공항에 도착할 수 있었다. 부탄은 대부분 도시가 산속에 자리 잡고 있어 한 도시에서 다른 도시로 옮겨가려면 반드시 구불구불한 산길을 지나야 했다. 부탄에서 유일한 평지라고는 파로 공항에 있는 활주로뿐이었다.

파로 공항은 부탄의 유일한 국제공항이다. 부탄의 서쪽 지역과 북쪽 지역을 연결하는 국내선도 있지만, 운항 횟수가 많지는 않은 편이다. 착륙할 때

차이란(蔡瀾)의 미식 방랑기

살펴보니 파로 공항은 마치 과거 홍콩에 있던 카이탁(Kaitak) 공항처럼 보였다. 하지만 빌딩 숲 사이에 자리 잡고 있던 카이탁 공항의 활주로와는 달리 이곳의 활주로는 높은 산과 산 사이에 있었다.

부탄은 듣던 대로 공기가 그렇게 많이 희박한 것 같지는 않았다. 중국 쓰촨성에 있는 주자이거우(九寨溝)에 갔을 때처럼 고산병으로 앓아눕지는 않을 것 같았다. 혹시나 부탄 여행을 계획 중이라면 고산병에 너무 큰 부담을 갖지 않아도 될 듯하다.

부탄에 오면 고산병보다는 오히려 차멀미에 주의해야 한다. 길이 얼마나 험했는지 말레이시아에 있는 카메론(Cameron) 고원의 산길은 부탄의 산길과 비교하면 새 발의 피로 느껴질 정도였다. 이번 부탄 여행은 8박 9일 일정이었는데, 차에서 보내는 시간이 많아 더욱 힘들었다. 계속 덜컹거려 겨우 잠들었어도 다시 깨기 일쑤였다. 만약 멀미가 두렵다면 부탄에 갈 생각은 아예 하지도 않는 것이 좋다.

우리는 파로 공항에서 수도 팀부(Thimphu)에 있는 숙소로 바로 출발했다. 관광 가이드는 공항에서 1시간 반밖에 걸리지 않는다고 말했지만, 실상은 2시간도 넘게 걸렸다. 이곳의 가이드는 시간 개념이 별로 없는 듯했다. 만약 부탄에 여행을 왔다면 가이드가 말한 시간에서 그 절반 정도의 시간이 더 걸린다고 보면 될 것이다.

우리 일행은 여행 일정 내내 현지에서 가장 좋은 아만(Aman) 리조트에 투숙했다. 부탄 내에 있는 아만 리조트를 이틀에 한 번씩 옮겨 다니며 묵은 것이다. 리조트마다 로비나 라운지, 레스토랑의 인테리어는 조금씩 달랐지만, 객실 분위기는 엇비슷했다. 이 리조트는 특이하게도 잘 보이는 곳에 지어져 있지 않고, 항상 산비탈이나 오솔길 안쪽에 들어서 있었다. 아마 길을 굽이굽이 돌아 새로운 세상에 들어선 것 같은 느낌을 주기 위해서인 듯했다.

여행과 음식

첫 번째로 묵은 리조트는 자연 그대로의 건축 자재를 최대로 활용해서 지은 것 같았다. 돌을 쌓아서 만든 리조트 앞 광장이나 원목으로 된 바닥재, 푸른 잔디밭 등에서 자연의 느낌이 그대로 묻어났기 때문이다. 그뿐만 아니라 저 멀리 보이는 높은 산이나 산꼭대기에 쌓여 있는 흰 눈, 그리고 하늘을 찌를 듯이 높이 솟아 있는 오래된 소나무는 천연의 인테리어 소재가 되어 리조트를 더욱 돋보이게 해주었다.

창문에 꾸며진 기하학적인 종이 장식은 태양이 떠오를 때면 창문 맞은편의 하얀 벽면에 신기한 문양을 만들어냈다. 그것을 가만히 바라보고 있으니 마치 경전을 보는 듯한 느낌이 들었다. 이 신기하고 오묘한 광경을 글로 다 표현할 수 없어 사진을 찍어 웨이보에 올려두었다. 그러자 SNS 친구들이 산스크리트 문자 같다고 하며 감탄사를 연발했다.

수도 팀부에 있는 이 리조트에는 총 16개의 객실이 있었다. 그리고 이곳 다음으로 묵은 2곳의 리조트는 모두 8개의 객실을 보유했다. 규모가 가장 컸던 것은 파로에 있는 리조트였다. 내부에 24개의 객실이 마련되어 있었기 때문이다.

이 리조트 객실 중앙에는 아늑한 대형 침대와 욕조가 놓여 있었다. 그리고 벽난로 옆에는 다 태우지도 못할 정도로 많은 땔감을 쌓아 놓았다. 부탄은 아침저녁으로 온도 차가 심한 편이라 저녁 무렵에는 벽난로가 필요할 정도로 꽤 쌀쌀해지기 때문이다. 모닥불을 피우면 꽤 낭만적인 분위기가 만들어질 듯했다. 이곳에는 모든 것이 잘 갖춰져 있었지만, 단 한 가지 유일하게 없는 것이 바로 텔레비전이었다.

여장을 풀고 난 후, 오후에는 시내를 한 바퀴 둘러보았다. 말이 시내지 큰 거리가 몇 곳밖에 없는 작은 마을이었다. 그래도 중심가에는 상점이 가득 들어차 있어 볼만한 게 좀 있긴 했다. 만약 부탄을 낙후된 곳이라고 얕잡아 보며 볼 게 없다고 생각한다면 차라리 오지 않는 것이 더 낫다. 부탄은 굳이 무엇을 구경하러 오는 곳이 아니라, 잃어버린 순수한 마음을 되찾기 위해 오는 곳이기 때문이다.

숙소로 돌아와 리조트 내에 있는 레스토랑으로 식사를 하러 갔다. 고맙게도 이곳은 칵테일을 무제한으로 제공해주었다. 듣자 하니 부탄에서는 금주 캠페인을 벌이고 있다고 한다. 하지만 실상은 그렇지 않은 듯했다. 공항이나 부탄 각 지역에서 브랜디나 위스키, 맥주 등을 모두 판매하고 있었기 때문이다. 하지만 아쉽게도 부탄의 브랜디나 위스키 맛은 그저 그랬다. 그나마 맥주 맛은 나은 편이었다. 여러 종류가 있는데, 그중에서도 '드루크 11000'라는 맥주 맛이 제일 괜찮았던 것 같다.

숙박비에는 삼시 세끼 식사비용이 모두 포함되어 있었다. 부탄 요리, 인도 요리, 태국 요리, 서양 요리 등이 다양하게 갖춰져 있어 입맛에 맞는 것을 골라 먹으면 된다. 중국 요리가 없어서 걱정이라면 흰 쌀밥에 카레 소스를 끼얹어 먹으면 될 것이다. 아무리 좋은 음식이라도 입맛에 맞지 않는다면 억지로 먹을 필요는 없다.

다음날 오전에 나는 근처 사원 주변을 어슬렁거렸다. 그리고 오후에는 평평한 오솔길을 3시간 정도 산책했다. 내가 이렇게 온종일 쏘다닌 이유는 워밍업을 위해서였다. 왜냐하면, 곧 산을 올라야 했기 때문이다. 등산은 체력 소모가 심한 운동이다. 그래서 웬만큼 체력이 따라주지 않는 사람은 빠져주는 것이 상책이다. 괜히 따라나섰다가 주변 사람에게 폐를 끼칠 수도 있기 때문이다. 다시 한번 말하지만, 부탄에 오려면 하루라도 더 젊었을 때 오기를 바란다.

우리는 이곳에서 하룻밤을 더 묵은 뒤에 다음 목적지인 강테이(Gangtey)

사원으로 향했다. 우리 일행이 탄 차량은 구불구불한 산길을 끝도 없이 달렸다. 도대체 언제쯤 도착할 수 있는지 가이드에게 물어보았다. 6시간 정도 걸린다고 한다. 이런, 그렇다면 9시간 넘게 걸린다는 소리가 아닌가! 과연 내 예상대로 중간에 잠깐 쉰 시간까지 포함해서 10시간 이상이 걸렸다. 정말 힘든 여정이었다.

오는 도중에 본 부탄의 도로 풍경은 큰 변화 없이 단조롭기만 했다. 가끔 황폐해진 산 중턱에서 큰 나무를 발견하기도 했는데, 새빨간 꽃이 피어 있는 것을 보니 진달랫과에 속하는 나무가 분명했다. 부탄에는 진달래의 종류가 꽤 많은 듯했다. 오다가 언뜻 본 식물원에도 수십 종의 진달래 나무가 보였기 때문이다.

나는 차를 타고 가는 동안 간간이 허기를 달래주기 위해 말린 자두와 매실, 박하사탕, 말린 귤껍질, 홋카이도산 유제품, 초콜릿 등을 잔뜩 싸갔다. 그리고 창사에 사는 친구가 보내준 녹차를 생수에 담가 밤새도록 우려낸 찻물도 함께 준비해갔다. 10시간 넘게 담가두었더니 색이나 향이 잘 우러나 마실 만했다. 타닌 성분이 얼마나 많이 우러났을지는 모르겠지만, 나는 그런 것에 굳이 신경 쓰고 싶지 않다. 종이컵에 녹차를 따라서 모두에게 조금씩 나눠준 뒤에 나는 자그마한 타이거(Tiger)표 보온병에 푸얼차를 짙게 우려내서 천천히 맛을 음미하면서 마셨다.

시간을 아끼기 위해 우리는 차 안에서 리조트 측이 준비해준 클럽 샌드위치로 점심을 대충 때웠다. 차가 끊임없이 흔들거려 점점 더 불편해지기 시작했지만, 억지로 참는 수밖에 없었다.

그렇게 계속 달려가던 중에 갑자기 차가 멈춰 섰다. 가이드 말로는 길 앞쪽에서 폭파 작업을 진행 중이라 잠시 지체되는 것이라고 한다. 얼마나 걸리겠냐고 물어보니 30분 정도 소요될 것 같다고 한다. 에고, 그럼 1시간 동안 꼼짝없이 길 위에 갇혀버리는 게 아닌가! 우리가 발을 동동 구르며 걱정하자, 가이드가 눈치 빠르게 커다란 돗자리를 꺼내 와 길바닥 위에 펼쳐놓았다. 그리고 차 안에서 베개를 가져와 잠시 누워서 쉬라고 권해주었다.

지난밤에 잠을 제대로 못 잔 데다가 오늘 8시간이나 차를 타고 이동했더니 몸이 천근만근이었다. 그래서 가이드가 자리를 펴주자 나는 바닥이 딱딱하든 말든 상관도 하지 않고 벌렁 드러누웠다. 너무 피곤했는지 결국 나는 그대로 단잠에 빠져버렸다. 이렇게 열악한 환경에서 한 번 잠을 자고 나면 그 후에는 어떤 상황에서도 잠자리를 가리지 않게 된다.

강테이 사원은 산골짜기에 자리 잡고 있어 주변에는 아무것도 볼만한 게 없었다. 듣자 하니 이곳은 감자가 많이 나는 곳이라고 한다. 종류도 다양해서 감자를 좋아하는 사람이라면 이곳이 마음에 들 것이다. 하지만 나는 감자를 별로 좋아하지 않는다. 어떻게 조리해도 고구마보다 맛이 별로였기 때문이다.

감자 산지라서 그런지 그날 저녁에 감자 파티가 벌어졌다. 감자 요리가 별로 내키지 않았던 나는 메뉴판에서 송어 요리를 발견하고는 반색하며 주문을 했다. 오는 길에 보니 군데군데 개울도 보이고, 그 속에는 물고기도 많이 사는 것 같아 당연히 송어 요리도 괜찮을 줄 알았다. 그런데, 맙소사! 이렇게 맛없을 수가! 원래 부탄은 살생을 금하는 불교 국가이기 때문에 생선을 포함한 모든 고기류를 냉동 상태로 가공한 후에 인도에서 수입해온다고 한다. 이렇게 들어온 고기로 요리를 만드니 맛이 없을 수밖에 없지! 낚시해서 잡아먹으면 되지 않느냐고? 물론 가능하다. 부탄 정부에 신청하면 특별히 외국인에게는 허가증을 내준다. 하지만 우리는 낚시를 하러 온 게 아니지 않은가!

부탄에서는 술은 마실 수 있지만, 담배는 권장하지 않아 흡연자가 많지 않았다. 그래서인지 인도에서 담배를 배워온 일부 젊은이가 거리에서 담배를 피울 때면 주변 사람의 따가운 눈총을 받기도 했다. 이곳에서는 대마초도 피울 수 있는데 지금은 제철이 아니라 눈에 잘 띄지 않지만, 한창 자라는 시기가 되면 곳곳에서 대마초를 볼 수 있다. 그때가 되면 관광객들은 대마초를 재취해서 거리낌 없이 피워대곤 한다. 부탄 정부에서도 그리 심하게 규제하지는 않는 듯했다.

강테이 사원에서 북쪽으로 가면 부탄에서 가장 볼만한 푸나카종(Punakha Dzong) 사원이 나온다. 이 사원은 아버지 강과 어머니 강이라고 불리는 두 강이 만나는 곳에 자리 잡고 있다. 1635년에 건립된 이 사원은 그동안 지진과 화재 피해를 몇 차례나 겪었지만, 조금도 훼손되지 않은 모습이었다. 웅장한 사원의 모습이나 평온해 보이는 대형 불상을 직접 보면 감탄사가 절로 나올 것이다. 부탄의 황족들도 아름다운 이 사원의 모습에 반해 이곳에서 자주 결혼식을 올린다고 한다. 게다가 수백 명의 승려가 동시에 북이나 종을 치는 소리를 들으면 마음가짐이 절로 차분해지게 된다. 아마 이곳에 오면 불교의 한 종파인 신비로운 밀교(密敎)를 충분히 체험할 수 있을 것이다.

사원을 다 둘러본 후에 리조트로 돌아오자 강가에 천막이 쳐진 것이 보였다. 바비큐를 해 먹기 위해 우리가 특별히 리조트 측에 부탁해둔 것이었다. 천막 안에는 맥주 컵이랑 음식을 담아 먹을 그릇이 모두 갖춰져 있었다. 파리만 많지 않다면 이런 야외 바비큐 파티는 한 번쯤 해볼 만하다.

식사를 마치고 나자 리조트 직원들이 우리를 위해 특별히 부탄의 전통 국기(國技)인 양궁을 보여주었다. 이들이 사용하는 활은 2개의 나뭇가지를 이어붙인 것이어서 활시위를 당길 때 상당한 힘이 필요했다. 게다가 화살이 포물선을 그리도록 위를 향해 쏘아야 하기 때문에 결코 쉬워 보이지 않았다. 이처럼 양궁은 부탄의 국기로 인정받을 만큼 모든 국민이 즐기고 있었지만, 지금까지 단 한 번도 올림픽에 진출한 적이 없다고 한다. 활을 쏘는 방식이나 도구가 다를 뿐만 아니라 국가가 제대로 지원해주지 않았기 때문이다.

푸나카(Punakha)에 있는 아만 리조트는 오래된 티베트식 건물을 개조해서 만든 것이었다. 예전에 이곳은 부탄 귀족들의 저택으로 사용되었다고 한다. 리조트가 산 중턱에 있어 출렁다리를 지난 후에 그곳에서 다시 전동차를 타고 한참을 더 들어가야 했다. 깊은 산 속에 자리 잡고 있어서인지 리조트의 환경은 무척 좋았다. 객실도 산뜻하게 꾸며져 있어서 가장 특색 있는 리조트라고 할 만했다. 강테이 사원에 있는 리조트처럼 객실이 8개밖에 없었지만, 이곳에서는 우아한 품격이 느껴졌다.

부탄은 산악 국가라고 불릴 정도로 산이 많다. 그렇다면 부탄 사람들은 도대체 어디에 사는 걸까? 당연히 산속이다. 부탄 여행을 다니다보면 산속에 드문드문 지어진 집들을 볼 수 있을 것이다. 하지만 제대로 된 길이 없어 집을 지으려면 인부들이 건축자재를 일일이 등에 지고 날라야 했다. 그야말로 엄청난 대공사인 셈이다. 그래서 이렇게 산 중턱에 지어진 집들은 귀족이나 지주의 것이 대부분이다. 일반 서민들은 대부분 도롯가에 집을 짓고 살았는데, 말이 도로일 뿐이지 산을 올라야 하는 것은 마찬가지였다. 하지만 귀족들의 집처럼 높은 곳에 있지는 않았다. 그들이 사는 집은 낡고 초라했지만, 사람들의 모습은 마냥 행복해보였다.

이렇게 자연 속에 묻혀 살던 부탄 사람들은 TV가 보급되자 도시 생활을 갈망하게 되었다. 그러자 부동산업자들은 이 기회를 놓치지 않고 아파트 건설에 몰두하기 시작했다. 하지만 아파트라는 것도 대부분 7~8층짜리로 그리 높지 않았다. 왜냐하면, 부탄에서는 건물을 지을 때 높이를 제한했기 때문이다. 게다가 창문이나 지붕도 전통 양식으로 디자인해야 한다고 법으로 규정하고 있다. 이로 인해 부탄 도시에 있는 건물들은 서양식과 부탄식이 혼재되어 기괴한 양상을 띠게 되었다. 하지만 여전히 사람들은 도시 생활을 원했다. 많은 사람이 함께 모여 살다보면 물건을 구매하기도 쉽기 때문이다. 결국, 부탄의 도시 곳곳에는 주택단지가 하나둘씩 생겨나기 시작했다.

우리의 마지막 종착지는 처음 부탄에 도착했을 때 들른 파로였다. 파로에 도착한 우리 일행은 뾰족한 소나무 잎이 잔뜩 떨어져 있는 오솔길을 지나 흐르는 물소리를 들으며 리조트로 들어섰다. 나는 객실에 짐을 내려놓자마자 홍콩에서 가져온 컵라면, 스팸, 즉석 된장국 등을 꺼내놓았다. 그러자 다들 환호성을 지르며 맛있게 먹어치웠다.

파로에 온 것은 험준하기로 유명한 '탁상(Taksang, Tiger's Nest)' 사원에 오르기 위해서였다. 산 중턱까지는 나귀를 타고 올라갈 수도 있지만, 정상까지 가려면 오로지 자신의 두 다리에 의지해야만 했다. 이렇듯 탁상 사원은 높고 가파른 곳에 있어 웬만한 사람은 올라가지도 못할 것이다.

고생한 만큼 볼만한 가치가 있냐고? 음, 꼭 그렇지는 않은 것 같다. 힘들게 산을 오르다보면 그다지 멋진 풍경이 아니더라도 절경이라고 말하곤 한다. 이곳도 그런 경향이 있는 것 같다. 게다가 이곳의 공기는 그리 신선하지도 않았다. 그뿐만 아니라 보통 산수가 수려한 곳에 가면 신비로운 정기가 느껴지기 마련인데, 이곳에서는 그런 것을 전혀 느낄 수 없었다. 내가 보기에는 여행 책자에 나온 내용이 조금 과장된 듯하다. 하지만 이것은 단지 내 개인적인 느낌일 뿐, 다른 사람은 다르게 생각할지도 모른다.

만약 당신이 쇼핑광이라면 가이드가 아예 다른 곳을 추천해 줄 것이다. 파로에는 쇼핑할 곳이 많기 때문이다. 무엇을 사면 되냐고? 관광객 대부분은 이곳에 오면 종교적인 색채가 짙은 수공예 기념품을 사간다. 하지만 부탄에 대해 좀 아는 사람이라면 동충하초를 찾을 것이다. 이곳에서 동충하초를 사면 티베트산의 삼분의 일 수준으로 싸게 살 수 있다고 한다. 하지만 약재 전문가가 아닌 우리는 품질이 좋은지 나쁜지 구분도 하지 못할 뿐더러 가격대도 잘 모르기 때문에 아예 가지도 않았다.

특별히 사고 싶은 것도 없었지만, 그냥 니쾅에게 선물이나 해주려고 공예품 상점에 들러 지팡이를 살펴보았다. 가끔 문양이 새겨진 중국산 나무 지팡이는 눈에 띄었지만, 마음에 쏙 드는 것은 없었다. 마지막으로 한 상점에 들러 주인에게 지팡이가 있냐고 물어보았다. 그러자 주인은 어디선가 주섬주섬 지팡이 한 자루를 꺼내왔다. 자작나무로 만든 것이었다. 지금까지 내가 본 자작나무 지팡이는 하얀 것이 대부분이었지만, 이것은 붉은색 자작나무로 만들어 특이해보였다. 디자인도 예쁜 것 같아 얼른 사려고 돈을 꺼내 들었다. 그러자 주인은 웃으며 이렇게 말했다.

"그냥 선물로 드릴게요."

공짜로 받을 수는 없어 계속 돈을 내밀었지만, 주인은 괜찮다는 말만 되풀이했다. 원래 아버지에게 드리려고 구해둔 것인데, 아버지가 별로 좋아하지 않으셔서 그냥 가게 구석에 처박아둔 것이라고 한다. 그러면서 필요한 사람이 가져다 쓰면 좋지 않겠냐고 하며 억지로 내게 지팡이를 넘겨주었다. 정말 감사할 따름이었다.

부탄 사람들은 과연 행복할까? 유엔의 조사에 따르면 부탄은 전 세계에서 행복지수가 가장 높은 국가라고 한다. 하지만 내가 본 부탄 사람들의 얼굴에는 웃음기가 거의 없었다. 게다가 부탄은 국민 실업률 또한 높다고 한다. 그뿐만 아니라 그들의 산속 생활은 쉽지만은 않아 보였다.

여행을 다니다가 나는 우연히 다 큰 아이를 업고 산을 오르는 아이 엄마를 만나게 되었다. 그녀의 얼굴을 가만히 들여다보니 삶에 찌들어 힘겨운 모습이었다.

16

방콕 R&R

부탄의 식당은 멋들어지게 꾸며져 있었지만, 사실 음식 맛은 기대에 많이 못 미쳤다. 돌아오는 길에는 방콕에 들렀는데, 정말 탁월한 선택이었던 것 같다. 제목에 쓰여 있는 'R&R'의 첫 번째 'R'은 휴식을 뜻하는 '레스트(Rest)'를 나타내고, 두 번째 'R'은 '레크리에이션(Recreation)'을 가리킨다. 즉, R&R은 재충전을 위해 여가를 즐기는 것을 말한다. 이는 미국 사람들이 만들어낸 말이다. 전쟁이 끝난 후에 군인들에게 휴가를 주어 동남아에서 실컷 먹고 마시며 즐기다 오게 한 것에서 유래된 말이라고 한다. 나 역시 그런 군인들처럼 설레는 마음으로 방콕을 찾았다.

만약 태국에 가게 된다면 타이항공 이용을 적극적으로 추천한다. 퍼스트 클래스라면 더욱 금상첨화일 것이다. 가격이 살짝 부담스럽기는 하지만, 그만한 값어치가 있다. 태국에 도착한 후에 비행기에서 내리면 입구에 전담직원이 나를 영접하기 위해 대기하고 있기 때문이다. 그리고는 골프장에서 쓰는 전동카트로 나를 입국 심사장까지 곧장 데려다줄 것이다. 귀빈 전용 통로를 이용하기 때문에 줄을 길게 설 필요도 없다. 사람뿐만 아니라 짐까지도 한꺼번에 호텔 전용 차량이 있는 곳으로 옮겨줘서 정말 편리하다.

나는 태국에 갈 때면 늘 만다린 오리엔탈(文华东方) 호텔에 묵었지만, 이번에는 함께 간 쑨(孙) 선생의 의견에 따라 수코타이(Sukhothai) 호텔에 여장을 풀었다. 별 기대를 하지 않고 호텔에 들어서는 순간 나는 탄성을 지르고 말았다. 이런 복잡한 중심가에도 넓은 정원까지 있는 럭셔리한 건물이 있다니…… 정말 멋졌다! 단 하나 단점은 주변에 상점과 대사관만 있어서 내가 좋아하는 시장 노점을 구경하려면 차를 타고 외곽으로 나가야 한다는 것이었다.

짐을 내려놓자마자 나는 곧장 차이나타운으로 달려갔다. 그곳에 내 오랜 단골집인 '스칼라 샥스핀(銀都魚翅酒家, Scala Shark's Fin)'이 있기 때문이다. 내가 그곳을 찾은 이유는 샥스핀을 먹기 위해서가 아니라 새끼돼지 통 바비큐인 카오루주(烤乳猪)를 맛보기 위해서였다.

그날 같이 간 일행이 7명이나 돼서 우리는 식당에 있는 요리를 거의 다 맛볼 수 있었다. 새끼돼지 바비큐뿐만 아니라 당면을 넣고 만든 게찜, 생선 부레 볶음, 농어찜, 다진 고기를 넣고 끓인 풀버섯 탕, 7~8종류의 채소볶음, 볶음면, 국수 등 일일이 셀 수 없을 정도로 많은 요리를 주문했다. 다 못 먹으면 싸 오면 되니까 너무 걱정하지 마시라. 하지만 우리는 그 많은 음식을 다 뱃속에 저장한 채로 돌아왔다.

스칼라 샥스핀(Scala Shark's Fin)
483-5, YAOWARAT RD.,BANGKOK
TEL . +66 6230 1837

이튿날, 쑨 선생을 포함한 우리 7명의 발이 되어줄 차량 두 대를 호텔로 불렀다. 한 대는 골프를 치러 가는 부부 두 쌍을 싣고 먼저 떠났고, 나머지 한 대는 우리 세 사람을 태운 채 근처 시장으로 향했다. 우리가 빌린 차량의 주인은 아신(阿新)과 아즈(阿志)라고 하는 두 형제였다. 그들은 차오저우 출신이라 광둥어가 능숙했다. 그들에게 전화하거나 이메일을 보내면 방콕에서 어디든 편하게 다닐 수 있을 것이다. 나는 그들이 정말 이곳 지리에 익숙한

지 확인해보고 싶은 마음에 방콕에서 가장 유명한 두리안 가게 두 곳이 어디에 있는지 물어보았다. 그러자 이 두 형제는 누가 먼저랄 것도 없이 그곳의 위치를 술술 읊어댔다. 차량 렌트 비용도 하루에 3~4천 밧(baht, 태국의 화폐 단위-역주)이면 충분해서 가끔 이용해볼 만하다.

아신(阿新)과 아즈(阿志) 형제 이메일 주소
TCSL888@hotmail.com

차이란(蔡瀾)의 미식 방랑기

우리는 먼저 호텔 근처에 있는 공원으로 가서 느긋하게 산책을 즐겼다. 내가 방콕을 처음 찾았을 때 묵었던 두짓타니(Dusit Thani) 호텔이 바로 맞은 편에 있었다. 그때는 굉장히 높아 보였는데, 지금은 고층빌딩 사이에 묻혀 잘 보이지도 않았다. 당시 호텔 내에 새끼 코끼리 한 마리가 있었던 기억이 난다. 이리저리 사람들 사이를 오가며 귀여움을 독차지했었다. 하지만 나중에 들리는 말에 의하면 호텔 종업원들이 파업하면서 새끼 코끼리한테는 아무도 신경을 쓰지 않아 굶어 죽었다고 한다.

공원 한쪽 구석에는 사람들이 옹기종기 모여 태극권 수련에 열중하고 있었다. 하지만 우리의 목적은 구경이 아니라 먹는 것이었기 때문에 곧장 공원 내에 있는 노점 식당으로 향했다. 우리는 그곳에서 절인 채소와 상어고기로 끓인 탕, 말린 무를 넣은 달걀부침, 차이니즈 브로콜리 볶음, 5~6종류의 생선찜, 돼지 창자 조림, 거위고기, 삼칠초(三七草)를 넣은 양고기 볶음, 절인 생선, 절인 달걀 등을 잔뜩 주문했다. 접시가 산처럼 쌓여갔지만, 차오저우식 죽도 함께 맛보지 않을 수 없었다. 가격이 저렴해서 주머니 사정을 걱정하지 않아도 될 듯했다.

그렇게 많이 먹고도 우리는 또 다른 먹거리를 찾아 나섰다. 다음으로 간 곳은 백만장자 시장이라고 불리는 '오토코 마켓(Or Tor Kor Market)'이었다. 얼핏 들으면 일본 남자 이름 같아 기억하기 쉬울 것이다. 이곳에서는 채소, 해산물, 말린 견과, 과일 등 최상품의 현지 식재료들을 판매하고 있었다.

공교롭게도 우리가 갔을 때가 두리안 철이었다. 덕분에 시장 곳곳에서 두리안을 파는 상인들을 많이 볼 수 있었다. 이곳에서는 두리안 껍질 벗기기를 귀찮아하는 사람들을 위해 아예 과육만 근으로 달아서 팔았다. 두리안은 품종에 따라 가격이 천차만별인데, 가장 비싼 것은 1근에 1,000밧이나 했다. 물론 이곳에서 파는 두리안도 맛은 괜찮았지만, 말레이시아 무상킹(Musang King)에 비할 바는 아니었다. 하지만 태국 사람들은 조금 딱딱한 두리안을 좋아하는 것 같았다. 이탈리아 사람들이 부드러운 면에 익숙하지 않듯이 이곳 사람들도 물컹한 두리안을 즐기지 않았다.

원래 내가 이번에 방콕에 온 목적은 바로 볶음면의 일종인 간라오몐(干撈面, Kolo mee)을 맛보기 위해서였다. 이상하게도 나는 이런 음식에 집착하는 경향이 있다. 마음에 드는 음식이 있으면 내 입맛에 딱 맞는 곳을 찾기 위해 여러 곳을 돌아다니며 맛을 보기 때문이다. 하지만 간라오몐은 여러 식당을 다니며 맛을 보았지만, 모두 옛 맛이 느껴지지 않아 실망하며 발길을 돌리곤 했다.

나는 일행과 함께 간라오몐을 먹으러 가기 전에 먼저 방콕에 오면 늘 들렀던 만다린 오리엔탈 호텔에서 차 한 잔을 마시고 가기로 했다. 느긋하게 차를 마시며 창밖을 바라보니 강 위로 배 한 척이 지나가고 있는 모습이 보였다. 그런데 30분이 지난 후에도 똑같은 배가 똑같은 장소를 지나는 것이

아닌가? 이런 일이 서너 차례 반복되자, 나와 내 친구들은 두 눈을 의심하기 시작했다. 도대체 무슨 조화란 말인가? 알고 보니 강에 유입된 바닷물로 인해 배가 조수에 떠밀려 계속 제자리로 돌아온 것이다. 우리가 본 그 작은 배는 모터로 움직이는 것이어서 간신히 강 입구까지는 갔지만, 조수의 힘에 떠밀려 자꾸 원위치로 돌아올 수밖에 없었다.

차를 다 마신 후에 우리는 즉시 호텔 근처에 있는 시장으로 향했다. 주로 현지인들만 찾는 이 시장 한쪽 구석에는 국수만 전문으로 파는 가게 하나가 있었다. 부부 단둘이서 고집스럽게 한 자리를 지키며 30~40년 동안 장사를 해왔다고 한다. 나는 얼른 자리에 앉아 간라오몐을 주문해서 먹어보았다. 아! 그래 이 맛이다. 내가 그토록 찾아다녔던 추억이 담긴 간라오몐의 맛을 바로 이곳에서 찾게 되었다. 나는 비법이 궁금해서 주인에게 차오저우 사투리로 물어보았다.

"어떻게 이런 맛을 낼 수 있죠? 다른 곳과는 맛이 전혀 다른데요?"

"다른 가게는 돼지기름을 안 쓰더라고요."

갑자기 뒤통수를 얻어맞은 것처럼 머리가 멍해졌다. 엄청난 맛의 비결이 이렇게 간단할 줄이야……

이곳에는 돼지 내장을 넣고 끓인 국수도 팔고 있어 추가로 한 그릇을 더 주문해보았다. 요즘 이런 차오저우식 먹거리는 푸청(府城)이나 산터우(汕头) 지역에서만 맛볼 수 있을 정도로 희귀한 것이어서 먹을 수 있을 때 실컷 먹어두기 위해서였다.

이번 태국 여행에서도 여러 현지 식당을 돌아다녀 보았지만, 딱히 기억에 남는 곳은 없었다. 하지만 마지막 날에 들른 '반 치앙(Ban Chiang)'이라는 식당은 태국의 가장 전통적인 맛을 느낄 수 있는 곳이었다. 수십 년 동안 한결같은 맛을 유지해 와서 현지인뿐만 아니라 외국에서 온 미식가들에게도 사랑을 듬뿍 받고 있었다. 가격도 저렴한 편이어서 아마 이곳에 오면 만족스러운 식사를 즐길 수 있을 것이다.

미각이란 참으로 묘한 것이어서 맛있는 것을 자주 먹다보면 맛을 판별할 수 있는 능력이 생기는 것 같다. 그래서 애써 방콕까지 왔는데 맛없는 음식은 먹을 필요가 없다 싶어 다들 맛보라고 추천하는 이탈리아나 프랑스 요리는 아예 먹어보지도 않았다. 설령 먹을 만하다고 하더라도 현지에서 먹는 것만 못할 것이기 때문이다.

반 치앙(Ban Chiang)
14, SOI SRIVIANG, SURASAK RD., BANGKOK
TEL . +66 2236 7045

방콕에 있는 공항에 가면 첫 번째 출입구 쪽에 타이항공사가 있다. 나는 입국할 때와 마찬가지로 짐을 모두 항공사 직원에게 넘긴 뒤에 홀가분한 상태로 공항 터미널 안으로 들어섰다. 그곳에 있는 태국 식당에도 다양한 음식이 있어서 간단하게 요기를 할 수 있었다. 그래도 시간이 남기에 나는 무료 안마를 받으러 갔다. 만약 시간이 부족하다면 간단하게 발 마사지만 받아도 좋다. 서비스가 좋다는 것은 말할 나위도 없을 것이다.

비행기에 올라 잠시 눈을 붙였더니 벌써 홍콩에 도착해 있었다.

타이베이(台北)에서의 48시간

나는 자주 타이베이로 출장을 간다. 당일에 갔다가 그다음 날 바로 돌아오는 일정이 대부분이다. 업무 보는 시간을 제외하고 나면, 내게 주어지는 시간은 24시간도 채 되지 않는다. 짧은 시간이지만, 나는 그 시간 동안 무엇을 할지 항상 고민하곤 한다.

출장을 떠나기 전에 나는 항상 숙소부터 정한다. 그런데 이상하게도 이름 있는 대형 그룹이 운영하는 호텔 대부분은 타이베이에 호텔 짓는 것을 꺼려 하는 듯했다. 하지만 그런 호텔들은 특별한 개성이 없어 차라리 없는 게 나을지도 모른다. 타이베이에 갈 때마다 내가 즐겨 묵는 곳은 셔우드(Sherwood) 호텔이다. 규모가 큰 호텔은 아니지만, 아늑한 분위기가 좋기 때문이다. 영화 감독 리안(李安)도 이곳을 좋아해서 타이베이에 오면 항상 이곳에 묵는다고 한다. 무엇보다도 이 호텔의 가장 좋은 점은 비데가 설치되어 있다는 것이다. 비데는 미국의 5성급 호텔에서도 흔히 제공되지 않는 서비스이다.

셔우드(Sherwood) 호텔
臺北松山區民生東路3段111號
TEL . +8862-2718-1188

나는 타이베이에 도착하고 나서 호텔에 짐을 풀어놓자마자 곧장 식당부터 찾아 나섰다. 지금부터 그동안 내가 발견한 괜찮은 식당 몇 곳을 소개해주겠다.

쌴펀쑤치(三分俗氣) : 이곳은 저장 요리를 파는 음식점이다. 질 좋은 고기로 만든 전채 요리에서부터 돼지족발과 해삼을 푹 고아서 만든 메인요리까지 어느 것 하나 맛있지 않은 게 없다. 그리고 이곳은 소고기에 각종 양념을 넣고 조린 훙사오뉴러우(紅燒牛肉)도 먹을 만하다. 주변 사람에게 이 식당을 추천해주었더니 가본 사람마다 다들 음식이 맛있다며 칭찬하는 것을 보니 맛은 보장할 수 있을 것이다.

臺北縣永和市國光路49巷8
TEL . +8862-2231-1103

신예(欣葉) : 가장 전통적인 타이완 요리를 파는 곳이다. 이곳에 가면 바지락 요리나 말린 무를 넣은 달걀부침, 돼지 간볶음, 볶은 쌀국수 등을 맛볼 수 있다. 이곳은 음식 맛이 좋을 뿐만 아니라 가격도 저렴하다. 만약 이곳에 가볼 생각이 있다면 꼭 본점으로 가기를 바란다. 중샤오(忠孝)점이나 101빌딩에 있는 분점은 요리를 고급화시킨다는 명목하에 타이완 전통 요리를 얼토당토않게 퓨전 요리로 변질시켜버렸기 때문이다. 전통적인 맛을 좋아하는 사람이라면 분점에는 아예 가지 않는 것이 낫다.

臺北雙城街34號
TEL . +8862-2596-3255

전더 하오(真的好) : 이곳은 고급스러운 씨푸드 레스토랑이다. 고급스럽다고 해서 너무 겁먹을 필요는 없다. 부담스럽지 않은 가격이어서 바가지를 쓸 정도는 아니기 때문이다. 이곳에 오면 수족관에 담겨 있는 각종 해산물을 직접 골라 먹을 수도 있다. 아쉽게도 내가 갔을 때는 '화탸오(花跳)'라고 하는 망둑어는 보이지 않았다. 염분 섞인 물에서 자라는 이 물고기는 살이 부드러워 생강 채를 넣고 탕으로 끓여 먹으면 정말 맛있다. 다들 한 번 꼭 맛보기를 바란다. 그리고 타이완 서쪽 평후(澎湖) 섬에서 생산되는 수세미오이로 만든 요리는 정말 놀랄 만한 맛이다. 하지만 해산물 가격과 맞먹을 정도로 비싸서 선뜻 주문해서 먹기는 힘들지도 모른다. 이곳에서는 쭝쯔도 파는데, 너무 맛있어서 나올 때 몇 봉지쯤 사 오지 않을 수 없을 것이다.

臺北大安區復興南路一段222號
TEL . +8862-2771-3000

두샤오웨(度小月): 이 식당의 본점은 타이난(臺南)에 있다. 하지만 타이베이에 있는 분점도 맛이나 규모 면에서 절대 본점에 뒤처지지 않는다. 이곳에 가면 무조건 단짜이몐(担仔麵)부터 시켜야 한다. 이것은 고기와 새우를 넣고 만든 국수의 일종인데, 만약 밀가루 면이 싫다면 쌀국수를 주문하면 된다. 단짜이몐을 맛봤다면 완자를 넣고 끓인 궁완탕(貢丸湯)도 주문해서 먹어보자. 만약 대나무 순이 자라는 철에 방문했다면 샐러드를 시켜 먹는 것도 괜찮다. 샐러드에 들어 있는 죽순이 배보다도 더 달기 때문이다. 이것 말고도 이곳에 오면 각종 타이난의 먹거리를 모두 맛볼 수 있다. 슬목어(虱目魚) 소금구이, 새우튀김, 새우완자, 굴튀김 등 맛있는 타이난 음식이 정말 많다.

지금까지 소개한 식당들은 모두 타이베이에서 오랫동안 영업을 해온 곳이다. 만약 새로운 곳을 원한다면 '상인수이찬(上引水産)'에 가볼 것을 추천한다. 이곳은 규모가 꽤 큰 해산물 푸드몰로 빈장(濱江) 시장 바로 옆에 자리 잡고 있다. 주변에 수산시장, 부두, 일식집, 야외 바비큐장, 샤부샤부 전문점 등이 둘러싸고 있어 볼거리와 먹거리가 넘쳐나는 곳이다. 이곳에 오면 곳곳에서 광둥어를 들을 수 있을 것이다. 그만큼 이곳을 찾는 홍콩 관광객이 많다는 뜻이다.

상인수이찬에 가면 수족관에 있는 해산물을 직접 골라 즉석에서 먹을 수 있는 코너가 있다. 그곳에 있는 킹크랩이나 털게는 모두 일본 홋카이도에서 공수해온 것이라고 한다. 먹고 싶은 해산물을 사서 해당 음식점에 가져다주면 그곳에서 직접 조리를 해준다. 다 만들어진 요리는 음식점을 중심으로 사방에 설치된 바 테이블에서 서서 먹으면 된다. 이렇게 먹는 방식을 '리툰(立吞)'이라고 부르는데, 일본의 선술집 같은 타치노미(Tachinomi) 스타일이라고 보면 된다. 다 먹고 난 뒤에는 치울 필요 없이 그냥 가면 된다. 하지만 일반 해산물 전문점보다 가격이 얼마나 싼지는 잘 모르겠다.

이곳은 일본의 츠키지(築地) 수산시장을 본떠서 만든 것이라고 하지만, 실상은 뉴욕에 있는 대형 푸드몰인 '이탈리(Eataly)'에 더 가까운 형태이다. 아무튼, 이곳은 청핀(誠品) 서점을 설계한 건축디자이너에게 의뢰해서 만들어 낸 새로운 형태의 푸드몰이다.

타이완 사람들은 일본문화를 좋아하는 듯했지만, 일본어는 잘 모르는 것 같다. '리툰'이라는 표현은 잘못된 것이기 때문이다. 리툰은 일본 거리에서 흔히 볼 수 있는 선술집의 일종으로 여기서 '툰[노미(Nomi)]'은 '마시다'라는 뜻이지 '먹다'라는 뜻이 아니다. 따라서 리툰이 아니라 '리스[立食, 타치쿠이 (Tachikui)]'라고 해야 정확한 표현이다. 누차 지적하긴 했지만, 타이완 사람들은 전혀 개의치 않고 리툰이라는 말을 그대로 썼다.

이곳에서 성게를 사는 사람들을 자주 보았는데, 아마도 가격이 저렴하기 때문일 것이다. 하지만 그들이 산 것은 홋카이도산 말똥성게가 아니라 러시아산이다. 나는 그 사실을 알고 있었지만, 괜히 나서서 말했다가 기분을 상하게 할까 봐서 그냥 잠자코 있었다. 만약 고급스러운 정통 일식을 맛보고 싶다면 홍콩으로 가야 한다. 하지만 타이완 사람들 앞에서 그렇게 말했다가는 싸움이 붙을지도 몰라 그저 혼자 슬쩍 웃고 말았다.

상인수이찬(上引水産)
臺北市中山區民族東路410巷2弄18號
TEL . +8862-2508-1268

타이베이에 왔다면 당연히 타이베이 고궁박물관이나 미쓰코시 백화점을 가봐야 하겠지만, 나에게는 24시간밖에 없기 때문에 오로지 먹는 것에만 집중해야 했다. 한밤중이 되어서는 타이베이에 오면 항상 즐겨 찾는 '가오자좡(高家莊)'에 가보았다. 이곳에서 간판 요리로 내걸고 파는 미타이무(米苔目)라는 타이완 전통 쌀국수는 맛있기로 유명하다. 미타이무는 면발이 굵어서 광둥 지역에서 흔히 먹는 인전펀(銀针粉)이나 라오수펀(老鼠粉)과 비슷하다고 하지만, 사실 라이펀(瀨粉)과 가장 유사하다. 하지만 나는 미타이무보다는 이곳의 대창 조림과 각종 내장 요리를 더 좋아한다. 나는 지금껏 타이완보다 내장 요리를 더 잘하는 곳을 본 적이 없다. 그만큼 타이완 사람들은 내장 요리에 대해서는 전문가라고 할 수 있다. 이곳에 와서 대창 조림을 한번 맛보면 내가 한 말을 바로 이해할 수 있을 것이다.

가오자좡(高家莊)
臺北中山區林森北路279號
TEL . +8862-2567-8012

잠이 오지 않는다면 24시간 운영하는 '우밍쯔(無名子)'에 가보는 것도 괜찮다. 이곳에서 파는 타이완 요리는 적어도 100~200종류는 되는 듯하다. 아마 먹고 싶은 음식은 이곳에서 다 맛볼 수 있을 것이다. 게다가 이곳에서는 음식을 주문하면 고구마죽을 함께 주는데 맛이 꽤 괜찮다.

우밍쯔(無名子)
臺北市復興南路2段130號
TEL . +8862-2784-6735

나는 아침에 일어나자마자 내가 가장 좋아하는 '체짜이몐(切仔麵)'을 먹으러 갔다. 예전에는 호텔 근처 골목에서도 이 국수를 파는 곳을 쉽게 찾을 수 있었지만, 지금은 파는 곳이 많이 줄어 애써 찾아가지 않으면 안 되었다. 그렇게 찾아낸 곳이 바로 베이취(北區) 디화제(迪化街)에 있는 '마이몐 옌짜이(賣麵炎仔)'라는 식당이다. 내 입맛에는 이곳의 체짜이몐이 가장 맛있는 듯하다. 국수 이름에 '썰다'라는 뜻의 '체(切)'자가 들어갔다고 해서 면발을 썰어서 만든 것이라고 오해해서는 안 된다. 단지 면을 삶을 때 '체체체'하는 소리가 나서 그렇게 지었을 뿐이라고 한다.

이곳에서 부추와 콩나물이 든 간몐(幹麵)이라는 국수를 주문하면 다진 고기가 들어간 고추장과 춘장이 뿌려져 나올 것이다. 함께 곁들여 먹을 만한 요리로는 훈제 상어가 있는데, 배 부위의 고기로 만들어서 콜라겐이 풍부할 뿐만 아니라 맛도 좋다. 돼지 간은 주사기로 간장 소스를 혈관에 주입한 뒤에 쪄낸 것이라 육질이 매우 부드럽다. 그리고 돼지 콩팥으로 끓인 탕도 먹을 만하다. 만약 콜레스테롤 걱정이 없다면 돼지 뇌도 함께 먹어보자. 그러면 그 맛에 완전히 매료되어 버릴지도 모른다.

마임면 옌짜이 (賣麵炎仔)
臺北市大同區安西路106號
TEL . +8862-2557-7087

디화제 구시가지 근처로 가면 돼지고기 완자 전문점인 '밍화 궁완덴(明華 貢丸店)'과 돼지고기 육포 상점인 '장지화룽(江記華隆)'도 찾아볼 수 있다.

이것저것 맛있는 음식으로 속을 든든하게 채웠더니 속이 더부룩해서 소화도 시키고 타이완의 사원 분위기도 살펴볼 겸 해서 관운장을 모셔둔 '윈쯔궁(雲子宮)'으로 가보았다. 나는 그곳을 다 둘러본 후에는 호텔 차량을 타고 공항으로 향했다. 비행기를 탔다고 해서 내 미식 여행이 막을 내린 것은 아니다. 타이완의 중화항공 비즈니스 클래스에서는 소고기 국수나 고기덮밥 등을 먹을 수 있기 때문이다. 그중에서도 가장 맛있는 것은 군고구마였다. 고구마가 꿀처럼 달아 내 입맛에 잘 맞았다. 기내식도 깔끔하게 비운 후에 1시간 정도 선잠을 자고 일어났더니 어느새 홍콩에 도착해 있었다.

규슈 여행

여러 해 전, 나는 일본 오카야마에서 수밀도(水蜜桃)를 맛본 후 그 맛에 홀딱 반하고 말았다. 다른 지역에서 생산되는 복숭아를 먹고 또 먹어보았지만,

그곳의 복숭아 맛을 따라잡을 수는 없었다. 다른 지역의 복숭아도 달기는 달다. 하지만 오카야마산 백도는 양손으로 꽉 잡고 좌우로 비틀면 꿀 같은 과즙이 줄줄 흘러내릴 정도이다. 이런 것이야말로 진정한 수밀도라고 할 수 있다. 올해도 나는 이 오카야마산 복숭아를 맛보러 갔다. 강수량은 많지 않았지만, 웬일인지 복숭아 맛은 예년보다 훨씬 더 달았다. 같이 간 일행도 맛있다고 입에 침이 마르도록 칭찬을 해댔다.

이번에도 우리는 오카야마에 있는 '유바라 온센 하케이(湯原温泉八景)' 료칸(旅館)에 묵었다. 이곳에는 실내 온천은 없지만, 지하에 있는 대욕장이나 야외 테라스에 있는 욕탕에서 온천욕을 즐길 수 있다. 무엇보다도 가장 마음에 든 것은 료칸에서 조금만 걸어가면 나오는 계곡이다. 이 계곡은 세 군데에서 온천물이 흘러나오는데, 이곳에 몸을 담그고 있으면 피부가 한결 보드라워진다고 한다. 보들보들해진 피부를 직접 만져보고 나면, 일본 노천 온천 중에서 이곳이 가장 좋다는 사실을 인정하게 될 것이다.

내가 이곳에 온 목적은 온천욕을 즐기기 위해서이기도 하지만, 사실 료칸의 오카미상을 다시 만나고 싶어서였다. 이곳의 오카미상, 즉 료칸의 여주인은 나이가 꽤 있는 사람이었지만, 아무리 봐도 나이가 들어 보이질 않았다. 오카미상 말고도 이 료칸에서 보고 싶은 사람이 또 하나 있는데, 그 사람은 바로 이곳의 주방장이다. 그는 일본 TV 프로그램 〈요리의 철인〉에 출연해서 우승을 한 적도 있다. 당시 그는 성인 두 사람 팔 둘레만한 커다란 무쇠솥을 이용해서 요리를 만들었다. 그가 만든 요리는 간단했다. 솥에 물을 붓고 장을 푼 다음, 펄떡펄떡 뛰는 메기를 집어넣고 그대로 끓이는 게 다였다. 이렇게 간단한 방법으로 가장 맛있는 요리를 만들어낼 수 있다는 것이 놀라울 뿐이었다.

계속해서 나는 고베(神戸)로 가서 내 일본 친구 와라비노(蕨野)가 운영하는 '히엔(飛苑)'에서 일본 소의 한 품종인 산다규(三田牛)를 맛보았다. 그곳에

서 두 끼를 해결했는데, 첫 끼는 그의 부인이 직접 차려준 음식으로 백탄(白炭)의 일종인 비장탄(備長炭) 위에 길게 썬 고기를 올려서 직접 구워 먹는 숯불 고기였다. 그리고 나머지 한 끼는 와라비노가 직접 만든 집밥 요리였다. 사실 나는 도쿄에 있는 '아라가와(麤皮, Aragawa)'에서 고기의 겉면을 아주 살짝 익혀서 스펀지처럼 부드러운 '블루(Blue)' 상태의 산다규를 맛본 적이 있다. 이 두 곳의 산다규를 비교해서 어느 것이 낫냐고 묻는다면 나는 히엔의 산다규가 훨씬 낫다고 말할 것이다. 왜냐하면, 이곳의 산다규가 훨씬 싸기 때문이다.

눈 깜짝할 사이에 5일간의 여정이 모두 끝나버렸다. 같이 온 일행은 모두 돌아가야 했지만, 나는 내 일을 도와줄 오기노 미치코(荻野美智子)와 함께 규슈 지역 탐방을 나섰다. 규슈는 한동안 가보지 못한 곳이라 어떻게 변했을지 무척 궁금했다. 홍콩으로 돌아가야 할 내 친구들도 규슈 오이타현(大分県) 우스키군(臼杵郡)에서 파는 복요리를 먹고 싶어 그곳에 가는 나를 한껏 부러워했다. 그곳에서만 유일하게 독성이 강한 복어의 간을 먹을 수 있기 때문이다.

문제는 규슈로 어떻게 가느냐였다. 홍콩 드래곤 항공사에는 후쿠오카(福岡)로 가는 직항편이 있어서 일행과 함께 홍콩으로 갔다가 거기서 다시 후쿠오카로 넘어가는 것도 괜찮을 듯했다. 하지만 알아보니 그 직항편에는 비즈니스 클래스 좌석이 부족하다고 한다. 그렇다면 차라리 오사카로 가서 그곳에서 비행기를 타고 가는 편이 더 나을 것 같았다. 그러면 적어도 이틀 정도의 시간적 여유가 생겨 고베에 있는 친구 와라비노의 식당에서 산다규를 더 먹을 수 있기 때문이다. 노선을 결정한 나는 당장 그의 식당으로 달려가 다짜고짜 한국식으로 만든 불고기에 고추장을 넣은 산나물 비빔밥과 산다규와 채소를 넣고 끓인 탕을 만들어달라고 부탁했다. 그리고 마지막 날 저녁에는 그가 알아서 만들어준 고급 일본 요리를 먹었다.

규슈에서 진행된 신년행사 주최 측이 내게 아낌없는 지원을 해준 덕분에 나는 규슈에서 가장 좋다는 '카메노이 벳소(Kamenoi Bessou)'에서 묵을 수 있었다. 나는 이곳에 이틀 동안 묵으면서 료칸의 새로운 음식을 맛보며 개선할 점을 알려주기도 했다.

내가 규슈에 갔을 때는 날씨가 추운 편이어서 아쉽게도 딸기를 맛볼 수 없었다. 일본의 과수 농가들은 하나같이 여름에만 딸기를 재배했기 때문이다. 그래도 일본의 과수원 설비는 아주 우수해서 한번 가볼 만하다. 딸기 말고 더 소개해줄 건 없냐고? 물론 있다. 후쿠오카에 있는 '지카에(稚加榮)'라는 식당에서 파는 해산물 요리도 먹을 만하다. 이곳에서는 와규(和牛)를 넣은 만두도 파는데, 먹어본 사람마다 하나같이 나중에 또 생각날 것 같다고 말했다. 나도 이번에 다시 가서 예전 맛 그대로인지 확인해보기로 했다.

규슈의 특산품으로 가장 유명한 것은 명란젓이다. 갓 지은 따끈따끈한 쌀밥에 짭조름하면서도 달짝지근한 명란젓을 올려 먹으면 다른 반찬이 없어도 밥 한 그릇은 그냥 뚝딱 해치울 수 있을 것이다. 그리고 이곳에서 생산되는 표고버섯은 일본에서 가장 맛이 좋다고 한다.

나는 일본 라멘을 맛보기 위해 후쿠오카에 있는 '이치란(一蘭)' 본점을 찾아갔다. 이곳에서는 돈코츠 라멘과 야키소바, 일본식 냉면 등을 팔았는데, 면을 2~3분만 끓이면 바로 완성되는 간편 요리였다. 최근에는 다시마로 싼 명란 요리를 출시해서 한번 먹어봤는데 맛이 꽤 괜찮았다.

규슈 관광국은 이번 행사를 성대하게 치르기 위해 오이타현, 구마모토현(熊本県), 나가사키현(長崎県)의 행정 책임자도 행사에 참석시켰다. 그들은 내가 규슈 지역을 홍보하기 위한 여행 프로그램 제작에 참여해주기를 바라는 듯했다. 내게 참고해보라고 상세한 프로그램 내용을 보여줬는데, 여행 일정이 너무 빡빡한 데다가 일부 지역은 갈 만한 가치가 없는 곳이었다.

오이타현 관광국 직원은 우리 일행을 위해 기꺼이 일일 가이드를 해주었다. 먼저 그는 우리를 '하라지로 자에몬(原次郎左衛門)' 공장으로 데리고 가서 견학을 시켜주었다. 이곳은 각종 장류를 생산하는 공장으로 여기서 만든 액젓은 최상품의 메기로 만들어서 인기가 많다고 한다. 게다가 이 공장에는 거위 간이나 닭 염통으로 만든 간장도 있었다. 특히 걸쭉하게 만든 유자 식초는 입구가 뾰족한 플라스틱 통에 담겨 있어서 요리사들이 접시에 그림을 그려서 장식할 때 사용하면 좋을 듯했다.

우리는 온천 증기를 이용한 찜 요리인 '지고쿠무시(地獄蒸し, 지옥찜)'를 파는 곳에도 가보았다. 손님이 직접 식재료를 사서 가마에 넣고 온천 증기로

익혀 먹는 방식이었다. 만약 이곳에 원하는 재료가 없다면 다른 곳에 가서 사 온 뒤에 이곳에서 쪄 먹을 수 있다.

내가 방문하기로 한 규슈의 현들은 위치가 뚝뚝 떨어져 있었다. 차를 타고 가기에도 꽤 먼 거리였다. 그래서 나는 오사카로 돌아가 그곳에서 하룻밤을 묵은 뒤에 다음날 신칸센(新幹線)을 타고 후쿠오카로 가기로 했다. 아침 10시쯤 열차를 탔더니 정오 무렵에는 후쿠오카에 도착할 수 있었다. 후쿠오카에 도착한 뒤에 가장 먼저 지카에라는 식당으로 가서 해산물 요리와 와규 왕만두를 먹었다. 그런 다음 그곳에서 다시 차를 타고 과수원으로 향했다.

우리가 방문한 과수원은 자신이 직접 딸기를 따서 먹을 수 있는 체험농장이었다. 신기하게도 이곳의 딸기 묘판은 높은 곳에 설치되어 있었다. 아마도 흙이 묻지 않고 깨끗하게 재배하기 위해서인 듯했다. 딸기가 깨끗하다 보니 씻지 않고 그냥 먹을 수 있어서 좋았다. 게다가 딸기를 딴다고 허리를 굽힐 필요도 없으니 그야말로 일거양득이라고 할 수 있었다. 딸기 농장에 들어가기 전에 딸기를 담을 수 있는 플라스틱 바구니를 1인당 하나씩 나눠주었다. 그뿐만 아니라 연유도 함께 줬는데, 만약 딸기를 더 달게 먹고 싶으면 연유에 찍어 먹으라는 뜻인 것 같았다.

우리는 농장 체험을 마치고 나서 숙소로 정해둔 료칸으로 돌아와 느긋하게 온천욕을 즐긴 후에 일본식 만찬을 즐겼다. 다음날도 우리는 료칸에서 아침을 해결했다. 일찌감치 일어나 배를 든든하게 채운 뒤에 소화도 시킬 겸해서 근처로 산책하러 나갔다. 이곳에 있는 상점들은 왠지 모르게 단아한 품격이 느껴졌다. 나는 그중에서 아이스크림을 파는 가게에 들러보았다. 종류가 꽤 많았는데, 많이 달지도 않고 맛있어서 나중에 또 생각날 듯했다.

오후에는 차를 타고 유후인(由布院)에서 우스키(臼杵)로 넘어갔다. 그곳에서 묵은 '기라쿠안(喜樂庵)' 료칸의 여주인은 무척 품위 있어 보였다. 한 가족이 100년 넘게 대대로 운영해온 이 료칸은 뜰도 예전 그대로의 모습을 간직하고 있어 운치가 느껴졌다. 그곳에서 나는 복요리를 잔뜩 먹었는데, 자연산이어서 그런지 정말 맛있었다. 이렇게 자연산 복어 맛에 길이 들어버려 앞으로는 양식 복어를 먹지 못할까 봐 걱정되기도 했다.

음력설 무렵은 복어의 살이 가장 통통하게 오를 시기이다. 덕분에 나는 맛있는 복요리를 실컷 먹을 수 있었다. 게다가 이때는 복어의 이리인 시라코(白子)를 날로 먹어도 괜찮을 정도로 싱싱하다. 이것을 더욱 맛있게 먹으려면 불에 살짝 구워 먹으면 된다. 그러면 평생 잊지 못할 맛을 경험할 수 있을 것이다.

돌아갈 때가 되자 나는 마음이 조급해졌다. 오사카에 들러 식재료 쇼핑을 해야 했기 때문이다. 먼저 오이타현에서 비행기를 타고 오사카로 간 뒤에 거기서 다시 30분 정도 차를 타고 시내로 가면 딱 점심 무렵이 될 듯했다. 우리는 동선을 정확하게 계산한 뒤에 공항으로 향했다. 우리가 탈 비행기는 큰 편이 아니라서 화물차 한 대를 빌려서 일부 짐을 먼저 실어 보내야 했다. 그런 뒤에 서둘러서 비행기에 타려고 했지만, 일본의 국내선 비행기는 승객 명단이 완전히 확보된 뒤에야 자리 배정을 하므로 우리는 그저 기다릴 수밖에 없었다.

우여곡절 끝에 오사카에 도착한 우리 일행은 근처 고베로 가서 산다규로 만든 집밥 요리를 먹었다. 그리고 홍콩으로 돌아가는 날에는 오사카에 있는 구로몬(黑門) 시장에 들러 식재료를 한 보따리나 샀다. 이게 끝이 아니었다. 나는 비행기를 타기 직전까지도 맛있는 게 요리를 실컷 먹어댔다.

이번 음력설에는 일본에서 잘 자고, 잘 보고, 잘 먹은 덕분에 만족스러운 마음으로 홍콩행 비행기에 오를 수 있었다.

19

80년 전통의 료칸 '가메노이 벳소(Kamenoi Bessou)'

이번 일본 여행에서는 좋은 곳에서만 묵고, 맛있는 음식만 찾아다니며 먹기로 작정을 했다. 그렇게 하지 않으면 같이 간 친구들 앞에서 면이 서지도 않을 뿐더러 재충전을 위해 여행을 준비한 나 자신에게도 미안해지기 때문이다.

일본에서 가장 좋은 온천 지역을 꼽으라고 한다면 규슈에 있는 유후인(湯布院)을 들 수 있다. 일본 사람들에게 물어보아도 그들 역시 엄지를 치켜세우며 유후인이 최고라고 말하곤 한다. 이런 유후인에서 가장 좋은 료칸이 어디냐고 물으면 다들 '가메노이 벳소'라고 말할 것이다. 나도 여러 해 전에 이곳에 묵은 적이 있는데, 그때의 기억이 아직도 선명하게 남아 있다. 이번에 다시 이곳을 방문하게 되면서 어떻게 변했는지 확인해볼 기회가 생겨 한껏 들뜨기 시작했다.

나와 함께 일본에 온 다른 일행은 오카야마에서 복숭아를 맛본 뒤에 바로 홍콩으로 돌아갔다. 그들이 돌아간 뒤에 나는 내 일을 도와줄 오기노 미치코와 함께 오사카 국내선 공항이 있는 이타미(伊丹)로 가서 비행기를 타고 오이타현으로 곧장 날아갔다. 이것이 가메노이 벳소로 가는 최단 경로였다.

규슈 관광협회는 이번 행사를 꽤 철저하게 준비했는지 나를 마중하러 직원 2명을 공항으로 보내주었다. 그들은 자신을 고노 사야(河野紗弥)와 이소자키 가오리(礒崎香織)라고 소개했다. 이름에서 왠지 고풍스러움이 묻어나는 듯했다. 나이는 어려 보였지만, 규슈에 대해 모르는 것이 없었다. 궁금한 것이 생길 때마다 물어보면 바로바로 상세하게 답을 해주었기 때문이다.

"유후인(湯布院)을 어떤 사람은 유후인(由布院)이라고도 하는데, 도대체 어떤 게 맞는 건가요?"

내가 물어보자 이소자키 가오리가 이렇게 대답했다.

"가메노이 벳소는 분지에 자리 잡고 있어요. 그곳에서 질 좋은 온천물이 흘러나오자 우리 선조들은 그곳을 유후인(湯布院)이라고 부르며 온천 마을을 형성하기 시작했죠. 나중에 정부가 인근 마을을 모두 통합해서 유후인(由布院)이라고 부르도록 규정했어요. 하지만 이름에 혼선이 생기자 관광국에서는 아예 한자 이름을 사용하지 않고, 그냥 로마자로 'Yufuin'이라고 부르게 되었죠."

오사카 시내에서 국내선 공항까지는 30분밖에 걸리지 않는다. 그곳에서 1시간 정도 비행기를 타고 오이타 공항에 내린 뒤에 다시 차를 갈아타고 50분 정도 달려가면 가메노이 벳소에 도착할 수 있다.

가메노이 벳소 건물은 80년 전에 귀빈을 접대하기 위해 지은 별장이라고 한다. 곳곳에 있는 크고 작은 뜰까지 모두 합치면 료칸의 전체 면적은 27,000㎡가 훨씬 넘는다. 넓은 료칸의 뜰에는 나무들이 가득 심겨 있어 운치가 느껴졌다. 통행로도 잘 만들어두었기 때문에 주차장에서 조그만 걸어 들어가면 바로 료칸의 입구가 나온다. 입구에는 다른 료칸에서 흔히 볼 수 있는 간판이나 대문이 없어 마치 식물원으로 들어가는 느낌이 났다. 입구 같지 않은 입구를 지나 안쪽으로 조금 더 걸어 들어가니 곧바로 료칸의 프런트가 있는 건물이 보였다.

프런트로 들어가니 직원이 나를 반갑게 맞이해주었다. 시간을 낭비하고 싶지 않았던 나는 짧게 인사를 나눈 뒤에 바로 객실로 들어갔다. 이곳은 전체 규모가 엄청나게 큰 데 비해서 객실은 일본식 독채 별장 15개와 서양식 스위트룸 5개만이 있을 뿐이었다. 객실로 들어가 보니 내부가 생각보다 엄청 넓었다. 응접실과 발코니, 그리고 일본식 다다미방과 서양식 침실이 모두 갖춰져 있었다. 요즘 일본에서는 이런 형태의 룸을 와요시츠(和洋室)라고 부

른다. 욕실에도 커다란 욕조가 있어서 아주 마음에 들었다. 마지막으로 객실 창을 열어보았더니 공용 정원과 개인 정원이 한눈에 내다보일 정도로 전망이 좋았다.

나는 객실을 한번 쓱 둘러본 뒤에 바로 옷을 벗어던지고 유카타를 걸친 뒤에 욕실로 향했다. 벽에 객실 안내도가 걸려 있으니 위치를 찾는 것은 그리 어렵지 않을 것이다. 욕실로 들어가니 천장에 지붕창이 설치된 것이 보였다. 그리고 바깥쪽에는 노천탕도 따로 마련되어 있었다. 두 곳의 욕조 모두 크기가 커서 마음에 쏙 들었다. 나는 먼저 탕에 들어가 몸부터 담갔다. 그러자 전신이 노곤해지면서 편안함이 느껴졌다. 물속에서 피부를 만져보니 매끈매끈했다. 다른 온천에서는 느낄 수 없는 감촉이었다. 유황 냄새도 나지 않는 것을 보니 확실히 수질이 좋은 온천인 듯했다.

이곳에서는 식사 때 보통 먹을거리를 각자 방으로 가져가서 먹지만, 나는

이곳의 음식점들을 둘러보아야 했기에 밖에서 식사하기로 했다. 나는 먼저 이 료칸에서 운영하는 '유노타케안(湯の岳庵)'에 가보았다. 밖에서 보니 이곳은 건물 자체도 무척 고풍스러워 보였다. 음식을 만든 식재료도 무척 신선했는데, 특히 온천 코스요리가 먹을 만했다.

음식점 안으로 들어가니 일본에서 요리장(料理長)이라고 불리는 메인 셰프가 나왔다. 그는 친절하게도 내게 어떤 음식을 먹고 싶은지 물어보았다. 왜냐하면, 우리 일행은 이곳에 연달아 이틀을 묵을 예정이었기 때문이다. 더군다나 음력설이어서 음식에 더욱 신경을 쓰는 듯했다. 그의 말대로 좋은 음식을 먹어야 명절 쇠는 기분이 나지 않겠는가!

청주는 현지에서 가장 유명한 '와카보탄 다이긴조(和香牡丹大吟釀)'를 주문해서 마셨다. 가격은 비싸지만, 맛은 무척 좋았다. 비록 야마가타현(山形県)에서 생산되는 '주욘다이(十四代)'보다는 못했지만, 색다른 맛이 느껴져 마실 만했다.

배불리 먹고 술까지 마셨더니 얼큰하게 취해서 대욕장에 가기는 조금 힘들 듯했다. 그래서 나는 객실 내에 있는 욕조에 다시 한번 몸을 담그고 잠자리에 들기로 했다. 그러면 잠이 잘 올 것 같았기 때문이다. 개인 욕조가 있어서 좋은 점은 물의 온도를 마음대로 조절할 수 있다는 것이다. 만약 욕조 안의 물이 너무 뜨겁다면 찬물을 틀어서 원하는 온도로 맞추면 된다. 이렇게 하면 탕 속에서 오래 몸을 담그고 있을 수 있어서 너무 좋다.

목욕을 마치고 돌아와 보니 다다미방에 자리가 깔려 있었다. 아마 조금 전 우리가 저녁을 먹고 있을 때, 종업원이 들어와 내가 바로 잠자리에 들 수 있게 깔아둔 듯했다. 친절하게도 푹 자라고 창문 커튼도 닫아두었지만, 사실 나는 아침 햇살이 나를 깨울 수 있도록 커튼을 열어놓고 자는 편이다. 하지만 어찌 된 일인지 이곳에서는 새벽 5시가 조금 넘은 시간에 저절로 눈이 떠

여행과 음식

졌다. 아직 어둑어둑할 무렵이라 대욕장에서 혼자 느긋하게 몸을 담그고 온천욕을 즐길 수 있었다. 이른 새벽부터 온천물에 몸을 담그고 있으니 정신이 맑아지는 듯했다.

목욕을 마친 뒤에 산뜻한 마음으로 산책에 나섰다. 료칸 주변에는 '긴린코(金鱗)'라는 자연 호수가 있어 경치가 무척 아름다웠다. 그 옆에는 자그마한 공용 온천이 있는데, 남녀가 함께 목욕할 수 있는 혼탕이었다. 보는 사람만 없다면 한 번 더 몸을 담그고 싶은 심정이었다.

다시 길을 걷다보니 상점이 줄줄이 들어선 거리가 보였다. 시간이 조금더 지나자 상점은 하나둘씩 문을 열고 영업을 시작했다. 이곳의 상점은 하나같이 운치가 있어 보였다. 그중에는 케이크로 유명한 상점도 있었는데, 얼마나 맛있는지 이곳은 매일 손님들로 장사진을 이룬다고 한다. 하지만 사람마다 입맛이 다르니 직접 먹어보고 판단하는 것이 나을 것 같다. 뭐니 뭐니 해도 나는 아이스크림 파는 가게가 가장 좋았다. 온갖 종류의 아이스크림이 갖춰져 있어서 이곳에 오면 골라 먹는 재미가 있을 것이다.

이곳은 볼거리가 많아서 오전 내내 걸어 다니며 구경해도 다 못 돌아볼듯했다. 더 살펴보고 싶었지만, 아침밥을 먹어야 했기에 이쯤에서 산책을 마치고 료칸으로 돌아왔다. 아침 식사는 일본식과 서양식 중에서 선택할 수 있었다. 게다가 손님이 원한다면 료칸의 정원에서도 식사할 수 있었다. 만약 여름이라면 푸르른 나무가 우거진 정원에서 매미 소리를 들으며 운치 있게 식사할 수 있을 것이다.

나는 식사를 마친 후에 료칸에서 운영하는 '덴조사지키(天井桟敷)'라는 카페로 가보았다. 카페 이름은 프랑스 영화 〈금지된 장난(Forbidden Games)〉을 일본어로 번역한 것이었다. 듣자하니 료칸 주인이 영화 마니아여서 이름을 이렇게 지은 것이라고 한다. 저녁이 되면 이곳은 '야마네코(山猫)'라고 하

차이란(蔡瀾)의 미식 방랑기

는 주점으로 바뀌는데, 이 이름 역시 이탈리아 감독 루치노 비스콘티(Luchino Visconti)의 영화 '들 고양이(The Leopard)'를 본떠서 지은 것이었다.

카페 안에는 LP판이 엄청나게 많았다. 가곡에서 재즈까지 다양한 음반이 갖춰져 있어 말만 하면 원하는 음악을 바로 틀어주었다. 카페 옆문으로 나가면 료칸 중앙에 붉은 벽돌로 지어진 '담화실(談話室)' 건물로 갈 수 있다. 이곳은 한적하면서도 아늑한 느낌이 드는 휴식 공간이다. 안으로 들어가 보니 최고급 구식 축음기가 놓여 있었다. 얼마나 오래되었는지 축음기에 달린 커다란 목조 나팔이 무척 낡아 보였다. 게다가 음반을 재생하는 축음기 바늘도 대나무를 뾰족하게 깎아서 만든 것이었다.

담화실 2층에는 유리창이 가로로 길쭉하게 설치되어 있었다. 그래서인지 이곳에서 밖을 바라보면 정원의 나무들이 마치 한 폭의 그림처럼 보였다. 그리고 건물 밖에서 유리창에 비친 산등성이의 모습을 바라보아도 역시 아름다운 그림을 감상하는 느낌이 들었다. 마치 건축 디자인을 하나의 예술로 승화시킨 듯했다.

이곳에는 료칸이 자체적으로 운영하는 '가기야(鍵屋)'이라는 잡화점도 있었다. 잡화점에서는 과일 쨈이나 매실주, 와인, 일본식 절임, 과자 등을 팔았는데, 대부분 일본 현지 장인이 수작업으로 만든 것이라고 한다. 일일이 손으로 만든 것이어서 그런지 품질이 무척 좋아 보였다. 잡화점 내부를 언뜻 보면 다들 복잡하다고 느낄지 모르지만, 자세히 살펴보면 나름대로 질서정연하게 물건을 진열해두었다. 나와 함께 잡화점 구경을 간 미치코는 손으로 직접 짠 부들방석을 꽤 마음에 들어 했다. 어머니께 선물로 드리면 좋아하실 것 같다고 하면서도 살지 말지 조금 망설이는 듯했다. 홍콩 돈으로 1,000달러가 넘을 정도로 비쌌기 때문이다. 그녀가 사기를 주저하는 듯하자 옆으로 다가가 어머니 마음에 들 만한 물건이 많았냐고 물어보았다. 그러자 그녀는 고개를 가로젓더니 바로 값을 치르고 물건을 샀다.

가메노이 벳소에는 전통 료칸에서 볼 수 있는 여주인, 즉 오카미상이 없었다. 대신에 종업원이 손님에게 방해가 되지 않게 어딘가에 숨어 있다가 필요할 때가 되면 귀신같이 알고 나타나 도움을 주었다. 그만큼 이곳은 서비스가 완벽했다.

일본 료칸 중에서 군마현(群馬県)에 있는 '센주안(仙壽庵)'을 화려한 보석에 비유한다면, 카메노이 벳소는 고풍스러움이 묻어나는 옥이라고 할 수 있다. 만약 기회가 된다면 이곳에 와서 한번쯤 묵어볼 것을 권하고 싶다.

가메노이 벳소(Kamenoi Bessou)
일본(日本) 오이타현(大分県) 유후인(由布院) 온천 지역
TEL . +81-977-83-3166
http://www.kamenoi-bessou.jp

20

두바이 여행

이번이 몇 번째 두바이 여행인지 도무지 기억이 나질 않았다. 맨 처음에는 비행기가 경유할 때 잠시 둘러본 게 다였다. 그때 두바이는 도시 형태를 갖추기 훨씬 전이었다. 그 후에 TV 특집 프로그램 촬영이나 여행을 위해 두바이를 여러 차례 방문하기도 했다. 이번에는 친구들과 그리스에 있는 한 섬

에 놀러 가기로 했다가 그들이 한 번도 두바이에 가본 적이 없다고 해서 잠시 들러보기로 했다. 하지만 갑자기 태풍이 들이닥치는 바람에 어쩔 수 없이 이틀 밤을 두바이에서 더 머물게 되었다.

지난번에 두바이를 방문했을 때는 '버즈 알 아랍(Burj Al Arab)'이라는 7성급 호텔에 묵었다. 하지만 그 호텔은 내 마음에 들지 않았다. 원래 호텔 등급 중에서 가장 좋은 것은 5성급이지 7성급 호텔이라는 것은 없다. 이른바 6성급, 7성급 호텔이라는 것은 호텔 측에서 만들어낸 말일 뿐이지 공식적으로 인정받은 것은 아니다.

객실이 호화롭지 않아서 마음에 들지 않은 게 아니냐고? 그건 절대 아니다. 그곳은 욕실에 두는 화장품조차도 명품 에르메스(Hermes)였다. 이것을 일반 매장에서 산다면 홍콩 돈으로 최소 2,000달러는 넘을 것이다. 사실 내가 마음에 들지 않는다고 한 것은 과도한 서비스였다. 그곳에서는 손님이 호텔 로비로 들어서면 종업원들이 일렬로 줄을 서서 얼린 수건을 건네주거나 뜨거운 차와 함께 초콜릿이나 꿀에 절인 대추를 갖다 준다. 손님이 객실에 들어간 후에도 끊임없이 먹을 것이나 마실 것을 가져다주며 더 필요한 것은 없는지 꼬치꼬치 캐물으며 도통 나가려고 하질 않는다. 모두 팁을 받기 위해서였다. 그런 호텔에서는 서비스를 제공하는 사람들에게 보통 10달러씩 팁을 줘야 하는데, 며칠 묵다보면 그 돈도 만만치 않게 나간다. 하지만 내가 보기에 그곳은 돈으로 쌓아 만든 허상에 불과했다. 잠수함을 타고 가서 식사하는 해저 레스토랑만 해도 통유리창을 통해 해양 영화 같은 장면을 보는 것에 불과했지만, 돈은 엄청나게 비싸게 받았기 때문이다.

다행스럽게도 이번에는 전 세계에서 가장 높은 건물인 '부르즈 할리파(Burj Khalifa)'에 묵게 되었다. 이곳은 828m 높이의 162층짜리 건물로 타이베이의 101빌딩보다 320m가 더 높다. 부르즈 할리파는 한국인에 의해 건설되

었다고 한다. 삭막한 사막 한가운데에 이렇게 높은 건물을 지어 올린 한국인의 능력에 그저 탄복할 따름이다. 하지만 다른 나라 사람들은 부르즈 할리파를 바벨탑에 비유하며 비꼬기도 한다. 바벨탑이 마지막에 어떻게 되었는지는 다들 잘 알고 있을 것이다.

부르즈 할리파 아래쪽에는 세계적으로 유명한 아르마니(Armani) 호텔이 들어서 있다. 처음에 나는 이곳도 버즈 알 아랍 호텔처럼 사치스러운 호텔인 줄로만 알았다. 하지만 투숙하고 나서 보니 꽤 소박한 호텔이었다. 손님의 편안한 휴식을 방해하는 요소를 모두 배제했을 뿐만 아니라 인테리어도 평범함 속에서도 고급스러움을 추구하였다. 객실 내에 있는 모든 가구는 아르마니 가구 전문점에서 보았던 것들이어서 편안함마저 느껴졌다.

호텔에 도착한 뒤에 친구들은 가장 높은 곳에 있는 전망대를 구경하겠다고 엘리베이터를 타고 올라갔다. 하지만 나는 별로 관심이 없었다. 평소에 사막의 모래바람이 심해서 기껏 올라간다고 해도 경치가 잘 보이지 않기 때문이다. 아니나 다를까, 전망대로 우르르 몰려갔던 친구들은 아무것도 보지 못한 채 허탕만 치고 내려왔다.

나는 이곳에서 유명하다는 레스토랑 몇 곳을 가보았지만, 특별히 맛있는 음식은 없었다. 최근 두바이는 건설 경기가 침체하여 경제 상황이 좋지 않은 상태였다. 이런 상황은 요식업계에도 영향을 미쳐 손님이 점점 뜸해지자 유명 레스토랑조차도 음식에 별로 신경을 쓰지 않는 듯했다.

그러다 우리는 우연히 레바논 사람이 운영하는 음식점을 발견하게 되었다. 반가운 마음에 서둘러 들어가 양고기 육회를 주문해보았다. 몇몇 친구가 양고기를 먹지 못해 조금 걱정되기는 했지만, 양고기를 향한 내 식욕을 멈출 수는 없었다. 이곳의 양고기 육회는 한 조각씩 썰어낸 것이 아니라 믹서로 죽처럼 간 것이었다. 양고기를 이렇게 갈아서 먹으니 육질이 부드러워져서 훨씬 더 먹기 편한 것 같았다. 하지만 우리는 이곳에서 음식을 다 먹지 못하고 남기기도 했다. 생 양고기를 못 먹는 친구들을 위해 식당 측에 특별히 부탁해서 구워달라고 한 고기였다. 조리를 잘 못 했는지 너무 맛이 없어서 거의 다 남기고 말았다.

낮에는 가이드를 대동한 채 두바이 관광 명소를 둘러보았다. 안내를 맡은 우리 가이드는 최근 불황의 늪에 빠진 두바이 경제는 언급하지 않고 그저 자랑만 늘어놓았다. 팜 아일랜드(Palm Island)에 있는 호화주택이 인기가 많아 잘 팔린다고 하면서 말이다. 사실 나는 국제 신문도 읽고 있어 최근 두바이에서는 주택 판매가 부진할 뿐만 아니라 심지어 이미 구매한 사람들도 주택을 매각하려고 내놓고 있다는 사실을 잘 알고 있었다.

두바이 건설 경기가 부진하다고는 하지만, 최근 두바이의 또 다른 일각에서는 전 세계에서 가장 큰 '아틀란티스(Atlantis)' 호텔이 새롭게 문을 열었다.

객실 수만 해도 수천 개에 이를 정도라고 하니, 그 규모를 충분히 짐작할 수 있을 것이다. 하지만 중국 사람이 이 호텔을 건설했다면 이름을 그렇게 짓지는 않았을 것이다. 왜냐하면, 전설 속의 아틀란티스 섬은 바닷속으로 가라앉아 버렸기 때문이다.

아틀란티스 호텔 내에는 전 세계에서 가장 큰 아쿠아리움도 있다. 두바이 사람들은 반드시 '세계 최대'나 '가장 화려한'이라는 수식어가 붙어야 만족스러워하는 듯했다. 하지만 세계 최대라고 해서 다 좋은 것만은 아니다. 물 소비량도 세계 최대일 테니 말이다. 이렇게 일 년 내내 비도 내리지 않는 나라에서 식수를 마련하기 위해 가장 많이 이용하는 방법은 해수를 담수화하는 것이다. 두바이를 돌아다니다 보면 곳곳에 설치된 분수대를 볼 수 있다. 그뿐만 아니라 바닥에 스프링클러를 설치해서 나무에 물을 주는 모습도 볼 수 있는데, 이런 설비 덕분에 우리는 두바이에서 파릇파릇한 초록빛 식물들을 볼 수 있게 되었다.

두바이에는 세계 최대 규모의 금 시장도 있다. 지난번에 왔을 때 그곳에서 금실로 짠 옷을 보고 신기해했던 기억이 난다. 하지만 이번에는 별로 가보고 싶은 생각이 들지 않았다. 그런 곳에서 파는 골동품은 가짜가 많기 때문이다. 게다가 이번에 우리가 묵은 호텔 내에는 엄청나게 큰 쇼핑센터가 들어서 있어서 굳이 금 시장까지 갈 필요는 없을 듯했다. 차라리 기운 아껴 호텔에서 스파를 즐기는 게 더 나을 것 같았다.

만약 두바이에서 뭐 사 갈게 없는지 고민스럽다면 공항에 있는 주류 상점에서 술을 사 가는 것도 괜찮을 것이다. 그곳에 가면 햇수가 오래된 몰트위스키를 구매할 수 있기 때문이다. 사실 같이 간 친구들 모두 술 전문가여서 이곳의 술이 다른 도시나 공항보다 훨씬 비싸다는 것을 잘 알고 있다. 하지만 쉽게 구하기 어려운 술이므로 사둘 만한 가치는 있을 것이다. 어차피 몇 년 지나면 가격이 내려가지 않느냐고 반문한다면 이렇게 말해주고 싶다. 술은 다이아몬드처럼 오래 보존하는 것이 아니기 때문에 가격이 내려갈 것을 걱정하지 말고 좋은 술이 있을 때 마시고 즐기면 되는 것이라고 말이다.

두바이 국제공항 제 3여객터미널은 단일 건축으로는 세계 최대 규모이다. 그뿐만 아니라 이곳은 초대형 여객기 에어버스 A380의 이착륙이 가능하도록 설계되어 있다. 이번에 우리가 탑승한 여객기는 일반 기종이었지만, 퍼스트클래스의 좌석은 공간이 넓고 슬라이딩도어가 설치되어 있어 독립된 공간을 보장받을 수 있었다. 그야말로 하늘 위의 스위트룸이라고 불릴 만했다. 게다가 한쪽 구석에는 미니바도 있었다. 무엇보다도 가장 마음에 들었던 것은 문을 닫으면 아무도 볼 수 없어 옷을 벗고 편안하게 잘 수 있다는 점이다.

두바이 공항터미널은 호화로워 보였지만, 그곳에서 파는 음식 맛은 지극히 평범했다. 하지만 시설은 참 편리한 듯했다. 탑승 게이트가 건물 안에 설치되어 있어 비행기를 타러 밖으로 나갈 필요가 없기 때문이다. 게이트 안으로 들어서면 바로 비행기 탑승구가 보여 정말 편했다.

안타깝게도 우리가 떠나려고 할 무렵에 태풍이 불어 비행기가 이륙할 수 없다는 연락이 왔다. 공항 내에는 안마 시설이나 잠시 눈을 붙이고 목욕까지 할 수 있는 숙박시설이 있었지만, 아랍에미리트 항공사 측은 우리에게 메리어트(Marriott) 호텔을 제공해주었다. 4성급 호텔이라고 하지만, 막상 도착하고 보니 이곳 역시 규모가 크고 화려했다. 호텔 내부에는 레스토랑이 몇 군데 있었지만, 너무 늦은 시간이라 프랑스 요리를 파는 곳만 문을 열어두었다. 우리는 너무 배가 고파서 맛을 따지고 할 것도 없이 급히 그곳으로 들어가 허기를 채웠다. 하지만 다 먹고 나서 생각하니 너무 맛이 없는 것 같았다.

이곳에서 하룻밤만 머물면 곧장 비행기를 탈 수 있을 줄 알았다. 하지만 다음날도 비행기가 뜨지 못한다는 청천벽력 같은 소식이 전해졌다. 또다시 이곳에서 하루를 더 머물러야 한다는 생각이 들자 나는 먹는 것부터 걱정되기 시작했다. 아랍 요리는 입에도 못 댈 것 같은데, 도대체 무얼 먹는담?

이번 여행 일정은 다른 때보다는 좀 긴 편이었다. 먼저 두바이에서 아테네로 넘어가 그곳에서 배를 타고 그리스 유람을 했다. 그런 다음 이스탄불로 가서 그곳에서 며칠을 머물렀다. 함께 여행한 일행이 다 돌아간 뒤에는 몇몇 친구와 함께 폴란드 바르샤바로 가서 맛집 탐방을 했다. 이렇게 나는 해외에서 22일간 체류하면서 그동안 중국 음식을 단 한 번도 먹어보지 못했다.

우리가 묵은 메리어트 호텔에는 태국 음식점이 있었지만, 그날따라 전 좌석이 예약으로 꽉 차버렸다고 한다. 그래서 할 수 없이 호텔 내에 있는 인도 음식점으로 가서 허기를 때울 수밖에 없었다. 우연히 찾은 이 인도 음식점은 런던에 있는 유명한 인도 요릿집의 분점이었다. 대충 네 종류의 요리를 주문해서 맛을 보다가 나는 깜짝 놀라고 말았다. 내 인생에서 가장 맛있는 인도 요리를 이곳에서 맛보게 될 줄은 꿈에도 몰랐기 때문이다. 이 인도 요리 덕분에 나는 두바이에서의 여행을 좋은 추억으로 남길 수 있게 되었다.

차이란(蔡瀾)의 미식 방랑기

21

그리스 여행

우리는 두바이에서 그리스의 수도 아테네로 가기 위해 비행기를 탔다. 도착해서 보니 얼추 5시간이 넘게 걸린 듯했다. 우리는 이번 그리스 여행에서 '테레 모아나(Tere Moana)'라는 유람선을 타기로 했다. 이 배로 결정한 이유는 지난번 타히티 섬에 갔을 때 탔던 '폴 고갱(Paul Gauguin)'이라는 유람선의 자매선이기 때문이다. 당시 폴 고갱에 대한 인상이 너무나도 좋아서 같은 설계로 건조된 이 배 또한 괜찮을 거라는 믿음이 생겨서였다.

테레 모아나호는 큰 편은 아니었다. 겨우 100여 명 정도를 태울 수 있는 소형 선박이기 때문이다. 그리스에 있는 작은 섬에 정박하려면 이렇게 작은 배가 필요했다. 아마 미국 대형 선박업체에서 건조한 커다란 배는 그리스의 작은 섬에 있는 항구 근처에는 얼씬도 하지 못할 것이다.

우리는 아테네에서 며칠 머물기로 했다. 숙소는 아테네 국회 앞 광장에 있는 한 호텔로 정했는데, 중심가에 있어서 교통이 꽤 편리했다. 더욱 좋은 것은 이 호텔 꼭대기 층에 있는 야외 레스토랑에 앉아 있으면 저 멀리에 아크로폴리스(Acropolis)가 보인다는 점이다. 사람들은 아크로폴리스를 신전이라고 부르지만, 사실 성벽 유적이라고 할 수 있다. 해가 뜰 때나 질 때가 되면 아테네의 랜드마크인 이곳은 빛을 받아 더욱 환상적인 자태를 선보였다.

다음날 우리는 아크로폴리스에 가보기로 했다. 제법 높은 산 위에 있어서 가는 것이 만만치 않을 듯했다. 하지만 차를 타고 산 아래까지 가서 천천히 걸어 올라가니 그렇게 힘들지 않았다. 아크로폴리스는 그리스 유적 중에서도 가장 완벽하게 보존된 곳이다. 그런데 그리스 정부는 최근 경기가 좋지 않은데도 불구하고 큰 비용을 써가며 이 유적을 깨끗하게 단장해댔다. 나는 도대체 왜 그렇게 하는지 이해가 되지 않았다. 옛것은 낡은 모습 그대로가 아름다운데 말이다. 아마 다들 기껏 산에 올라와 새로 지은 것 같은 아크로폴리스를 보고 싶지는 않을 것이다. 그리고 기왕 유적을 보수하려면 경기가 좋을 때 하는 게 더 낫지 않겠는가!

아테네의 아크로폴리스는 기원전 6세기에 건설된 것이라고 한다. 그렇게 까마득한 옛날에 이렇게 웅장한 건축물을 만들었다는 사실이 새삼 놀라웠다. 가까이 다가가 자세히 살펴보니 아크로폴리스를 지탱하고 있는 거대한 기둥은 둥그런 돌조각을 층층이 쌓아서 만든 것이었다. 이러한 건축 양식은

여행과 음식

고대 로마에도 영향을 끼쳤다. 이후에는 유럽 대다수 국가와 미국에서도 이런 양식을 본떠서 건축물을 짓기 시작했다고 한다.

아테네에서는 아크로폴리스가 가장 볼만하다. 반면에 포세이돈 신전에 가면 크게 실망할지도 모른다. 몇 시간이나 차를 타고 가야 하는 데다가 막상 가면 해안가에 기둥 몇 개밖에 남아 있지 않기 때문이다.

이런 역사 유적 관광도 좋지만, 내가 보고 싶었던 것은 그리스 사람들이 살아가는 모습이었다. 하지만 안타깝게도 요즘 그리스에서는 거의 매일 시위가 일어났다. 다행스럽게도 우리는 며칠 일찍 좋아하는지 모르겠다고? 시위를 벌이면 일할 필요가 없지 않은가! 그들은 시위를 유급 휴가쯤으로 여기는 듯했다.

최근 그리스의 각 정당은 국민의 호감을 얻기 위해 치열한 경쟁을 벌였다. 어느 한 정당이 근무시간 단축을 거론하자, 다른 정당은 더 많은 지지를 받기 위해 그 정당보다 근무일을 하루 더 줄이는 방안을 추진했다. 결국 현재 그리스 국민들은 매주 3일하고도 반나절만 일하면 되었다. 이렇게 일하고도 그리스 정부가 파산하지 않은 게 이상할 정도였다.

날이 어둑해지자 우리 일행은 저녁을 먹기 위해 아테네에 있는 한 음식점으로 향했다. 음식값이 저렴한 식당이어서 그런지 내부에는 손님들로 가득했다. 언뜻 보기에도 모든 손님이 다 관광객처럼 보이지는 않았다. 현지인들도 있는 것을 보니 이곳의 음식 맛은 괜찮을 듯했다. 아무튼, 우리는 이곳에서 맥주와 함께 피자를 먹으며 밤새 신나게 놀았다. 이번 여행에서 우리는 유명한 레스토랑을 적잖게 다녀봤지만, 딱히 기억에 남는 한 끼가 없었다. 하지만 이곳은 분위기 탓인지 괜찮은 느낌이 들었다.

그리스 요리는 끓여서 만드는 것이 아니라 대부분 구워서 만든다. 미식 프로그램에서도 그리스 요리를 보긴 했지만, 딱히 먹고 싶다는 생각은 들지 않았다. 잔뜩 썰어둔 채소 위에 올리브유를 뿌리는 것이 다였기 때문이다. 그리스에는 해산물 요리가 많은데, 그중에서도 문어로 만든 요리를 특히 더 즐겨 먹는 듯했다. 이곳의 문어는 다른 곳에서 잡히는 것과는 품종이 다르기 때문에 어떤 방식으로 조리해도 질기지 않고 부드럽다고 한다.

아테네에서 가장 맛있게 먹은 것은 견과류였다. 어디를 가든 견과류를 팔았는데, 그중에서도 피스타치오가 가장 먹을 만했다. 그리고 이제 막 제철을 맞은 호두 맛도 괜찮았다. 너무 딱딱하지 않고 부드러워서 마치 과일을 먹는 느낌이 들었다. 만약 견과류를 좋아한다면 아테네에 있는 시장에 꼭 가볼 것을 추천하고 싶다. 이런 것에 관심이 없다면 골동품 거리에 가보는 것도 괜찮다. 그곳에서 파는 고가구는 무척 저렴하기 때문이다. 해저에서 건져 올린 골동품이라고 하며 파는 것도 있었는데 진짜 같아 보이지는 않았다.

아테네 국회 건물 앞에서는 매시간에 한 번씩 근위병 교대식을 거행한다. 근위병들이 입은 제복을 자세히 살펴보았지만, 그리스의 전통적인 분위기는 느껴지지 않았다. 머리 위에 둥그런 모자를 쓰고 있어서인지 오히려 터키 사람처럼 보이기도 했다. 게다가 신발 끝에는 커다란 방울이 달려 있어서 마치 도널드 덕의 여자 친구 모습을 보는 것 같았다. 교대식을 거행할 때도 근위병들의 걸음걸이가 너무 느려서 위엄이 있어 보인다기보다는 차라리 우스꽝스러웠다.

이어서 우리는 수만 명을 거뜬하게 수용할 수 있다는 올림픽 경기장을 보러 갔다. 새로 지은 경기장이라 그런지 볼만한 건 별로 없었다. 차라리 헤로데스 아티쿠스(Herodes Atticus) 극에 가는 편이 더 나을 뻔했다. 그곳은 옛 모습을 여전히 간직하고 있어 볼만하기 때문이다.

지금까지 돌아본 아테네는 한 마디로 무미건조한 도시였다. 만약 진정한 그리스의 모습을 보고 싶다면 배를 타고 근처에 있는 작은 섬으로 가보아야 한다. 그래서 우리는 본격적인 선박 여행에 나서기로 했다. 우리가 탄 '테레모아나'호는 5층 구조로 된 작은 선박이었다. 손님들이 배에 오르자 간단한 환영 연회와 함께 비상시 대피 훈련이 진행되었다. 그리고 선장이 나와서 직접 유람선 이용방법을 설명해주었는데, 그의 말을 들어보니 이 배에는 레스토랑이 세 개가 있는 듯했다. 그리고 딱 한 곳을 제외한 나머지 모든 구역은 금연 구역이라고 한다. 선장이 흡연하는 승객이 얼마나 되는지 물어보자, 다섯 명도 채 되지 않는 사람들이 슬그머니 손을 들었다. 그 모습을 보니 흡연자의 수가 점차 줄어들고 있다는 사실을 새삼 깨닫게 되었다.

모든 준비를 마치고 나서 저녁 무렵에야 유람선이 출항했다. 선박이 해안선을 따라 천천히 운항했기 때문에 조금의 흔들림도 느껴지지 않았다. 저녁에 우리는 이탈리아 레스토랑에 가서 밥을 먹었다. 차려진 음식은 풍성했지만, 딱히 맛있게 여겨지는 것은 하나도 없었다. 이럴 때 외국 사람들은 '집에 편지를 써서 알려줄 만한 게 없다'라고 말하곤 한다.

이번 유람선 여행은 그리스의 델로스(Delos), 산토리니(Santorini), 로도스(Rhodes), 파트모스(Patmos)와 터키의 쿠샤다시(Kusadasi), 차나칼레(Canakkale)를 들러 마지막으로 이스탄불 연안에 도착하는 일정이다.

"여기가 바로 '에게해'인가요? 그럼, '지중해'와는 다른 건가요?"

무식해보일지 몰라도 나는 궁금한 건 참을 수 없어 질문을 해보았다. 그러자 승객의 유흥을 담당하고 있는 영국인 톰(Tom)이 자세하게 설명해주었다.

"좋은 질문입니다. 에게해는 지중해의 일부분이에요. 하지만 그리스 사람 대부분은 에게해라고 부른답니다. 더 낭만적으로 들려서 그렇다고 하네요."

그리스 연안에는 셀 수 없이 많은 섬이 있다. 여러 섬을 돌아다니다 보면 나중에는 방문했던 섬의 이름조차 기억이 나지 않을지도 모른다. 이럴 때 그리스 사람들은 '많은 섬이 있긴 하지만, 그중에서 당신 마음에 쏙 드는 섬이

차이란(蔡瀾)의 미식 방랑기

하나는 있을 거예요. 당신은 그 섬만 기억하면 돼요.'라고 말하곤 한다.

맨 처음 도착한 섬은 델로스였다. 우리는 유람선 여행을 시작하기 전부터 미리 각 섬에 도착할 때마다 필요한 개인 가이드와 전용 차량을 준비해두었다. 이렇게 여행하는 것을 '프라이빗 익스커션(Private Excursion)'이라고 하는데, 개인적으로 유람선 여행을 할 때 이런 비용은 절대 아껴서는 안 된다고 생각한다. 아무리 자세하게 설명해도 직접 경험해보지 않으면 이해하기 힘들지도 모른다. 아무튼, 이런 데 드는 비용을 아끼다보면 즐거운 여행을 할 수 없다.

델로스 섬에는 고고학자들 이외에 다른 주민은 살고 있지 않았다. 현재 이 섬은 완전히 황폐해졌지만, 섬에 남아 있는 수많은 유적을 통해 당시 번화했던 상업 도시의 면모를 확인할 수 있었다. 상점이나 별장, 극장, 기원(妓院) 등 있을 건 다 있기 때문이다. 심지어 이곳에는 기원전 3세기부터 오염물 배출 시설을 갖추고 사용했다고 한다. 요즘 외진 곳에 있는 웬만한 마을보다도 문명이 훨씬 더 발전한 듯했다.

섬 곳곳을 다니며 가이드의 설명을 듣고 있을 때였다. 같은 배를 타고 온

한 미국인 여성이 우리 일행을 따라다니며 가이드의 설명을 계속 엿들었다. 그러더니 우리가 특별대우를 받고 있다고 여겼는지 갑자기 우리 일행을 향해 따져 물었다. 그녀의 말인즉슨 우리는 가이드가 있는데, 자신들에게는 왜 가이드를 제공해주지 않느냐는 것이었다. 이렇게 말 많은 사람은 상대하지 않는 것이 더 낫기 때문에 나는 아예 대꾸조차 하지 않았다. 하지만 배로 돌아온 뒤에도 승무원을 붙잡고 따지는 모습을 보자, 내 인내심은 한계를 드러내고 말았다. 나는 그녀에게 당신은 죽을 때까지 질투만 할 거라고 으름장을 놓았다. 중국어만으로는 속이 후련하지 않은 듯해서 영어로도 한마디 해주었다.

"Eat Your Heart Out!"

수많은 그리스 섬 중에서 가장 인기가 많은 곳은 뭐니 뭐니 해도 산토리니 섬일 것이다. 유람선에서 바라보니 깎아지른 듯한 절벽과 산꼭대기에 덮여 있는 새하얀 눈이 보였다. 그리고 산비탈에 층층이 지어져 있는 하얀 집들은 파란 하늘과 잘 어우러지는 듯했다. 이곳에서는 건물을 지을 때 지붕은 파란색, 벽은 하얀색으로 칠을 했다. 그래서인지 파란색과 하얀색으로만 되어 있는 그리스 국기처럼 보였다.

우리를 태운 관광버스는 구불구불한 산길을 따라 산꼭대기까지 올라갔다. 그곳에서 주변 경관을 살펴보니 파랗고 하얀 집들과 맑은 하늘에 밝게 빛나는 태양만 보일 뿐이었다. 그리스는 1년 중에 단 며칠만 비가 내리기 때문에 흐린 날을 보기가 쉽지 않다. 만약 산토리니에 갔을 때 날이 흐리다면 정말 운이 좋은 것이다.

이곳 사람들은 그리스 정교회(Greek Orthodox)를 믿고 있어서인지 섬 안에는 예배당이 꽤 많았다. 예배당을 둘러보면서 가장 인상에 남았던 것은 수염을 기르고 둥그런 모자를 쓴 전도사들이 향로를 들고 끊임없이 성경 구절을 낭송하는 모습이었다. 이곳에 지어진 예배당은 천주교 성당이나 기독교 교회와 분위기가 전혀 달랐다. 구체적으로 어떻게 달랐는지 잘 기억이 나진 않지만, 이것 하나만은 또렷하게 기억이 난다. 바로 예배당 꼭대기에 3단으로 지어진 커다란 종탑이다. 기존 교회나 성당의 종탑과는 또 다른 형태로 첫 번째 단에는 한 개의 종이 있고, 두 번째와 세 번째 단에는 각각 3개와 5개의 종이 달려 있었다. 그리고 예배당 건물도 역시 파란 지붕에 하얀 벽으로 되어 있던 것이 기억난다. 이곳의 건축 형태는 아마 영원히 변하지 않을 듯하다.

산토리니 마을은 산봉우리 위에 건설되어 있었다. 그래서인지 길을 걸으면 등산하는 기분이 들었다. 만약 체력이 약해 걸어 다니기 힘들다면 나귀를 타고 돌아볼 수도 있다. 길거리에 돌아다니는 나귀의 가슴팍에는 팻말이 걸려 있었는데, 자세히 살펴보니 '택시'라고 쓰여 있었다. 정말 우스워 죽는 줄 알았다.

산봉우리에 올라 아래를 바라보니 수많은 별장과 카페가 보였다. 그리고 그 속에는 푸른빛이 도는 수영장도 있었다. 계속해서 가파른 산길을 올라가다 보면 줄지어 들어서 있는 수공예 기념품 가게가 나타난다. 이곳에 있는 가게들은 일반적인 기념품 가게와는 달리 독특한 운치가 느껴졌다. 주변에는 풍차도 있었는데, 날개 부분이 나무 골조로만 되어 있어 흔히 볼 수 있는 풍차 형태와는 조금 달라 보였다.

마을 곳곳을 돌아다니는 동안에 나는 불쑥불쑥 나타나는 고양이들과 자주 마주쳤다. 산토리니에는 고양이가 많은 듯했다. 이곳의 고양이들은 꽤 유명해서 사람들은 산토리니 고양이에 관한 책을 출판하기도 했다. 이번에 산토리니에 와서 본 고양이들이나 파란 지붕과 하얀 벽은 영원히 내 기억 속에 남아 잊지 않을 것 같았다.

마을 한편에는 번화한 쇼핑가가 있지만, 홍콩에서 온 관광객들은 마음에 드는 물건이 없는지 그냥 케이블카를 타고 산을 내려가 식사를 하기 위해 배로 돌아가 버렸다. 우리는 요 며칠 동안 배 안에 있는 레스토랑에서만 밥을 먹었더니 그만 물려버려 더는 그곳의 음식을 먹고 싶지 않았다. 하지만 우리가 누구인가! 여행 전문가라고 할 만큼 노하우가 많은 우리는 배에 오른 첫날부터 레스토랑 매니저에게 100달러의 팁을 찔러주었다. 게다가 메인 셰프에게도 팁을 두둑하게 챙겨줬기 때문에 원하는 게 있으면 바로 부탁할 수 있었다. 그래서 우리는 섬에 있는 시장에서 채소를 사서 배로 돌아온 뒤에 셰프에게 건네주면서 닭고깃국을 끓여달라고 요청했다. 덕분에 그날 밤은 맛있는 중국식 국물 요리를 맛볼 수 있게 되었다. 여기에 내가 가져온 중국식 무절임인 자차이(榨菜)와 라면, 간장 소스 등을 곁들이니 진수성찬이 부럽지 않았다. 앞으로는 음식이 입에 맞지 않아 배곯을 걱정을 하지 않아도 될 듯했다.

유람선 내에 있는 레스토랑에는 좋은 술도 없었다. 그리스 현지에서 생산되는 '우조(Ouzo)'라는 술이 있었지만, 우리 입맛에는 맞지 않았다. 내 친구들은 주로 싱글몰트 위스키를 마신다. 그래서 이럴 경우를 대비해서 항상 술을 몇 병씩 가지고 오곤 한다. 그날 우리는 해 질 무렵부터 아테네에서 사 온 피스타치오를 안주 삼아 술을 마시기 시작했다. 덕분에 우리는 저녁 식사할 때쯤 되자 만취가 되어버렸다. 얼마나 취했는지 그저 그런 레스토랑 음식이 산해진미처럼 느껴질 정도였다.

이어서 우리는 또 다른 섬을 방문했다. 로도스 섬이었는데, 이곳 역시 파란 지붕을 얹은 하얀 집들뿐이었다. 풍경은 여느 섬과 비슷해서 인상에 남는 것이 없었지만, 예쁘장하게 생긴 가이드만은 또렷하게 기억에 남았다. 그녀는 앤서니 퀸(Anthony Quinn)이 이곳에서 〈나바론 요새(The Guns Of Navarone)〉라는 영화를 찍었다고 끊임없이 강조해댔다. 그래서 사람들은 이곳을 '앤서니 퀸의 섬'이라고 부른다고 한다.

그리스 사람들은 이곳에 있는 많은 섬 중에서 자신의 마음에 드는 섬이

하나쯤은 있을 거라고 말하곤 한다. 나도 마음에 드는 섬이 하나 있는데, 그
곳은 바로 파로스(Paros) 섬이다. 내가 이 섬을 좋아하게 된 이유는 가이드인
밸(Val)의 영향도 조금은 있다. 밸은 아비(Arvey)라고도 부르는데, 그리스 사람
이 아니라 독일 사람이다. 독일과 그리스는 관계가 아주 밀접하다고 할 수
있다. 아비처럼 독일 사람이 그리스에서 살기도 하고, 그리스 사람이 독일로
넘어가 사는 경우도 많기 때문이다. 아비 역시 젊었을 때 이 섬에 와서는 아
름다운 풍경에 홀딱 반해 다시 독일로 돌아가지 않았다고 한다.

　그녀는 나이가 오십은 조금 넘어 보였다. 검은 머리카락 사이로 듬성듬성
흰 머리카락이 보였기 때문이다. 생긴 모습은 영화배우 바네사 레드그레이
브(Vanessa Redgrave)를 꼭 닮았다. 하지만 오랫동안 화장도 하지 않은 채 강한

해풍을 맞아서인지 피부가 매우 거칠었다. 게다가 덧니도 하나 빠져 있었는데, 무슨 이유에선지 새로 해 넣지 않고 그냥 내버려두었다.

아비는 평범한 가이드 같지 않았다. 섬에 관한 역사나 지리 정보를 달달 외워서 읊어주는 것이 아니라 우리가 알 수 없는 비하인드 스토리까지 들려주었기 때문이다. 그녀는 한 예배당 건물을 가리키며 우리에게 재미있는 사실을 알려주었다. 예배당 바로 옆에는 수녀원이 있는데, 이 두 건물 사이에는 서로 연결되는 통로가 있다고 한다. 소문에 따르면 예배당의 수도사와 수녀원의 수녀가 양쪽에서 파 들어가며 만든 것이라고 한다. 그러면서 그녀는 어느 쪽에서 더 열심히 팠는지는 아무도 모른다고 말했다.

파로스 섬에 있는 산에서는 질 좋은 대리석이 많이 생산되었다. 듣자 하니 밀로의 비너스상과 나폴레옹의 묘비도 이곳에서 채취한 돌로 만들었다고 한다. 게다가 대리석에 열을 가하면 석회를 얻을 수 있는데, 이것을 벽에 바르면 매끈하게 보일 뿐만 아니라 모래바람에 잘 부식되지도 않는다.

나는 아비에게 하고많은 섬 중에서 왜 하필이면 이 섬에 눌러살게 되었냐고 물어보았다. 그러자 그녀는 이 섬의 풍습이 너무나도 마음에 들었기 때문이라고 한다. 파로스 섬에서는 사람이 죽으면 먼저 3년간 땅에 매장해둔다. 그런 뒤에 다시 유골을 파내서 좋은 술로 깨끗하게 씻은 다음, 함에 담아 작은 오두막에 보관한다. 원한다면 그곳에서 가족이 함께 지낼 수도 있다고 한다. 유골함 안에는 고인이 생전에 좋아하던 물건을 함께 담아두기도 하는데, 일종의 제물이라고 할 수 있다.

아비가 사는 곳에는 수도와 전기가 들어오지 않는다고 한다. 그래서 끼니때마다 나무를 때서 먹을거리를 준비해야 했다. 그녀의 말에 따르면 땔감으로 쓰는 목재가 다르면 음식의 맛도 달라진다고 한다. 신기할 노릇이다. 게다가 그녀는 우물도 직접 파서 그곳에서 물을 길어 썼다. 정말 대단한 사람이다.

그녀는 우리에게 파로스 섬에서 가장 맛있는 음식도 맛보게 해주었다. 양의 내장으로 만든 요리였는데, 내장을 돌돌 말아서 창자로 묶은 다음 숯불 위에서 몇 시간 동안 잘 구워낸 것이라고 한다. 이것을 잘게 다져서 내면 맛있는 술안주 요리가 완성된다.

이곳에서 파는 술 중에서 내 입맛에 가장 잘 맞았던 것은 병에 'A'라는 알파벳이 쓰여 있는 알파 맥주였다. 확실히 맛은 괜찮은 듯했다. 그리고 그리스 담배 중에서는 'GR'이라는 담배가 피울 만했다. 한 갑에 25개비가 들어 있는 담배였다. 한번은 아비에게 담배 한 개비만 달라고 하자 터키식 담뱃잎을 건네주었다. 맛은 시가처럼 독했지만, 가격은 저렴했다.

다시 배로 돌아갈 시간이 되었지만, 그녀는 전혀 아랑곳하지 않고 우리를 작은 어촌으로 데리고 갔다. 그곳에 가보니 문어를 잔뜩 널어놓고 말리고 있었다. 그리고 파란색 테이블과 의자로 들어찬 카페도 있었는데, 그곳을 보고 있으니 새파란 바다를 바라보고 있는 느낌이 들었다.

내가 글 쓰는 사람이라는 것을 알게 된 아비는 산꼭대기에 있는 한 건물을 가리키며 어떤 이야기를 들려주었다. 그곳은 원래 음식이 맛있기로 유명한 호텔이었다고 한다. 하지만 관광객 대부분이 해변 호텔을 선호하자 손님이 뜸해져 문을 닫게 되었다. 그래서 섬 행정부는 그 호텔을 리모델링해서 작가들의 휴식처로 만들었다. 아비 말로는 그곳에 묵으려면 임대료로 독특한 것을 제시해야 한다고 한다. 그것은 바로 책이었다. 다시 말해 자신의 작품을 제출해서 작가라는 것을 확인시켜주면 그곳에 투숙할 수 있는 권한이 주어지는 것이다.

나는 마음속으로 이런 생각을 해보았다. 언젠가는 다시 파로스 섬에 와서 아비의 집에 묵으며 그녀가 만들어준 음식을 먹어보리라. 그리고 알파벳 A가 쓰여 있는 맥주를 마시며 GR 담배를 피워보리라. 그렇게만 할 수 있다면 나는 그곳에서 친구들과 함께 인생 여정에 관해 끝도 없는 이야기를 나눌 수 있을 것 같다.

터키 여행

우리가 탄 유람선은 그리스의 마지막 섬을 출발하여 다음날 터키의 해안 도시인 쿠샤다시(Kusadasi)에 도착했다. 이곳은 대학의 도시여서 그런지 젊은 사람들이 눈에 많이 띄었다. 그들 덕분에 활력이 느껴지는 듯했지만, 항구 자체는 볼만한 것이 별로 없었다.

우리는 이곳에서 하룻밤을 묵은 뒤에 다시 차낙칼레(Canakkale)라고 하는 터키의 또 다른 항구도시로 향했다. 아마 차낙칼레라고 하고 다들 생소하게 느껴질 것이다. 하지만 호메로스(Homeros)가 집필한 〈일리아스(Iliad)〉에 나오는 트로이(Troy)라고 하면 '아, 거기!'라고 하며 아는 체를 한다. 이곳은 〈트로이의 헬렌(Helen Of Troy)〉이라는 영화의 배경이 되기도 했다.

하지만 안타깝게도 이런 대단한 역사 유적은 그저 그런 관광지로 변질되고 말았다. 유적지에 크지도 작지도 않은 어중간한 크기의 가짜 목마를 세워 두고는 그 앞에서 전사로 분장한 사람들이 공연을 벌였기 때문이다. 나도 구경을 하긴 했지만, 한번 흘깃 보고는 바로 자리를 떠버렸다.

이 도시에는 이곳 말고도 갈리폴리(Gallipoli)라고 하는 또 다른 명승지가 있다. 아마 호주 사람이 이 이름을 듣는다면 감동의 눈물을 흘릴지도 모른다. 1차 세계대전 당시 적잖은 호주 병사가 이곳에서 전사했기 때문이다. 하지만 우리는 이미 이 사건을 알고 있었으므로 참호 유적을 보러 가지는 않았다.

차이란蔡瀾의 미식 방랑기

만약 쇼핑을 원한다면 정부가 지원하는 양탄자 공장에 가보는 것도 괜찮다. 그곳에 가면 양탄자 짜는 모습을 직접 지켜볼 수 있고, 마음에 드는 것이 있으면 구매도 가능하다. 아마 그곳에서 여러 양탄자를 구경하다 보면 츠나르(Cinar)라고 하는 가게에서 만든 양탄자가 가장 예쁘다는 것을 알게 될 것이다.

유람선은 계속 바닷길을 헤치고 나아가 드디어 이스탄불 해안에 다다랐다. 이스탄불은 아시아와 유럽 대륙에 걸쳐서 자리 잡고 있는 대도시이다. 나는 이곳에 여러 번 와본 적이 있는데, 가장 인상에 깊었던 것은 두 대륙을 연결하고 있는 대교였다. 신기하게도 다리 왼쪽은 아시아 대륙이고, 오른쪽은 유럽 대륙이기 때문이다. 이번에 와서 다시 보니 다리 위에서 많은 사람이 낚시를 즐기고 있었다. 아마도 낚시는 터키 사람들이 가장 많이 즐기는 취미 생활인 듯했다.

우리는 10여 일이 넘는 여행 기간 내내 많은 요리를 먹어봤지만, 그중에서도 '아시타네(Asitane)'라는 레스토랑에서 먹은 음식이 가장 만족스러웠다. 당시 우리는 레스토랑 정원에 있는 야외 테이블에 앉아서 식사했는데, 한적하면서도 운치 있는 정원 올리브 나무 아래에서 먹다보니 음식이 더 맛있게 느껴졌다.

맨 먼저 나온 요리는 이곳의 시그니처 메뉴인 양고기 수프였다. 숟가락으로 국물을 휘휘 저어보니 푹 고아서 흐물흐물해진 양고기 덩어리가 건져 올려졌다. 이 수프는 만들 때 양파와 꿀에 절인 대추, 말린 무화과 등을 넣고 은근한 불로 푹 끓이기 때문에 국물이 진하면서도 맛이 좋다. 어찌나 맛있던지 양고기를 잘 먹지 못하는 친구도 맛있게 먹으며 앞으로는 양고기를 좋아하게 될 것 같다고 말하기도 했다.

다음 요리는 멜론으로 만든 것이었다. 멜론 안에 다진 고기를 채워 넣고 약한 불로 뜸들이 듯 푹 익힌 뒤에 멜론을 그릇 삼아서 담아 내왔다. 다진 고기 안에는 부드럽게 익힌 피스타치오와 건포도, 좁쌀, 그리고 각종 향신료가 들어 있었다. 이것 말고도 양의 넓적다리 고기를 빵 안에 넣고 쪄낸 것도 맛이 괜찮았다. 고기가 너무 부드러워 씹을 필요도 없이 입안에서 살살 녹아내렸기 때문이다.

그날 우리가 먹은 것은 모두 오스만제국 시대부터 전해 내려오는 전통 음식이었다. 어찌 보면 음식이 맛있는 게 당연했다. 그렇게 화려한 시절을 보낸 왕조에서 맛없는 음식을 먹었을 리가 없지 않은가! 반면에 꼬챙이에 넓적하게 썬 고기를 층층이 끼워서 불에 구워낸 케밥(Kebab)은 터키에서 유일하게 남은 서민 음식이라고 할 수 있다. 서민 먹거리가 케밥밖에 없다니! 이건 정말 옳지 못한 일이다. 전통 먹거리를 잘 지켜내지 않으면 사람들은 애초에 그런 것이 있는 줄도 모를 것이다. 겨우 한두 종류의 음식만 내세우며 터키 전통 서민 먹거리라고 소개하면 사람들은 그것이 터키 음식문화의 전부라고 여길지도 모른다.

우리는 배를 든든하게 채운 뒤에 슬슬 명승지 구경에 나섰다. 먼저 '성 소피아 대성당'을 구경했는데, '소피아(Sophia)'라는 말은 그리스어로 '지혜'라는 뜻이 있다고 한다. 성당에서 가장 볼만했던 것은 엄청나게 큰 돔형 지붕이었다. 기둥으로 천장을 떠받치지도 않았는데 지붕이 무너지지 않는 것이 무척 신기해보였다. 더군다나 이 성당은 건축가가 아니라 그리스의 과학자와 수학자가 철저하게 계산해서 지은 것이라고 한다. 건축학을 공부하는 사람이라면 한 번쯤 꼭 와서 이 신기한 건축물을 직접 보는 것도 좋을 것 같다.

하지만 나중에 무슬림의 지배를 받게 되자 이슬람교 계율에 어긋난다고 하면서 성당 내에 있는 벽화를 석회로 발라버렸다. 그리고는 그 위에 아랍 문자를 써두었다고 한다. 최근 복원이 진행되면서 성당 곳곳에 그려진 성모 마리아와 예수의 벽화가 서서히 드러나기 시작했다.

차이런(蔡澜)의 미식 방랑기

이스탄불에는 바닷가에 새로 지은 포시즌스 호텔이 있다. 최근 이곳에는 여러 신축 건물이 들어섰지만, 그다지 운치가 있어 보이지는 않았다. 그래서 우리는 예전 포시즌스 호텔에 투숙하기로 했다. 이곳은 오래된 감옥을 개조해서 만든 호텔이어서 천장이 높고 방도 컸지만, 이상하게도 아늑함이 느껴졌다. 가장 마음에 들었던 것은 꼭대기 층에 있는 발코니였다. 그곳에서는 성소피아 대성당이 보였기 때문이다. 그래서 우리는 머무는 동안 저녁마다 그곳에서 술을 마시며 일몰을 감상했다.

아침에는 호텔 조식을 먹지 말고, 근처 바닷가에 있는 '케일(Kale)'이라는 카페로 가보는 것도 괜찮다. 터키식 소시지에서부터 치즈, 꿀에 절인 대추, 샐러드까지 웬만한 것은 다 팔아서 호텔 조식보다 백배는 나을 것이다.

이스탄불에서 가보고 싶었던 곳이 모두 포시즌스 호텔 근처에 있어서 너무 좋았다. 걸어서 이동할 수 있기 때문이다. 나는 쇼핑하러 갔다가 츠나르 양탄자 가게에서 차낙칼레 양탄자 공장에서 본 파란색 양탄자를 발견했다. 양탄자 전체를 비단 실로 짜서 그런지 색상이 빛에 따라 하늘색으로 보였다가 다시 검은색처럼 보이기도 했다. 무척 마음에 들어 가격을 물어보니 6만 5천 달러라고 한다. 그러자 흥정 전문가인 랴오(廖) 선생이 나서서 값을 깎기 시작했다. 열심히 깎고 또 깎아서 우선 4만 달러까지 값을 내려놓았다. 한참을 실랑이해도 주인이 더 깎아주지 않자 우리는 가는 체하며 밖으로 나와 버렸다. 하지만 막상 가지는 않고 가게 주변을 어슬렁거리기만 했다. 주인이 나와서 다시 잡기를 바랐던 것이다. 나는 3만 달러 정도면 사려고 했지만, 랴오 선생은 3만 달러도 받아들이지 않았다. 결국, 가게 주인이 두 손을 들고 말았다. 나는 2만 3천 달러에 양탄자를 살 수 있었다.

양탄자의 적정 가격을 어떻게 아느냐고? 정확한 가격을 알려면 양탄자 전문가 입장에서 계산해야 한다. 먼저 양탄자를 짜는 직공 한 사람의 월급을 가장 최저치인 6백 달러로 책정한다. 그리고 이렇게 문양이 복잡한 양탄자를 짜려면 최소한 4명의 기술자가 필요할 것이라고 가정한다. 이 기술자 넷이서 한 땀 한 땀 짜다 보면 10개월 정도의 시간이 소요될 것이다. 그러면 2만 4천 달러라는 금액이 나온다. 이 금액에는 재료비가 포함되지 않았으니 나는 훨씬 저렴한 가격에 양탄자를 산 셈이다. 하지만 물건을 살 때 가장 중요한 것은 자신의 마음에 드는 것을 고르는 것이다. 양탄자값을 치르고 나자 가게 주인이 악수를 청하며 존경의 뜻을 표했다. 터키에서는 값을 잘 흥정하지 못하는 손님은 존중받을 수 없다는 말이 있을 정도로 흥정을 중요시했다.

우리는 터키식 디저트로 유명한 '터키쉬 딜라이트(Turkish Delight)'를 사러 향신료 시장에 들렀다. 이곳은 간식거리 천국으로 원하는 것이 있으면 뭐든지 다 살 수 있다. 건축학도가 성 소피아 성당에 가서 건축을 배워야 하는 것처럼 만약 디저트 요리사가 되려면 이곳에 와서 다양한 간식거리를 살펴봐야 한다. 신기하게도 이곳에서는 품질 좋은 어란도 팔았다. 다들 타이완산 어란이 가장 좋은 줄로만 알고 있지만, 이곳에서 터키산 어란을 한 번 맛보면 어느 것이 더 나은지 바로 알 수 있을 것이다.

터키에는 간식거리 천국뿐만 아니라 양고기 천국도 있다. 그곳으로 가 보니 곳곳에서 양고기를 덩어리째 구워 팔고 있었다. 하지만 우리는 양 머리 고기를 맛보러 온 것이기 때문에 현지에서 유명하다는 한 양고기 전문점부터 찾아 나섰다. 그곳은 바로 1960년에 문을 연 '레일 이스켐베지시(Lale Iskembecisi)'라는 식당이었다.

차이란(蔡瀾)의 미식 방랑기

레일 이스켐베지시(Lale Iskembecisi)
100, TARIHI LEKANTA

생각 밖으로 양의 머리 안에는 먹을거리가 꽤 많았다. 나는 젓가락도 집어 던진 채 호기롭게 손으로 양 머리 고기를 마구 뜯어 먹었다. 만약 먹다가 양 뇌가 부족하다 싶으면 따로 양 뇌로 만든 샐러드를 시켜 먹으면 된다. 단 하나 아쉬웠던 것은 양의 머리에는 혀가 딱 하나밖에 없다는 점이다.

23

바르샤바 여행

이스탄불 관광을 마치고 나서 친구 몇몇은 먼저 홍콩으로 돌아갔다. 우리가 여행을 떠난 지 18일째 되는 날이었다. 친구들을 배웅하고 난 후에 나와 랴오 선생 부부는 폴란드의 수도 바르샤바로 향했다.

"바르샤바에 가서 뭘 하실 생각이신가요?"

누군가가 내게 질문을 던졌다.

"뭘 하러 가는 게 아니라 가본 적이 없으니 가는 거예요."

동유럽의 지리적 환경은 서유럽만 못하다. 프랑스처럼 경치가 아름답지도 않고, 이탈리아처럼 여름 날씨가 덥지도 않기 때문이다. 게다가 바르샤바는 제2차 세계대전 당시 대부분 지역이 평지가 될 정도로 심한 폭격을 당했다. 그래서 현재 바르샤바에 있는 건물은 70% 이상이 새로 지은 것이라고 한다. 하지만 사진 자료와 도면을 참고해서 옛 모습대로 복원한 덕분에 60~70년 후에는 전쟁의 상흔이 거의 드러나지 않을 정도가 되었다. 일부 동유럽 국가와 더불어 바르샤바는 크로아티아의 자그레브처럼 전쟁의 상처를 딛고 큰 발전을 이룩하게 되었다.

우리는 구시가지에 있는 '르 브리스톨(Le Bristol)' 호텔에 투숙했다. 안으로 들어가 보니 천장이 높아서 그런지 운치가 있어 보였다. 우리는 객실에 짐을 내려놓고 바로 바르샤바 관광에 나섰다.

폴란드에서 쇼팽보다 더 유명한 사람은 없을 것이다. 그래서 우리는 그가 생전에 살았던 집과 자주 다녔던 예배당을 둘러보았다. 물론 쇼팽 박물관도 빼놓을 수 없다. 박물관은 저택을 개조한 것으로 시설이 매우 현대적이었다. 쇼팽의 악보를 펼치기만 하면 자동으로 흘러나오는 음악을 들을 수 있기 때문이다. 그리고 박물관 내에는 그가 연주할 때 사용하던 피아노나 방문했던 도시 사진이 전시되어 있고, 사망 당시 모습을 그대로 본뜬 두상도 있었다. 고대에는 유명인사가 죽으면 그를 기리기 위해 석고로 두상을 떠서 남기는 전통이 있다고 한다. 하지만 나는 이런 풍습은 오히려 망자를 더 존중하지 않는 것처럼 보였다.

바르샤바에 있는 궁전은 딱히 볼만한 게 없다. 화려한 궁전을 보고 싶다면 차라리 다른 유럽 도시에 있는 것을 보는 게 더 나을 것이다. 그래도 우리는 산책 삼아 한 번 가보았다. 특이하게도 이곳의 궁전 정원에는 곳곳에 다른 종류의 나무가 심겨 있어 분위기가 달라 보였다.

폴란드에서 그나마 가장 괜찮았던 것은 먹거리였다. 비록 나라의 경제는 부진했지만, 생산되는 농산물만은 풍성했다. 그중에서도 해바라기는 신기할 정도로 크기가 컸다. 해바라기 꽃 부분만 따로 떼서 팔았는데, 정말 거짓말 하나 안 보태고 세숫대야 크기만 했다. 가까이 가서 자세하게 살펴보니 해바라기 씨가 마치 파리의 눈처럼 보였다. 만약 밀집공포증이 있는 사람이라면 제대로 쳐다보지도 못할 것이다. 하지만 해바라기 씨앗을 즐겨 먹는 사람이라면 이것을 하나 사서 친구와 마주 보고 앉아 한 알씩 빼먹으면 좋을 듯했다. 술안주로 먹어도 괜찮을 것이다.

마침 이곳은 헤이즐넛과 호두가 많이 나는 철이었다. 개암나무 열매인 헤이즐넛은 나무에서 바로 따면 자잘한 나뭇잎이 열매를 둘러싸고 있다. 잎을 제거하고 나면 엄지 손톱만한 열매껍질이 보이는데, 이것을 두드려 깬 뒤에 속살을 꺼내 먹으면 된다. 호두는 크기가 사과만큼 커서 흔히 사용하는 호두까기로는 절대 깰 수 없을 것 같았다. 나는 홍콩에 가져가서 돌절구에 넣고 깨 먹을 생각으로 호두 2~3kg 정도를 샀다.

바르샤바 시장에는 과일이나 치즈, 견과류 등이 풍성하게 쌓여 있었다. 이 모습만 보면 폴란드 서민들의 생활이 그리 어렵지만은 않은 것 같다. 하지만 현재 폴란드의 경제 상황은 좋은 편이 아니다. 이렇게 된 이유는 다 정치인들 탓이라고 할 수 있다. 현재 폴란드는 유럽연합에 가입되어 있기는 하지만, 유로화를 사용할 수 없다고 한다. 나는 이런 현상이 좋은 건지 나쁜 건지 알 수 없었지만, 폴란드 경제에 좋지 않은 영향을 끼친 것만은 확실한 것 같다.

나는 예쁘장하게 생긴 폴란드 가이드에게 현재 폴란드 경제가 뒤처진 이유를 물어보았다. 그러자 그녀는 현재 폴란드 산업은 발전 가능성이 있지만, 기업가들이 통제하는 바람에 발전이 뒤처졌다고 한다. 이로 인해 폴란드 사람들은 차라리 외국에서 값싼 물건을 들여와 판매하는 것이 더 낫다고 여기게 되었다. 내가 보기에도 폴란드는 일찍부터 〈재와 다이아몬드(Ashes and Diamonds)〉라는 훌륭한 영화를 만들어낼 정도로 영화산업이 발달해 있었다. 이 말을 하자 그녀는 내가 그렇게 오래된 폴란드 영화를 알고 있다는 사실에 무척 놀란 듯했다. 그러면서도 폴란드 내에 성행하는 관료주의가 발전을 가로막아 영화뿐만 아니라 모든 산업이 뒤처지게 되었다고 개탄스럽게 말했다. 특히 영화계는 각종 불합리한 노동 조건으로 인해 외국 영화제작자들이 폴란드로 로케이션을 오려고 하지 않는다고 한다.

폴란드 경제에 대해 열변을 토하던 그녀는 우리가 배고파하는 듯하자 '포

여행과 음식

크 고스포다(Folk Gospoda)'라는 레스토랑으로 안내했다. 이곳의 인테리어는 마치 러시아의 작은 주택 같은 느낌이 들었다. 원래 폴란드는 포도가 자라기에 적합하지 않은 토양이라 품질 좋은 와인이 별로 없다. 대신에 폴란드는 맥주와 보드카로 유명하다. 그래서 우리는 이 두 종류의 술을 이곳에서 실컷 마셨다. 그리고 소고기 육회, 소고기 수프, 사슴 고기 등을 주문해서 먹었는데, 음식 솜씨가 별로 없어서인지 딱히 맛있게 느껴진 것은 없었다.

그렇다고 해서 폴란드 요리가 죄다 별로일 거라고 생각해서는 안 된다. 우리는 폴란드에 오기 전에 여기저기 수소문해서 '돈 폴스키(Don Polski)'라는 괜찮은 레스토랑을 알아냈다. 직접 와서 보니 무척 고상한 느낌이 들었다. 자리를 잡고 앉아 잠시 기다렸더니 사전에 이메일로 주문해둔 새끼돼지 통구이가 나왔다. 칠면조만한 새끼돼지고기는 어찌나 잘 구워졌는지 껍질이 무척 바삭바삭해보였다. 하지만 종업원은 이곳에서는 껍질은 먹지 않는다고 하며 고기만 발라주었다. 먹어보니 살코기에 육즙이 가득하고 육질이 꽤 부드러웠다. 과연 명성만큼이나 맛있는 요리였다. 중국식으로 만들거나 스페인 혹은 포르투갈식으로 만든 것도 이렇게 맛있지는 않았던 것 같다.

이곳에서는 새끼돼지 통구이를 그들만의 독특한 방식으로 만든다고 한다. 새끼돼지 배 안에 보리와 사과를 가득 채워 넣고 굽는 것이 바로 그 비법이었다. 그리고 먹을 때는 새끼돼지의 머리도 함께 먹었다. 갑자기 나는 껍질 맛이 궁금해서 살짝 벗겨내서 먹어보았다. 그런데 너무 딱딱해서 먹기에는 좀 그럴 것 같았다.

이곳에 오려면 일주일 전에 예약을 해두어야 한다. 그래야 제때에 음식 준비가 가능하다. 레스토랑 측은 우리 일행이 4명인 것을 알고는 다시 회신을 보내 넷이서 먹기에 양이 너무 많다고 알려주었다. 하지만 우리는 상관없다고 하며 새끼 양 구이도 추가로 주문했다.

새끼 양 구이는 아예 껍질이 벗겨진 채로 나왔다. 그리고 그 위에 브랜디를 뿌린 뒤에 불을 붙여서 테이블에 올려주었다. 그때 갑자기 옆자리에 앉은 중년 여성이 우리 테이블 위에 올려 진 음식 사진을 마구 찍어댔다. 자신의 블로그에 맛집 탐방기를 올리려고 그런 것 같다고 랴오 선생이 소곤거리며 내게 말했다. 나와 비슷한 일을 하는 사람인 듯해서 그녀에게 다가가 함께 먹어보지 않겠냐고 권해보았다. 그러자 그 중년 여성도 사양하지 않았다. 잠시 우리 테이블에 앉아서 맛을 보더니 맛있다고 칭찬 몇 마디를 하고는 바로 일어나서 가버렸다.

계속해서 우리끼리 음식을 먹고 있는데, 갑자기 주문하지도 않은 요리와 디저트가 테이블 위에 올려졌다. 어찌 된 영문인지 몰라 모두 어리둥절해 했다. 알고 보니 조금 전 우리와 함께 음식을 맛본 여성이 이 레스토랑의 주인이라고 한다. 테이블 위에 잔뜩 차려진 요리는 그녀가 우리를 위해 특별히 서비스로 내준 것이었다.

나는 이곳 시장을 구경하면서 난생처음 본 버섯을 많이 보았다. 그래서 정오 무렵에는 버섯요리 전문점을 찾아가 고기는 일절 주문하지 않고, 버섯요리만 시켜먹어 보았다. 고기를 먹지 않아 배가 부르지 않을 줄 알았는데, 신기하게도 엄청나게 배가 불렀다.

저녁에는 예약해둔 '아틀리에 아마로(Atelier Amaro)'라는 레스토랑을 방문했다. 현지에서 가장 인기가 많은 퓨전 레스토랑이라고 한다. 하지만 나는 퓨전이라는 말을 듣자마자 살짝 거부감이 들었다. 내가 싫은 내색을 하자 친구가 퓨전 요리는 많지 않을 거라고 하면서 설득을 해댔다. 아침과 점심을 든든하게 먹어뒀으니 맛없으면 안 먹으면 그만이라고 생각하면서 속는 셈 치고 따라가 보았다.

이곳은 메뉴가 따로 없고, 코스만 선택하면 요리와 술이 함께 곁들여

나오는 형태였다. 우리는 8가지 코스 요리를 주문했다. 폴란드에는 좋은 와인이 없기 때문에 이 레스토랑에서는 요리와 함께 주로 독한 술을 내왔다. 그러자 갑자기 이곳이 마음에 들기 시작했다. 요리는 그저 그랬지만, 술맛은 괜찮았기 때문이다. 이곳의 술은 폴란드에 있는 가장 좋은 술 저장고에서 가져온 것이라고 한다. 107도짜리 술도 있었는데, 2도를 알코올 농도 1%로 치면 대충 50.35%의 술이라고 할 수 있다.

나는 식사를 하면서 총 8잔의 술을 마셨다. 고구마 전분을 발효해서 만든 보드카도 있고, 밀을 발효해서 만든 보드카도 있었다. 맛을 비교해보니 밀로 만든 것이 훨씬 더 깔끔하게 느껴졌다. 그리고 우유, 벌꿀, 각종 과일 등을 넣고 만든 기상천외한 술도 있었다. 하나같이 다 맛있어서 내오는 술마다 잔을 깡그리 비워버렸다. 이날 먹은 한 끼 식사는 아마 영원히 잊지 못할 것 같다. 만약 바르샤바에 올 기회가 있다면 한 번쯤은 꼭 들려보기를 바란다.

포시즌스(Four Seasons) 호텔과 아만(Aman) 리조트

최근 나는 여행을 다닐 때마다 항상 '포시즌스 호텔'이나 '아만 리조트'에 묵곤 했다. 이 두 호텔은 분위기나 경영 방식이 믿을 만했기 때문이다.

한번은 파리에서 '조지 5세(George V)' 호텔에 묵은 적이 있는데, 나중에야 이곳이 포시즌스 호텔 계열이라는 것을 알게 되었다. 이 호텔 바로 앞에는 샹젤리제 거리가 있지만, 그렇다고 해서 사람들로 북적이지는 않았다. 왜냐하면, 대로변이 아니라 골목 안쪽에 자리 잡고 있기 때문이다.

호텔 안으로 들어서면 으리으리하게 꾸며진 내부 모습이 한눈에 들어온다. 게다가 이 호텔은 고건축을 개조한 것이어서 천장이 굉장히 높다. 그리고 로비 곳곳에는 유달리 꽃장식이 눈에 많이 띄는데, 특이하게도 길쭉하게 생긴 화병에 꽃을 똑바로 꽂아둔 것이 아니라 약간 비스듬하게 꽂아두었다. 이런 독특한 꽃꽂이 스타일은 다른 호텔에서도 많이 따라 하고 있지만, 이곳만큼 풍성하면서도 화려해보이지는 않았다.

이 호텔은 객실도 넓고 화려했다. 얼마나 큰지 화장실 하나 크기가 미국 체인 호텔의 객실 반만 했다. 내부 인테리어도 무척 고풍스러워 마음에 쏙들었다. 하지만 단 한 가지 최신 가전제품만은 눈에 거슬렸다.

부다페스트에 있는 포시즌스 호텔은 구 은행 건물을 개조한 것으로 맞은 편에는 부다페스트의 랜드마크로 잘 알려진 철교가 있다. 그래서 호텔에서 창밖을 내다보면 마치 한 폭의 그림처럼 보인다. 야경은 더욱 아름답다. 그 모습을 보면 너무 아름다워 부다페스트라는 도시를 절대 잊지 못할 것이다.

이스탄불에는 포시즌스 호텔이 두 군데 있다. 요즘은 해안가에 새로 지은 신축 호텔이 인기가 많아 사람들이 그리로 몰린다고 한다. 하지만 나는 오래된 감옥을 개조해서 만든 예전 호텔 건물이 더 마음에 든다. 이 호텔 바로 옆에는 성 소피아 성당이 있기 때문이다. 해 질 무렵이면 호텔 루프톱 레스토랑에서 앉아 칵테일을 마시며 노을로 물드는 아름다운 성당의 모습을 감상할 수도 있다.

최근에는 치앙마이에 있는 포시즌스 호텔에 가보았다. 이곳은 객실이 모두 독채로 구성된 리조트 형태의 호텔로 넓은 농지를 중심으로 빙 둘러서 지어져 있다. 당시 나는 그곳에서 특이하게 생긴 물소 두 마리를 보았다. 검은 소와 흰 소였는데, 농부들이 농지에서 이 물소 두 마리를 끌고 논을 가는 모습을 바라보고 있으니 무척 운치가 느껴졌다.

호텔의 독채 객실은 수풀이 잔뜩 우거진 곳에 지어져 있어 열대우림의 정취를 마음껏 만끽할 수 있다. 하지만 가끔 뱀이나 벌레, 쥐들이 나타나 모처럼의 휴식을 방해할 수도 있으니 주의하자. 그리고 호텔 관광 프로그램 중에 코끼리 트래킹이 있는데, 나는 그것이 가장 재미있었다.

포시즌스 호텔은 캐나다 출신 이저도어 샤프(Isadore Sharp)가 설립한 기업이다. 처음에는 그도 호텔을 직접 건설했다고 한다. 하지만 부동산 불경기로 인해 파산할 지경에 이르자, 이후에는 관리 중심체제로 전환하게 되었다. 그가 이끄는 그룹은 여러 방면으로 경험이 풍부해 부동산 투자자가 건물을 짓기만 하면 즉시 나서서 운영과 관리를 완벽하게 도왔다. 하지만 전문 부동산 투자자가 아니라면 그의 기업에 의뢰조차 하지 못할 것이다.

포시즌스 호텔 측은 이렇게 부동산 투자자를 대신해서 운영해준 대가로 총수입의 3%를 받는다. 그리고 추가로 이윤이 생기면 그 수익의 5%를 더 받는다. 이것이 바로 그들이 수익을 창출하는 방식이다. 그러면서 그들이 내건 4대 슬로건은 품질, 서비스, 문화, 브랜드였다.

'9·11 테러'가 발생한 이후 관광업계는 불황에 휩싸이게 되었다. 숙박비를 내리자는 투자자들의 요구를 포시즌스 그룹 측이 거절하자 분쟁이 끊임없이 발생하게 되었다. 할 수 없이 그들은 주식을 매각할 수밖에 없었다. 그러던 와중에 그들의 발전 가능성을 알아본 빌 게이츠와 아랍의 한 왕자가 그 주식을 매입하였다. 이렇게 해서 이저도어 샤프가 보유한 주식은 5% 정도만 남게 되었다.

현재 포시즌스 그룹은 재정난을 어느 정도 극복한 상태여서 중국의 여러 지역에 호텔을 새로 오픈하기도 했다. 게다가 그들은 벌어들인 수익 중 일부를 사회에 환원하기 위해 환경보호나 암 치료 기금에 적극적으로 투자하였다. 덕분에 포시즌스 그룹은 세간의 호평을 받아 기업 이미지를 제고시킬 수 있게 되었다.

　　호텔업계의 또 다른 걸작 아만 리조트는 인품이 훌륭하면서도 선견지명
이 뛰어난 아드리안 제차(Adrian Zecha)에 의해 설립되었다. 아마 대다수 사람
은 그가 인도네시아와 체코의 혼혈이라는 사실을 전혀 모를 것이다. 그는 한
때 홍콩에 살면서 〈아시아 매거진(Asia Magazine)〉을 창립하기도 했다. 당시 영
문 신문을 최초로 발행했기 때문에 아마 구세대 독자들은 기억하고 있을
지도 모른다.

　　아만 리조트가 탄생하게 된 배경은 의외로 단순했다. 어느 날, 태국 푸켓

해변을 산책하던 아드리안 제차는 갑자기 이런 생각을 했다고 한다. 수백 개의 객실을 갖추어야만 호텔을 만들 수 있는 걸까? 자기 집처럼 편안하게 느껴지는 호텔은 없을까? 거기에 개인 해변까지 갖춰져 있다면 얼마나 좋을까? 이런 순간의 기발한 발상으로 인해 현재 가장 인기 있는 일류 리조트가 만들어지게 된 것이다.

아만의 첫 리조트인 아만푸리(Amanpuri)가 푸켓에 들어서자 관광객 사이에서 큰 호응을 얻게 되었다. 그리고 아름다운 발리섬에 아만다리(Amandari)를 지은 이후로는 줄곧 성공 가도를 달리게 되었다. 이렇게 그는 전 세계 곳곳에 아만 리조트를 지을 만큼 크게 성공했지만, 객실 50개 이상은 절대 짓지 말자는 원칙을 끝까지 고수했다.

현재 아만 리조트는 전 세계 곳곳에 들어서 있다. 미국에도 진출했을 뿐만 아니라 중국 역시 신흥 시장으로 눈독을 들이고 있는 상태였다. 중국 항저우 파윈춘(法云村)을 비롯한 몇몇 지역에는 이미 아만 리조트가 들어서 있기도 했다. 특히 베이징에 있는 리조트는 이허위안(颐和园) 내에 있어 아침 일찍 일어나 황제처럼 아름다운 황실 정원을 산책할 수도 있다. 관광객들로 붐비는 곳과는 철저하게 분리가 되어 있어 고즈넉한 이허위안의 정취를 마음껏 누릴 수 있을 것이다.

캄보디아 앙코르와트로 여행 갈 계획이 있다면 씨엠립(Siem Reap)에 있는 아만 리조트를 추천해주고 싶다. 이곳은 시아누크(Sihanouk) 국왕의 별장을 개조해서 만든 리조트여서 경치가 매우 수려하다. 게다가 서비스도 좋아서 손님이 공항에 도착하면 리조트 측에서 클래식한 벤츠 승용차를 보내주기도 한다.

전 세계에 있는 모든 아만 리조트는 중후하면서도 우아한 분위기를 풍겼다. 그중에서도 부탄에 있는 아만 리조트는 더욱 아름답다. 만약 이 리조트가 없었다면 부탄 국민들의 행복지수도 많이 떨어졌을 것이다. 부탄에는 별장식으로 지어진 아만 리조트가 전국 각지에 분포되어 있다. 일부는 객실이 8개밖에 없을 정도로 규모가 작았지만, 리조트마다 각각의 특색을 갖춘 듯했다. 특히 리조트가 대부분 산속에 자리 잡고 있어 구불구불한 오솔길을 한참 걸어가야 도착할 수 있다. 아마 이곳에 있으면 세상과 동떨어진 느낌이 들 것이다.

현재 아만 리조트는 관광산업 발전의 견인차 구실을 하고 있다. 즉, 정부가 땅을 임대한 후에 많은 자금을 투입하여 리조트를 지으면 그 주변의 관광산업이 발전하게 되는 것이다. 최근 베트남에 건설된 아만노이(Amanoi)가 바로 그 예라고 할 수 있다.

아만 리조트 홈페이지에는 이런 말이 있다.

"만약 객실 수로 그곳의 성공 여부를 판단한다면 아만 리조트는 결코 성공했다고 볼 수 없을 것입니다. 하지만 우리의 목표는 큰 리조트를 만드는 게 아닙니다. 규모는 작지만, 고객이 집처럼 편안하게 느낄 수 있는 공간을 만들고자 노력해왔습니다. 아만 리조트가 다른 대형 호텔보다 더 낫다고 말할 수는 없지만, 남들과는 다르다고 말할 수 있습니다. 항상 고객에게 어떠한 제약도 받지 않는 사적인 공간을 제공하기 위해 힘써왔기 때문입니다. 앞으로도 우리는 시대를 선도하는 라이프스타일을 여러분에게 제공할 것을 약속드립니다."

'아만'이라는 말은 산스크리트 문자에서 유래된 것으로 '평화'를 뜻한다. 아만 리조트에 묵어보면 이곳만의 매력에 푹 빠져 버릴지도 모른다. 그러면 다른 곳에 있는 아만 리조트에도 가보고 싶어질 것이다. 이런 사람을 영어로 '아만 정키(Aman Junkie)'라고 표현한다. 중국어로 표현하면 '아만의 귀빈'이나 '아만광'쯤 되는데, 나 역시도 이 부류에 속한다고 말할 수 있다. 지금까지 세계 곳곳에 있는 수많은 아만 리조트에서 묵어보았고, 또 조만간 몬테네그로(Montenegro)에 있는 아만 리조트를 체험해볼 예정이기 때문이다.

여행과 음식

25

냐짱(Nha Trang)의 아만노이

나는 이번에 친구 몇 명과 함께 태국의 치앙마이, 그리고 베트남의 하노이와 냐짱에 놀러 가기로 했다. 치앙마이와 하노이는 여러 번 가보았지만, 냐짱은 이번이 처음이었다. 냐짱에 있는 아만 리조트에서 일광욕할 생각을 하니 가슴이 설레기 시작했다.

막상 여행지에 도착하고 보니 실상은 너무 달랐다. 열대 국가이긴 하지만, 11월경이라 날씨가 선선해서 일광욕하기에는 무리였기 때문이다. 게다가 야외 수영장 물도 차갑게 느껴져 발도 담그기 어려울 정도였다. 내 꿈이 와르르 무너지는 순간이었다.

차이란(柴蘭)의 미식 방랑기

치앙마이에 있는 음식점들은 관광객을 상대로 장사하기 때문에 별로 특별한 건 없었다. 하지만 태국의 한 유명 건축가가 운영하는 '바흐 쑤언(Baah Suan)'이라는 음식점은 맛이 괜찮은 편이었다. 강변을 따라 줄지어 들어서 있는 태국식 주택 사이에 자리 잡고 있는데, 이곳의 음식은 홍콩에서 먹어봤던 태국 음식과는 맛이 완전히 달랐다. 기회가 되면 한 번쯤 와서 꼭 먹어보기를 바란다.

바흐 쑤언(Baah Suan)
25, MOO 3 SARI, PHISUA MUANG, CHIANGMAI
TEL . +66 53 84169

　태국에 올 때마다 나는 항상 '만다린 오리엔탈 호텔'에 묵었다. 시설이 좋을 뿐만 아니라 중심가 근처에 있어서 교통이 편리하기 때문이다. 하지만 다른 사람 손에 운영권이 넘어간 뒤로는 동양적인 색채가 줄어 조금 실망스러웠다. 그래서 이번에는 치앙마이에 있는 포시즌스 호텔에 묵기로 했다. 조금 멀긴 했지만, 최상의 선택인 듯했다.

　이 호텔은 시설이나 서비스 모두 최상급이었다. 특히 이곳의 스파(Spa)숍에서는 란나(Lanna, 13세기에서 18세기에 걸쳐 태국 북쪽에 존재했던 왕국-역주)식 안마를 받을 수 있는데, 다른 곳에서 받는 것보다 훨씬 나았다. 그리고 호텔 복도

나 정원 곳곳에는 물이 담긴 커다란 항아리를 놓아두었는데, 안에 예쁜 꽃을 띄워서 장식한 것이 무척 이채로워 보였다.

　호텔 바에서는 나이가 꽤 들어 보이는 바텐더가 전통 방식으로 칵테일을 만들고 있었다. 이런 모습은 최근에는 구경하기 어려운 것이다. 나는 그에게 다가가 메콩(Mekong) 표 태국 위스키가 있는지 물어보았다. 그러자 그는 고개를 가로저으며 자신도 그 위스키를 구하러 방콕까지 가보았지만, 매번 허탕만 치고 돌아왔다고 한다. 내가 '메콩강의 소녀'라고 이름을 붙인 메콩 표 위스키가 더는 생산되지 않는다고 하니 실망감을 감출 수 없었다. 아쉬워하는 내 모습을 본 바텐더는 대신에 태국의 럼주를 추천해주었다. 야자 주스와 섞어 먹으니 맛이 아주 환상적이었다. 그는 내게 새로 만든 이 칵테일의 이름을 지어달라고 부탁했다. '치앙마이의 여인(Ladies Of Chiangmai)'이라고 하는 게 좋겠다고 하자, 그는 고개를 끄덕이며 흡족해했다.

　치앙마이 시장에 가면 튀긴 돼지껍질 파는 곳을 곳곳에서 볼 수 있다. 이것이 바로 치앙마이 사람들의 주식이기 때문이다. 그들은 한 끼 식사로 찹쌀밥 한 덩어리에 튀긴 돼지껍질을 곁들여 먹곤 한다. 돼지껍질은 종류도 다양했는데, 특히 두 번 튀긴 돼지껍질은 바삭바삭하면서도 고소했다. 게다가 두 번이나 튀겨서 그런지 손에 쥐고 먹어도 기름기가 배어나오지 않았다. 튀김 중에는 말벌 튀긴 것도 있는데, 크기가 일반 꿀벌보다도 몇 배는 더 컸다. 이런 치사량의 독성을 가진 말벌을 먹을 수 있다는 사실이 놀라울 따름이었다.

　갑자기 초강력 태풍 하이옌(Haiyan)이 하노이에 상륙했다는 소식이 들려왔다. 우리는 재빨리 여행 경로를 수정해서 개인 전용기를 빌려 타고 싱가포르로 넘어왔다. 나는 투숙할 곳으로 '풀러튼(Fullerton)' 호텔을 염두에 두었지만, 마침 모건 스탠리(Morgan Stanley) 그룹이 싱가포르에서 총회를 개최하는 바람에 호텔 전 객실이 꽉 차버렸다고 한다. 어쩔 수 없이 호텔 고위 인사에게 연

차이란(蔡瀾)의 미식 방랑기

락해서 방 몇 개를 빼달라고 부탁했다. 우여곡절 끝에 우리는 플러튼 호텔에 무사히 여장을 풀 수 있게 되었다.

식사는 당연히 차오저우 요리 전문점인 '후앗 키(Huat Kee, 發記)'에서 해결했다. 일행 중 한 친구는 예전에 이곳에서 돼지고기를 넣고 끓인 토란 수프를 먹은 적이 있는데, 달콤하면서도 짭짜름한 그 맛이 계속 떠올라 한시도 못 잊었다고 한다. 이번에 와서 다시 먹어보더니 예전 맛 그대로라고 하면서 너무 좋아했다. 이 음식점이 있는 아모이(Amoy) 거리에는 푸젠 요리 전문점 '벵 향(Beng Hiang, 茗香)'도 있다. 예전에는 이곳의 볶음면 요리가 꽤 괜찮았는데, 이번에 와서 다시 먹어보니 모든 음식이 다 그저 그랬다. 화가 날 정도로 맛이 없으니 절대 이곳은 가지 않기를 바란다. 최근 싱가포르에 있는 몇몇 음식점은 이름만 유명할 뿐 실속은 전혀 없는데, 이곳 역시 그런 곳 중 하나였다.

싱가포르를 떠나기 직전에 나는 친구들과 함께 카통(Katong)에 있는 '글로리(Glory)'라는 식당에 잠시 들러보았다. 다행히 이곳은 지금까지도 예전 맛을 그대로 유지하고 있었다. 내가 어렸을 때 먹던 바로 그 맛이었다. 음식을 맛본 친구들 역시 맛있다며 감탄을 금치 못했다. 식당을 나오면서 나는 그곳에서 파는 어묵이랑 새우 칩 같은 간식거리도 잔뜩 사 들고 왔다. 비행기를 탄 후에는 '글레너리 로열(Glenury Royal)'이라는 50년산 싱글몰트 위스키를 마셨다. 그랬더니 순식간에 베트남 냐짱에 도착하게 되었다.

공항에 도착해서 아만 리조트까지 가는 길은 조금 고생스러웠다. 차를 타고 험준하면서도 울퉁불퉁한 길을 1시간 반 정도 더 달려가야 했기 때문이다. 중간중간 터널도 많은 데다가 날까지 어두워져서 더욱 위험하게 느껴졌다. 우리는 부탄의 험준한 산길도 하도 많이 다녀봐서 이 정도 길은 대수롭지 않게 여겼지만, 현지 택시를 타고 리조트까지 가야 하는 신혼부부는 힘들어할지도 모르겠다.

리조트에 도착해서 주변을 살펴보니 나무로 된 긴 통로가 보였다. 이곳의 인테리어는 심플하면서도 고급스러움이 느껴졌다. 이런 인테리어는 아만 리조트만의 특색으로 전 세계 어디에 있는 아만 리조트를 방문해도 이처럼 중후하면서도 차분한 분위기를 느낄 수 있을 것이다.

체크인을 하고 나니 리조트 직원이 골프용 전동 카트로 우리를 개인 빌라까지 데려다주었다. 이곳의 건물은 모두 산속에 지어져 있지만, 자연을 훼손하지는 않았다. 우리가 묵을 빌라의 내부는 꽤 넓었다. 거실, 방, 발코니, 개인 수영장, 욕실이 모두 깨끗하게 정리되어 있어 사용하기 편할 듯했다. 게다가 뱀이나 벌레 같은 것이 들어올 수 없게 잘 막아두었기 때문에 밤잠을 설치지 않고 푹 잘 수 있을 것 같았다.

다음 날 아침, 나는 새가 지저귀는 소리를 들으며 잠에서 깨어났다. 자리에서 일어나 커튼을 열어젖히고 나서야 이곳은 기둥을 제외하고는 벽이 거의 없다는 사실을 알게 되었다. 그래서인지 눈부신 햇살이 곳곳에서 쏟아져 들어왔다. 수영장 물도 차갑지 않아 편안하게 아침 수영을 즐길 수 있었다. 나는 느긋하게 수영을 마친 후에 아침을 먹으러 레스토랑으로 향했다.

아침 식사는 에어컨이 틀어진 시원한 실내에서 먹을 수도 있고, 야외 테이블에 앉아 자연을 만끽하며 즐길 수도 있었다. 나는 자리를 잡고 앉아 테이블 위에 놓여 있는 바게트를 하나 집어 들고 반으로 쪼개보았다. 그랬더니 바삭거리는 소리가 났다. 아마도 솜씨 좋은 파티시에가 갓 구워낸 것이라 그런 듯했다. 버터를 발라 한 입 먹어보니 프랑스 노르망디에서 먹었던 바게트 맛이 났다. 나는 서양식은 별로 좋아하지 않기 때문에 베트남 쌀국수와 반미 (Banh Mi)라는 베트남식 바게트에 고기를 채워 넣고 만든 샌드위치를 먹었다. 식사를 마친 후에는 소화도 시킬 겸 리조트 구경에 나섰다.

이곳은 최고급 스파도 패키지로 포함되어 있다. 전 세계에 있는 모든 아만 리조트에는 스파 시설이 꼭 갖춰져 있는 것 같았다. 스파숍 바로 옆에는 커다란 수영장이 있는데, 별로 크지 않다고 생각되면 바비큐를 즐길 수 있게 야외 테이블을 놓아둔 바닷가 레스토랑 쪽으로 가면 된다. 그곳에는 40m가 넘는 대형 수영장이 있기 때문이다.

베트남 냐짱에 있는 이 리조트는 '누이추아(Nui Chua)'라는 국립공원 내에 자리 잡고 있다. 42헥타르에 달하는 숲속 같은 공원 내에 36개의 독채 빌라를 지은 것이다. 그뿐만 아니라 이곳은 외부인의 방해를 받지 않고 바다를 즐길 수 있는 개인 해변 시설도 별도로 갖추고 있었다. 현재 아만 리조트에서는 이런 자연적인 환경을 좋아하는 고객을 위해 구매가 가능한 개인 빌라도 짓는 중이었다.

만약 주변이 너무 조용해서 지루하다면 근처 어촌 마을로 산책을 가보는 것도 괜찮다. 그곳에 가면 커다란 대나무 광주리 같은 배를 볼 수 있을 것이다. 배 바깥쪽에 칠을 해둬서 물이 절대 스며들지 않는다고 한다. 다만 배가 둥글게 생겨서 어느 방향으로 배를 저을지 상당히 헷갈릴 듯했다.

나는 이곳에 머물면서 서비스 방면에서 몇 가지 아쉬운 점을 발견했다. 하지만 리조트가 개장한 지 몇 개월밖에 되지 않았기 때문에 차츰차츰 개선되리라고 본다. 아만 그룹의 철저한 관리를 통해 앞으로 이곳도 분명 많은 사람의 사랑을 받게 될 것이라고 믿는다.

26

또 한 번의 홋카이도 여행

10여 년 전, 캐세이 퍼시픽 항공사는 경영 실적이 좋지 않아 한때 홍콩에서 홋카이도 삿포로로 가는 직항노선 운항을 중단하기도 했다. 마지막 운항을 하면서 항공사 측은 비즈니스 클래스 티켓 30여 장으로 관광단을 조직해볼 생각이 없는지 물어왔다. 4박 5일 동안의 숙식비에 약간의 수수료까지 모두 포함해서 계산해보니 홍콩 돈으로 만 달러면 충분할 듯했다.

요즘 사람들은 광둥 사람 말대로 부를 만한 곡이 없어서 노래를 부르지 못하듯, 갈 방법이 없어서 여행을 가지 못하는 것이다. 하지만 이번에 홍콩과 삿포로 직항노선이 재개되자마자 여행을 좋아하는 홍콩 사람들로 인해 좌석은 매번 매진되어 버리곤 했다. 이 직항노선 덕분에 우리도 도쿄나 오사카로 가서 비행기를 갈아탈 필요가 없어졌다. 이처럼 홍콩이나 중국 등지에서 오는 관광객이 점점 많아지자 홋카이도는 '중국인 천하'가 되어버렸다. 중국 사람들이 얼마나 많은지 곳곳에 한자로 쓰인 표지판이 세워질 정도였다.

일본 사람들은 관광 수익이 생기자 기뻐하는 듯했다. 하지만 홋카이도 지역은 중앙정부의 재정 지원을 넉넉하게 받지 못해 공공시설은 여전히 열악했다. 그런데도 중국인 관광객들은 눈을 볼 수 있다는 것만으로도 꽤 만족스러워했다. 눈을 처음 본 중국 남쪽 지역 아이들은 특히나 더 그러했다. 하지만 이 지역에서 일본 관광객은 거의 찾아볼 수 없다. 그들은 여름철에 더위를 피해 이곳을 찾을 뿐이지 겨울철에 눈을 보기 위해 이곳을 찾지는 않기 때문이다. 그들에게 있어서 눈은 신기한 것이 아니었다. 찾는 사람이 없어 스산하기만 했던 겨울철에 이렇게 많은 중국 관광객이 들이닥치자 일본 사람들 입장에서는 좋을 수밖에 없었을 것이다.

하지만 관광객이 많이 찾는 것만으로 홋카이도의 경제 상황을 나아지게 만들 수는 없었다. 어느 지역의 경제 상황이 좋은지 나쁜지를 파악해보려면 그곳의 택시 운행 상황을 살펴보면 된다. 현재 홋카이도 거리 곳곳에는 빈 택시가 길게 줄지어 서 있고, 택시 기본요금도 수십 년 동안 650엔을 유지했

자이란(栗澜)의 미식 방랑기

다. 일부 지역의 택시는 가격 경쟁으로 인해 550엔까지 요금을 내리기도 했다. 심지어 오타루 지역에서는 기본요금으로 500엔만 받을 정도로 경기 침체가 심각했다.

지역 경제가 좋지 못하면 땅값도 덩달아 떨어지기 마련이다. 게다가 지금은 일본의 환율도 그리 높지 않은 상황이었다. 이 틈을 타서 중국 사람들은 일본에 살만한 땅이 있으면 무턱대고 사들였다. 비록 양국의 외교 관계는 좋은 편이 아니었지만, 돈 버는 것 앞에서 그런 것은 아무런 상관이 없었다. 이렇게 자신들의 땅이 속속 중국인의 손에 넘어가게 되자, 일본은 중국인의 무분별한 토지 구매를 법률로 제한하기 시작했다. 하지만 중국 부동산 투자자들은 홋카이도 정부처럼 그렇게 단순하지만은 않았다. 규제한다고 해서 그대로 물러서는 것이 아니라 오히려 싱가포르, 말레이시아, 태국 사람을 동원해서 계속 땅을 사들였다. 그렇게 해서 지금도 여전히 중국인들이 배후에서 땅 주인 노릇을 하게 되었다.

이렇듯 이곳에서의 삶은 고달플지언정 계속해서 생활을 영위하기는 해야 했다. 홋카이도 직장인의 월급은 10~20년 동안 단 한 번도 오른 적이 없지만, 그들은 해고당하지 않기 위해 어쩔 수 없이 억지웃음을 지으며 이를 악물고 살아가고 있었다.

도시 사람들조차 이렇게 참담한 생활을 하고 있는데, 하물며 시골 사람들은 어떠할까? 결론부터 말하자면 너무 크게 걱정할 필요는 없다. 경기가 어렵기는 하지만, 일본에는 가난한 사람이 별로 없기 때문이다. 시골이라고 해도 집마다 세탁기와 전기밥솥은 물론이고 에어컨 시설 등이 다 갖춰져 있었다. 그뿐만 아니라 화장실 바닥에도 열선이 깔려 있어 겨울에도 춥지 않게 지낼 수 있다고 한다. 심지어 그들은 변기 커버에 온열 기능이 있는 비데를 사용하기도 한다. 일본의 의료보험 혜택이 좋다는 것은 말할 필요도 없을 것이다. 덕분에 마을 노인들은 특별히 아픈 곳이 없어도 소일거리 삼아 병원을 들락거리곤 했다.

이처럼 홋카이도의 시골 마을 사람들은 가난으로 먹을 것이 없어 굶어 죽을 일은 없겠지만, 얼어 죽는 것은 가능할지도 모른다. 폭설이 내리면 마을 도로가 완전히 통제되어버리기 때문이다. 그럴 때면 사람이 차에 갇혀 옴짝달싹도 못 할 뿐만 아니라, 가끔은 부모가 폭설 속에서 아이들을 지키려다가 목숨을 잃기도 했다. 이것은 홋카이도 사람이라면 어쩔 수 없이 받아들여야 하는 숙명과도 같은 것이었다.

이곳에는 날씨뿐만 아니라 다른 문제도 있다. 농촌 젊은이들이 일자리를 찾아 하나둘씩 도시로 떠나버리자 농촌의 인구가 점차 줄어들게 된 것이다. 결국, 농촌 마을에는 노인들만 남아 고령화되어가는 상황이었다. 게다가 곳곳에 집들이 버려진 채 방치되어 마을을 점점 황폐해져 갔다. 만약 누군가가 농촌에 와서 살 생각이 있다면 이곳의 버려진 집에서 그냥 살 수도 있을 것이다. 하지만 누가 병원도 없는 이런 촌구석에서 추위와 싸워가며 힘든 육체노동을 하려고 들까?

가끔은 용기 있게 도전하는 사람이 이곳에 나타나기도 했다. 환경운동가나 예술가가 바로 그런 사람들이었다. 환경운동가는 농약을 잔뜩 뿌려서 재배한 도시의 오염된 채소를 먹지 않기 위해 이곳에 와서 직접 자신이 먹을 농작물을 재배했다. 그리고 고독을 즐기는 예술가는 눈 속에 갇힌 채 유리 공예품 같은 작품을 만들며 홀로 지냈다. 이런 예술가는 어쩌다가 호수에 떠다니는 나무를 주워서 훌륭한 조각 작품을 만들어내기도 했다. 그중에서 우연히 만난 예술가 한 명이 내게 이런 말을 했다.

"전쟁이 끝난 후에는 다들 힘들게 산 적이 없었을 겁니다. 하지만 인간의 인내심은 강하기 때문에 쉽게 얼어 죽거나 굶어 죽지 않아요. 게다가 홋카이도는 나의 고향입니다. 낯선 곳에서 생활하는 것보다는 훨씬 낫다고 할 수 있죠.”

우리는 이곳에 관광하러 온 것이기 때문에 일부러 그들과 같은 체험을 할 필요는 없었다. 그저 근처 료칸에 묵으며 노천 온천에서 한가롭게 목욕을 즐기기만 하면 되었다. 단 하나, 삿포로에는 이른바 5성급 호텔이라고 하는 고급 호텔이 없다는 점이 아쉬웠다. 예전에는 ‘삿포로 그랜드 호텔’이나 ‘파크 호텔’이 가장 좋은 숙소였지만, 지금은 삿포로 역에 최고급 숙소라고 할만한 ‘JR 호텔’이 새로 생겨나 주목을 받고 있다. 호텔이 기차역 바로 옆에 있어서 이동하기 편할 뿐만 아니라 바로 아래에 ‘다이마루(大丸)’ 백화점이 있어 쇼핑하기에도 좋았다.

삿포로에서 가장 비싼 고급 요정은 ‘가와진(川甚)’이라고 하는 곳이다. 이번에 왔을 때도 잠시 들러보았는데, 기모노를 입은 요정 마담이 반갑다는 듯 방긋방긋 웃으며 우리를 맞이해주었다. 그녀는 젊었을 때는 예쁘다는 소리를 꽤 들었을 정도로 뛰어난 미인이었다. 예전에 왔을 때 봤던 딸이 눈에 띄지 않자 어디로 갔는지 물어보았다. 그러자 그 아이는 벌써 시집을 갔고, 지금은 다른 아이를 양녀로 들여서 후계자 교육을 하고 있다고 한다.

‘스시젠(すし善)’은 이곳에서 가장 유명한 초밥 전문점이라고 할 수 있다. 이곳의 분점은 삿포로의 가장 번화한 거리 한쪽에 자리 잡고 있다. 하지만 웬만하면 마루야마(円山) 공원 근처에 있는 본점으로 가는 것이 더 낫다. 대체로 홋카이도는 식재료가 풍부하고 신선한 것에 비해 솜씨 좋은 요리사가 별로 없는 편이지만, 이곳만은 예외였다. 요리사가 신기에 가까운 칼솜씨를 보여주기 때문이다. 만약 이곳에 가면 요리사가 눈앞에서 생강 한 덩어리를 수십 조각으로 저며내는 묘기를 선보이며 당신에게 항복하겠냐는 농담을 던질 것이다.

다들 홋카이도에 있는 항구도시 오타루(小樽)는 해산물만 유명하다고 알고 있지만, 직접 가보면 오히려 유리 공예품이 더 많다는 사실을 알게 될 것이다. 나도 이번에 잔을 사기 위해 오타루를 찾았다. 잔 하나를 사려고 왜 그렇게 먼 곳까지 갔냐고? 내게는 마오타이주(茅台酒)를 즐겨 마시는 친구가 하나 있는데, 마실 때마다 만취해버려서 아예 작은 잔을 선물해서 그걸로 마시게 하면 나을 듯했기 때문이다. 하지만 아무리 찾아도 마음에 드는 잔이 없었다. 그래서 나는 공방에 가서 그냥 맞추기로 했다.

나는 '오타루 수공예 가라스(硝子) 공방'이라는 곳에 들러 잔을 만들어달라고 요청했다. '가라스'는 일본어로 '유리'라는 뜻이다. 공방에는 가미우라 히토시(上浦齊)라고 하는 한 장인이 손님이 원하는 대로 예술성 있는 유리 제품을 제작해주고 있었다. 나는 가미우라 선생에게 잔을 맞추려는 의도를 설명해주었다. 설명을 다 듣고 난 후에 그는 몇 가지 샘플을 보여주었는데, 모두 다 마음에 들지 않았다. 내가 원하는 것은 작은 잔이었지만, 너무 작아 보여서는 안 되었다. 너무 작으면 볼품없어 보이기 때문이다.

그러자 그는 유리로 잔의 바닥 부분을 덧대는 것이 어떠냐고 물어보았다. 그렇게 하면 내용물은 적게 담을 수 있는 반면에 겉으로 보면 잔이 커 보이기 때문이다. 그래서 나는 유리로만 덧대면 고급스러워 보이지 않을 수도 있으니 무늬를 새겨 넣자고 제안했다. 하지만 가미우라 선생은 그것은 전문적인 유리 조각기술이 필요하다고 하며 자신은 할 수 없다고 한다. 곰곰이 생각해보던 그는 유리를 녹일 때 색을 넣어보면 어떻겠냐고 다시 말했다. 이렇게 우리는 잔 디자인에 대해 한참을 숙고하고, 또 어떤 색깔로 배합할지 거듭 고심했다. 마지막까지 내가 결정하지 못하자, 그는 먼저 샘플 하나를 만들어본 뒤에 디자인이나 색깔을 살펴보고 그때 다시 얘기해보자고 했다. 제작 비용이 궁금해서 물어보니 그는 이렇게 말했다.

"이건 내게 도전이나 마찬가지예요. 만약 물건이 마음에 든다면 그때 적당한 값을 쳐주시면 됩니다. 그거면 돼요."

모스크바 풍경 스케치

어쩌다 보니 엄동설한에 모스크바를 방문하게 되었다. 폭설이 내리고 살을 에는 듯한 찬바람이 쌩쌩 불어와 견디기 힘들었지만, 그래도 나는 마냥 좋았다. 이런 혹한을 겪고 나면 다음에 다른 계절에 왔을 때 해가 살짝만 비쳐도 고맙게 여겨지지 않겠는가! 이것이 바로 여행을 좋아하는 사람의 마음인 것이다.

최근 러시아는 더는 무슨 주의나 사상의 색채가 드러나지 않는 듯했다. 중심가 곳곳에 화려한 명품 숍이나 거대한 광고판이 점점 더 많이 들어섰기 때문이다. 이렇듯 도시가 번화해지기는 했지만, 러시아의 전통적인 특색은 거의 사라져 단지 고건축에서나 찾아볼 수 있을 뿐이었다.

이번에 가서 다시 보니 다행히도 양파같이 생긴 러시아 건축의 지붕은 예전 모습 그대로였다. 그리고 크렘린 궁전이나 붉은 광장, 구 KGB 본부, 수많은 예배당의 모습도 여전했다. 그렇다! 모스크바의 역사와 문화는 아직 사라지지 않은 것이다. 아마 여행을 다니다 보면 곳곳에서 모스크바의 흥미로운 모습을 발견하게 될지도 모른다.

나는 모스크바로 떠나기 전에 교통수단과 가이드를 미리 준비해두었다. 잠시 이용하는 것이었지만, 그렇다고 해서 여기에 드는 돈을 아껴서는 안 된다고 생각한다. 모스크바에 도착하자마자 가이드를 해줄 사람이 나타났다. 모피코트를 걸친 나이든 여성이었는데, 생긴 모습이 마치 〈더 아메리칸(The

차이란(蔡瀾)의 미식 방랑기

American)〉이라는 미국 드라마에 나오는 스파이 같았다. 말이 많은 타입이라 약간 신경에 거슬리기까지 했다.

우리가 묵은 호텔은 미국의 한 대형 기업이 관리하는 것이라 시설이 괜찮은 편이었다. 하지만 러시아 호텔 직원의 서비스 스타일은 조금 받아들이기 힘들었다. 유럽 호텔 직원들처럼 잘 웃지도 않을 뿐더러 친절하지도 않았기 때문이다. 아무튼, 호텔 방에 짐을 내려놓고 시간을 확인해보니 아직 식사시간은 되지 않은 듯했다. 그러자 스파이 같이 생긴 가이드가 우리에게 물어보았다.

"제일 먼저 가보고 싶은 곳이 어디인가요?"

"엘리세예프 상점(Yeliseev's Food Hall)에 가보고 싶어요."

내가 이렇게 단호하게 말한 이유는 그곳이 아주 오래된 유명한 식료품점이기 때문이다. 18세기에 지어진 건축물 안에 자리 잡고 있는 이 상점은 1907년부터 영업을 시작했다고 한다. 판매하는 물건 모두 최상품인 데다가 종류도 엄청나게 많았다. 〈내셔널 지오그래픽(National Geographic)〉에서 출판한 〈푸드 저니 오브 어 라이프 타임(Food Journey Of A Life Time)〉이라는 책에 나와 있는 사진을 보면 그야말로 식품 궁전이라 할 만해 가보지 않을 수 없었다.

"차라리 '굼(Gum)'에 가는 게 더 나을 텐데요."

가이드가 이렇게 제안하자 하마터면 나는 그녀에게 곱지 않은 시선을 보낼 뻔했다. 아니, 그곳은 그냥 평범한 백화점이 아닌가! 물론 나도 왕년에 베이징과 상하이에 있는 백화점에 쇼핑하러 간 적이 있기는 하지만, 어떻게 유구한 역사를 자랑하는 엘리세예프 상점과 백화점 따위를 비교할 수 있단 말인가!

결국, 우리는 엘리세예프 상점으로 향했다. 과연 그곳은 기품이 넘쳐흐르는 상점이었다. 안으로 들어서자 수많은 종류의 식품이 눈앞에 가득 펼쳐졌다. 자세히 살펴보면 라면이나 윈난성에서 생산된 푸얼차도 찾아볼 수 있을 것이다. 하지만 딱히 사고 싶은 생각은 들지 않았다. 왜냐고? 이곳의 오랜 역사만큼이나 물건들도 오래되어 유통기한이 지났을 것 같은 느낌이 들어서였다. 하지만 철갑상어 알인 캐비아나 보드카만큼은 최상품인 듯했다.

상점 구경을 마친 우리는 크렘린 궁전으로 가서 '차르(Tsar)'라고 칭하는 슬라브계 군주의 의복과 병기를 살펴보았다. 다음으로 찾아간 곳은 그 유명한 붉은 광장이었다. 광장에 도착하자 아주 오래되고 웅장한 건축물들이 눈에 띄었다. 그중 한 건물 안으로 들어가 보았는데, 들어오고 나서야 이곳이 새롭게 단장한 굼 백화점이라는 사실을 알게 되었다. 마침 크리스마스 시즌이라 백화점 건물 한쪽에서는 산타클로스가 공연을 벌이고 있었다. 이곳의 산타클로스는 서양과는 조금 다른 듯했다. 흔히 볼 수 있는 빨간색 옷이 아니라 파란색 옷을 입고 있었기 때문이다. 그리고 옆에는 각각 토끼와 황후로 분장한 젊은 여성과 중년 여성이 서 있었다. 그들이 입은 옷은 서양의 단순한 크리스마스 복장과는 달리 꽤 화려해보였다.

'굼'이라는 백화점은 이미 자본주의의 물결이 거세게 들이닥친 듯했다. 백화점 내의 식료품 코너에는 온갖 식재료가 갖춰져 있고, 포장도 깔끔해서 예전과는 사뭇 달라 보였기 때문이다. 게다가 진열된 식품들도 하나같이 맛깔스러워 보였다. 그러자 이곳에 오자고 한 가이드를 잠시나마 오해했던 나 자신이 부끄러워지기 시작했다. 단지 그녀는 자기 일을 열심히 하고자 한 것뿐이었는데 말이다.

차를 타고 이동할 때 차창 밖으로 러시아 국립영화대학이 보이자 우리는 음악극 〈병사의 이야기〉나 영화 〈학이 난다〉에 관해 이야기하기 시작했다. 심지어 우리는 당시 상영되고 있던 단편 영화 〈두 사람〉에 관해서 토론하기도 했다. 옆에 있던 가이드는 우리 이야기를 엿듣더니 내가 러시아 작품에 관해 상당한 지식이 있다는 것을 알고는 꽤 놀라는 듯했다. 이어서 한 러시아 문인의 고택 앞을 지나치게 되자, 또다시 우리는 숄로호프의 〈고요한 돈 강〉, 도스토옙스키의 〈죄와 벌〉, 파스테르나크의 〈닥터 지바고〉 등에 관해 이 야기를 나누었다. 그러자 가이드는 감탄하듯 나를 향해 이렇게 소리쳤다.

"당신은 아는 게 정말 많군요!"

"명작이잖아요. 다들 읽어봤을 텐데요."

이때부터 나와 그녀 사이에 흐르던 어색한 기류가 깡그리 사라지게 되었 다. 그녀의 눈빛에서 그동안 나를 오해해서 미안해하는 눈치를 읽었기 때문 이다. 지금까지 그녀는 나를 먹는 것만 밝히는 사람으로 알았던 모양이다.

이튿날, 그녀는 우리를 시장으로 데려갔다. 시장이야말로 내가 가장 가보 고 싶었던 곳 중 하나였다. 모스크바 중심가에서 차로 20분 정도 떨어진 곳 에 있었는데, 주변에 비슷한 시장이 여러 개 있으니 마음에 드는 곳을 선택 해서 구경하면 된다. 파는 물건들도 비슷비슷하기 때문에 별로 고민하지 않 아도 될 것이다. 친구를 불러서 함께 가도 좋고, 혼자 택시를 타고 가도 상관 없다. 모스크바의 치안은 상당히 좋은 편이기 때문이다. 다만 비싼 물건으로 온몸을 휘감고 가서는 안 된다. 어느 도시를 가든 이런 사람들이 꼭 있는데, 그 것은 마치 소매치기에게 내 물건을 훔쳐가라고 부추기는 것이나 마찬가지이다.

우리가 간 곳은 건물이 돔 형태로 지어진 시장이었다. 안으로 들어가니 돔형 천장 위에 조명기구가 잔뜩 달린 것이 보였다. 건물이 둥그런 형태여서 그런지 가판대도 둥그렇게 빙 둘러서 놓여 있었다. 곳곳에 쌓여 있는 각종 먹거리는 점점 높아지고 있는 러시아의 생활 수준을 여실히 보여주고 있었 다. 농촌 지역과 주변 국가에서 공수해온 채소나 과일, 육류 등의 싱싱한 모 습을 보니 마치 식재료들이 미소를 지으며 어서 사가라고 유혹하는 듯했다.

시장 상인들도 시골 출신이 많아 무척 친절했다. 어떤 곳에서는 무료 시 식까지도 할 수 있게 해주었다. 얼핏 보니 유럽 여행을 다닐 때 보았던 채소

들이 이곳에서도 눈에 띄었다. 게다가 가격도 훨씬 저렴했다. 가장 인상적이 었던 것은 절인 양배추랑 무채를 산처럼 쌓아놓고 파는 어느 점포의 모습이 었다. 오이나 토마토 절인 것도 팔았는데, 색이 하도 예뻐서 병에 담아서 장 식용으로 두어도 괜찮을 듯했다. 살짝 먹어보니 맛도 괜찮아서 조금 사 오 기도 했다.

이 시장에는 소고기나 양고기, 닭고기 같은 육류도 팔았다. 가끔은 새끼돼 지고기를 통째로 팔거나 토끼고기를 파는 곳도 보였다. 이곳에는 생선도 종 류가 엄청나게 많았는데, 그중에서도 가장 신기했던 것은 훈제한 철갑상어 였다. 다양한 크기가 고루 갖춰져 있었기 때문이다. 바닷가재는 우리가 흔히 먹는 것보다 크기가 조금 작았지만, 일반 새우보다는 컸다. 살이 통통하게 오 른 모습을 보니 맛도 좋을 것 같았다.

간식거리를 파는 가게에는 각종 먹거리가 산처럼 가득 쌓여 있었다. 색깔 도 알록달록하니 무척 예뻐 보였다. 자세히 살펴보니 아주 얇게 썰어서 말린 산사나무 열매도 있었다. 치즈를 파는 가게는 사람들의 시선을 확 끌어당길 정도로 화려해보였다. 그 옆에 있는 과일 가게에서는 여러 종류의 과일을 썰 어두고 맛을 볼 수 있게 해주었다.

이렇게 시장 곳곳을 돌아다니다 보니, 문득 영화 제작자 후지모토 사네즈 미(藤本真澄)가 내게 모스크바에서 겪었던 에피소드를 들려준 일이 생각났 다. 그는 '코민테른(Comintern)' 시기에 영화감독 구로사와 아키라(黑澤明)와 함께 모스크바를 찾은 적이 있는데, 한번은 식사하기 위해 어느 레스토랑에 들렀다고 한다. 그곳 언어를 잘 몰랐던 그들은 어찌어찌 메뉴판에서 채소라 는 단어를 발견하고는 이상한 고기 요리보다는 낫겠다 싶어 손짓으로 그것 을 주문했다. 잠시 후, 종업원이 절인 채소 통조림을 가져와서는 즉석에서 그 것을 따서 접시 위에 몽땅 부어주었다. 그 모습을 본 두 사람은 서로 얼굴을 마주 보고 한참을 웃어댔다고 한다.

　지금 나 역시도 과거에 그들이 방문했던 모스크바에 와 있다. 하지만 현재 모스크바의 모습은 그때와는 하늘과 땅 차이일 것이다.

28

카페 푸시킨(Café Pushkin)

　우리는 모스크바에서 사흘 간 머물면서 '카페 푸시킨'에서 세 끼를 해결했다. 어떻게 그게 가능하냐고? 사연은 이렇다. 모스크바에 도착한 첫날 밤에는 공연을 본 후 '볼쇼이(Bolshoi)' 레스토랑에서 밥을 먹었다. 맛과 분위기 모두 괜찮았지만, 딱히 기억에 남는 음식은 하나도 없었다. 대신에 러시아 전 지역에서 생산되는 여러 종류의 보드카를 마실 수 있었던 것은 좋았다. 이것 저것 맛보면서 어느 브랜드의 보드카가 가장 맛있는지 판단해볼 수 있는 절호의 기호였기 때문이다.

　다음날에는 카페 푸시킨이라는 곳에 가보았다. 이름은 카페였지만, 실상은 꽤 큰 규모를 갖춘 레스토랑이었다. 4층 구조로 된 이곳의 가장 아래층에는 옷과 모자를 보관해두는 장소까지 있었다. 푸시킨은 러시아 사람들이 가장 존경하는 작가이자 시인이다. 하지만 젊은 나이에 결투를 벌이다가 안타까운 죽음을 맞이하게 되었다. 러시아 사람들은 그를 기리기 위해 모스크바 중심가에 푸시킨 광장을 만들기도 했다. 이 레스토랑도 푸시킨이라고 이름 지은 덕분에 명성이 한층 더 높아진 듯했다.

　레스토랑 안으로 들어서니 확실히 고풍스럽긴 했다. 가장 눈에 띄었던 것은 2층에서 4층까지 쭉 이어져 있는 커다란 책장이었다. 책이 빽빽하게 꽂혀 있는 모습이 굉장히 웅장해보였다. 그리고 벽면에는 고풍스러운 그림까지 걸려 있어 문학적 분위기가 물씬 풍겼다. 아마도 레스토랑을 찾는 손님들에게 오랜 역사의 정취를 느끼게 해주려고 꾸며둔 것인 듯했다.

종업원의 서비스 수준도 유럽 대도시에 있는 유명 레스토랑에 뒤지지 않았다. 우리가 '벨루가 골드라인(Beluga Gold Line)' 보드카 1병을 주문하자, 종업원들이 술 전문가들이라는 것을 눈치채고는 곧바로 커다란 얼음 통을 통째로 가져와 그 속에 담긴 보드카를 보여주었기 때문이다.

종업원은 얼음 사이에 꽂혀 있던 보드카 병을 꺼내 들고는 이상하게 생긴 도구로 병을 따기 시작했다. 한쪽 끝에는 망치가 달려 있고, 다른 한쪽 끝에는 브러시 같은 것이 달린 독특한 도구였다. 그는 먼저 망치가 달린 부분으로 병 입구에 있는 밀랍 봉인 부위를 살살 두드려서 깼다. 그런 다음 브러시가 달린 부분으로 병 주위 묻은 부스러기를 털어냈다. 그러자 보드카 병이 쉽게 따졌다. 종업원이 보드카를 잔에 따르자 짙은 시럽 같은 액체가 쏟아져 나왔다. 이것이야말로 진정한 보드카였다. 다들 한 모금씩 마셔보더니 목 넘김이 좋다고 하며 칭찬을 했다.

이 술을 마셔보지 못한 사람은 병을 따는 방식이 조금 어려워 걱정부터 할지도 모른다. 사실 '벨루가'라는 보드카는 여러 종류가 있다. 그중에서 '골드라인'을 마트에서 구매하면 병을 따는 도구도 함께 증정해주기 때문에 병을 따지 못할까 봐 미리 걱정할 필요는 없다. 단 하나 아쉬운 점은 가격이다. 러시아는 자본주의의 영향으로 보드카를 너무 비싼 값에 판매했기 때문이다.

보드카를 마실 때는 캐비아와 함께 먹는 것이 좋다. 물론 이곳에서 파는 것은 저렴하지는 않지만, 서유럽과 비교해보면 그나마 싼 편이다. 그뿐만 아니라 양도 넉넉하고, 품질도 좋다. 아마 1인당 홍콩 돈으로 2,000달러 정도면 충분히 만족스럽게 즐길 수 있을 것이다.

탐정소설을 읽다 보면 카페 푸시킨이 자주 등장하곤 한다. 이곳이 이렇게 명성을 얻게 된 이유는 마피아와 KGB 덕분이라고도 할 수 있다. 러시아가 자본주의 노선을 걷게 된 이후로 마피아가 등장하고 KGB가 부활하게 되었는데, 카페 푸시킨이 이들이 모이는 주요 집결지가 되었기 때문이다. 당시 마피아들은 돈이 많아서 먹는 것에도 꽤 많은 투자를 했다고 한다. 결국, 이들 덕분에 카페 푸시킨 같은 좋은 레스토랑이 속속 출현하게 되었다고 말할 수 있다. 나 같은 여행객의 입장에서는 이런 현상이 반갑기만 할 뿐이다.

음식이 나오기를 기다리며 앉아 있자 종업원이 먼저 빵을 담은 바구니를 테이블 위에 올려주었다. 바구니 안에는 각종 빵이 담겨 있었는데, 그중 하나를 집어 들고 두 쪽으로 갈라보았다. 그랬더니 뜻밖에도 빵 안에 소가 가득 들어 있었다. 양고기나 소고기 다진 것, 야생 버섯, 올리브 열매, 각종 채소 절임 등 빵마다 안에 든 속 재료도 다 달랐다. 게다가 갓 구운 듯 고소한 냄새를 폴폴 풍기며 식욕을 자극했다. 다른 것은 먹지 않고 이것만 먹어도 든든한 한 끼 식사로 충분할 듯했다.

다음으로 나온 러시아식 수프는 뚜껑이 있는 그릇에 담겨서 나왔다. 자세히 살펴보니 빵을 파내서 만든 그릇이었다. 이것 말고도 소고기와 러시아식 사워크림으로 만든 비프 스트로가노프(Beef Stroganoff)나 꼬치구이, 버터 치킨 롤, 러시아식 만두 등도 나왔는데, 하나같이 맛이 꽤 괜찮았다. 그중에서도 훈제한 철갑상어는 향을 유지하기 위해 뾰족한 유리 뚜껑이 덮인 채로 나왔다. 안에 허브가 놓여 있어서 뚜껑을 열자마자 향긋한 냄새가 코끝에 전해졌다. 한 입 먹어보니 뱃살 부위로 만들어서 그런지 입안에 기름기가 가득 돌아 더욱 맛있게 느껴졌다.

푸아그라 요리도 먹을 만했다. 층층이 쌓은 거위 간과 돼지머리 고기, 그리고 양 뇌 사이사이에 무스 상태의 푸아그라 소스를 바른 것으로 맨 위에는 특제 소스가 잔뜩 뿌려져서 나왔다. 이것은 냉채 요리였지만, 어떻게 조리했는지 냄새는 전혀 나지 않았다.

나는 지금도 닭고기를 별로 좋아하지 않지만, 이곳의 닭고기 요리는 조금 다른 것 같았다. 먼저 한번 쪄서 익힌 닭 다리를 다시 기름에 튀겨서 그런지 맛이 꽤 괜찮게 느껴졌기 때문이다. 그리고 양고기 요리는 양의 창자를 돌돌 말아서 불에 구워낸 것이었다. 그리고 이곳의 소고기는 고베산 소고기처럼 상당히 기름지고 부드러웠다. 또한, 새끼돼지 구이는 조각조각 썰어낸 케이크처럼 보였는데, 겨잣가루와 향료 섞은 것을 바르고 구워서 그런지 젤리를 씹는 식감이 느껴졌다.

마지막으로 나온 디저트는 종업원이 테이블 옆에서 직접 만들어주는 불꽃 케이크였다. 안에 아이스크림이 든 케이크에 불을 붙여주는 것이라서 입안에 넣으면 따끈하면서도 동시에 차가운 느낌이 들었다. 맛도 달콤해서 꽤 맛있게 느껴졌다.

음식이 맛있어서 그런지 자꾸만 보드카를 찾게 되었다. 덕분에 그날 밤 우리는 맛있는 음식과 술로 배를 든든하게 채울 수 있었다. 포만감이 느껴지자 담배가 생각나 종업원에게 어디서 피우면 되는지 물어보았다. 그러자 그는 손가락으로 한 테이블을 가리키며 이렇게 말했다.

"저기요! 완벽한 식사를 하셨으니 좋은 시가 한 대로 마무리하셔야죠?"

나는 담배를 피우면서 문득 마피아 두목이 이곳에서 담배 피우는 것을 허용하지 않았다면 지금 이런 행복감을 느끼지 못했을 거라는 생각이 들었다. 이런저런 생각을 하며 담배를 피우다가 레스토랑 문 닫는 시간이 궁금해서 지나가는 종업원을 붙잡고 물어보았다.

"여기는 몇 시까지 문을 여나요?"

"우리는 24시간 영업을 해요."

차이란蔡瀾의 미식 방랑기

하하, 이렇게 운이 좋을 수가! 사실 호텔 조식은 종류는 많지만, 딱히 먹을 만한 게 없었다. 그래서 우리는 다음 날 아침에도 역시 이곳을 찾았다. 카페 푸시킨은 아침 메뉴도 다양했다. 영국식 스크램블드에그나 달걀 프라이, 삶은 달걀, 그리고 달걀찜도 있었다. 가장 고르기 어려운 것은 점심과 저녁 메뉴인 듯했다. 모두 맛있어 보였기 때문이다. 그러자 종업원이 나타나 우리에게 이렇게 말해주었다.

"우리 레스토랑 요리사는 손님들을 위해 24시간 내내 맛있는 음식을 준비하며 기다리고 있답니다. 언제든지 오셔서 다 맛보고 가세요."

일단 우리는 아침을 먹어야 했기에 샴페인과 캐비아를 주문했다. 샴페인 종류가 많지 않아 먼저 '블랑 드 블랑(Blanc de Blancs)'을 마신 뒤에 다시 보드카로 바꿔서 마셨다.

떠나기 전날 밤에는 여행 책자와 인터넷에서 맛집으로 소개한 '투란도트(Trandot)'라는 레스토랑에 가보았다. 인테리어는 화려했지만, 메뉴판에서 싱가포르식 볶음면을 발견하고는 다들 깜짝 놀라고 말았다. 집에서도 쉽게 해 먹을 수 있는 음식을 이런 고급 레스토랑에서 팔다니! 다른 요리도 보나 마나 뻔할 듯해서 팁을 조금 남겨두고는 얼른 일어나서 나와 버렸다. 도망치듯 허둥지둥 빠져나와서 보니 바로 옆에 카페 푸시킨이 있었다. 그래서 이날도 역시 이곳에서 한 끼를 때우게 되었다. 이렇게 카페 푸시킨을 세 번이나 찾았지만, 우리는 신기하게도 똑같은 음식을 단 한 차례도 먹지 않았다. 물론 보드카만은 예외였다.

"이 레스토랑은 푸시킨이 살던 집을 리모델링한 것인가요?"

한 친구가 궁금한 듯 내게 물어보았지만, 사실 이곳은 푸시킨과는 전혀 관계가 없다. 40여 년 전쯤에 '질베르 베코(Gilbert Becaud)'라는 한 프랑스 샹송 가수가 모스크바로 공연을 왔다가 다시 프랑스로 돌아간 뒤에 〈나탈리

(Natalie)〉라는 곡을 썼다고 한다. 그 곡의 가사에는 대충 이런 내용이 담겨 있다.

'우리는 모스크바를 거닐다가 붉은 광장에 이르게 되었네. 그녀는 내게 줄곧 혁명가 레닌(Lenin)에 관해 이야기했지만, 내 머릿속에는 온통 그녀와 함께 카페 푸시킨에서 따뜻한 초콜릿 한 잔을 마시고 싶은 생각뿐이네……'

이 노래가 점점 세상에 알려지게 되면서 사람들은 모스크바에 가면 카페 푸시킨이라는 곳에 들려보고 싶다는 생각을 품게 되었다. 하지만 당시 모스크바에 카페 푸시킨이라는 곳은 없었다. 그야말로 상상 속 장소였다. 이후 1999년에 이르러서야 '안드레이 델로(Andrey Dello)'라는 요식업계 사업가에 의해 카페 푸시킨이 실제로 탄생하게 되었다. 그저 상상 속 공간에 불과했던 곳이 진짜 요리를 맛볼 수 있는 레스토랑으로 만들어지게 된 것이다. 이곳은 음식 역시 옛 조리법대로 세심하게 재현해냈다고 한다.

지금이라도 인터넷 검색을 해보면 〈나탈리〉라는 곡을 들어볼 수 있을 것이다. 유튜브(YouTube)에서는 당시 찍은 뮤직비디오도 함께 감상할 수 있다.

카페 푸시킨(Café Pushkin)
http://www.cafe-pushkin.ru/

29

밤하늘을 수놓은 오로라

홍콩 사람들은 정말 여행을 좋아하는 것 같다. 싱가포르, 말레이시아, 태국, 일본, 그리고 한국을 아우르는 아시아 전 지역에서부터 유럽이나 미국까지 다니지 않는 곳이 없기 때문이다. 하지만 캐나다만은 여행보다는 이민을 더 선호하는 듯했다. 아무튼, 전 세계에 홍콩 사람들의 발길이 닿지 않은 곳은 없을 것이다. 유적지도 마찬가지이다. 만리장성은 물론이고 가까운 캄보디아에 있는 앙코르와트에서부터 저 멀리 이집트에 있는 피라미드까지 구경을 가지 않는 곳이 없을 정도였다. 심지어 가기 힘든 페루의 마추픽추(Machu Picchu)까지 섭렵하는 것을 보면 이제 더는 갈만한 곳이 없을 듯했다.

그래도 아직 전 세계 곳곳에는 구경할 만한 곳이 남아 있었다. 최근 사람들에게 주목을 받고 있는 것은 북극 오로라 탐험 여행이었다. 예전에는 잡지 사진이나 TV 여행 프로그램에서 화면으로 보는 것이 다였지만, 그것만으로도 사람들의 마음을 사로잡기에는 충분했다. 하지만 사람들은 최근 들어 사진이나 화면으로는 만족이 되지 않는지 푸른빛과 초록빛이 감도는 아름다운 밤하늘을 직접 보기 위해 북극으로 떠나게 되었다.

오로라를 보러 가는 것은 생각만큼 쉽지 않았다. 우리는 친구의 전용 비행기를 타고 먼저 우루무치(烏魯木齊)로 가서 하룻밤을 묵었다. 그곳에 머무는 동안에는 내가 좋아하는 양 통구이를 실컷 먹었다. 다음날 우리는 다시 헬싱키(Helsinki)로 넘어가 주유를 한 다음, 곧장 아이슬란드로 날아갔다. 아이슬란드에 도착할 때쯤에 창밖을 내다보니 온통 새하얀 눈으로 덮인 설원이 보였다. 마치 눈의 왕국으로 들어온 느낌이었다.

비행기는 아이슬란드의 수도인 레이캬비크(Reykjavik)에 착륙했다. 우리가 내린 곳은 산타클로스 고향 같은 느낌이 드는 아주 작은 마을이었다. 게다가 아담한 집들이 알록달록하게 칠해져 있어 마치 장난감 왕국처럼 보이기도 했다.

우리 일행은 서양 사람들이 자주 묵는 힐튼 호텔에 투숙하지 않고, 마을에 있는 아담한 4성급 호텔에 여장을 풀었다. 이번에 우리가 이곳에 온 목적은 맛집 탐방이 아니라 저녁에는 주변 사람들이 추천해준 근처 레스토랑에서 대충 한 끼를 때웠다.

다음날, 우리는 오로라 탐사를 위해 지어진 한 호텔로 짐을 옮겼다. 호텔 주변에는 눈을 제외하고는 그야말로 아무것도 없었다. 나무로 지어진 호텔 건물은 무척 초라해보였지만, 오로라를 보러 온 관광객들에게는 가장 안성맞춤인 곳이었다. 전 세계의 내로라하는 사람들 모두 오로라를 보기 위해 이곳을 묵었기 때문이다. 그들은 하나같이 비싼 카메라를 몸에 지닌 채 이곳으로 몰려들었다.

나는 그저 편안한 마음으로 여행을 나섰기 때문에 특별히 촬영 장비를 준비해가지 않았다. 그냥 아이폰(iPhone)으로 찍으면 되겠거니 했지만, 이곳에 오고 나서야 휴대폰은 무용지물이라는 사실을 알게 되었다. 그래서 하나 새로 구매하기 위해 소형 카메라 중에서 조리개 수치가 가장 높은 것이 어떤 것인지 물어보았다. 그랬더니 핫셀블라드의 '스텔라(Stellar)'가 그나마 낫다고 한다. 아무튼, 내가 가진 것은 다른 사람들이 가져온 장비와 비교해보면 초라하기 그지없었지만, 나는 조금도 개의치 않았다.

우리는 호텔 객실에 짐을 내려놓은 뒤에 호텔 밖으로 가보았다. 앞으로 사흘 동안 먹고 마실 곳을 탐색해보기 위해서였다. 아이슬란드에서 가장 좋은 맥주는 '굴(Gull)'이라는 브랜드라고 한다. 하지만 맥주를 너무 많이 마시면 좋지 않기 때문에 집에서 챙겨간 위스키를 가지고 가서 친구들과 실컷 마셔댔다.

우리는 호텔 내부도 한번 둘러보았다. 로비에는 박제된 북극곰 한 마리가 전시되어 있었는데, 내 키보다 2~3배는 더 큰 듯했다. 하지만 산타클로스 모자를 쓰고 있어서인지 그렇게 무서워보이지는 않았다. 다른 곳도 둘러보았지만, 곰이 전시된 로비와 당구대가 놓여 있는 방 말고는 볼만한 것이 하나도 없었다. 결국, 우리가 갈 곳은 레스토랑뿐이었다.

아이슬란드에서 가장 맛있게 먹었던 것은 양고기 요리였다. 오염되지 않은 청정 환경에서 자란 양이라 육질이 더욱 부드럽고 맛있었다. 하지만 주문할 때 반드시 '레어(Rare, 고기를 30% 정도만 익힌 상태)'로 익혀달라고 해야 한다. 너무 바싹 익히면 장작을 씹는 것처럼 질겨지기 때문이다. 그리고 '퍼핀(Puffin, 바다오리)'으로 만든 요리는 비둘기 고기보다도 훨씬 맛이 없는 듯했다.

갑자기 호텔 매니저가 나타나 우리에게 기쁜 소식을 전해주었다.

"다행히 오늘 날씨가 좋아서 밤에 오로라를 볼 가능성이 높아졌습니다. 오로라가 나타나면 바로 알려드릴 테니 여러분은 푹 쉬면서 주변을 둘러보세요."

호텔 매니저 말대로 우리는 빙하와 간헐천을 보러 갔다. 아울러 화산의 열기를 이용해 움직이는 발전소도 참관하고 왔다. 그랬더니 너무 피곤해서 술이 자꾸 당겼다. 오로라가 나타났다는 소식을 고대하며 술을 마시면서 한참을 기다렸지만, 아무런 기미도 보이지 않았다. 결국, 나는 기다리다 지쳐서 동이 틀 때까지 잠이 들고 말았다. 다음 날 아침, 잠에서 깬 친구가 내게 이렇게 말했다.

"결국, 어젯밤에 오로라를 보지 못했네요. 호텔은 지난번 우리가 핀란드에서 묵었던 곳이 더 좋은 것 같아요. 지붕창이 있어서 누워서도 밤하늘을 볼 수 있었잖아요. 하지만 그곳에서는 3일이나 머물렀지만, 결국 허탕만 치고 오게 되었죠."

다음날 밤에는 술도 마시지 않은 채 일찌감치 객실로 돌아와 오로라가 나타나기만을 기다렸다. 한밤중이 되어서야 고대하던 소식이 들려왔다.

"나타났어요. 나타났어!"

나는 뛸 듯이 기뻤다. 도대체 누가 오로라는 보기 힘든 것이라고 했는가? 우리는 단지 하룻밤을 기다렸을 뿐인데, 운 좋게도 오로라를 볼 수 있게 되었다. 밖으로 나가기 위해 우리는 서둘러 옷을 챙겨 입었다. 나는 이럴 때를 대비해서 미리 오사카 니시카와(西川)에서 야생 야마의 일종인 '비쿠냐 (Vicuna)' 털로 만든 내복을 사두었다. 안에 받쳐 입으면 오리털로 만든 점퍼를 입는 것보다 훨씬 따뜻하기 때문이다. 아무튼, 우리는 오로라를 보기 위해 주섬주섬 옷을 갖춰 입고 밖으로 나섰다.

나는 허둥지둥 객실 발코니 유리문을 열고 밖으로 나와 보았지만, 오로라는 보이지 않았다. 한참 동안 밤하늘을 바라보자 저 먼 곳에 희끄무레한 빛이 보이기 시작했다. 그러자 주변에서 찰칵찰칵하는 소리가 들려왔다. 다른 투숙객들이 삼각대에 카메라를 받쳐두고 셔터를 눌러대는 소리였다. 하지만 그 희미한 한 줄기 빛도 일순간에 사라져버렸다. 어이쿠! 이렇게 빨리 끝나버릴 줄이야. 여기저기서 실망하는 투의 목소리가 들려왔다. 나도 다시 방으로 들어와서는 짜증스럽게 옷을 벗어 던지고 기분이 잔뜩 상한 채로 잠자리에 들었다.

다음 날 아침이 되자 조금 걱정스러워지기 시작했다. 우리에게는 그날 밤이 오로라를 볼 수 있는 마지막 기회였기 때문이다. 지구 온난화로 인해 더는 오로라가 나타나지 않는 건 아닌지 염려스러웠다.

"실망하지 마세요. 아직 기회가 있어요!"

호텔 매니저가 다시 나타나 우리에게 희망을 주었다.

"오늘 밤은 달이 뜨지 않는다고 하네요. 보름달이 뜨면 오로라가 나타나지 않는다는 사실을 다들 알고 계실 겁니다. 모두 인내심을 갖고 기다려주세요!"

차이란(蔡瀾)의 미식 방랑기

그래, 기왕 이렇게 된 바에야 그냥 자지 말고 기다려야겠다! 마음을 굳게
다잡은 우리는 술을 마시며 결전에 대비했다. 그러던 어느 순간 들뜬 환호성
이 들려왔다. 우리는 어제의 경험을 되살려 재빨리 옷을 갈아입고 침착하게
밖으로 나섰다.

하늘을 바라보니 여명이 비치는 것처럼 밝게 빛나고 있었다. 그러다가 왼
쪽에 한 줄기, 그리고 오른쪽에 또 한 줄기의 하얀 빛이 어른거리기 시작했다.
드디어 오로라가 나타난 것이다! 그런데 이상하게도 푸른빛과 초록빛은 찾
아볼 수 없었다. 내 눈에는 그저 하얀 빛만 보일 뿐이었다.

나는 고개를 갸웃거리며 카메라로 사진을 찍어보았다. 찍은 사진을 살펴
보니 방금 눈으로 본 하얀 빛이 파랗게 보였다. 원래 오로라는 푸른빛이지만,
육안으로는 그것을 볼 수 없다고 한다. 렌즈를 통해 빛이 반사되어야만 푸른

빛이 나타난다는 사실을 나중에야 알게 되었다.

이런, 그럼 지금까지 사진으로 본 것은 다 허상이었잖아! 그렇다고 해서 힘들게 멀고 먼 아이슬란드까지 온 것을 후회하지는 않는다. 나는 나중에 돌아가서 사람들에게 오로라는 원래 하얀 빛이라는 사실을 절대 알려주지 않을 것이다. 이렇게 아름다운 광경은 직접 보고 경험해보는 것이 낫기 때문이다. 이곳에 와서 자신의 눈으로 직접 보지 않으면 아마 평생 후회할지도 모른다. 오로라는 정말 아름답고도 아름다웠다!

이번 아이슬란드에서 경험한 오로라는 부탄을 여행할 때 느낀 감정과 똑같았다. 부탄 국민들은 소문처럼 행복한 삶을 영위하지는 못했지만, 부탄의 풍경만큼은 아름다웠기 때문이다.

삽화가 쑤메이루(苏美璐)는 내게 이메일을 보내 오로라가 어땠는지 물어보았다. 그래서 나는 내가 경험한 느낌 그대로를 솔직하게 써서 보내주었다. 그러자 그녀는 이렇게 답장을 보내왔다.

"나는 북극권에서 십여 년간을 살아왔지만, 한 번도 그런 신기한 현상을 보지 못했어요."

그렇다! 신비한 모습을 감추고 잘 드러내지 않는 그것이 바로 오로라이다.

베를린 여행

나는 서유럽 국가 중에서 독일을 자주 가지 않은 것 같다. 지난번 여름에 〈황태자의 첫사랑(The Student Prince)〉이라는 오페라를 보러 학문의 도시인 하이델베르크에 들렀던 것을 제외하고는 독일을 방문한 기억이 거의 없기 때

차이란(蔡瀾)의 미식 방랑기

문이다. 독일에는 내 관심을 끌 만한 것이 별로 없었던 탓이다. 하지만 이번에 아이슬란드에 간 김에 사흘 정도 더 머물면서 베를린을 돌아보기로 했다.

내가 베를린에 대해서 아는 것이라곤 크리스토퍼 아이셔우드(Christopher Isherwood)가 집필한 〈베를린 이야기(The Berlin Stories)〉라는 책에서 읽은 전쟁 이전의 역사가 다였다. 그래서 나는 그곳에 가면 베를린 장벽이 가장 볼만할 것으로 생각했다.

나는 베를린에 도착하자마자 장벽이 있는 곳부터 찾았다. 다행스럽게도 우리 일행의 가이드는 독일 역사에 관해 아는 것이 많았다. 게다가 장벽이 무너질 당시의 모습을 직접 목격한 사람인지라 그를 통해 생생한 현장 상황을 전해 들을 수 있었다. 현재 베를린 장벽은 대부분 철거되고 일부만 남아 있었다. 이번에 직접 가서 장벽을 보고 나니 탄식을 금할 수가 없었다. 가까이서 살펴본 장벽은 겨우 전화번호부 두께만 할 정도로 얇았기 때문이다. 이렇게 얇은 벽을 사이에 두고 그동안 독일 민족은 서로 단절된 채 살아왔던 것이다. 하지만 철옹성 같이 느껴졌던 장벽이 그렇게 쉽게 무너질 줄 누가 알았겠는가!

현재 베를린 장벽 입구였던 곳에는 벽이 무너지는 순간에 찍은 민중들의 사진이 전시되어 있다. 가이드는 그중 한 장의 사진을 가리키며 반색하며 이렇게 말했다.

"이 사람이 바로 저예요!"

가까이 다가가 살펴보니 조금 닮은 것 같기도 했다. 그 사진을 보자 1989년 베를린 장벽이 무너질 당시에 민족 영웅 중 하나였던 그가 지금은 가이드 노릇을 하며 근근이 생활하고 있는 현실이 조금 슬프기도 했다.

뜻밖에도 나는 이곳에서 오랜 옛 친구를 만나게 되었다. 친구라고 표현하기는 했지만, 사실 사람이 아니라 자동차였다. 높은 단상 위에 놓여 있는 상자같이 생긴 이 자동차는 예전 모습 그대로였다. 처음 본 당시에도 세상에 이렇게 생긴 자동차가 있을까 싶을 정도로 이상하게 여겼던 기억이 난다.

이 자동차를 처음 본 것은 1985년이었다. 당시 나는 구(舊) 유고슬라비아에서 영화 〈용형호제(龙兄虎弟)〉를 촬영하고 있었다. 잠시 짬이 났을 때 나는 신상옥 감독을 만나기 위해 헝가리로 넘어갔지만, 그를 만날 수는 없었다. 대신에 내 친구 황서우썬(黃寿森)을 통해 젊은 화가 안톤 몬나(Anton Monna)라는 사람을 소개받게 되었다. 처음 만나는 날에 그는 아버지의 자동차를 몰고 나왔는데, 그때 본 것이 바로 이 '트라반트(Trabant)'였다. 당시 동독의 국민차였던 트라반트는 친근하게 '트라비(Trabi)'라는 애칭으로 불리기도 했다. 그날 우리는 이 차를 타고 헝가리 시내를 둘러보았다.

이상하게 생겼다고 해서 절대 이것을 얕잡아봐서는 안 된다. 이 차는 동독의 상징이기 때문이다. 예전에는 물자가 부족해서 자동차 한 대를 사려면 늙을 때까지 기다려야 한다고 우스갯소리를 하기도 했다. 그만큼 구하기 어려운 차였기에 이것을 손에 넣으면 다들 가보처럼 소중하게 여겼다. 그리고 자동차의 부속이나 구조가 간단해서 결함이 생겨도 즉각 수리할 수 있다는 장점이 있다. 게다가 이 자동차는 한 번 구매하면 28년쯤은 거뜬하게 탈 수 있을 정도로 튼튼하게 만들어졌다. 그래서 일부 트라반트는 중고 가격이 신형보다 훨씬 비싼 경우도 있다. 외국의 경우에는 이 자동차를 더욱 귀하게 여겨 비싼 값에 팔리고 있다.

독일 사람들은 베를린 장벽이 무너진 후에도 트라비 동호회를 만들거나 트라비를 타고 아프리카를 돌아다니는 투어단을 조직하며 이 차에 대한 강한 애정을 드러냈다. 심지어 베를린에는 트라비 박물관이 세워져 있을 정도이다. 박물관 내부에는 알록달록하게 색을 칠한 것에서부터 길쭉한 미국식 리무진처럼 호화롭게 개조한 것까지 다양한 형태의 트라반트 자동차가 전시되어 있다. 나는 이 차를 보자마자 죽은 줄 알았던 친구를 다시 만난 것처럼 뛸 듯이 기뻤다. 결국, 트라반트는 자동차계의 전설이 되어 영원히 우리 곁에 남아 있게 되었다.

베를린 장벽을 둘러본 후에 우리는 그곳을 떠나 다른 곳으로 이동했다. 독일의 가슴 아픈 역사가 담겨 있는 곳이기에 떠날 때 어쩐지 가슴이 먹먹한 기분이 들었다. 이런 기분을 느끼고 싶지 않다면 차라리 박물관에 가보는 편이 더 나을지도 모른다. 특히 역사나 유물에 관심이 많은 사람이라면 더욱 그쪽을 추천해주고 싶다. 여러 박물관이 한곳에 모여 있어 구경하기도 편하기 때문이다. 특히 이곳은 베를린을 가로지는 강 위에 있는 작은 섬에 자리 잡고 있어서 사람들은 이곳을 '박물관 섬(Museuminsel)'이라고 불렀다.

박물관이 어찌나 많은지 보고 또 봐도 끝이 없었다. 이곳에 오려면 무엇을 볼지 뚜렷한 목표를 정해놓는 것이 좋다. 나는 이곳에 오면 3,300년 전 이집트 황후 네페르티티의 흉상을 꼭 보리라고 마음을 먹었었다. 실제로 보니 정말 완벽하게 잘 보존된 듯했다.

네페르티티는 이집트어로 '천상의 미녀가 세상에 내려오다'라는 뜻이라고 한다. 흉상을 보니 과연 이름대로 그녀는 뛰어난 미모를 소유한 사람인 것 같았다. 만약 모나리자가 이 세상에서 가장 아름다운 여인이라고 주장하는 사람이 있다면, 이곳에 와서 네페르티티의 흉상을 한번 보라고 권해주고 싶다.

네페르티티의 흉상은 박물관 섬 내에 있는 '신 박물관(Neues Museum)'에 전시되어 있다. 이곳에 오면 흉상 이외에 웅장한 모습으로 꾸며진 고대 그리스 광장도 구경할 수 있다. 나치 독일 시기에는 이곳에서 히틀러를 찬양하며 자신들의 시대가 다시 돌아오기를 고대했다고 한다. 하지만 결국 그들은 실패하고 말았다. 우리는 광장에 있는 계단에 앉아 잠시 쉬며 옛 독일의 역사를 하나하나 되짚어 보았다. 힘겹고 어려운 시기를 거치긴 했지만, 그것은 하나의 아름다운 역사라고 할 수 있다.

다른 박물관 안으로 들어가 보니 높다란 성벽 같은 것이 눈에 띄었다. 파란색 벽돌로 층층이 쌓아서 만든 것이었는데, 박물관 내에 있는 것은 전체 건축의 일부분일 뿐이라고 한다. 전체 건축의 모형을 살펴보니 그 규모가 자못 방대해서 실제로 보면 깜짝 놀랄 만한 수준일 듯했다.

박물관을 돌아다니며 예술의 정취를 실컷 만끽하기는 했지만, 그것이 나의 주린 배까지는 채워주지 못했다. 그래서 우리는 박물관을 빠져나와 '카데베(Kadewe)'라는 곳으로 향했다. 이곳은 꽤 유명한 곳으로 베를린에 와보지 않은 사람이라도 카데베라는 이름은 들어본 적이 있을 것이다. 카데베는 '카우프하우스 데스 베스텐스(Kaufhaus des Westens)'라는 말의 약칭으로 '서양 백화점'이라는 뜻이 있다고 한다.

차이란(蔡瀾)의 미식 방랑기

오래된 건물 안에 자리 잡고 있는 카데베는 백화점이라는 말 그대로 온갖 물건이 다 갖춰져 있었다. 지금 이곳은 깔끔한 모습으로 단장되어 있지만, 사실 2차 세계대전 당시에는 크게 훼손되어 건물이 무너질 뻔하기도 했다고 한다. 미국 폭격기가 건물 지붕에 폭탄을 투하했기 때문이다. 이후에 1950년대에 이르러서야 간신히 지금의 모습으로 건물을 복구할 수 있었다. 현재 이곳은 명실상부한 베를린의 랜드마크 중 하나라고 할 수 있다.

우리는 쇼핑에는 별로 관심이 없어서 바로 6층에 있는 식품관으로 향했다. 〈미식일생(美食一生)〉이라는 책을 보면 세상에서 가장 멋진 식료품 천국을 소개하는 내용이 나온다. 1위는 모스크바에 있는 '엘리세예프'이고, 2위가 바로 베를린에 있는 바로 이 '카데베'이다. 도대체 얼마나 크고 좋기에 그렇게 칭찬을 해대는지 무척 궁금했다.

막상 가보니 규모가 실로 방대했다. 음식점이 있는 7층까지 합치면 축구장 2개 정도를 합친 크기였다. 식품관 내부에는 모든 것이 다 갖춰져 있었다.

매장 구석구석에는 유명 맥주회사가 운영하는 주점 겸 푸드코트도 눈에 띄었다. 맥주를 좋아하는 사람이라면 이곳에서 맥주 한잔을 사 들고 자신이 좋아하는 소시지를 찾아다니며 안주 삼아 먹으면 된다. 맥주를 즐기는 독일이어서 그런지 소시지 종류도 엄청나게 많았다.

우리는 거의 모든 주점 앞에 멈춰 서서 맥주를 시음해보았다. 이쪽에서 한번 맛본 후에 저쪽으로 가서 또 다른 것을 마셔보았다. 이렇게 맥주를 한 잔 두 잔 마시면서 소시지를 너무 많이 먹었더니 배가 잔뜩 불러오기 시작했다. 그래서 먹어도 배가 덜 부른 치즈로 안줏거리를 바꿔버렸다.

그러다가 치즈 종류가 꽤 많은 가게 하나를 발견하게 되었다. 그 가게에는 표정이 무척 거만한 여자 종업원이 있었다. 그래서 나는 그녀에게 다가가 일반인들이 잘 알지 못하는 치즈 브랜드를 대며 그것이 있는지 물어보았다. 그러자 그녀는 우리가 치즈를 잘 아는 사람이라는 것을 눈치채고는 태도를 싹 바꿔서 친절하게 응대했다. 나는 5~6종류의 치즈 샘플을 맛보게 해달라고 부탁한 후에 그녀에게 다시 질문을 던져보았다.

"당신은 어떤 종류를 좋아하나요?"

그러자 그녀는 치즈 덩어리 하나를 꺼내더니 한 조각씩 썰어서 우리에게 맛을 보게 해주었다. 과연 맛이 꽤 괜찮았다. 어디 제품인지 물어보니 이탈리아에 있는 유제품 회사 '베피노 오첼리(Beppino Occelli)' 것이라고 한다. 이 치즈는 1년 동안 숙성시킨 뒤에 위스키로 표면을 살짝 닦아낸 것이었다. 그래서인지 치즈가 핑크빛을 살짝 띠고 있었다. 어찌 보면 신선들이 먹는 음식 같아 보이기도 했다. 나는 치즈 맛을 보다가 갑자기 한 가지 의문이 생겼다. 왜 이 독일 여성은 자기 나라에서 만든 것을 권하지 않고, 이탈리아 제품을 추천한 것일까? 아마 맛을 공정하게 평가했기 때문일 것이다. 그런 마음이야말로 존경받을 만해 절로 고개가 숙여졌다.

한강

지금까지 내가 한국을 찾은 횟수를 모두 합치면 100여 차례에 가까울 것이다. 지난 50년간 한국의 눈부신 발전상을 곁에서 지켜봐 온 나로서는 감회가 새로울 수밖에 없다. 한국이라는 나라를 지나치게 사랑했던 나는 그간 수많은 글을 써서 한국 사람들의 열정을 칭송하기도 했다. 하지만 주변 사람들의 반응은 내 생각과는 사뭇 달랐다.

"한국이 좋긴 뭐가 좋아요? 당신이 자주 언급하는 한국 미인들은 대부분 성형한 거잖아요. 그리고 당신이 먹어본 한국 음식도 불고기랑 김치 말고는 없지 않나요?"

나 참, 몇 번이나 말해줬지만, 사람들은 내 말을 제대로 이해하지 못하는 것 같다. 50년 전에는 모두가 다 가난해서 먹고살기도 힘들었는데, 무슨 돈으로 성형을 해서 예뻐질 수 있단 말인가? 뭐라고 비난해도 상관없지만, 인정할 건 인정해야 한다. 그동안 한국 국민은 부단한 노력을 통해 짧은 시간 내에 큰 발전을 이룩하였고, 세계의 트렌드를 주도할 정도로 영향력이 높아졌다. 이러한 변화로 인해 요즘 젊은 친구들에게 "같이 일본에 놀러 갈래?"라고 물으면 그들은 고개를 가로저으며 이렇게 대답하곤 한다.

"차라리 한국에 갈래요!"

오래전, 한국 사람들은 마치 미국 흑인들처럼 평범한 자신들도 대통령이 될 수 있다는 사실을 전혀 믿지 않았다. 게다가 배용준이나 김수현 같은 배우가 일본에 갈 때마다 괴성을 지르며 몰려드는 아줌마 부대를 양산해낼지 상상조차 하지 못했다. 현재 일본의 전자제품 시장에는 삼성TV가 판매되고 있고, 설화수 화장품도 도쿄 긴자거리에 매장을 오픈해서 일본 시세이도와

불꽃 튀는 경쟁을 벌이고 있다. 소문에 따르면 일본은 자신들의 영역이 침범 당할까 봐 두려워 한국의 인기 드라마 〈별에서 온 그대〉를 일본에 들여올 엄두조차 내지 못한다고 한다. 그뿐만 아니라 최근 한국 음식은 미국의 유명 셰프 앤서니 부르뎅(Anthony Bourdain)도 반할 정도로 미국에서 선풍적인 인기를 끌고 있다. 그런데도 누가 감히 한국 음식이 맛없다고 말할 수 있겠는가?

　나는 한국에서 가장 푸짐한 한정식을 맛본 적이 있다. 커다란 전복 2마리를 넣고 푹 곤 삼계탕, 노란 단호박 속에 가득 담긴 유황오리, 싱싱한 복요리와 식욕을 돋게 만드는 대게 등 맛깔 나는 음식들이 잔뜩 나왔다. 가만히 앉아 있기만 하면 종업원이 먹기 좋은 크기로 고기를 잘라 당신의 접시 위에 올려줄 것이다. 요리는 여기서 끝난 게 아니었다. 잘 삭힌 홍어와 상큼하게 무쳐낸 김무침, 중국에는 거의 멸종되고 없는 자연산 조기 등등 요리가 끝도 없이 나왔다. 한국에서 음식을 먹어본 사람이라면 한국에는 불고기와 김치만 있다는 말을 감히 하지 못할 것이다.

이번 서울 여행은 혼자서 차분하게 고독을 즐기며 다녔다. 단체로 무리 지어 다니는 패키지 투어가 아니라서 색다른 묘미를 느낄 수 있었다. 나는 복잡하기만 한 강남을 가장 싫어한다. 곳곳에 높은 빌딩이 들어서 있어 답답함이 느껴졌고, 상점에 진열된 물건들도 다른 도시에서 흔히 볼 수 있는 것들이어서 개성이라고는 전혀 찾아볼 수 없었기 때문이다. 오히려 나는 관광객의 발길이 뜸한 강북 서촌에 있는 경복궁 근처가 훨씬 더 마음에 든다.

한적한 서촌 거리를 거닐다 보면, 과거 60·70년대 분위기 속으로 빠져들게 된다. 거리 이곳저곳을 두리번거리다가 앞에 있는 나무 정자에 사람들이 옹기종기 모여 앉아 바둑을 두고 있는 모습을 발견하게 되었다. 가까이 다가가 살펴보니 바둑이 아니라 중국식 장기였다. 하지만 상(象)이 강(江)을 건널 수 있는 것을 보니 규칙이 중국과는 조금 다른 듯했다.

거리에는 구식 양철 장난감이나 화선지 등 각종 지류를 파는 전문 상점들이 곳곳에 눈에 띄었다. 중국집도 있었는데, '영화루(永和樓)'라고 쓰인 간판의 페인트칠은 금방이라도 벗겨질 것처럼 낡아 있었다. 문득 50년 전의 일이 생각났다. 나와 내 동창 왕리산(王立山)이 처음으로 서울에 왔을 때였다. 왕리산의 가족은 당시 서울에서 음식점을 열었는데, 그때 모습이 딱 이랬다. 나는 무엇에 이끌린 듯 식당 안으로 들어가 자장면 한 그릇을 주문했다. 시키면 자장 소스 위에 오이와 양파 몇 조각이 고명처럼 얹어져 있을 뿐, 다른 건 아무것도 없었다. 한입 먹어보니 예전에 먹었던 수타면의 맛이 그대로 느껴져 울컥해서 하마터면 눈물을 쏟을 뻔했다.

중국집을 나와 앞으로 조금 더 걸어가 보니, 오래된 양옥 주택 한 채가 보였다. 화가 박노수(朴魯壽) 선생의 생가로 지금은 기념관으로 리모델링해서 대중에게 개방되었다. 입구에는 호방한 예서체의 필치로 '여의륜(如意輪)'이라고 쓴 커다란 현판이 걸려 있었다. 기념관 내부에 걸려 있는 작품을 살펴보니 선은 무척 단조로워 보였지만, 그 속에서 심오한 예술의 경지가 느껴졌다. 정원에 놓여 있는 분재는 전문가가 철저하게 관리한 덕분인지 옛 모습을 그대로 간직하고 있었다. 그리고 돌을 깎아 만든 원탁이나 돌 걸상도 화가가 직접 디자인한 것이어서 한 번쯤 눈여겨볼 만했다.

기념관 밖으로 나오니 이발소가 보였다. 지금은 부부 둘이서 단출하게 가게를 꾸려나가고 있지만, 과거에는 적어도 7~8명의 종업원을 두고 번듯하게 운영하던 이발소였다. 당시 이발사는 머리를 깎고, 힘 좋은 남자 종업원은 시원하게 머리를 감겨주었다. 그리고 젊은 여자 미용사는 세심한 손길로 수염을 다듬어주곤 했다. 잠시나마 옛 추억을 더듬어보고 싶은 마음에 안으로 들어가 주인아주머니에게 얼굴 손질을 맡기게 되었다. 꼼꼼하게 솜털을 밀어주는 그녀의 두 손은 예전에 내 얼굴을 손질해주던 그 소녀의 손길과는 사뭇 달랐지만, 편안해지는 내 마음만은 여전했다.

다시 정처 없이 걷다보니 어느덧 시장 근처까지 오게 되었다. 여기까지 온 이상 시장 구경을 빼먹을 수는 없어 골목 안으로 들어가 보았다. 좁고 긴 시장 골목에는 다양한 식재료와 먹거리가 즐비했다. 각종 채소나 생선을 파는 노점 이외에 한국 드라마에서 자주 보았던 떡볶이, 어묵꼬치, 핫도그 등을 파는 노점들도 눈에 띄었다. 이곳은 근처에서 학교를 다니는 대학생들이 수업을 마치고 술을 마시기 위해 자주 들르는 곳이었다. 오랜만에 이곳을 다시 찾으니 예전에 남학생은 자리에 앉아 있고, 여학생은 옆에서 남학생의 책을 들고 서 있던 모습이 떠올랐다. 만약 지금 시대에 그런 일이 벌어진다면 그 남학생은 평생 연애 한번 못 해볼 것이다.

시장의 한 약재상을 지나다가 잔뜩 쌓아둔 엄나무 가지를 발견하게 되었다. 한국 사람들은 이것을 차로 끓여 먹는다고 한다. 엄나무 더미 위에는 '환골탈태(換骨奪胎)'라고 쓰인 팻말이 놓여 있었는데, 아마도 약효를 선전하기 위한 홍보성 문구인 듯했다. 바로 옆 구기자 더미 위에는 '칠전팔기(七顚八起)'라고 쓰인 팻말이 놓여 있었다. 내 SNS 친구 한타오는 내가 웨이보에 올려둔 약재 사진을 보고는 이 네 글자가 구기자의 효능을 충분히 설명하고 있는 것 같아 참 흥미롭다는 메시지를 보내왔다.

시장을 빠져나와 곧장 맞은편에 있는 설렁탕 전문점 '백송(白松)'으로 향했다. 이곳 역시 절대 놓치고 지나갈 수 없는 곳 중 하나이다.

백송
서울특별시 종로구 자하문로 52-1
TEL . 02-736-3564

앞서 내가 소개한 곳처럼 이 주변이 온통 낡고 오래된 점포들로만 채워진 것은 아니다. 최근에는 수많은 젊은 예술가가 이곳으로 몰려들어 하나둘씩 가게를 열고 있었다. 특히 한 예술가가 만든 전통 놋그릇에서는 섬세하면서도 독특한 아름다움이 느껴졌다. 알고 보니, 그 예술가는 국가 공인 무형문화재 계승자라고 한다. 가게 이름은 '놋이'였다. 2층 건물이었는데, 아래층은 카페로 꾸며두었다. 하지만 이곳은 그의 작품을 전시하기 위한 갤러리이지 커피를 팔아 푼돈을 챙기기 위해 만든 가게는 아니라고 한다. 이곳 2층에는 다양한 놋그릇이 가득 진열되어 있다. 젓가락으로 그릇을 살짝 두드려보니, 맑고 고운 소리가 은은하게 울려 퍼졌다. 나는 이런 한국의 식기류를 무척 좋아한다. 듣자 하니 예전에 온돌 생활을 할 때는 이 놋그릇을 따뜻한 아랫목에 묻어두곤 했는데, 그러면 보온이 잘된다고 한다.

놋이
서울특별시 종로구 동인동 118-9
02-736-6262

영화 식객의 요리 감독인 김수진(金秀眞) 선생의 요리학원도 이 근처에 있었다. 요리에 관심 있는 사람이라면 한두 과목쯤 수업을 들어보는 것도 괜찮을 것이다. 이곳에 오면 무슨 거창한 호텔을 숙소로 잡을 필요가 없다. 바로 맞은편 3층 건물에 깔끔한 게스트하우스 '코쿤스테이(Cocoonstay)'가 있기 때문이다. 고치(Cocoon)라니……, 이름이 참 재미있다.

강북과 강남 사이에는 한강이 가로질러 흐르고 있다. 내가 한강을 처음 찾았을 때는 물이 맑아서 밤에는 배까지 띄우고 놀 수 있는 시절이었다. 당시 강가에 정박해 있는 배 위에는 돗자리가 깔려 있어 깔끔하면서도 안락해 보이기까지 했다. 이런 배는 대부분 나이가 지긋한 사공이 노를 잡고 있었다. 당시 여자 친구와 함께 가서 배를 빌려 탔는데, 우리가 탄 배의 사공은 배를 강 한가운데까지 저어 가더니 잠시 후 초를 꺼내 들고 불을 켰다. 그는 촛불이 꺼지지 않게 종이컵 바닥에 구멍을 뚫어 초를 끼워두었다. 그리고는 나를 향해 한국말로 뭐라고 뭐라고 하더니 갑자기 강물 속으로 뛰어들었다. 나는 말문이 막힐 정도로 깜짝 놀랐지만, 잠시 후에 정신을 차리고 보니 그는 이미 헤엄을 쳐서 맞은편 강둑에 올라가 있었다. 그는 동정을 살피기 위해 손오공처럼 손을 이마에 대고 주위를 두리번거리기도 했다. 아마도 둘이서 오붓한 시간을 보내라고 자리를 피해준 것인 듯했다. 강 한가운데서 우리끼리 즐거운 시간을 보낸 후에 촛불을 입으로 불어서 껐다. 그러자 그는 다시 배로 헤엄쳐 와 배를 강가로 저어갔다.

아이고, 이젠 다 지난 일일 뿐이다. 요즘 내가 이 일을 젊은 친구들에게 들려주면 그들은 마냥 부러워했다.

부대찌개

한국에서는 코카콜라나 KFC의 패스트푸드보다 '스팸(Spam)'이 더 잘 팔린다는 말이 있다. 스팸은 1937년에 호멜푸드(Hormel Foods)라고 하는 한 미국 기업이 발명해낸 통조림 가공식품으로 '스파이시드 햄(Spiced Ham)' 혹은 '쇼울더스 오브 포크 앤 햄(Shoulders of Pork and Ham)'을 줄여서 부르다가 결국 '스팸'이라는 이름으로 굳어지게 되었다.

한국전쟁 이후에 미군의 한국 주둔이 결정되자 군대와 더불어 그들이 소비할 전투식량도 함께 공수되었는데, 그때 길쭉하게 생긴 통에 담긴 이 돼지고기 통조림도 대량으로 들여오게 되었다. 당시 일부 미군은 이 통조림을 슬쩍 가지고 나가 한국의 암거래 시장에서 현지 물품과 물물교환을 하기도 했다고 한다.

전쟁을 겪은 나라의 가난한 서민들은 육류를 섭취할 기회가 드물어 고기를 먹게 되는 날을 마치 잔칫날처럼 여기기도 한다. 한국전쟁을 다룬 안정효의 장편 소설 〈은마(銀馬)〉에도 이러한 상황이 잘 묘사되어 있다.

"……오늘 저녁에도 고기가 나왔으면 좋겠다. 지난번에 내가 찾아낸 깡통에서 나온 고기 알지? 햄(Ham)이라고 그러는 고기 말이야. 엄마가 그걸로 이것저것 다른 음식이랑 막 섞어서 꿀꿀이죽처럼 만들어 줬잖아. 참 맛 좋았는데……"

수십 년 전에 내가 한국을 처음 방문했을 때, 한 지인이 나를 자신의 집으로 초대해 햄으로 만든 요리를 해준 기억이 난다. 그리고 내가 이 글을 쓰기 위해 특별히 한국의 슈퍼마켓을 다시 찾았을 때도 진열대 위에는 수많은 종류의 햄이 놓여 있었지만, 스팸의 인기는 여전했다. 현재 이 스팸은 CJ그룹이 브랜드를 사들여 한국에서 대량 생산을 하고 있다. 명절이 되면 여러 개의 햄을 박스로 포장한 선물세트를 판매하는데, 사람들은 이것을 명절 선물로 주고받는다고 한다. 어느 추석 명절에는 800만 개 이상이나 팔릴 정도로 인기가 많아 한국에서는 이런 문화가 마치 풍습처럼 고착화되어가고 있는 듯했다.

한국 사람들은 경제가 비약적으로 발전한 이후에도 가난하고 힘든 시기에 먹었던 햄 맛을 잊지 않고 있었다. 그래서 요즘도 햄을 이용한 각종 요리를 종종 식탁에 올리곤 한다. 특히 햄과 오이를 함께 말아서 만든 김밥은 한국 사람들이 좋아하는 음식 중 하나이다.

한류 열풍으로 인해 중국의 도심 속 한국 식당에서는 〈별에서 온 그대〉라는 드라마 속 주인공처럼 '치맥(치킨과 맥주)'을 즐기는 젊은이들을 흔히 볼 수

여행과 음식

있다. 하지만 이에 못지않게 꼭 맛봐야 할 한국 음식이 있는데, 그것은 바로 '부대찌개'이다.

부대찌개는 병역의 의무를 지고 있는 한국 남성들의 원기를 보충하기 위해 만든 음식이라고 한다. 만드는 방법은 의외로 간단하다. 깍둑썰기한 햄을 김치와 함께 한소끔 끓여낸 후, 기호에 따라 라면 사리나 떡 사리를 넣어 먹으면 된다. 속을 든든하게 채워줄 한 끼 식사로 손색이 없다. 나는 홍콩에서 정통 한국식 부대찌개를 먹어본 적이 있는데, 앞서 말한 재료 말고도 치즈와 양배추 등을 추가로 더 넣은 것이었다. 어떤 사람은 남은 국물에 밥을 넣고 다시 끓여서 죽처럼 만들어 먹기도 했다.

이번에 서울을 방문했을 때에도 맛깔난 한국의 산해진미를 맛볼 기회가 생겼다. 그래도 나는 서민들의 먹거리인 부대찌개를 맛보지 않고 그냥 갈 수 없다는 생각에 곧장 이태원을 찾았다. 이 일대는 미군 부대가 주둔해 있는 곳이다. 예전에 미군들은 배급받은 전투식량을 길쭉한 철제 상자에 담아서 보관해두곤 했는데, 주로 스팸이나 소시지, 담배, 초콜릿, 그리고 먹으면 속이 든든해지는 비스킷류 등이었다. 그래서인지 당시 소시지가 들어 있지 않은 다른 지역의 부대찌개와는 달리 이태원에서 처음으로 미군 부대에서 흘러나온 소시지를 넣고 부대찌개를 만들어 먹게 되었다고 한다.

자신이 원조라고 자부하는 한 오래된 가게에서는 일반적인 부대찌개가 아닌 고급스러운 요리를 판매하고 있다는 것을 과시하기 위해 미국 대통령의 이름을 따서 부대찌개를 '존슨(Johnson)탕'이라고 불렀다. 이 가게는 이태원의 좁은 골목길 사이에 자리 잡고 있었다. 서울의 이름난 유흥가 중 하나인 이곳 주변에는 주점이 즐비해 있어 밤이 되면 젊은이들과 입소문을 듣고 찾아온 관광객들로 넘쳐난다. 내가 찾은 가게는 매우 협소해서 테이블도 딸랑 10여 개 정도만 놓여 있을 뿐이었다.

차이란(蔡瀾)의 미식 방랑기

　벽 위에 걸려 있는 메뉴판에는 메뉴가 한글로만 적혀 있어 외국인들은 사진을 보고 먹고 싶은 음식을 고를 수밖에 없었다. 메뉴도 많지 않았다. 대표 메뉴인 존슨탕을 제외하고는 칠면조 소시지, 소고기 소시지, 돼지갈비 바비큐, 티본 스테이크 등이 다였다.

　같이 간 일행 중에 소고기를 못 먹는 친구가 있어서 어쩔 수 없이 칠면조 소시지를 주문했다. 닭고기를 좋아하지 않는 나로서는 하물며 칠면조 고기는 말할 나위도 없었다. 그래서 주문한 칠면조 소시지가 나오자 나도 모르게 시큰둥한 표정으로 살펴보게 되었다. 접시 위에는 10여 개의 소시지 토막이 놓여 있을 뿐이었다. 억지로 소시지 한 토막을 집어 들고 입안으로 밀어 넣는 순간 나는 깜짝 놀라고 말았다. 응? 무슨 다른 고기를 섞은 건가? 독특한 고기 맛이 났는데, 아무튼 맛이 무척 좋았다. 잔뜩 굶주린 상태에서 먹어서 그런지도 모르겠다.

안줏거리가 나오자 나는 더는 참지 못하고 종업원에게 막걸리 한 주전자도 갖다 달라고 부탁했다. 하지만 되돌아온 종업원의 답변에 나는 그만 맥이 풀리고 말았다.

"여기는 맥주만 팔아요!"

그래! 까짓것 맥주면 어떠랴. 예전에 내가 즐겨 마시던 '오비(OB)맥주'는 없지만, 대신에 이름을 바꿔서 출시한 '카스(CASS)'가 있었다. 맛은 좀 밍밍한 편이었지만 콜라를 마시는 것보다는 나았다.

이어서 돼지갈비 바비큐가 나왔다. 전분을 잔뜩 넣고 만들어서 그런지 어느 부위의 고기로 만든 것인지 짐작할 수 없었다. 아마도 돼지갈비를 듬성듬성 썬 후에 정체불명의 소스를 넣고 조린 것인 듯했다. 한입 먹어보니 새콤달콤한 맛이 느껴졌지만, 비계가 붙어있는 고깃점이 많지 않아 아쉬웠다.

드디어 오늘의 주인공이 등장했다. 존슨탕은 냄비 채로 테이블 위에 올려졌을 뿐, 테이블 위에서 직접 끓이며 먹을 수 있는 가스버너는 주지 않았다. 커다란 냄비에 비해 안에 든 내용물은 그리 많지 않았다. 젓가락으로 위에 덮여 있는 파를 살짝 헤집어보니 깍둑깍둑하게 썰린 햄과 칠면조 소시지, 치즈, 떡 사리, 김치 등이 보일 뿐이었다. 육수도 너무 적어 조금은 부실해보이기까지 했다. 게다가 가스버너도 없어서 라면 사리를 넣고 끓여 먹을 수도 없었다. 어쩔 수 없이 다소 밋밋해 보이는 존슨탕을 먹기는 했지만, 이건 내가 알고 있는 그 유명한 존슨탕이 아닌듯했다.

이대로 먹는 듯 마는 듯하며 호텔로 돌아갔다가는 한밤중에 야식을 찾을 것 같아서 밥 한 공기를 추가로 주문했다. 남아 있는 찌개 국물에 밥을 넣고 꾹꾹 말아서 한입 먹어보았다. 응? 이건 또 무슨 맛이란 말인가? 다시 한번 숟가락으로 국물을 떠먹어 보았다. 어쩜 이리도 맛깔스러운지……. 도대체 무슨 조화를 부린 걸까? 가스버너가 없어서 국물을 더 우려내지도 못했는데 어떻게 이런 맛이 나는지 도통 이해할 수 없었다.

맥주를 너무 많이 마신 탓인지 나는 자꾸 화장실을 찾게 되었다. 한국에서는 손을 씻거나 볼일을 보는 곳을 '화장실(化粧室)'이라고 부른다. 중국어 발음과 비슷해서인지 사람들이 내 말을 바로 알아듣고 위치를 알려주었다. 화장실로 가기 위해 주방 옆을 지나다가 해동하기 위해 물에 담가둔 소뼈 한 무더기를 보았다. 그제야 비로소 육수를 낼 때 소뼈와 골수를 잔뜩 넣고 푹 고아서 만든다는 사실을 알게 되었다.

결과적으로 잘 먹고 오긴 했지만, 부대찌개를 처음 접하는 사람이라면 너무 정통의 맛을 찾지 않는 것이 좋을 것 같다. 차라리 라면 사리를 넣어 먹거나 밥을 넣고 죽처럼 만들어 먹는 퓨전 부대찌개를 추천하고 싶다.

바다식당
서울 용산구 한남동 743-7번지
TEL . 02-795-1317

페루 여행

홍콩 첵랍콕 공항에서 심야에 운항하는 아랍 에미리트 항공을 타고 두바이까지 가는데 8시간 정도 걸린다. 영화 한 편을 본 뒤에 한숨 푹 자고 나니 벌써 도착해 있어서 피로감은 전혀 느껴지지 않았다.

두바이 공항에 도착한 후에 환승을 하기 위해 대기실에서 잠시 기다리게 되었다. 너무 지루했던 나는 재미 삼아 사진 한 장을 찍어서 웨이보에 올려두었다. 두바이 공항 2층 전체가 보이는 사진으로 푹신한 소파가 있는 테이블마다 커다란 재떨이가 놓여 있는 모습이었다. 나는 사진을 올리며 '이것이야말로 진정한 복지'라는 글도 함께 남겼다. 그러자 사진을 본 한 SNS 친구가 댓글을 달아서 내게 물어보았다.

"도대체 뭐가 복지라는 건가요?"

최근에는 어느 곳을 가든 다 금연이었다. 공항 내에는 흡연 구역이 따로 있긴 하지만, 답답한 감옥 같은 작은 공간에 불과했다. 아마 이곳처럼 넓은 스모킹 룸은 전 세계 어디에서도 찾아보기 힘들 것이다. 흡연자들에게 죄짓듯이 숨어서 담배를 피우지 않게 하고, 우아하게 필 공간을 제공해주니 이것이 복지가 아니면 도대체 무엇이겠는가?

우리는 4시간을 기다린 후에 다시 아랍 에미리트 항공을 타고 16시간을 날아서 브라질 상파울루에 도착했다. 공항 내에 있는 상점마다 축구 기념품을 파는 것을 보고 나서야 브라질에 왔다는 것을 실감하게 되었다. 하지만 최근 브라질 축구팀의 성적이 부진해서 그 팀의 티셔츠를 입어도 별로 주목을 받지 못할 듯했다.

상파울루 공항에서 대기하는 시간은 3시간밖에 되지 않았지만, 너무 오랫동안 비행기를 탄 탓에 견디기가 조금 힘들었다. 어쩔 수 없이 수면제라도 먹고 잠을 청할 수밖에 없었다. 결국, 우리는 새벽 2시쯤에 최종 목적지인 페루의 수도 리마에 도착할 수 있었다. 이곳에도 역시 미국의 대형 체인 호텔이 있지만, 우리는 품격 있는 '미라플로레스(Miraflores)' 호텔에 여장을 풀었다.

나는 예전에 바르셀로나에서 1년 동안 살면서 스페인어를 조금 익힌 적이 있다. 그래서 이 호텔 이름이 무슨 뜻인지 대충 알 수 있었다. '미라(Mira)'는 '보다'라는 뜻이다. 가끔 관광지에서 마주치게 된 스페인 사람들이 '미라! 미라!'라고 외치는 소리를 듣고 알게 된 단어였다. 그리고 '플로레스(Flores)'는 '꽃'이라는 뜻이다. 결국, 이 두 단어를 합치면 '꽃을 감상하는 곳'이라는 의미가 된다.

사실 이곳은 리마의 고급 주택가로 바닷가에 인접한 절벽 위에 자리 잡고 있다. 너무 높은 곳에 있다 보니 구름이 항상 절벽에 머물러 있어 분위기가 항상 어두침침했다. 하지만 이곳 사람들은 이런 날씨에서 자라는 물고기가 더 맛있다고 하며 좋아했다. 우리도 레스토랑에서 먹어보긴 했지만, 딱히 맛있다는 느낌은 들지 않았다.

호텔에서 하룻밤을 묵은 뒤에 우리는 기념품을 사러 시장으로 향했다. 가는 도중에 거리를 살펴보니 돌로 된 길바닥이 반짝반짝하게 빛이 날 정도로 잘 닦여 있었다. 그리고 거리에는 쓰레기가 거의 보이지 않았다. 페루 사람들은 청결한 것을 꽤 좋아하는 듯했다.

우리가 들른 시장에는 손으로 직접 짠 직물을 주로 팔았는데, 그중에서도 알파카(Alpaca)로 짠 직물이 가장 눈에 많이 띄었다. 이런 직물 중에서 가장 값비싼 것은 '비쿠냐'라고 하는 야생 라마의 털로 짠 것이다. 보통 사람의 머리카락 굵기가 30미크론(Micron) 정도인데, 비쿠냐의 털은 11.7미크론밖에 되지 않으니 얼마나 가늘겠는가? 하지만 세상에서 가장 가는 것은 티베트 영양의 털이다. 물론 이 영양의 털은 전 세계적으로 반출이 금지되어 있다. 만약 티베트 영양의 털로 짠 옷을 입고 몰래 세관을 통과하려다가 들키면 압수당하고 말 것이다. 현재 합법적으로 판매할 수 있는 것은 바로 이 '신(神)의 섬유'라고 불리는 비쿠냐의 털뿐이다.

현재 페루 정부에서는 비쿠냐를 법으로 철저하게 보호하고 있다. 하지만 비쿠냐는 억지로 털을 깎지 않더라도 자연스럽게 털갈이를 하는 동물이다. 따라서 페루 정부는 매년 한 번씩 '챠크(Chaccu)'라는 축제를 벌여 비쿠냐의 털을 합법적으로 채취했다. 이날이 되면 마을 사람들은 화려한 옷으로 갈아입고 술을 마시며 춤과 노래를 즐겼다. 이들이 비쿠냐 털을 채취하는 방법은 간단했다. 야생 비쿠냐가 있는 곳 주위에서 사람들이 춤을 추다가 둘러싼 원을 점점 좁혀가며 조심스럽게 다가간다. 비쿠냐 근처까지 가면 준비해둔 코카(Coca) 잎을 꺼내서 그들에게 먹인다. 코카 잎은 진정 작용이 있어 이것을 먹이면 비쿠냐가 얌전해진다. 그때, 털을 채취하면 된다.

비쿠냐의 털은 긴 것도 있고, 짧은 것도 있다. 그중 복부의 털이 가장 긴데, 한창 추울 때 이 털로 체온을 유지한다고 한다. 하지만 최고급 직물을 만들 때 주로 사용하는 것은 목 부위의 털이다. 이곳에서 채취된 털은 이탈리아의 '로로 피아나(Loro Piana)'라는 의류 회사로 보내져 그곳에서 가공이 된다. 그런 후에 완성된 직물 중 일부를 다시 페루로 보내준다고 한다.

이 회사는 역사가 깊은 방직 회사로 아주 오래전부터 비쿠냐 털로 만든 직물이 좋다는 사실을 잘 알고 있었다. 그래서 그동안 페루 정부가 진행하고 있는 비쿠냐 사육과 관리를 적극적으로 지원하였다. 현재 페루를 제외하고 비쿠냐 털로 만든 의류를 구매할 수 있는 곳은 이곳밖에 없다. 그리고 극히 일부 수량은 일본의 니시카와 회사로 보내주기 때문에 그곳에서도 이 직물로 만든 옷을 살 수 있다.

미라플로레스 절벽 근처에는 지하상가처럼 생긴 백화점이 있다. 그곳에 있는 '아와나 칸차(Awana Kancha)'라고 하는 상점에서는 비쿠냐 털로 만든 목도리를 저렴하게 판매했다. 로로 피아나에서 파는 가격의 삼분의 일 수준이었다. 또한, 이곳에는 파나마모자를 파는 상점도 있다. 모자 이름은 '파나마'이지만, 사실 이것은 에콰도르에서 생산되는 모자이다. 페루는 에콰도르에서 가깝기 때문에 이곳에서는 파나마모자를 싼값에 살 수 있다. 이탈리아의 유명한 모자 브랜드 '보르살리노(Borsalino)'에서 파는 깃과 가격을 비교해보면, 그야말로 코웃음이 나올 정도로 저렴했다.

이제는 페루 음식을 소개할 때가 되었다. 최근 수많은 미식가가 페루 먹거리에 관해 입에 침이 마를 정도로 칭송을 해서 잔뜩 기대되었다. 우리 일행은 설레는 마음으로 현지에서 가장 유명하다는 '판치타(Panchita)'로 점심을 먹으러 갔다.

판치타(Panchita)
CALLE 2 DE MAYO NO. 298, MIRAFLORES

음식점 안으로 들어가 주위를 살펴보니 거의 모든 테이블 위에 짙은 보라색 음료가 놓여 있었다. 즉시 종업원을 불러 옆 테이블에 있는 음료를 손가락으로 가리키니 바로 알아채고는 그 의문의 음료를 가져왔다. 한 모금을 살짝 마셔보니 달콤한 맛이 느껴졌다. '퍼플 콘(Purple Corn)'이라고 부르는 이 음료는 맛이 꽤 괜찮은 편이었다. 무엇으로 만들었는지 물어보니 종업원은 쩔

쩔매며 한참 동안 설명을 했다. 그래도 우리가 못 알아듣자, 결국 주방에서 옥수수 하나를 가져왔다. 자색 옥수수였는데, 한 알을 빼서 먹어보니 찹쌀 맛이 났다. 이 음료는 자색 찰옥수수에 오렌지 주스와 설탕을 넣고 만들어서 그런지 한층 더 감칠맛이 났다. 페루에 갈 기회가 있다면 잊지 말고 꼭 맛보기를 바란다.

페루 음식은 브라질이나 아르헨티나 같은 남미 국가들처럼 불에 구워서 만든 것이 대부분이다. 그리고 고구마와 돼지고기로 만든 소를 바나나 잎으로 싸서 오븐에 구운 중국의 쭝쯔 같은 음식도 있었다. 닭고기 요리에는 노란 소스가 함께 곁들여져 나왔다. 카레인 줄 알고 찍어 먹어보았지만, 카레 맛은 나지 않았다. 알고 보니 그냥 평범한 달걀노른자였다.

이곳의 수프 역시 붉은빛이 도는 카레처럼 보였는데, 안에는 소고기 건더기도 들어 있었다. 양이 꽤 많아서 이곳 사람들은 이 요리 하나로 점심 한 끼를 때운다고 한다. 마지막으로 고대하던 바비큐 요리가 나왔다. 잔뜩 기대했건만 생각 외로 맛이나 식감이 그저 그랬다. 그나마 천엽 구이는 맛이 괜찮은 편이었다.

이곳은 음식보다는 음식을 담아낸 그릇이 훨씬 더 특별해보였다. 바비큐를 독특해 보이는 화로 위에 얹어서 내왔기 때문이다. 양쪽에 손잡이가 달린 화로 안에는 숯불이 들어 있었다. 그리고 그 위에 바비큐 요리가 담긴 철판을 올려두었는데, 이렇게 해두면 고기가 식지 않을 것 같아서 꽤 쓸모 있어 보였다.

저녁에는 '라 본보니에(La Bonbonniere)'라는 유명 음식점에서 밥을 먹었다. 전 세계 미식가들이 엄지손가락을 치켜세우며 추천한 맛집이었지만, 우리 입맛에는 맞지 않아 그들처럼 '기가 막히는 맛'이라고 칭찬할 수는 없을 것 같았다.

우리는 다음 날 아침 일찍부터 서둘러 공항으로 향했다. 이번 여행의 주목적은 세계 7대 불가사의 중 하나인 '공중 도시', 즉 마추픽추를 보러 가는 것이었기 때문이다. 그곳으로 가기 위해서는 먼저 리마에서 2시간 정도 비행기를 타고 쿠스코(Cuzco)로 가야 했다. 마추픽추는 해발 4,000m 고원에 있었지만, 우리는 이미 중국의 티베트나 주자이거우, 부탄 등을 경험했기 때문에 고산병 따위는 두렵지 않았다.

쿠스코로 가는 비행기는 크기가 작은 것이라 이코노미석밖에 없었다. 게다가 손님들로 가득 차서 영화에 나오는 시골 경비행기 분위기가 났다. 그렇다고 해서 손님들이 닭이나 오리를 안고 탈 정도는 아니었다. 쿠스코로 가는 항공편은 페루에서 가장 규모가 큰 '란(Lan)' 항공사가 운영하고 있었다. 우리가 탄 비행기는 낡은 편은 아니었지만, 고산지대의 난기류로 인해 운항하는 내내 기체가 심하게 흔들렸다. 다행스럽게도 3시간 정도면 도착한다고 하니 꾹 참고 견디는 수밖에 없었다.

간신히 도착해서 땅을 밟으니 다리가 휘청거렸다. 고산병은 문제없다고 자신만만하게 말하긴 했지만, 살짝 증상이 나타나는 듯했다. 목도 말라서 공항 내에 있는 작은 매점으로 들어가 '코카'라고 쓰인 글자를 열심히 찾았다. 이곳에서는 마약 성분인 코카인이 든 제품을 공공연하게 판매하고 있었기 때문이다.

서양 속담에 '로마에 가면 로마법을 따르라.'라는 말이 있다. 그래서 우리도 이곳 사람들처럼 코카 잎을 먹어보기로 했다. 매점 안으로 들어서니 입구에 걸린 커다란 비닐봉지 안에 말린 코카 잎이 잔뜩 들어 있었다. 2달러를 건네주니 매점 주인이 코카 잎을 한 줌 집어서 잔에 담아주었다. 그리고는 뜨거운 물을 부어주면서 나에게 이렇게 신신당부를 했다.

"잎이 노랗게 변할 때까지 기다렸다가 드세요."

나는 잔을 들고 코카 잎이 빨리 우러나기를 기다렸다. 이윽고 색이 변하자 얼른 한 모금을 마셔보았다. 하지만 아무런 맛이 느껴지지 않았다. 현지인들의 말에 따르면 코카 차를 마시면 고산병을 치료할 수 있을 뿐만 아니라 피로감이나 배고픔도 느껴지지 않는다고 한다. 그야말로 신통방통한 만병통치약이었다.

하지만 시가를 자주 피우거나 진한 차를 즐겨 마시는 나 같은 니코틴 혹은 카페인 중독자들은 약효가 잘 나타나지 않는 듯했다. 코카 잎을 생으로 먹으면 효과가 있을까 해서 한 줌 집어서 입안에 털어 넣고 꼭꼭 씹어보았다. 찻잎을 씹는 것처럼 약간 쓴맛이 나긴 했지만, 이곳 사람들이 말하는 그런 오묘한 느낌은 들지 않았다. 현재 페루에서는 코카 잎을 티백으로 만들어서 판매할 정도로 대중화되었다. 그러다 보니 사람들은 코카 잎을 봐도 더는 신기하게 느껴지지 않는 듯했다.

쿠스코는 과거 잉카제국의 수도였다. 한창 전성기에는 도시 곳곳에 황금이 널려 있을 정도였지만, 스페인이 침략해서 약탈해 간 이후로는 전혀 찾아볼 수 없게 되었다. 이처럼 잉카문명이 붕괴하자, 설상가상으로 외지인들이 들여온 병균으로 인해 잉카인들은 완전히 몰살당하고 말았다. 잉카제국의 몰락은 인류 역사상 가장 큰 비극 중 하나이다. 하지만 지금 내 눈앞에 있는 이 도시는 완전히 폐허는 아니었다. 그렇다고 해서 번영한 도시 같아 보이지도 않았다.

보통 마추픽추를 보러 온 사람 대부분은 쿠스코에 오면 바로 등반부터 했지만, 급할 게 전혀 없었던 우리는 느긋하게 산길을 따라 올라가며 성스러운 계곡이라고 불리는 '사크레드 밸리(Sacred Valley)'부터 들러보았다. 뜻밖에도 해발 4,000m나 되는 고원 지대의 깊은 산속에 이렇게 큰 계곡이 있을 줄은 상상도 못 했다. 계곡 양쪽에는 커다란 나무와 각종 신기한 화초들이 잔뜩 심겨 있었다. 게다가 너무 아름다워 숨이 멎을 것만 같은 파란 하늘과 하얀 눈이 덮인 산봉우리는 서로 조화를 이루어 그야말로 절경이라고 할 만했다.

이 부근에는 '리오 사그라도(Rio Sagrado)'라는 호텔이 있다. 호텔 이름을 글자 그대로 번역하면 '성스러운 강'이라는 뜻이 된다. 현재 이곳은 한때 '오리엔트 익스프레스(Orient Express)' 그룹의 계열사였던 '벨몬드(Belmond)' 그룹이 운영하고 있다. 벨몬드 그룹은 옛 이름을 버리지 않고 그대로 유지한 채 '오리엔트 익스프레스 열차'를 계속 운행하기도 했다. 만약 그러지 않았다면 오리엔트 익스프레스라는 이 우아한 이름은 벌써 역사 속으로 사라져버렸을 것이다.

리오 사그라도 호텔의 독채형 목조 빌라는 모두 산 아래에 지어져 있어서 경치가 무척 좋았다. 내부 인테리어도 주변 환경과 걸맞게 단아하게 꾸며두었다. 먼 길을 걸어와서 피곤했던 우리 일행은 우선 낮잠부터 한숨 늘어지게 잤다. 잠에서 깨어보니 해가 뉘엿뉘엿 지고 있었다. 창밖을 바라보니 석양이 비치는 강과 드넓은 초원이 한눈에 들어왔다. 마침 그곳에는 비쿠냐 세 마리가 뛰놀며 한 폭의 그림 같은 풍경을 만들어내고 있었다.

잠시 산책을 나섰다가 온몸에 무언가를 주렁주렁 달고 있는 한 여인을 발견하게 되었다. 알고 보니 이곳저곳을 돌아다니며 전통 직물이나 기념품을 파는 잡상인이었다. 판매하는 물건을 온몸에 칭칭 감고 다녀서 그런지 마치 살아 움직이는 잡화점처럼 보였다. 관광객들은 신기한지 그녀 주변으로 몰려들어 물건을 구경하기도 했다. 그런데 가만히 살펴보니 그녀는 암산은 물론이고 계산기도 사용할 줄 모르는 것 같았다. 누군가가 달러로 얼마인지 물어보아도 계속 우물쭈물하며 정확하게 대답하지 못했기 때문이다. 하지만 우리는 여행을 다닐 때마다 그 지역의 화폐를 환전해서 가지고 다녔기 때문에 그녀가 얼마를 달라고 하자마자 즉시 돈을 꺼내서 줄 수 있었다. 값을 깎

을 수도 있었지만, 푼돈을 벌어서 힘겹게 사는 노인을 상대로 흥정을 하고
싶지는 않아서 그냥 달라는 대로 내주었다.

　나는 어깨에 걸치는 판초(Pancho)를 하나 샀다. 이런 곳에서 물건을 살 때
는 가장 눈에 띄는 것을 고르면 된다. 이것은 내가 넥타이를 살 때 터득하게
된 생활의 지혜이다. 내가 고른 판초는 색이 알록달록해서 더 보기가 좋은 듯
했다. 게다가 이곳은 해 질 무렵이면 날이 쌀쌀해져서 이 판초가 꼭 필요했다.

　산책을 마친 후에 우리는 호텔로 돌아와 밥을 먹었다. 이 호텔의 음식은
꽤 먹을 만했다. 만약 현지 음식이 입맛에 맞지 않는다면 이 호텔에서 이탈
리아 요리를 먹어보는 것도 괜찮다. 하지만 맛있다고 너무 많이 먹어서는 안
된다. 과식은 숙면을 방해하기 때문이다.

　다음 날 아침, 나는 너무 배가 고파서 잠에서 깼다. 그래서 일어나자마자
호텔 조식을 먹으러 식당으로 향했다. 이곳의 조식 메뉴는 풍성해서 마음에
들었다. 게다가 과일도 종류가 많아서 이것저것 골라 먹을 수 있어서 좋았다.
그중에는 알록달록한 패션프루트도 보였다. 이곳의 과일 맛은 어떤지 궁금
해서 먹음직스러워 보이는 것을 하나 집어 들고 반으로 쪼개보았다. 그랬더
니 안에 개구리 알 같은 씨가 잔뜩 들어 있었다. 나는 항상 엄청나게 신 것만
먹었는데, 신기하게도 페루의 패션프루트는 무척 달았다. 만약 이곳에서 패
션프루트를 맛볼 기회가 생긴다면 그때는 내 말을 이해할 수 있을 것이다.

　조식 메뉴 중에서 가장 인상에 남았던 것은 커다란 쟁반에 가득 담겨 있
는 하얀 쌀같이 생긴 곡물이었다. 가까이 다가가 팻말을 살펴보니 현지어로
‘퀴누아(Quinua)’라고 쓰여 있었다. 이것을 영어로 하면 ‘퀴노아(Quinoa)’가 되
고, 중국어로 하면 ‘리마이(藜麦)’가 된다. 우리는 이곳에 오는 도중에 길가에
서 이 곡물이 심겨 있는 모습을 계속 봐왔다. 페루에서는 이것을 주식으로
먹고 있지만, 다른 곳에서는 거의 먹지 않는다고 한다.

하지만 미국의 우주 비행사가 우주로 갈 때 퀴노아를 가져가서 먹은 후부터 사람들은 이 곡물에 관해 관심을 가지기 시작했다. 왜 하필이면 퀴노아를 가져갔냐고? 왜냐하면, 이것은 완전 단백질 식품이기 때문이다. 단백질은 아미노산 함유 여부에 따라 완전 단백질과 불완전 단백질로 구분된다. 그리고 사람에게 필요한 아미노산은 수십 종이 있는데, 그중 9종은 식품을 통해 섭취해야 한다. 그런데 퀴노아는 사람에게 필요한 이 9종의 아미노산을 모두 함유하고 있고, 지방도 전혀 없어 건강에 아주 좋은 식품이라고 할 수 있다. 다시 말해 퀴노아는 인체에 무해한 건강식품이기 때문에 많이 먹어도 살이 찌지 않는다고 한다.

건강식을 즐겨 먹는 사람이라면 퀴노아가 귀하다는 것을 잘 알고 있을 것이다. 하지만 페루의 순박한 시골 사람들은 자신들이 매일 먹는 흔하디 흔한 이 곡물을 홍콩 마트에서 사려면 500g에 홍콩 돈으로 100달러나 줘야 한다는 사실을 짐작조차 하지 못할 것이다. 게다가 중국 내륙 지역에서는 이 곡물을 수입할 수 없어 스스로 경작하고 있는데, 생산량이 너무 적어 현재 500g에 70~80위안에 판매되고 있다.

다 떠나서 맛이 가장 중요하지 않을까? 호텔에서 제공하는 퀴노아는 익힌 후 말린 것이어서 우유를 부으면 시리얼처럼 바로 먹을 수 있었다. 식감은 어떠냐고? 한 알 한 알 꼭꼭 씹어 먹어보았더니 쌀밥이나 좁쌀 밥처럼 찰기는 없었다. 그럼 맛은? 아마 건강식을 좋아하는 사람은 맛있다고 하겠지만, 내 입맛에는 그저 그랬다. 그래도 억지로 먹다보니 먹을수록 색다른 맛이 느껴졌다. 면으로 만들어서 닭 육수를 넣고 끓여 먹거나 볶음밥으로 만들어 먹어도 괜찮을 듯했다. 이번 여행에서 가장 큰 수확은 바로 이 퀴노아를 알게 된 것이라고 할 수 있을 정도였다.

식사를 마친 후에 나를 제외한 다른 일행은 주변에 있는 유적지를 둘러보러 갔다. 하지만 조금 있으면 페루에서 가장 유명한 마추픽추를 보러 갈 예정이었으므로 나는 그냥 호텔 객실에 남아 원고를 쓰기로 했다. 글을 쓰다가 피로감이 느껴지면 밖으로 나와 산책하며 신선한 공기를 마시면 되니 그걸로 족했다.

우리는 이 호텔에서 이틀 밤을 묵은 뒤에 마추픽추로 가는 기차를 타기 위해 역으로 향했다. 도착하니 온통 파란색으로 칠해진 기차가 보였다. 이렇게 전 세계에서 얼마 남지 않은 오리엔트 익스프레스 열차를 타고 가는 것은 마추픽추까지 가장 쾌적하고 편안하게 갈 수 있는 방법이라고 할 수 있다.

기차 내부는 고풍스럽고 우아한 옛 모습을 그대로 유지하고 있었다. 넓은 창문과 지붕창을 통해 눈으로 뒤덮인 산꼭대기 풍경을 감상할 수 있어서 꽤 마음에 들었다. 기차 끝부분에는 테라스 같은 전망대도 있어 담배를 피우는 사람에게는 좋을 듯했다. 식당 칸에는 하얀 냅킨과 반짝이는 은색 식기가 놓여 있어 굉장히 고급스러워 보였다. 좌석에 앉아 레드 와인과 화이트 와인 중에서 마시고 싶은 것을 골라 주문만 하면 되었다. 음식도 직접 먹어보니 흠잡을 데 없이 완벽했다.

기차의 차창 밖으로 배낭을 메고 등반하는 관광객들의 모습이 보였다. 이곳은 그 유명한 잉카 트레일 구간으로 산 정상까지 가는데 꼬박 4일이 걸린다고 한다. 코스 중간에는 캠프가 설치되어 있어 허기를 때우거나 따뜻한 물로 목욕까지 할 수 있다. 기회가 된다면 꼭 젊었을 때 가보기를 바란다. 나는 이미 늙어서 기차를 타고 갈 수밖에 없으니 그저 그들이 부러울 따름이었다.

기차는 2~3시간 후에 마추픽추 산기슭에 도착했다. 주변에 기념품 가게가 널려 있었지만, 모두 마음이 급했는지 내려오는 길에 들르기로 하고 우선 산부터 오르기로 했다. 주위에는 우리와 같은 관광객들이 정말 많았다. 아주 오래전 통계에 따르면 매년 마추픽추를 찾는 관광객의 수는 40만 명 정도에

차이란[蔡瀾]의 미식 방랑기

달했는데. 지금은 그것보다 훨씬 더 많은 것 같다. 우리는 미리 미니버스를 예약해둔 덕분에 다른 사람들처럼 줄을 서지 않고 바로 차에 탑승할 수 있었다.

버스를 타고 산길을 오르는 것은 여간 고역이 아니었다. 길이 어찌나 구불구불하던지 이쪽 편에 있던 낭떠러지 절벽이 어느새 저쪽 편에 가 있기도 했다. 게다가 버스 기사는 이런 비포장도로를 마치 목숨을 내놓은 사람처럼 미친 듯이 달려댔다. 겁이 많은 사람은 무서울 법도 했지만, 나는 이미 그 험한 부탄의 산길을 경험한지라 별로 무섭지는 않았다. 가이드 말로는 이곳의 기사들은 하루에 수십 번도 더 이 길을 왕복하지만, 사고가 난 적은 단 한 번도 없다고 한다.

40분쯤 지나자 드디어 산 정상이 나타났다. 다른 여행객을 태운 차량도 보였는데, 멀미가 나는지 일부 승객은 내려서 구역질을 해대기도 했다. 산 정상에는 사람이 꽤 많았다. 이곳에는 호텔도 하나 있는데, 이것 역시 벨몬드 그룹에서 운영하는 것이라고 한다. 무척 허름해보였지만, 이곳에 묵으려는 투숙자가 꽤 많은 것 같았다. 우리도 6개월 전에 신청해서 간신히 이틀 밤을 예약했을 정도이니 말이다.

호텔 입구 쪽으로 가니 독말풀 나무 몇 그루가 보였다. 활짝 핀 꽃송이들이 아래로 드리워진 모습이 무척이나 예뻐 보였다. 이 꽃은 예전에 샌프란시스코에 있는 니쾅의 집 근처에서도 본 기억이 난다. 하지만 독성이 있다고 하니 조심해야 할 것 같다. 계속해서 호텔 안으로 들어가 보니 식당이 두 군데나 있었다. 호텔 외관은 초라해보였지만, 식당은 꽤 고급스러운 것 같았다. 그중 한 곳은 뷔페식 레스토랑이어서 그런지 사람들로 꽤 붐볐다. 이 호텔 내에는 31개의 객실이 있는데, 우리가 투숙한 객실에는 발코니가 딸려 있어서 바깥 경치를 감상하기에 무척 좋았다.

한시바삐 마추픽추를 오르고 싶은 마음에 짐을 대충 내려놓고 서둘러서 등산로 입구로 향했다. 하지만 이곳 역시 사람들로 장사진을 이루고 있었다. 유명 관광지인 탓에 입장권도 터무니없이 비싼 듯했다. 아무튼, 시간을 아끼기 위해 가이드는 서둘러서 우리를 이끌고 산을 오르기 시작했다. 이번 마추픽추 등반에 필요한 모든 것은 랴오 선생의 부인이 준비했다. 어찌나 꼼꼼하게 준비를 했는지 그녀는 가이드를 2명이나 불러두었다. 한 명은 혈기왕성한 젊은 일행을 이끌고 서둘러 산을 오르기 위해서 준비한 가이드였고, 또 한 명의 가이드는 늙은 나를 데리고 천천히 올라오라는 일종의 배려였다. 덕분에 나는 시간이 얼마가 걸리든 상관하지 않고 느긋하게 등반을 즐길 수 있었다.

산비탈 몇 개를 올라가자 마추픽추의 옛터가 눈앞에 펼쳐졌다. 그야말로 장관이었다. 이렇게 깊은 산 속에 이런 엄청난 규모의 도시가 숨어 있을 줄을 누가 상상이나 했을까? 나도 모르는 사이에 자꾸만 탄성이 흘러나왔다.

만화 속에서 그림으로 표현된 '공중 도시'가 바로 이런 모습이었다. 하지만 세계 7대 불가사의 중 하나이기도 한 이곳은 이미 완전히 폐허가 되어버렸다. 그래도 주변에 있는 수많은 계단식 밭에는 여전히 풀이 자라고 있어서 무척 싱그러워 보였다. 고산지대에서 어떻게 밭농사를 지을 수 있었냐고? 결론부터 말하자면 불가능한 일은 아니다. 마추픽추는 쿠스코보다도 낮은 해발 2,000m에 불과했기 때문이다.

마추픽추는 역사가 꽤 오래되지 않았냐고? 꼭 그렇지만은 않다. 마추픽추는 중국 명대에 해당하는 14세기 중기에 세워졌기 때문이다. 당시 잉카제국에서 가장 큰 권력을 가졌던 '파차쿠티(Pachacuti)' 왕에 의해 이 도시가 건설되었지만, 스페인인이 이곳을 침략한 후에 천연두가 전염되어 잉카인은 전멸하고 말았다. 이렇게 잉카 민족이 사라져버리자 마추픽추도 황폐해지기 시작했다. 그러다가 1911년에 '하이럼 빙엄(Hiram Bingham)'이라는 미국인이 이곳을 발견하게 되었다. 사실 발견이라고도 할 수 없다. 왜냐하면, 이 주변에 사는 농민들은 이곳에 도시가 있다는 사실을 진즉에 알고 있었기 때문이다. 단지 너무 높은 곳에 있어서 올라가는 것을 포기했을 뿐이다.

나는 먼 곳에서 기껏 힘들게 찾아왔으니 하나하나 꼼꼼하게 살펴보고 가기로 단단히 마음을 먹었다. 그러자 가이드도 내 마음을 알아챘는지 이곳저곳을 가리키며 이쪽은 서쪽 주거지역이고, 저쪽에는 돌로 만든 해시계와 태양의 신전, 그리고 창문이 3개 달린 신전 등이 있다고 친절하게 알려주었다. 천천히 올라가면서 구경했더니 힘든 줄도 몰랐다.

집터 출입구 쪽에 있는 작은 돌문은 그다지 웅장해보이지는 않았지만, 이를 통해 당시 건축 기술이 얼마나 뛰어났는지를 확인해볼 수 있었다. 도대체 수백 킬로그램에서 1t에 달하는 무거운 돌덩이를 어떻게 이곳까지 운반해올 수 있었을까? 게다가 자로 잰 듯이 빈틈없이 쌓여 있는 모습을 보니 외계인이 내려와서 쌓은 건 아닌지 하는 의심이 들 정도였다.

"마추픽추는 무슨 뜻인가요?"

내가 가이드에게 물어보자 그는 이렇게 대답했다.

"보통 사람들은 이름에 어떤 신비한 의미가 담겨 있을 거로 생각하지만, 사실 페루 말로 아주 오래된 산이라는 뜻일 뿐이에요."

"이곳에 얼마나 많은 사람이 살았나요?"

"집 크기로 추산해보건대 최대 750명 정도가 살았을 거예요."

"제를 지낼 때 산 사람을 제물로 바친 적도 있나요?"

"아마도요. 피로 물든 역사였으니까요."

"그런데 왜 하필이면 이렇게 높은 곳에 도시를 건설했을까요?"

나는 마지막으로 가장 궁금했던 질문을 던져보았다. 그러자 그는 진지한 표정으로 이렇게 말했다.

"가설은 분분하지만, 현실적으로 증명된 것은 하나도 없어요."

내게도 생각해둔 가설이 하나 있다. 나는 그 이유를 자연재해에 두고 있다. 과거에 잉카인들은 강이 범람하는 재앙을 맞닥뜨리고 나서 높은 곳이 안전하다고 여겼을 것이다. 그래서 이렇게 높은 곳에 도시를 건설하게 된 것으로 추측할 수 있다. 단순하다고 생각할 수도 있지만, 쿠스코 고원지대로 오는 내내 높은 지역에만 건물이 들어서 있는 것을 보면 내 가설이 완전히 틀린 것만은 아닐지도 모른다.

다음 날도 일출을 감상하기 위해 산을 오르려고 했지만, 하늘에 먹구름이 잔뜩 끼어 있어 일정을 취소할 수밖에 없었다. 오랜만에 나는 여유롭게 호텔에서 휴식을 취하며 천지의 기운을 느껴보았다. 밤이 깊었을 때 발코니로 나와 보니 온 하늘에 별이 가득했다. 나는 아름다운 별을 감상하며 이곳에 대한 좋은 추억을 남길 수 있었다. 그러다가 문득 소동파의 시 구절 하나가 떠올랐다.

'여산(盧山)의 안개비여, 절강(浙江)의 물결이여. 보지 못했을 때는 온갖 한이 쌓이기만 하더니, 직접 보고 나니 별다른 것이 없구나. 그저 여산의 안개비와 절강의 물결뿐이로구나.'

이곳에서의 일정을 마치고 산에서 내려갈 때도 주변은 많은 사람으로 장사진을 이루었다. 사람들로 혼잡한 와중에 우연히 홍콩에서 온 청년 3명을 만나게 되었다. 그들은 비행기를 타지 않고, 걷거나 차를 타고 이곳까지 왔다고 한다. 정말 대단했다. 가만히 생각해보니 우리가 세낸 차량은 자리가 남기 때문에 그들을 태우고 함께 내려가도 될 듯싶었다. 하지만 성질 급한 미국 아줌마들이 우리 차량에 빈자리가 있는 것을 보고는 막무가내로 밀고 들어오려고 했다. 그래서 기사는 염치없는 그녀들을 피해 빨리 출발할 수밖에 없었다. 그 사람들은 돈을 써야 편하게 여행할 수 있다는 세상의 이치를 잘 모르는 듯했다. 하도 필사적으로 문을 두드려대는 바람에 우리는 청년들을 태우지도 못한 채 급하게 출발하게 되었다.

기차역에 도착해서 기차를 타고 몇 시간을 이동한 후에야 우리는 쿠스코에 있는 '팔라치오 나자레나스(Palacio Nazarenas)'라는 호텔에 여장을 풀 수 있게 되었다. 웅장하고 아름다운 이 호텔 덕분에 우리는 다시 문명 세계로 돌아온 것을 실감할 수 있었다.

호텔은 쿠스코 중심가에 자리 잡고 있어서 이동이 편리했다. 밤늦게 도착한 탓에 우리는 주변을 둘러볼 틈도 없이 바로 객실로 직행했다. 객실에는 기둥이 달린 커다란 침대가 깔끔하게 정돈된 채로 놓여 있었다. 욕실도 방하나 크기만 할 정도로 컸다. 게다가 욕조 바닥에는 열선이 깔려 있어 따뜻한 상태로 목욕을 할 수 있어서 좋았다. 나는 너무 피곤했는지 목욕을 마친 후에 자리에 눕자마자 바로 잠에 골아 떨어져버렸다. 그런데 한 가지 이상한 점이 있었다. 이곳은 해발 4,000m나 되는 높은 곳에 있는데도 왜 고산병 증상이 나타나지 않는 걸까? 그 이유는 아침에 잠이 깨고 나서야 알게 되었다. 이 호텔의 환기구는 통풍을 위해서가 아니라 산소를 공급하기 위해서 만들어둔 것이었다. 이런 사소한 것 하나까지도 손님들을 위해 준비한 호텔 측의 배려가 실로 놀라울 따름이었다.

아침에 일어나자마자 배가 너무 고파서 바로 식당을 찾아 나섰다. 호텔 건물 꼭대기 층에 있는 복도를 지날 때 보니, 이곳은 성을 개조해서 만든 곳이라 사방에 고대 벽화가 그대로 남아 있었다. 그리고 호텔의 중정(中庭)에 로즈메리가 심겨 있어서 그런지 근처를 지날 때 짙은 허브 향이 코끝에 전해져왔다. 그러자 갑자기 식욕이 당겨 식당으로 향하는 내 발걸음이 더욱 빨라졌다.

식당에 들어와 자리에 앉아서 야외 수영장을 내다보니 청명한 쪽빛 하늘이 파란 수영장 물을 더욱 새파랗게 만들고 있었다. 그런데 갑자기 수영장 저편에서 하프 소리가 들려왔다. 현지에서 꽤 유명한 하프 연주가가 켜는 것이라고 한다. 이 호텔에는 55개의 객실밖에 없어서 그런지 손님이 많지 않았다. 덕분에 우리는 여유롭게 풍성한 식사를 즐길 수 있었다.

식사를 마치고 방으로 돌아오는 길에 나는 신기한 장소 하나를 발견했다. 고개를 들이밀고 안을 슬쩍 훔쳐보니 예배당인 듯했다. 벽에 하나님을 찬양하는 유화가 잔뜩 걸려 있었기 때문이다. 그림 속에는 통통하고 볼이 불그스름한 천사가 그려져 있었는데, 자꾸 어디서 본 듯한 느낌이 들었다. 곰곰이 생각해보니 화가 보테로(Botero)의 그림에서 본 것 같다. 혹시 콜롬비아 출신인 보테로가 페루에 와서 우연히 이 그림을 보고 영감을 얻었던 건 아닐까?

객실로 돌아와 작은 창문을 여니 따뜻한 햇볕이 가득 쏟아져 들어왔다. 나는 책상 위에 놓여 있는 꽃병을 치우고 글 쓸 준비를 했다. 다른 사람은 모두 쇼핑하러 나갔지만, 나는 원고를 쓰기 위해 홀로 호텔에 남았다. 이렇게 좋은 환경에서 창작 활동을 하지 않으면 달리 무엇을 하겠는가!

글을 쓰다가 잠시 머리를 식히기 위해 밖으로 나와 산책을 즐겼다. 길게 난 골목길은 비좁은 듯했지만, 바닥에 자갈이 깔려 있어 걸어 다니기에는 좋았다. 그리고 산 아래에는 작은 집들이 줄줄이 지어져 있었다. 서민들이 사는 곳이긴 했지만, 홍콩의 서민 주택가와는 분위기가 사뭇 다른 듯했다.

나는 성당이 있는 곳으로 가서 내부를 한번 둘러보았다. 성당은 휘황찬란해보였지만, 진짜 금장식은 스페인인들이 모두 약탈해가고 지금은 금박을 입힌 곳만 남아 있을 뿐이었다. 그래도 그것만으로도 충분히 화려해보였다. 옆에 있는 수도원으로 들어가 보니 잘 닦인 구두처럼 반들거리는 바닥이 보였다. 그래서인지 동네 장난꾸러기 아이들은 그곳에서 미끄럼을 타며 놀고 있었다. 어찌나 신나게 노는지 다들 집에 돌아가는 것조차 잊은 듯했다.

점심은 그냥 현지 음식점에서 해결하기로 했다. 식사하러 가는 도중에 우리는 어느 노점에서 빵을 한 광주리씩 담아서 파는 모습을 발견했다. 빵이 어찌나 크던지 뚱뚱한 사람 얼굴보다도 더 큰 듯했다. 맛이 궁금해서 홍콩 돈 5달러를 주고 커다란 빵 한 덩어리를 샀다. 얼마나 큰지 빵에 구멍을 뚫고 목에 걸고 먹는다고 해도 3일 내내 먹을 수 있을 것 같았다.

우리는 '로스 문디알리스타스(Los Mundialistas)'라는 현지 음식점으로 들어 갔다. 메뉴판을 보니 음식 종류는 많지 않은 듯했다. 돼지껍질 튀긴 것이나 돼지고기구이, 옥수수 수프 등이 다였다. 옥수수 알은 우리가 흔히 보는 옥 수수 알보다 5배는 더 컸지만, 많이 달지는 않았다. 그리고 노르스름한 빛을 띠는 옥수수 수프 안에는 커다란 파프리카 덩어리가 들어 있었다. 한 번 먹 어보니 상상외로 맛이 좋았다. 닭 육수로 끓인 수프에는 퀴노아가 잔뜩 들어 있었는데, 이것도 굉장히 맛깔스러웠다. 갑자기 나는 이런 맛있는 음식을 늘 먹고 사는 이곳 사람들이 부러워졌다.

식사를 마친 후에 우리는 현지 시장으로 향했다. 그런데 시장의 외관을 보자마자 베트남 호찌민에 있는 벤탄(Ben Thanh) 시장이 떠올랐다. 이곳 역시 바깥쪽에서는 채소나 고기 등을 팔고, 안쪽에서는 간단한 먹거리를 파는 구 조였기 때문이다. 이곳에서 파는 소시지는 굵기가 뚱뚱한 사람 팔뚝만 했다. 그리고 이곳에서는 고기의 부속물도 먹는지 곳곳에서 돼지머리와 소머리를 내놓고 파는 모습이 보였다. 아마 가난으로 인해 어느 것 하나 허투루 버리 지 않던 습관이 이런 음식 문화를 만들어낸 듯했다.

시장 안쪽에는 빵을 파는 노점상이 잔뜩 들어서 있었다. 빵 위에는 각종 문양이 찍혀 있기도 했는데, 크기는 하나같이 다 컸다. 가끔은 위에 깨가 뿌 려져 있는 빵이 눈에 띄기도 했다. 흰옷을 입은 한 노점상 아주머니는 적극 적으로 호객은 하지 않고, 그저 사고 싶으면 사가라는 식으로 무표정하게 우 두커니 앉아 있었다. 버섯을 파는 곳도 있기에 나는 가이드에게 환각 작용이 있는 버섯은 없냐고 물어보았다. 그러자 그녀는 내가 마약중독자가 아닌지 잠시 의심하는 눈길을 보내다가 고개를 가로저으며 없다고 대답했다. 그러더니 내가 딱해보였는지 그녀는 이렇게 말했다.

"코카 잎은 많이 파는데, 그걸 먹어보는 건 어떠세요?"

미안하지만 나는 코카 잎에는 별로 관심이 없다. 계속 다른 곳을 구경하다가 알처럼 생긴 노란색 해산물이 한 무더기씩 쌓여 있는 것을 발견하게 되었다. 아마 이곳에서 생산되는 어란인 듯했다. 하지만 맛을 보지는 않았다. 그러다가 또 다른 곳에서 포도처럼 생긴 초록빛 알들을 발견했다. 무엇인지 궁금해서 겁도 없이 한 알을 떼서 덥석 깨물어보았다. 그러자 알이 '퍽'하는 소리를 내며 입안에서 터져버렸다. 그냥 볼 때는 어란인 줄로만 알았지만, 맛을 보고 나니 해조류인 듯했다. 입안에서 채소 맛이 느껴졌기 때문이다. 그저 내 생각일 뿐, 확실한 것은 아니다.

이 시장에는 생화를 파는 곳도 있는데, 가격을 물어보니 헛웃음이 나올 정도로 저렴했다. 만약 이곳에 살게 되면 매일 여자 친구에게 꽃을 한 다발씩 안겨주어도 주머니 사정을 걱정하지 않아도 될 듯했다.

저녁에는 호텔 옆에 있는 '맵(MAP)'이라는 카페에서 밥을 먹었다. 이곳은 박물관 안에 있는 중정에 문을 열었기 때문에 주변 환경과의 조화를 고려해서 벽면 전체를 유리로 만들어두었다. 그래서 어찌 보면 거대한 유리 컨테이너 같기도 했다. 이곳은 벽면 전체가 유리로 된 덕분에 따로 장식 같은 것을 할 필요가 없었다. 장식이라고는 입구 쪽에 굵은 양초를 한 줄로 쭉 켜둔 것이 다였다. 하지만 이것만으로도 분위기가 한껏 사는 것 같았다.

나는 이곳의 분위기나 인테리어는 꽤 마음에 들었지만, 음식 맛은 그저 그랬다. 대충 먹는 둥 마는 둥 하며 호텔로 돌아와 아까 시장에서 산 빵을 다시 꺼내 먹어보았다. 그랬더니 빵이 훨씬 더 맛있게 느껴졌다. 이건 그저 내 개인적인 생각일 뿐이니 오해하지 말기를 바란다. 단지 내 입맛에만 맞지 않왔을 뿐이지 다른 사람은 맛있다고 생각할지도 모르기 때문이다. 하지만 그곳에서 파는 것은 서양 음식이었다. 내 생각에는 기껏 페루까지 왔으면 현지 음식을 먹는 게 더 낫지 않을까 싶다. 돼지고기를 넣고 끓인 탕이나 닭고기 육수에 퀴노아를 넣고 끓인 수프 같은 것 말이다. 여기에 자색 옥수수 주스를 곁들인다면 그야말로 금상첨화일 것이다.

페루에는 '쿠스케냐(Cusquena)'라는 맥주가 생산되는데, 독일 맥주보다 맛이 꽤 진한 편이다. 그중에서도 내가 가장 좋아하는 것은 이 브랜드에서 만든 흑맥주이다. 그래서 나는 이곳에 올 때마다 종업원에게 스페인어로 이렇게 주문하곤 한다.

"Cerveza Negra, Por Favor(흑맥주 한 병 주세요)."

다른 나라에서는 보통 맥주를 '비어(Beer)'라고 하지만, 유일하게 스페인에서만은 '세르베사(Cerveza)'라고 한다.

우리는 몇 시간 동안 비행기를 타고 다시 수도 리마로 돌아왔다. 공교롭게도 시장 선거 기간에 맞물려 그곳에 도착하니 많은 사람이 길을 막고 선거 운동을 벌이고 있었다. 어쩔 수 없이 우리는 한참을 돌고 돌아서 간신히 해안가 절벽에 있는 미라플로레스 호텔에 도착했다. 이곳 역시 벨몬드 그룹이 운영하는 호텔이었다.

식사 시간이 되자 또다시 우리는 무엇을 먹을지 고민하기 시작했다. 현지 음식에 싫증을 느끼고 있던 터라 다들 중국 음식을 먹고 싶어 했다. 현지 음식을 또 먹느니 차라리 마트에 가서 중국산 통조림 음식을 사 들고 와서 야외에서 먹는 게 더 낫겠다고 말할 정도였다. 이곳에는 중국인이 운영하는 '웡스(Wong's)'라는 체인점이 있다. 작은 잡화점에서 시작한 이 기업은 현재 세계 어느 곳을 가도 볼 수 있을 정도로 큰 기업이 되었다. 하지만 최근에 우루과이 사람 손으로 운영권이 넘어가버렸기 때문에 중국식품관에 있는 음식들이 맛있을지는 장담할 수 없었다.

페루에서는 중국 요리를 '치파(Chifa)'라고 한다. 왜 그렇게 부르는지 길게 설명하지 않아도 알 것 같았다. 중국어로 '밥을 먹다'라는 뜻의 '츠판(吃饭)'을 음역한 것이었다. 우리가 마지막으로 들른 곳은 전 세계 미식가들이 추천한 '아마즈(Amaz)'라는 레스토랑이었다. 이곳의 음식은 중국의 영향을 받았는지 대부분 지지고 볶은 음식들이었다. 중국 음식을 전혀 먹어본 적 없는 미식가들 입맛에도 이곳의 음식이 맛있게 느껴졌다는 사실이 놀라울 따름이었다.

아무튼, 일단 먹고 보자! 내일은 아르헨티나로 떠나야 하니…….

아르헨티나 여행

우리는 페루에서 별로 어렵지 않게 아르헨티나로 넘어올 수 있었다. 어찌 보면 홍콩에서 오는 것보다 훨씬 수월한 듯했다. 아르헨티나에 도착한 후에 우리는 먼저 수도 부에노스아이레스에 있는 포시즌스 호텔에서 하룻밤을 묵었다. 중심가에서 조금 떨어진 곳이긴 했지만, 교통이 크게 불편하지는 않았다.

아르헨티나에 온 것을 실감하게 된 것은 호텔 욕실에 걸려 있는 사진을 보고 나서였다. 그 사진은 탱고를 추는 한 쌍의 남녀를 위에서 찍은 흑백사진이었다. 탱고는 아르헨티나의 영혼과도 같은 것이다. 비록 멕시코시티의 탱고처럼 열정적이지는 않지만, 중후한 매력이 있다. 이 도시는 우아한 탱고처럼 보수적이면서도 차분했다. 아마도 독재정권의 잔재가 남아서 그런 것 같았다.

내가 이렇게 생각한 이유는 도로 때문이었다. 왕복 10차선 도로였는데, 원래 살고 있던 주민을 정부가 독단적으로 내쫓지 않고는 이렇게 큰 도로를 건설할 수 없었을 것이다. 게다가 이 도시는 작은 파리라고 불릴 만큼 아름다웠지만, 거리의 조명은 무척 어두웠다. 그래서 도시의 밤 풍경이 화려하거나 낭만적으로 보이지는 않았다. 이것이 바로 내가 이 도시를 보수적이면서도 차분하다고 말한 이유이다.

체크인한 후에 가장 먼저 한 일은 당연히 호텔 레스토랑에서 음식을 맛보는 것이었다. 서양 사람들 말에 따르면 이곳의 스테이크 맛은 세계 제일이라고 한다. 내가 보기에는 양도 세계 제일인 듯했다. 주인공인 스테이크가 나오기도 전에 빵이랑 샐러드가 잔뜩 나왔기 때문이다. 메인 요리를 먹기도 전에 배가 불러서 못 먹을 지경이었다.

스테이크는 월병을 담는 상자만큼이나 컸다. 완전히 익혀서 그런지 바싹 구운 고기 냄새가 났다. 주문할 때 종업원이 내게 얼마나 익힐지 묻지도 않더니 이렇게 완전히 익혀서 내온 것이다. 사실 나는 처음에 육회처럼 먹는 타타르(Tatars) 스테이크를 주문하고 싶었다. 하지만 종업원이 나를 무슨 야만인처럼 쳐다보더니 필사적으로 반대하며 이렇게 말했다.

"이곳에서는 날것을 잘 먹지 않아요!"

그래서 할 수 없이 완전히 익힌 스테이크를 먹게 된 것이다. 한 입 먹어보니 역시나 질겼다. 벽 위에 걸어서 장식해둔 나이프들이 괜히 있는 게 아니었다. 이럴 때 쓰라고 걸어둔 듯했다.

고기 맛은 괜찮았냐고? 그렇지도 않다. 그냥 일반적인 수준이었다. 하지만 사람들은 이곳의 스테이크가 도시 전체에서 가장 맛있는 데다가 가장 고급스러운 것이라고 한다. 이런, 하늘도 무심하시지! 나는 원래 정통 뉴욕식으로 만든 드라이 에이지드(Dry Aged) 스테이크를 좋아한다. 만약 부드러운 고기를 좋아하는 사람이라면 일본식 와규가 잘 맞을 것이다. 내가 이런 말을 하면 이곳 사람들은 이렇게 말하곤 한다.

여행과 음식

"일본의 소고기 요리는 입안에서 살살 녹을 정도로 부드럽지만, 소고기 본연의 맛은 전혀 느낄 수 없잖아요!"

아마 이곳 사람들은 일본의 산다규를 먹어본 적이 없기 때문에 이런 말을 한다고 생각한다. 하지만 나는 여러 곳을 다니며 수많은 고기를 맛보았기에 조금의 편견도 없이 객관적으로 말한 것이라고 자부할 수 있다.

어쩌다 보니 우리는 이번 아르헨티나 여행 기간 내내 소고기 스테이크만 먹게 되었다. 우리가 들른 레스토랑은 모두 현지에서 가장 좋은 레스토랑이자 해외 미식가들이 맛있다고 찬사를 보낸 곳이었다. 그런 곳에서 매 끼니마다 스테이크를 먹고 또 먹었다. 심지어 현지 서민 음식점까지 가보았지만, 어느 한 곳도 만족스럽지 않았다.

부위 선택을 잘못한 건 아닐까? 지금까지 우리가 먹은 것은 꽃등심, 갈빗살, 볼살이었다. 결국, 까다롭기로 유명한 랴오 선생이 나서서 '사리두(沙梨篤)' 부위를 주문해보기로 했다. 사리두가 어느 부위냐고? 이렇게 일반 미식가들도 잘 모르는 부위를 랴오 선생이 아르헨티나 사람에게 어떻게 설명할지 무척 궁금했다. 그는 종업원을 부르더니 아무 말도 하지 않은 채 그냥 엉덩이를 찰싹찰싹 두드렸다. 그랬더니 종업원이 '아!'하고 이해하는 듯했다. 그렇다! 사리두는 엉덩이 살을 가리킨다. 잔뜩 기대했지만, 역시나 구워져 나온 고기는 질기고 맛이 없었다.

우리는 다음날 밤에도 또 다른 유명한 스테이크 전문점을 찾아갔다. 안으로 들어서니 음식점 벽 위에 유명 축구선수 유니폼이 잔뜩 걸려 있었다. 게다가 장식장 안에는 축구와 관련된 기념품을 진열해둔 것이 보였다.

'라 브리가다(La Brigada)'라고 하는 이 레스토랑은 찾는 손님이 많아 일찍 가지 않으면 자리 잡기가 힘든 곳이라고 한다. 그래서 우리 일행은 일부러 일찍 서둘러서 이곳에 왔다. 사실 우리가 도착한 시간은 저녁 7시 반이라 이른 시간이라고도 할 수 없었다. 하지만 이곳 기준대로라면 10시쯤 되어야 '일찍'이라고 할 수 있다.

자리에 앉자마자 우리는 이곳에서 가장 좋다는 와인을 주문해보았다. '디브이 까떼나(D.V.Catena)'와 '까떼나 자파타(Catena Zapata)'였는데, 둘 다 말벡(Malbec) 지역에서 생산되는 와인이었다. 한 모금 마셔보니 맛이 진해서 꽤 괜찮은 듯했다. 헝가리산 '불스 블러드(Bull's Blood)'와 비슷한 맛이 나긴 했지만, 프랑스산 고급 와인과 비교할 만한 수준은 아니었다.

가장 신기했던 것은 와인을 따는 방식이었다.

먼저 종업원이 병 입구를 둘러싸고 있는 포일을 칼로 긁어서 작은 고리 하나를 만들었다. 그런 다음에 코르크 마개를 따서 고리 안에 끼워 넣고는 손님에게 냄새를 맡게 해서 주문한 와인이 맞는지 확인을 시켜주었다.

스테이크가 나오자 레스토랑 매니저인 듯한 사람이 우리가 앉은 테이블로 다가왔다. 양복을 쫙 빼입은 그 백발 신사는 무척 품위가 있어 보였다. 그런 그가 갑자기 무협 영화에나 나올 법한 장면처럼 '획' 하는 소리를 내며 허리춤에서 포크와 스푼을 뽑아 들었다. 우리는 깜짝 놀라 그를 멍하니 쳐다보았다. 응? 그런데 나이프가 아니고 스푼이라고? 그렇다. 이곳에서는 스테이크를 스푼으로 썰어주었다. 고기가 부드럽다는 것을 눈으로 보여주기 위한 일종의 이벤트인 듯했다.

우리가 주문한 스테이크는 덩어리째 구운 고기로 여러 부위가 함께 나왔다. 완전히 익힌 고기였는데, 레스토랑 매니저는 포크와 스푼으로 한껏 기교를 부리며 고깃덩어리를 듬성듬성 썰어서 각자의 접시 위에 올려주었다. 옆 테이블의 미국 관광객이 그 모습을 지켜보다가 열광적인 박수를 보냈다. 하지만 나는 레스토랑 매니저가 사라지자 그가 사용한 스푼을 손으로 슬쩍 만져보았다. 그러면 그렇지! 그 스푼은 고기가 잘 썰리도록 가장자리를 잘 갈아두어서 면도날보다 훨씬 예리한 듯했다. 이것 때문에 아르헨티나에 대한 인상이 나빠졌냐고? 절대 그렇지 않다.

가장 괜찮았던 것은 아르헨티나 사람들이 즐겨 마시는 마테(Mate)차였다. 차를 담아주는 잔도 특이했다. 조롱박을 반으로 잘라서 그중 아랫부분만 속을 파내서 만든 것이었다. 종류도 다양해서 은이나 구리로 장식한 잔도 있었다. 이곳 사람들은 보통 이 잔에 말린 '예르바(Yerba)' 잎을 넣고 뜨거운 물을 부어서 마신다고 한다. 예르바 잎을 중국어로 번역하면 호랑가시나무 잎이 된다. 하지만 중국의 호랑가시나무와 마테차가 관련이 있는지는 잘 모르겠다. 하지만 꼭 하나 알아둬야 할 것은 이곳에서 부어주는 물은 그다지 뜨겁지 않다는 점이다.

물을 부어주고 나면 마지막으로 '봄빌라(bombilla)'라고 하는 빨대를 끼워주는데, 이것은 그냥 한번 쓰고 버리는 일회용 빨대가 아니다. 아주 정교하게 만들어진 것으로 빨대 아래쪽에는 작은 구멍이 숭숭 뚫려 있다. 마실 때 찻잎이 빨려 들어오지 않게 하려고 뚫어둔 것이다. 봄빌라는 종류도 많아서 어떤 것은 홍콩 돈으로 수천 달러나 할 정도로 비싼 것도 있다고 한다.

마실 수 있을 만큼 찻잎이 충분히 우러나자 나는 용감하게 나서서 먼저 맛을 보았다. 맛이 어땠냐고? 음, 쓰면서도 떫다고 할 수 있다. 다른 사람은 어떻게 느낄지 모르겠지만, 내 입맛에는 잘 맞는 듯했다. 그렇다! 이곳 사람들이 마테차를 마시는 것은 중국 사람들이 차를 마시는 것과 매우 흡사하다. 물론 마시는 방식은 조금 다르지만, 중국 사람이나 아르헨티나 사람 모두 하루라도 차를 마시지 않으면 안 되는 것은 똑같았다.

이곳 사람들은 보온병을 항상 지니고 다니며 계속 물을 부어서 줄기차게 차를 마셔댔다. 가끔 자신이 마시던 차를 다른 사람에게 건네주면 그 사람은 주저하지 않고 같은 빨대로 마시곤 했다. 홍콩 사람들이 이 모습을 봤다면 아마 기겁을 할 것이다. 전염병에 걸리면 어쩌려고 그러냐면서 말이다. 하지만 아르헨티나 사람들은 그런 것에 전혀 신경을 쓰지 않는 듯했다. 만약 누군가가 당신에게 마테차를 건네줬는데 당신이 주저하며 마시지 않는다면 아마 그와는 평생 친구가 될 수 없을 것이다. 오히려 적대시하며 당신을 멀리할지도 모른다. 아무튼, 우리는 아르헨티나식 스테이크와 마테차를 필두로 해서 본격적인 아르헨티나 여행을 시작했다.

아르헨티나의 수도 '부에노스아이레스'를 글자 그대로 해석하면 '좋은 공기'라는 뜻이 된다. 스페인 사람이 인사말로 사용할 때는 모든 일이 순조롭기를 바란다는 뜻이 담겨 있기도 하다. 만약 당신이 이곳에 관광을 오게 되면 가이드가 먼저 '5월 광장(Plazza De Mayo)'으로 데려갈 것이다. 이곳은 행정 중심지로 극장이나 예배당 같은 건물도 드문드문 보였다. 하지만 규모가 유럽에 있는 도시보다는 작아 볼 만한 것이 많지 않다.

이와는 반대로 옛 정취를 그대로 간직하고 있는 전통 거리에는 볼 것이 무척 많다. 관광객들은 이곳에 오기만 하면 휴대폰을 꺼내 들고 알록달록한 건물 사진 찍기에 바빴다. 듣자 하니 가난한 이 지역 주민들이 남들이 쓰고 남긴 페인트로 제각각 집을 칠해서 이렇게 색이 알록달록하게 된 것이라고 한다. 하지만 뭐니 뭐니 해도 가장 아름다웠던 것은 짙푸른 하늘이었다. 다른 사람도 역시 그렇게 여겼는지 하늘 사진을 많이 찍어댔다.

거리 곳곳에 드러난 벽면에는 유명 그라피티 화가들의 작품이 가득했다. 거리를 걷다보면 가끔 그림을 보수하는 사람들의 모습도 볼 수 있을 것이다. 그리고 이름 없는 화가들은 그림을 그려서 관광객들에게 기념품으로 판매하고 있었다. 또한, 이곳은 환전으로도 유명하다. 공식적인 환율 시세가 낮기 때문이다. 그래서 관광객들은 다들 이곳에 와서 달러를 아르헨티나 화폐로 바꾸곤 했다. 하지만 나는 여행을 다닐 때 미리 예산을 책정해서 한꺼번에 환전을 해두기 때문에 이들처럼 일일이 찾아다니며 환전할 필요는 없었다.

이곳에 오니 거리 곳곳에서 탱고 음악 소리가 들려왔다. 카페 앞에서는 즉석 탱고 공연이 벌어지기도 했다. 가까이 다가가 살펴보니 남자 무용수는 검은색 양복을 쫙 빼입고 있고, 여자 무용수는 새빨간 드레스를 걸치고 있었다. 드레스 사이로 망사 스타킹이 언뜻언뜻 보였지만, 여자 무용수가 너무 못생긴 데다가 뚱뚱한 편이어서 전혀 매력적으로 보이지 않았다.

차이란(柴灣)의 미식 방랑기

나는 한 가게에 들러 마테차를 마실 수 있는 잔 하나를 샀다. 조롱박 껍질 위에 문양이 새겨진 것이었는데, 빨대에는 탱고를 추는 남녀 한 쌍이 장식되어 있었다. 단순한 기념품에 불과했지만, 가격이 100달러나 했다. 하지만 다시 살 기회가 없을 것 같아 눈 딱 감고 돈을 꺼내들었다. 바가지를 쓴 거라고 해도 상관하지 않기로 했다. 내 마음에 들면 그만이기 때문이다.

거리를 걷다보니 고기를 구워서 파는 식당이 자주 눈에 띄었다. 초라해 보이는 한 식당 입구에서는 숯불 화로 위에 직접 석쇠를 놓고 고기를 굽고 있었다. 맛을 볼 수 있게 해주어서 한 점 먹어보았는데, 역시나 질기고도 질겼다.

계속 다른 곳을 둘러보는 와중에 문득 파란색 테이블이 잔뜩 놓인 한 카페가 내 시선을 사로잡았다. 살짝 고개를 들이밀고 안을 살펴보니 카페 내부에 있는 작은 뜰 안에 나무로 만든 인형이 놓여 있었다. 백발노인 목각인형이었는데, 옆에 사람이 앉아 있으면 어느 쪽이 사람이고 어느 쪽인 인형인지 잘 구분이 되지 않을 것 같았다. 사진을 찍어서 비교해보면 재미있을 듯했다. 이곳에 오면 이런 목각인형들을 자주 볼 수 있다. 교황의 모습을 본뜬 것이 가장 많았고, 그다음으로 많은 것은 축구선수 마라도나 인형이었다. 나는 마라도나 인형을 보고 나서야 그도 아르헨티나 사람이었다는 사실이 생각났다.

카페 구경에 나선 김에 차 한 잔을 마시며 잠시 쉬었다 가기로 했다. 그러자 가이드는 이곳은 별로이니 중심가에 있는 100년 전통의 '카페 토르토니(Cafe Tortoni)'로 가자고 제안했다. 가이드의 소개로 찾아온 이 카페는 무슨 영화관처럼 보였다. 간판에 쓰인 글씨도 가장 아름다운 시절을 뜻하는 '벨 에 포크(Belle Epoque)' 시기에 사용하던 서체였다. 안으로 들어가 보니 카페 한쪽 구석에 유리로 된 진열장이 놓여 있었다. 안에 진열된 물건들은 이 카페와 관련된 기념품으로 구매도 가능했다.

카페 내부는 두말할 것 없이 고풍스러웠다. 마치 홍콩에 있는 '록유 티 하우스(Lukyu Tea House, 陆羽茶室)'와 비슷한 분위기였다. 부에노스아이레스에 올 기회가 있다면 꼭 한 번 들러보기를 바란다.

이 카페 천장에는 커다란 스테인드글라스가 장식되어 있는데, 불빛은 그 안에서 비쳐 나오는 듯했다. 이 조명 말고도 카페 구석구석에는 고풍스러운 전등이 불을 밝히고 있었다. 이곳에 앉아 있으면 카페의 고풍스러운 분위기로 인해 옛 추억에 젖어들 수 있을 것 같았다. 그리고 카페 벽면에는 정치가, 작가, 오페라 가수 등 유명인사들의 사진이나 그들이 쓴 감사 글이 걸려 있었다. 물론 탱고의 나라답게 탱고 포스터도 드문드문 보였다. 고풍스러운 분위기를 좋아하는 사람이라면 이곳에 와서 천천히 감상하며 즐겨봄 직했다.

나는 커피는 잘 마시지 않는 편이라 대신에 마테차를 주문했다. 원래 마테차는 파는 것이 아니라 직접 만들어서 친구들끼리 나눠 마시는 음료일 뿐이라고 한다. 하지만 사람들의 요구가 빗발치자 관광객의 출입이 잦은 호텔 레스토랑 같은 곳에서는 마테차를 판매하기 시작했다. 다행히도 이곳에서는 마테차를 성의 없게 티백으로 주지는 않았다.

이곳은 카페이기는 하지만, 술도 판매하는 것 같았다. 바 테이블 뒤쪽으로 술이 잔뜩 진열되어 있었기 때문이다. 하지만 너무 이른 시간이라 술을 마시기에는 좀 그래서 대신에 디저트를 주문했다. 나는 케이크같이 단 것을 좋아하지 않지만, 다른 일행을 위해 이것저것 몇 가지 디저트를 시켜보았다. 주문한 디저트들이 나오자 내키지는 않았지만, 한 입씩 맛을 보았다. 역시나 너무 달았다. 디저트는 이렇게 달아야 디저트라고 할 수 있나 보다. 이곳에는 중국의 유타오 같은 디저트도 있으니 나처럼 단 것을 싫어하는 사람이라면 그것을 주문해보자. 라틴 지역을 여행하다 보면 종종 이런 음식을 발견하게 된다. 이것 역시 달긴 했지만, 못 먹을 정도로 엄청나게 달지는 않았다.

카페에서 잠시 휴식을 취한 뒤에 우리는 가이드에게 골동품 거리에 데려다달라고 부탁했다. 예전에 니쾅에게 지팡이를 선물한 뒤로 나도 전염이 되었는지 지팡이를 모으게 되었다. 그래서 어디를 가든 지팡이부터 찾아다녔다. 비록 지금은 건강해서 지팡이를 짚고 다닐 필요는 없지만, 내 나이쯤 되면 그냥 들고 다녀도 괜찮을 것 같아서였다. 멋진 노신사가 지팡이를 들고 다니면 얼마나 품위 있어 보이겠는가!

나는 지팡이를 사러 여러 곳을 돌아다녀 보았지만, 딱히 마음에 드는 것이 없었다. 이곳에서 파는 골동품들은 진귀하거나 값비싼 것은 아니었지만, 적어도 모조품을 가져다놓고 속여서 팔지는 않았다. 열심히 발품을 판 덕분에 나는 괜찮은 지팡이 하나를 손에 넣을 수 있었다. 손잡이가 은으로 된 것이었는데, 단추를 누르면 담배를 넣을 수 있는 공간이 나타났다. 몇 개비밖에 넣을 수 없었지만, 애연가인 나로서는 마음에 들지 않을 수 없었다. 그래서 값을 흥정하지도 않고 달라는 대로 돈을 주고 사버렸다.

저녁에는 탱고 공연을 보러 갔다. 공연을 보러 간 김에 강사를 청해서 특별히 탱고를 배울 수 있는 자리를 마련하였다. 비용이 만만치 않았지만, 강사가 현지에서 꽤 유명한 탱고 전문가라고 한다. 탱고는 춤뿐만 아니라 음악도 들을 만했다. 나는 어렸을 때부터 대중적으로 잘 알려진 '라 쿰파르시타(La Cumparsita)'나 '젤러시(Jealousy)' 등을 즐겨 들었는데, 그런 음악을 현지에서 들으니 무척 감격스러웠다.

춤을 췄더니 허기가 져서 우리는 이곳의 명물이라는 '엠파나다스(Empanadas)'를 먹으러 갔다. 이 음식은 파이의 일종으로 크기는 손바닥만 했고, 안에는 만두처럼 각종 속 재료가 든 것이다. 이것은 원래 한 끼 식사 거리가 아니라 간식처럼 살짝 맛만 보는 음식이라고 한다. 그래서 우리도 배가 부르지 않게 몇 개만 주문해보았다.

배가 고파서 그런지 테이블 위에 올라온 엠파나다스를 보니 굉장히 맛있어 보였다. 겉이 바싹하게 잘 구워진 데다가 냄새까지 좋았기 때문이다. 하지만 잘라서 안을 살펴보니 속에 든 재료가 부실해보일 정도로 적었다. 게다가 재료 자체도 만두를 만들 때 쓰는 것과는 완전히 다른 듯했다. 자세히 살펴보니 약간의 치즈와 고구마 같은 채소류가 들어 있을 뿐이었다. 드문드문 다진 고기도 보였지만, 많이 들지는 않았다.

우리가 찾은 이곳은 '엘 산후아니노스(El Sanjuaninos)'로 이 지역에서는 꽤 유명한 음식점이라고 한다. 소박하게 꾸며진 내부 인테리어 덕분에 일반 가정집 같은 편안한 분위기가 났다. 종업원들도 친절하면서도 유머 감각이 뛰어났다. 아마도 외국 손님들을 자주 접해보아서 응대가 자연스러운 듯했다. 우리가 주문한 엠파나다는 커다란 접시 위에 종류별로 가득 차려져서 나왔다. 나는 하나씩 맛만 보고는 바로 내려놓았다. 이런 음식으로 배를 채웠다가는 메인 요리를 먹을 수 없기 때문이다.

메뉴가 적힌 책자는 꽤 두꺼웠다. 꼼꼼하게 살펴본 뒤에 사람들이 가장 많이 먹고 있는 콩으로 만든 수프를 주문해보았다. 맛은 특별한 것 없이 그저 평범했다. 하지만 소나 양의 내장으로 만든 요리는 먹을 만했다. 이곳에서는 특별히 사슴고기도 팔았지만, 감탄스러울 정도로 맛있지는 않았다. 음식 맛은 기대에 많이 못 미쳤지만, 분위기만큼은 최고였다. 가격도 저렴한 편이니 만약 부에노스아이레스에 올 기회가 있다면 한 번쯤은 들려보기를 바란다.

우리는 계속해서 아르헨티나 구석구석을 둘러보았다. 하지만 국내선 항공편 예약이 어려워 지방에 가려면 몇 번이고 수도인 부에노스아이레스로 돌아왔다가 다시 내려가야 했다. 그러자 한 친구가 차라리 전용 비행기를 세내는 것이 어떻겠냐는 의견을 내놓았다. 그 말을 듣고 나서 나는 바로 계산을 해보았다. 공항에서 대기하는 시간과 각 지역에서 묵는 시간을 모두 합친다면 2~3일 정도의 시간을 절약할 수 있을 것 같았다. 하지만 최근 밀매업자

차이룬(蔡瀾)의 미식 방랑기

들이 마약 운송 수단으로 경비행기를 빌려 쓰는 경우가 많아서 임대하기가 쉽지 않을 거라고 한다. 다행스럽게도 우리가 그럴 사람들로 보이지 않았는지 어렵지 않게 경비행기를 빌릴 수 있었다.

우리는 비행기를 타고 먼저 아르헨티나 최남단에 있는 '엘 칼라파테(El Carafate)'로 향했다. 이곳이 빙하를 보기에 가장 적당한 장소였기 때문이다. 목적지에 도착한 후에 우리는 그곳에서 가장 좋은 호텔에 투숙했는데, 말이 호텔이지 목조로 지어진 커다란 산장 같은 느낌이었다. 예전에 오로라를 보기 위해 아이슬란드에 묵었던 호텔과 비슷한 분위기였다.

우리가 묵은 호텔 이름은 '셀레나(Xelena)'였다. 호텔 맞은편에 호수가 있어서 아침저녁으로 일출과 일몰이 장관을 이루었다. 아쉽게도 이것 말고는 딱히 볼만한 것이 없었다. 가장 마음에 들었던 것은 아침 식사 테이블 위에 마테차를 마실 수 있는 잔이 항상 놓여 있다는 점이었다. 찻잎은 기호에 따라 많이 넣어 먹을 수도 있지만, 따라주는 물이 뜨겁지 않아 아쉬웠다. 차는 팔팔 끓는 뜨거운 물에 타 마셔야지 제맛을 느낄 수 있기 때문이다.

우리가 이곳에 왔을 때 아르헨티나는 이미 겨울철로 접어들고 있었다. 부에노스아이레스에 있을 때는 평균 기온이 섭씨 24도로 별로 춥지 않았지만, 이곳 날씨는 꽤 쌀쌀했다. 준비해온 겨울옷을 다 꺼내 입어도 한기가 가시지 않았다.

구경 나가기로 한 마을은 호텔에서 차로 10여 분 정도 떨어진 곳에 있었다. 도착해서 살펴보니 마을 거리는 무슨 서부영화에나 나올 법한 분위기를 풍겼다. 도박장도 있었지만, 우리는 들어가 보지 않았다. 이곳에서 사람들로 가장 북적였던 곳은 아이스크림 가게였다. 날이 추울수록 찬 것이 더 먹고 싶어지는 법인가보다. 덕분에 나는 아이스크림을 실컷 먹을 수 있었다. 특히 이곳에서는 아이스크림 위에 이 지역의 전통술을 뿌려주었는데, 맛이 보드카와 비슷했다. 아이스크림과 섞어 먹으니 맛이 꽤 그럴싸했다.

일행 중 한 친구는 닭고기를 무척 좋아했다. 하지만 아르헨티나에는 닭 가슴살 요리만 있을 뿐, 그 친구가 좋아하는 닭 날개 요리는 없었다. 이곳에서도 열심히 찾아보았지만, 닭 날개를 파는 곳은 없었다. 아마 닭 가슴살만 남겨두고 닭 날개는 다른 곳으로 다 날아가 버린 모양이다.

지나가는 길에 공예품 가게가 보여 잠시 들러보았다. 들어가서 보니 할아버지 한 분이 조용하게 앉아 가게를 지키고 있었다. 물건을 구경하다가 유독 빨간색 잔이 눈에 들어왔다. 가까이 가서 살펴보니 마테 찻잔이었다. 이미 부에노스아이레스에서 하나를 사긴 했지만, 이것도 좋아 보여서 하나를 더 구매했다. 지금 그 잔으로 차를 마시며 원고를 쓰고 있는데, 왠지 글도 더 잘 써지는 것 같다. 나는 잔을 산 김에 작은 마트에 들러 찻잎도 함께 구매했다. 현지 사람들이 '로사몬테(Rosamonte)'라는 브랜드를 추천해줘서 그들 말을 믿고 한 번 사보았다. 한 봉지에 500g이 들었는데, 홍콩 돈으로 20~30달러 정도 했다.

저녁에는 한 미식가가 추천한 고깃집에 들러보았다. 이런 식당은 다른 곳에서도 자주 가봤기 때문에 별로 특별한 건 없었다. 나는 이런 곳에 오면 항상 양고기만 시켜 먹는다. 소고기보다 훨씬 부드럽게 씹히기 때문이다. 이곳에 오니 문득 부에노스아이레스에서 첫 번째로 들렀던 식당이 생각났다. 종업원이 접시에 튀김을 한가득 내왔는데, 알고 보니 양의 고환을 튀긴 것이었다. 용감하게 한 입 먹어보았지만, 별맛이 없었다.

술은 와인 대신에 늘 주문해서 먹던 현지 흑맥주를 시켰다. 마시면 미간이 찌푸려질 정도로 쓴맛이 나지만, 나는 전혀 걱정하지 않았다. 콜라와 함께 마시면 되기 때문이다. 내가 콜라를 주문하자 다들 기발하다고 하며 칭찬을 해주었다.

다음 날, 우리는 바다 구경에 나섰다. 말이 바다이지 사실 큰 호수였다. 우리는 큰 배 한 척을 빌려서 1시간 남짓 유람을 했다. 빙하가 나타나기를 기다리면서 나는 배 안에 있는 식당에서 마테차를 실컷 마셨다. 그런데 한참을 가도 빙하가 나타나지 않자 다들 마음이 조급해지기 시작했다. 그때, 저 멀리서 얼음덩어리 하나가 떠내려오는 것이 보였다. 얼음덩어리라고 표현하기는 했지만, 작은 섬 크기에 맞먹을 정도로 규모가 방대했다. 의외로 얼음덩어리는 파란빛을 띠고 있었다. 어릴 적 미술 시간에 사용하던 '로열 블루(Royal Blue)' 빛깔의 물감을 풀어놓은 듯했다. 얼음덩어리가 처음 떠내려왔을 때는 다들 신기해하며 손뼉을 쳐댔지만, 나중에 점점 더 많이 떠내려오자 시큰둥한 듯 그저 쳐다보기만 했다.

드디어 우리는 빙하에 도착했다. 멀리서 보니 파란빛을 띠는 육지처럼 보였다. 135m나 되는 얼음산이 눈앞에 나타나자 탄성이 절로 나왔다. 살면서 한 번쯤은 꼭 와볼 만한 곳인 듯했다. 배가 멈춰 서자 선원은 쇠고리로 커다란 얼음덩어리 하나를 끌어올렸다. 그러더니 그것을 잘게 부숴서 위스키가 담긴 잔에 담아주었다. 나는 위스키 잔을 받아서 한입에 털어 넣고는 아직 남아 있는 얼음 위에 위스키를 더 부어서 마셨다. 아마 이 술은 어느 바에서도 마실 수 없을 것이다. 1억 년 된 빙하 얼음을 넣어서 만든 특별한 '온 더 록(On The Rock)'이기 때문이다.

나는 이곳의 빙하가 가장 높고 큰 것인 줄로만 알았지만, 다음날 '페리토 모레노(Perito Moreno)' 빙하를 보고는 아무것도 아니라고 여기게 되었다. 전체 면적이 250평방킬로미터에 달하는 이 빙하는 세계자연문화유산에 선정되기도 했다. 아마 이곳에 오면 온 세상이 얼음으로 뒤덮인 장관을 눈으로 직접 볼 수 있을 것이다. 아르헨티나 정부는 이런 아름다운 자연경관을 잘 활용하기 위해 많은 자금을 투입해서 관광여건을 조성하였다. 빙하 주변에 나무로 된 길을 만들어서 관광객들이 여러 각도에서 빙하를 관찰할 수 있게 만든 것이다. 그리고 높은 곳에 오르기 힘든 노약자를 위해 엘리베이터 시설도 갖춰 두었는데, 사실 걸어가도 그렇게 힘든 코스는 아니었다. 만약 걷는 것이 싫다면 배를 타고 빙하 주변을 둘러볼 수도 있다.

빙하를 직접 밟아보려면 시기를 잘 보고 가야 한다. 아쉽게도 우리는 빙하를 밟아보지 못했다. 하지만 예전에 아이슬란드에서 밟아본 경험이 있으니 크게 속이 상하지는 않았다. 멀리서 그리고 가까이서 빙하를 실컷 감상했으니 그걸로 만족하기로 했다. 아무튼, 나는 빙하를 보고 난 후에 그 느낌을 좀 더 자세하게 묘사하고 싶었지만, 아무리 생각해도 딱히 쓸 만한 내용이 없는 것 같다.

이곳을 떠날 때 비행기 안에서 아래를 내려다보니 거대한 강물이 바다로 유입되는 것이 보였다. 이렇게 유입된 강물이 찬 공기를 만나서 빙하가 형성되는 것이었다. 그리고 이곳의 빙하 입자는 예전에 가본 곳보다는 조금 작은 듯했다. 길게 설명하면 너무 아는 척하는 것 같으니 이쯤에서 그만두기로 하겠다.

우리는 1시간 남짓 비행해서 작은 스위스라고 불리는 '바릴로체(Bariloche)'에 도착했다. 다른 사람은 어떻게 생각할지 모르겠지만, 나는 이번 아르헨티나 여행지 중에서 이곳이 가장 무미건조했던 것 같다. 스위스 분위기가 나지 않았냐고? 호숫가에 있는 몇몇 목조 주택은 운치가 느껴졌지만, 나머지는 그저 그랬다. 듣자 하니 이곳은 독일 사람이 많이 살고 있다고 한다. 아마 전쟁이 끝난 후에 나치의 잔당들이 이곳에 와서 은신했기 때문일 것이다. 아무튼, 이곳은 내 눈에는 별로 아름다워 보이지 않았다.

우리가 투숙한 호텔 이름은 '야오 야오(Liao Liao)'였다. 알파벳 'L'은 스페인어로 발음하면 'Y'가 된다고 한다. 하지만 중국어로 발음하면 '랴오 랴오'여서 조금 헷갈렸다. 게다가 원주민들은 이곳을 '샤오 샤오' 호텔이라고 불렀다. 아마도 정식 발음이 '샤오 샤오'인 듯했다. 야오 야오 호텔이든 샤오 샤오 호텔이든 아무튼 이곳의 규모는 꽤 컸다. 관광객이 주로 묵고 있었는데, 우리가 머물게 된 귀빈실은 바로 앞에 호수가 내다보여 경관이 너무 좋았다.

호텔에 짐을 푼 후에 다른 일행은 호텔에 있는 골프장으로 골프를 치러 갔다. 하지만 나는 객실에 남아서 느긋하게 혼자 비누 목욕을 즐겼다. 목욕을 마치고 나서 가운만 걸친 채 발코니에 앉아 호수를 바라보았다. 한참을 바라보니 물 색깔이 초록빛에서 푸른빛으로 변했다. 그러더니 해 질 무렵이 되자 다시 붉은빛으로 물들어버렸다.

다음 날에도 다른 사람들은 먹을 것을 준비해서 피크닉을 갔지만, 나는 그 자리에 끼지 않고 객실에 남아서 계속 원고를 썼다. 글을 쓰면서 틈틈이 마을에 먹을 만한 것이 뭐가 있는지 수소문해보았다. 열심히 주변에 물어본 덕분에 나는 마을에 중국 식당이 있다는 사실을 알아냈다. '황지(黃记)'라는 이름의 이 식당은 푸젠성 사람이 운영하고 있었다. 볶음면이 있는지 물어보기 위해 전화를 걸어보았는데, 상대방이 민난어를 하기에 나도 그쪽 말로 질문을 했다. 이것저것 물어보다가 콩나물 요리가 있다는 말을 듣고 하마터면 소리를 내지를 뻔했다. 너무나도 반가웠기 때문이다. 피크닉을 나간 일행이 돌아온 후에 다 같이 내가 알아둔 중국 식당으로 향했다. 메뉴판을 보니 먹고 싶은 요리가 다 있었다. 오래간만에 맛보게 된 중국요리인지라 우리는 그곳에 있는 요리를 거의 다 주문해서 깡그리 먹어치웠다.

여행을 가면 현지 음식을 먹는 게 당연한데, 뭐 하러 중국 음식을 먹었냐고? 맞는 말이다. 내 철칙이 무너지는 것 같아 양심에 조금 걸리기는 했지만, 이번만은 그냥 넘어가기로 했다. 왜냐고? 그냥 중국 음식이 먹고 싶었기 때문이다. 그동안 너무 안 먹었더니 새하얀 쌀밥에 간장 소스를 뿌린 음식이 너무나도 간절해서였다.

아르헨티나의 마지막 여행지는 이구아수(Iguazu) 폭포였다. 비행기에서 아래를 내다보니 열대우림이 드문드문 계속 이어져 아마존보다도 더 큰 느낌이 들었다. 열대우림을 가로지르는 거대한 물줄기는 이구아수 폭포 입구에서 폭이 좁아졌다. 그래서 사람들이 이곳을 '악마의 목구멍'이라고 부르는 듯했다. 폭포는 J자 형태였는데, 별로 커 보이지는 않았다. 내가 실망하는 모습을 보이자 조종사가 중얼거리듯 이렇게 말했다.

"내려가서 보면 얼마나 대단한지 바로 알 수 있을 거예요."

전 세계적으로 유명한 폭포는 세 곳이 있다. 먼저 남아프리카의 잠비아와 짐바브웨 사이에는 빅토리아 폭포가 있고, 지금 우리가 본 이구아수 폭포는 브라질과 아르헨티나 국경 지역에 있다. 그리고 마지막으로 이구아수 폭포를 본 루스벨트 대통령 부인이 안타깝다고 말한 나이아가라 폭포는 미국과 캐나다 국경 지역에 자리 잡고 있다.

그러면 어느 폭포가 가장 클까? 자료에 따르면 과거에는 이구아수 폭포가 가장 컸다고 한다. 하지만 점차 모래흙이 쌓여 섬이 형성되면서 크기가 분할되어 나중에는 빅토리아 폭포가 가장 큰 폭포가 되었다. 그리고 나이아가라 폭포는 높이가 이구아수 폭포의 3분의 1밖에 되지 않아 가장 규모가 작은 폭포라고 할 수 있다. 하지만 크기에 상관없이 세 곳 모두 가볼 만하다. 특히 이구아수 폭포는 보는 각도에 따라 형태가 달라 보이기 때문에 아마 수백 개의 다양한 모습을 볼 수 있을 것이다. 그래서 다들 이곳의 경관이 천하제일이라고 하는 듯했다.

'이구아수'의 '이(i)'는 현지 언어로 '물', '구아수(guazu)'는 '크다'라는 의미가 있다고 한다. 결국, 둘을 합치면 '거대한 물'이라는 뜻이 된다. 이 폭포에는 전설처럼 전해 내려오는 이야기가 하나 있다. 먼 옛날에 하늘의 신이 나이피(Naipi)라는 원주민 처녀를 보고 반해서 그녀를 제물로 바치게 했다고 한다. 하지만 그녀에게는 이미 사랑하는 남자가 있었다. 그래서 둘은 작은 나룻

차이란(差瀾)의 미식 방랑기

배를 타고 도망쳤지만, 나중에 이를 알게 된 신이 분개해서 칼로 땅을 내리쳤더니 그 자리에서 폭포가 생겨났다고 한다. 결국, 이 한 쌍의 젊은 연인은 그만 폭포 물에 빠져서 죽고 말았다는 슬픈 이야기였다.

이구아수 폭포로 가려면 먼저 브라질 경내로 들어가야 한다. 폭포는 수십만 제곱미터에 달하는 국립공원 내에 자리 잡고 있는데, 이곳은 자연 그대로의 모습을 유지하기 위해 풀 한 포기나 나무 한 그루조차도 철저하게 보호를 했다. 그래서인지 커다란 부리를 가진 새와 족제비는 사람을 보고 도망가지도 않았다.

우리는 '다스 카타라타스(Das Cataratas)' 호텔에 투숙하게 되었다. 이 호텔은 건물 벽면이 온통 핑크빛으로 칠해져 있어 영화 〈사랑의 은하수(Somewhere In Time)〉에 나오는 곳처럼 낭만적인 분위기가 느껴졌다. 아름다운 정원을 통해 수영장을 지나가니 우리가 묵을 방이 나타났다. 나는 먼저 욕실부터 살펴보았는데, 일반적인 스위트룸의 욕실보다 크기가 큰 것 같았다. 필요한 것은 다 갖춰져 있고, 테이블 위에는 싱싱한 생화마저 꽂혀 있다 보니 밖으로 나가고 싶은 생각이 싹 사라져버렸다.

하지만 해가 뉘엿뉘엿 지고 있는 모습을 보자 갑자기 마음이 급해졌다. 그래서 곧장 호텔 앞에 있는 이구아수 폭포로 향했다. 그제야 나는 우리를 태워준 비행기 조종사가 한 말이 옳다는 것을 알게 되었다. 이구아수 폭포는 실로 웅장했다. 길게 줄지어 있는 폭포는 시시각각 다른 빛을 발산했고, 굉음을 내며 아래로 떨어지는 물줄기는 돌에 부딪혀 사방으로 흩어지면서 수십 개의 무지개를 만들어냈기 때문이다. 과연 천하제일의 절경이라 할 만했다. 만약 이곳에 와서 여자 친구에게 청혼한다면 무척 로맨틱할 것 같았다.

이구아수 폭포를 감상하는 방법은 여러 가지가 있다. 우리는 모든 방법을 다 시도해보기로 했다. 먼저 헬리콥터를 타고 위에서 폭포를 내려다보았는데, 너무 높은 곳에서 보니 폭포의 위력이 제대로 느껴지지 않아 그저 그랬다. 다음으로 배를 타고 폭포를 가까이서 바라보았다. 하지만 물보라가 너무 심해서 사진조차 찍을 수 없어 실망스러웠다.

마지막으로 우리는 걸어서 폭포를 감상해보았다. 나는 이 방법이 제일 마음에 드는 듯했다. 걸어서 볼 때는 브라질 쪽에서 감상할 수도 있지만, 아르헨티나로 넘어가 그쪽에서도 폭포를 감상할 수 있었다. 우리는 두 곳에서 모두 감상해보았는데, 보는 각도에 따라 풍경이 달라 보였다. 특히 아르헨티나 정부는 관광산업을 발전시키기 위해 주변에 나무 계단을 만들어 천천히 걸어 올라가면서 폭포를 감상할 수 있게 하거나 걸어 올라가기 힘든 노약자를 위해 엘리베이터를 설치해두기도 했다.

우리는 나무 계단을 따라 상류 쪽에서 걸어 내려왔다. 폭포 근처로 다가가자 마치 폭포의 심장부로 빨려 들어가는 느낌이 들었다. 그 모습을 보니 이백(李白)이 황하(黃河)를 보고 '물이 하늘에서 내려온 듯하다(水从天上来)'라고 묘사한 시구가 충분히 이해되었다.

폭포의 물보라는 아름다운 무지개를 만들어냈다. 살면서 이렇게 많은 무지개는 처음 본 듯하다. 무지개를 보자 나는 문득 호기심이 생겼다. 서양 사람들이 흔히 말하듯 무지개의 끝부분에 금 항아리가 묻혀 있을지도 모른다는 생각이 들어서였다. 하지만 이번에 확실히 없다는 것을 알게 되었다.

이곳을 마추픽추와 비교해보면 완전히 상반된 이미지라고 할 수 있다. 한쪽은 너무 정적이어서 생동감이 전혀 없었고, 다른 한쪽은 생생하게 살아 움직이는 동적인 느낌이 강했기 때문이다. 이런 경험은 두 번 다시 하기 힘들지도 모른다. 만약 기회가 된다면 무엇보다도 먼저 이구아수 폭포로 가보기를 바란다.

우리는 다시 부에노스아이레스로 돌아와 지난번에 시간이 부족해 가보지

차이란(蔡瀾)의 미식 방랑기

못한 콜론(Colon) 오페라 극장을 둘러보았다. 유럽 대도시의 극장과 비교해 보면 매우 작은 규모였다. 이곳 사람들은 호화로운 극장이라고 자랑을 하지만, 내 눈에는 그저 빈약해보일 뿐이었다. 하지만 오페라를 좋아하는 사람이라면 한 번쯤은 와볼 만하다. 무대가 관중석보다 훨씬 컸기 때문이다. 그리고 바닥에 바이올린처럼 소리가 울릴 수 있는 구멍을 뚫어두어 음악이 훨씬 더 강렬하게 들렸다. 일반적으로 사람들은 이런 오페라 극장에서 VIP석이 가장 좋은 좌석이고, 무대 맞은편 좌석은 좋지 않다고 생각하는 경향이 있다. 하지만 VIP석에 앉아 있으면 공연에 완전히 몰입할 수 없다. 그곳은 관중들을 내려다보는 곳이지 공연을 보는 곳이 아니기 때문이다.

이 오페라 극장의 전체 높이는 7~8층 정도에 달했다. 가장 신기했던 것은 아래쪽 반지하에 있는 좌석으로 도대체 누가 저기서 공연을 관람할까 하는 궁금증마저 생겨났다. 나중에 알고 보니 미망인 전용석이라고 한다. 과거에 상을 당한 사람은 대중 앞에 얼굴을 드러내기 힘들기 때문에 몰래 이곳에 와서 조용히 앉아 있다 가곤 했다. 하지만 그들은 당시 유행하는 패션을 알아보기 위해 사람들이 입은 옷만 구경했을 뿐, 정작 음악은 듣지도 않았다고 한다.

또 하나 신기했던 것은 천장에 있는 거대한 돔형 장식이었다. 만약 그곳에 이린이 합창단이 숨어서 은방울 같은 목소리로 노래를 부르면 마치 천상의 소리처럼 들릴 듯했다. 아무튼, 이곳은 세상에서 음향이 가장 좋은 오페라 극장이라는 찬사를 들을 만했다. 부에노스아이레스에 갈 기회가 있다면 한 번쯤 꼭 들러보기를 바란다.

아르헨티나에서 가장 고급스러운 브랜드는 '일라리아(Ilaria)'이다. 사실 이것은 페루 기업의 브랜드라고 한다. 아마 공항이나 대형 상가라면 대부분 이 브랜드가 입점해 있을 것이다. 이곳의 주력 상품은 은 제품이다. 마침 떠나기 전날이 내 생일이라 친구들은 이곳에 들러 선물을 사주었다. 한 친구는 마테

찻잔을 사주었고, 또 다른 친구는 감자를 구워 파는 여인의 모습이 새겨진 은 공예품을 선물로 주었다. 꽤 정교하게 만들어져서 내 마음에 쏙 들었다. 나도 이곳에서 나 자신에게 줄 선물을 하나 샀다. 바로 순은으로 된 명함 케이스였다. 너무 얇아서 명함이 4~5장밖에 들어가지 않았지만, 굉장히 고급스러워 보여 사지 않을 수 없었다.

우리가 예약한 귀국 비행기는 한밤중에 출발하는 것이었다. 시간이 많이 남아서 우리는 레콜레타(Recoleta) 묘지 옆에 있는 광장 구경에 나섰다. 마침 일몰 시각이라 석양에 비친 내 그림자가 땅바닥에 길에 드리워졌다. 그 모습이 꽤 멋있어 보여서 휴대폰을 꺼내들고 사진을 찍어두었다. 주변을 살펴보니 이곳의 주택가는 홍콩 졸부들이 사는 곳보다 훨씬 고급스러워 보였다. 이곳에 사는 사람들은 일반 서민들처럼 자그마한 화로를 피워놓고 라면을 끓여 먹을 것 같지는 않았다. 그만큼 주변 환경이 화려해보였다는 말이다.

구경할 것이 많아 더 둘러보고 싶었지만, 시간이 부족했다. 그래, 됐다! 그만 보고 돌아가자. 아르헨티나에 다시 오면 되지 않겠는가!

차이란의 미식 방랑기

2장

요리 대화방

Merry Christmas

요리
대화방

음식과 건강

Q: 미식가로서 건강을 중시하시나요?

A: 미식가가 되려면 건강이 조금 상하는 것쯤은 감수해야겠죠.

Q: 하지만 요즘은 건강이 대세 아닌가요?

A: 맞아요. 그래서 건강을 핑계 삼아 미식 문화가 많이 사라지기는 했죠.

Q: 왜 그렇게 생각하시는 거죠?

A: 예를 들어볼게요. 상하이 요리는 기름지면서도 간이 강한 편이라고 할
   수 있죠. 하지만 건강에 좋지 않다고 생각하는지 요즘 이런 요리를 거의
   찾아볼 수가 없어요. 사방팔방 돌아다니며 간신히 찾아내더라도 겨우
   몇 군데만 명맥을 유지하고 있을 뿐이죠.

Q: 과거에는 부족한 영양분을 섭취하려고 일부러 기름지면서도 단 음식
   을 먹었던 거 아닌가요? 이제는 생활이 풍족해졌으니 조금 담백하게 먹
   어도 상관없는 거잖아요.

A: 너무 싱겁게 먹어도 건강에 좋지 않아요.

Q: 그래도 돼지기름은 먹으면 안 되겠지요?

A: 돼지기름은 나쁘고 식물성 기름은 좋은 건가요? 혹시 설거지해보셨나요?

Q: 아니요.

A: 한번 해보면 알 거예요. 설거지할 때 돼지기름 얼룩은 바로 지워지지만, 식물성 기름은 여러 번 씻어도 그릇에 기름기가 남아 있거든요.

Q: 돼지기름이 그렇게 좋은가요?

A: 조리를 할 때 돼지기름을 쓰지 않으면 맛이 살지 않는 음식이 있어요. 상하이식 채소 볶음밥이나 새알심을 넣고 끓인 닝보식 탕위안, 토란을 으깨서 만든 차오저우식 위니(芋泥)가 바로 그런 것들이죠. 이런 음식에 돼지기름을 쓰지 않으면 도대체 무엇을 넣어야 하죠?

Q: 그래도 너무 많이 먹으면 좋지 않잖아요.

A: 그 말은 맞아요. 하지만 적게 먹는다고 해서 반드시 건강에 좋은 건 아니에요. 사실 우리는 비곗덩어리를 매일 미친 듯이 먹는 게 아니라, 조린 돼지족발 같은 것을 어쩌다 가끔 먹는 거잖아요. 이렇게 조금씩 즐기면서 먹으면 정신건강에도 좋을 거예요.

Q: 그래도 조리할 때 기름을 적게 쓰는 게 좋지 않을까요?

A: 어떤 요리는 그렇게 만들면 안 되는 게 있어요. 닭 육수로 만든 쌀국수인 '궈차오 미셴(过桥米线)' 같은 요리는 위에 뜬 기름 막으로 뜸을 들이기 때문에 기름을 많이 써야 해요. 요즘은 기름을 너무 적게 쓰는데, 그렇게 만들면 맛이 이상해져요.

Q: 건강 요리 붐은 언제, 어디서 시작된 건가요?

A: 1990년대 미국 캘리포니아 사람들에 의해 시작됐다고 보고 있어요. 이들은 건강을 위해 기름지고 느끼한 이탈리아 요리를 담백하고 싱겁게

만들어 먹었다고 해요. 그리고 토끼처럼 채소 샐러드를 마구 먹어댔죠.

Q: 그들이 먹는 건강식이 어째서 그렇게 빠르게 전 세계로 퍼지게 된 거죠?

A: 다들 살찌는 걸 싫어하잖아요. 여성이라면 더욱 그렇죠. 어떤 사람은 아예 채식만 먹기도 해요. 심지어는 유기농으로 재배한 것만 찾는 사람도 있어요. 하지만 유기농이 뭔지 정확히 아는 사람은 드물 걸요.

Q: 유기농 재료로 만든 음식이 맛있지 않나요?

A: 나는 못 먹겠던데, 먹을 만하던가요?

Q: …….

A: 나는 어쩔 수 없이 먹게 될 때는 소스를 잔뜩 뿌려서 먹어요. 홍콩에서는 보통 채식 요리를 만들 때 오일을 많이 넣는데, 잘 씻기지도 않는 식물성 기름이 뱃속에 잔뜩 들어가면 어떻게 될지 한 번 생각해보세요.

Q: 그럼 요즘 한창 뜨고 있는 슬로푸드(Slow Food)는요?

A: 패스트푸드든 슬로푸드든 건강에 대해서는 큰 차이가 없어요. 그저 먹는 습관이 다를 뿐이죠. 결국, 맛이 있고 없고의 문제인데 나는 미국식 패스트푸드는 맛이 없어서 잘 먹지 않아요. 그렇다고 해서 슬로푸드가 맛있다는 뜻은 아니에요.

Q: 수비드(Sous Vide) 요리에 대해서는 어떻게 생각하세요?

A: 나는 예전에 한 셰프에게서 수비드 조리법을 듣고 정말 깜짝 놀랐어요. 진공 포장한 고기를 저온에서 오래 익힌 것을 수비드라고 한다더군요. 하지만 신선한 식재료를 즉석에서 조리해서 바로 먹는 것이 건강식 아닌가요? 과연 수비드 방식으로 만든 음식이 신선하다고 할 수 있는지 모르겠네요. 게다가 비닐봉지에 재료를 담아서 익히면 유해물질이 우러나올 확률이 높아지잖아요. 아직 과학적으로 증명된 건 없지만, 몸에 좋지 않을 거라고 생각되지 않나요?

Q: 그럼 선생님은 자신의 건강을 어떻게 유지하시나요?

A: 나는 지금껏 건강을 생각하면서 음식을 먹지 않았어요. 먹고 싶은 게 있으면 거리낌 없이 다 먹었죠. 기름진 음식을 많이 먹은 날이면 푸얼차를 진하게 우려서 먹는 게 다예요. 그렇다고 해서 대식가는 아니에요. 집에서는 주로 담백한 죽과 함께 삭힌 두부 같은 것을 곁들여 먹으며 한 끼를 때울 때도 있어요.

Q: 지금 몸무게는 얼마나 나가시나요?

A: 75kg이에요. 20여 년 동안 똑같은 몸무게를 유지하고 있죠.

Q: 그게 가능한가요? 어떻게 관리하셨죠?

A: 살이 찐 것 같으면 꽉 조이는 내의를 입곤 하죠. 그리고 매일 한 끼를 덜 먹거나 아예 한두 끼 정도를 굶어버려요. 그러면 다시 원래 몸무게로 금방 돌아온답니다.

Q: 그런 건 다이어트를 하는 여성들이 잘 배워둬야겠네요. 그런데 굶기 힘들지 않으신가요?

A: 힘들지만 어쩌겠어요. 남 탓을 할 수도 없잖아요. 다 자업자득인데요.

Q: 그래서 우리가 건강식을 찾는 거잖아요.

A: 건강식을 먹어서 건강해지는 긴 아니에요.

Q: 그러면 어떻게 하면 좋은지 알려주세요.

A: 나는 건강은 두 종류로 나누어진다고 봐요. 바로 정신상의 건강과 육체상의 건강이죠. 나는 이런 말을 벌써 여러 번 하고 다녔어요. 니쾅도 '이건 이래서 먹으면 안 되고, 저건 저래서 먹으면 안 된다고 걱정만 하면 정신적으로 더 건강을 해칠 수 있다.'라고 말한 적이 있어요. 정신적으로 건강하지 않으면 오히려 병이 생기게 마련이죠. 작게는 정신쇠약에서부터 크게는 암까지도요. 정신건강은 육체에 영향을 미치게 되어 있

어요. 사람은 기쁠 때 어떤 호르몬이 생성되는데, 이것은 음식물로 인한 건강 불균형을 해소해줄 수 있어요. 즉, 마음이 즐거우면 몸도 건강해진다는 뜻이죠. 이건 분명한 사실이에요.

Q: 그렇게만 하면 되는 건가요?

A: 네. 무척 간단하죠!

음식에 관한 시시콜콜한 이야기

한 젊은 친구와 음식에 관해 대화를 나누게 되었다.

Q: 음식을 보면 맛이 있는지 없는지 바로 알 수 있나요?

A: 어떤 음식은 바로 알 수 있지요.

Q: 예를 들면요?

A: 새우와 달걀로 만든 볶음 요리가 나왔는데, 새우가 냉동된 것이라면 분명히 맛이 없겠죠?

Q: 그러면 그 요리를 먹지 않나요?

A: 꼭 그렇지는 않아요. 만약 친구가 대접하는 자리라면 먹어야죠. 하지만 그럴 때는 달걀만 골라서 먹어요. 달걀은 죄가 없으니까요.

Q: 말 나온 김에 새우에 관해 얘기해보죠. 요즘 생산되는 새우는 대부분 양식이고, 자연산은 드물다고 들었어요. 그러면 선생님은 양식과 자연산을 구분할 수 있으신가요?

A: 새우 요리를 먹을 때 새우 꼬리를 자세히 살펴보세요. 꼬리가 부채처럼

쫙 펼쳐져 있으면 자연산이고, 모여 있으면 대부분 양식이에요.

Q: 그렇군요.

A: 음식 전문가들이 직접 관찰하고 먹어본 후에 얻은 결과라고 해요. 그리 고 생선 전문가 니콰의 말에 따르면 서대라는 생선은 배를 뒤집어 보아 서 분홍빛을 띠면 싱싱한 것이라고 하네요. 반면에 검은색 반점이 있으 면 오래된 것이어서 살이 잘 으스러진다고 해요. 이런 것만 잘 살펴보면 실패할 일이 전혀 없을 거예요.

Q: 그럼 음식을 전통적인 방법으로 만들었는지 아닌지는 어떻게 구분 하시나요?

A: 대충 보면 알 수 있어요. 밀기울로 쪄서 만든 카오푸(烤麩)라는 상하이 음식은 칼로 잘라서 만든 것이 전통 방식이에요. 손으로 뜯어서 만든 것을 먹어보면 제맛이 나지 않는다는 것을 알 수 있을 거예요. 하지만 나는 음식이 맛있기로 유명한 장쑤(江蘇)나 저장 출신이 아니라서 맛에 그다지 민감한 편은 아니에요. 차(查) 선생은 광둥 사람은 정통 상하이 요리를 잘 만들지 못한다고 말하곤 하죠. 맞는 말이긴 해요. 하지만 예전에 나는 홍콩 출신 영화배우 중추홍(鐘楚紅, 종초홍)의 집에 초대를 받아서 그녀의 남편 집안에서 해 먹던 상하이 요리를 얻어 먹어본 적이 있어요. 물론 광둥성 순더 출신 가사도우미가 만들긴 했지만, 중추홍의 시아버지인 주쉬화(朱旭華) 선생이 상하이에서 영화 제작 일을 했기 때문에 아마 만드는 법을 알려줬을 거예요. 그때 먹은 카오푸는 전통적인 방식으로 만들었다고 할 수 있죠.

Q: 그러면 정통 일본 요리는 구분해낼 수 있나요?

A: 나는 일본에서 8년 동안 살면서 좋은 음식점에 자주 다녀봤어요. 하지만 정통이냐 아니냐는 먹어봐야지 알 수 있어요. 한국 음식도 마찬가지예요. 나는 한국을 100여 차례 이상 다니면서 수많은 전통 한식을 소개해왔지만, 알고 보면 한국 사람조차도 그 맛을 잘 구분해내지 못하는 것 같아요. 너무 솔직하게 말해서 기분 나쁠 수도 있지만, 내 제자 알리바바(阿里巴巴)는 항상 내 이런 면을 존경했어요. 그는 다들 한국 사람이 솔직하다고 말하지만, 나와 비교하면 어림도 없을 거라고 말하곤 해요. 그래서 지금 알리바바가 나를 스승으로 모시고 있는 거겠죠?

Q: 프랑스 요리는 어떤가요?

A: 프랑스 요리에 관해서는 잘 몰라요. 많이 먹어보지 못했거든요.

Q: 별로 좋아하지 않아서 그런 건가요?

A: 네. 나는 그런 겉모습만 화려한 요리는 좋아하지 않아요. 파리 사람들은 요리를 굉장히 섬세하게 만드는 것 같아요. 게다가 먹는 데만도 3~4시간은 족히 걸리죠. 나같이 성질 급한 사람에게는 어울리지 않는 요리에요. 하지만 프랑스 시골 마을에 있는 패밀리 레스토랑은 음식을 편하게 먹을 수 있어서 무척 좋아해요.

Q: 이탈리아 요리는 좋아하는 편이신가요?

A: 그럼요. 이탈리아 요리는 중국 요리와 비슷해서 먹으면 포만감을 느낄 수 있죠. 양이 많아서 온 가족이 실컷 먹고도 남을 정도예요. 좋아하는 만큼 이탈리아 요리에 관해서는 아는 것도 많다고 할 수 있죠.

Q: 스페인 요리는 어떤가요?

A: 이탈리아 요리만큼 좋아한답니다.

Q: 싫어하는 건 있으신가요?

A: 가짜 음식은 다 싫어해요.

Q: 가짜 음식이란 게 뭐죠?

A: 일본 요리를 파는 곳에서 일본산 연어라고 하면서 노르웨이산을 쓰는 것을 말해요. 그렇게 사람을 속여서 만든 음식을 어떻게 좋아할 수 있겠어요?

Q: 가짜 서양 요리도 같은 이치인가요?

A: 맞아요. 내가 말한 가짜에는 조리 기술 한두 가지를 어설프게 배워 와서 문을 연 서양 음식점도 포함돼요. 그런 곳에서는 기껏해야 양 갈비구이나 조개관자 구이, 오리 다리 튀김 정도가 다거든요. 혹은 철제 틀 안에 고기를 잔뜩 채워서 내오거나 접시 위에 소스로 그림을 마구 그려낸 것도 마찬가지예요. 그런 음식을 어떻게 먹을 수 있겠어요?

Q: 하지만 그런 것들은 최근 젊은 사람들이 즐겨 먹는 서양 요리잖아요!

A: 그래요. 한 번쯤 경험해보는 것은 괜찮겠죠. 하지만 두 번, 세 번, 네 번 까지 쭉 속아서 먹는다면 정말 바보예요. 구제 불능이라고 할 수 있죠.

Q: 그럼 이번에는 많은 사람이 궁금해하는 것을 제가 대신 질문해보죠. 어 떻게 하면 선생님과 같은 미식가가 될 수 있나요?

A: 미식가라는 말은 얼토당토않아요. 나는 그저 먹는 것을 좋아하는 사람 일 뿐이에요. 내게 어떻게 미식가가 되었냐고 묻는 대신에 어떻게 이런 성과를 얻었냐고 질문하는 게 더 나을 것 같네요. 그렇게 물으면 나는 이렇게 대답할 거예요. 노력, 노력 또 노력이라고. 그 어떤 일이라도 노 력하지 않으면 아무것도 얻을 수 없어요. 노력해야 성과를 얻을 수 있답 니다. 이렇게 얻은 성과는 내 삶의 질을 높여주었어요. 오늘의 삶이 어 제보다 훨씬 나아졌다고 할 수 있죠. 아마 내일은 오늘보다 더 나아질 거예요.

Q: 말하기는 쉬워도 실천하기는 어렵죠.

A: 시도해보지도 않고 어떻게 어렵다고 확신할 수 있죠?

Q: 젊은이들이 먹고 마시는 것을 위해 무슨 노력을 할 수 있나요? 우리는 그저 패스트푸드점에 가서 끼니를 때우는 게 다예요.

A: 아침에 한 시간 정도 일찍 일어나 자신이 먹을 달걀 프라이를 직접 만 들어보세요. 아니면 간단하게 라면을 끓여 먹는 것도 괜찮아요. 그렇게 어렵지 않아요. 그리고 직접 싼 도시락을 먹으면 밖에서 사 먹는 것보다 훨씬 나을 거예요. 이런 것이 다 노력이라고 할 수 있죠.

Q: 선생님은 패스트푸드점에는 절대 가지 않으신다면서요?

A: 재미있는 얘기를 하나 들려줄게요. 만약 내가 데이트를 하다가 파파라 치에게 사진을 찍히면 잡지사 편집자들은 특종거리도 아니라고 하며

사진을 바로 쓰레기통에 버릴 거예요. 그들은 내가 바람둥이라는 사실을 잘 알고 있거든요. 하지만 내가 맥도날드에서 나오다가 사진에 찍혔다면 내 명성은 그야말로 순식간에 땅에 떨어져버리겠죠. 하하하!

요리 프로그램에 관한 인터뷰

한 젊은 친구와 인터뷰를 진행하였다.

Q: 요즘 새로운 요리 프로그램을 기획 중이라고 하시던데, 어떤 내용인가요?

A: 점점 자취를 감춰가는 전통 음식의 명맥을 유지하기 위해 만든 프로그램이에요. 우리는 이 프로그램을 통해 과거 전통 음식을 제대로 재현해내고자 노력했어요. 그뿐만 아니라 시청자들에게 평범한 식재료로 훌륭한 요리를 만들 수 있는 비법도 알려줄 거예요.

Q: 중국 요리만 다루시나요?

A: 아니에요. 이 프로그램은 미식 여행과도 같아요. 여행은 다들 하는 것이지만, 다른 사람은 어떻게 하는지 궁금해하는 것과 마찬가지라고 할 수 있죠. 다시 말해, 같은 식재료로 다른 사람들은 어떤 요리를 만들어 먹는지를 보여주는 거예요.

Q: 예를 좀 들어주시겠어요?

A: 외국에서는 아무리 좋은 레스토랑이라도 기본적으로 제공되는 빵을 직접 만들지 않으면 레스토랑 수준이 떨어진다고 여겨요. 반면에 중국 식

당은 가장 기본이 되는 밥을 제일 소홀히 여기곤 하죠. 왜 외국처럼 그렇게 못하는지 모르겠어요. 밥이 맛있어야 밥으로 만드는 다른 음식도 맛있을 수 있지 않나요? 밥으로 만든 각종 죽이나 물에 불린 쌀을 갈아서 만든 창펀(腸粉)이 그 예라고 할 수 있죠.

Q: 밥으로 다양한 볶음밥을 만들 수 있는 것과 같은 거군요.

A: 맞아요.

Q: 요리 대결은 하나요?

A: 뭐 하러 그래요. 다 같이 연구해서 발전시키는 게 더 낫지 않나요?

Q: 또 다른 내용은 없나요?

A: 나는 식탁 예절 같은 것을 코너로 넣고 싶어요.

Q: 너무 무거운 주제 아닌가요?

A: 설교하듯이 하는 것이 아니라서 따분하지는 않을 거예요. 식탁 예절은 지금 우리에게 꼭 필요한 것이랍니다. 예를 들어 밥을 먹을 때 음식을 함부로 집어 먹어서는 안 되는 것처럼 말이죠. 게다가 음식을 이리저리 뒤적이는 것도 해서는 안 되는 행동이에요.

Q: 그건 아주 기본적인 예절 아닌가요?

A: 물론 그렇죠. 하지만 다들 알고 있을 것 같지만, 아직도 모르는 사람이 많아 자꾸 일깨워주는 게 좋을 거예요. 다행히 우리 세대는 부모가 일일이 식탁 예절을 알려줬지만, 요즘 사람들은 바빠서 그런지 그런 것을 등한시하는 경향이 있어요. 밥을 먹을 때 쩝쩝거리는 소리를 내는 것도 예의에서 벗어나는 행동이라고 할 수 있죠.

Q: 하지만 요즘 사람들은 모두 습관처럼 이렇게 먹고 있답니다. 다들 쩝쩝거리며 먹어서 그런지 예의에 어긋난다고 생각하지 않는 것 같아요.

A: 친구나 가족과 함께라면 어떻게 먹든 상관없어요. 하지만 해외에 나가

서는 그렇게 행동하면 안 돼요. 기본적인 예절은 지키는 게 좋답니다. 식사 예절을 지키지 않으면 그들은 직접 대놓고 뭐라고 하지는 않지만, 속으로는 굉장히 업신여길 거예요. 굳이 남들에게 무시당할 만한 행동을 할 필요는 없잖아요?

Q: 혹시 연배가 있어 젊은이들의 일탈이 눈에 거슬리는 건 아니신가요?

A: 맞아요. 나도 젊었을 때 기성세대의 윤리의식에 반하는 행동을 많이 했어요. 우리 부모님은 그런 나를 항상 못마땅해하셨죠. 하지만 이건 일탈의 문제가 아니라 인성의 문제예요. 절대 변하지 않을 진리라고 할 수 있죠.

Q: 프로그램 내에 또 어떤 코너가 있나요?

A: 아주 많아요. 음식의 기원이나 음식이 인간의 삶과 어떤 연관성이 있는지도 다루고 있어요.

Q: 예를 좀 들어주세요.

A: 보통 쌀밥을 먹고 자란 아시아인과 빵을 주로 먹고 자란 서양인은 신체구조가 매우 다르답니다. 발육상태도 마찬가지로 완전히 달라요. 그래서 아시아 출신 아이를 서양에서 키웠더니 덩치가 커졌다고 하네요. 이것은 실제로 실험을 통해 증명된 사례예요.

Q: 그러면 영양학적인 연구 내용 소개도 필요하지 않나요?

A: 그러려면 학자들이 나와서 토론을 해야 하는데, 시청률도 무시할 수 없어서요. 오락적인 요소가 필요한 TV 프로그램에서 영양학이나 약재에 관해서 너무 많은 것을 다루면 시청자들은 고리타분하다고 여기거든요.

Q: 그럼 채식에 관한 내용은 있나요?

A: 물론이죠. 나는 이 프로그램에서 진정한 채식에 관해 다룰 거예요. 콩고기로 만든 채식용 차슈(叉燒)나 거위구이가 아니라요. 비록 이런 요리는

콩으로 만든 것이긴 하지만, 나는 이런 요리를 먹는 것도 진짜 고기를 먹는 것과 별반 다를 바 없다고 생각해요. 이것은 진정한 채식이 아니에요.

Q: 그렇다면 채식요리 하나만 소개해주시겠어요?

A: 채식요리를 만들 때는 식재료 선정이 중요해요. 해조류 중에 '바다포도'라는 것이 있는데, 이것을 식초와 설탕에 절여 먹으면 정말 맛있답니다.

Q: 유명한 요리사가 나와서 음식을 만드나요?

A: 요리사가 시범을 보이기는 해요. 하지만 일반 가정주부들의 솜씨도 간과할 수 없어요. 주부들은 자신의 자녀에게 먹이는 음식이기 때문에 정성을 다해서 만들거든요. 이런 정성은 일류 요리사들한테서는 볼 수 없는 것이랍니다. 또한, 주부들은 빨리 음식을 뚝딱뚝딱 잘 만들어내기도 해요. 주로 남편이 손님들을 이끌고 갑자기 들이닥칠 때겠죠. 우리는 일반 가정집에 숨어 있는 이런 일류 요리사들을 일일이 발굴해내고 있어요.

Q: 다이어트 요리는 소개할 예정이신가요?

A: 아니요.

Q: 단호하게 대답하시네요.

A: 가장 효과적인 다이어트는 아무것도 먹지 않는 거예요. 먹지 않으면 살이 빠지기 마련이죠. 니콰은 예전에 '나치 수용소에는 뚱뚱한 사람이 없다.'라고 말한 적이 있어요. 그 말이 맞는 것 같아요. 먹으면서 살 뺄 생각은 아예 하지도 않는 게 좋아요.

Q: 그러면 사람과 음식과의 관계에 관해서는요?

A: 요리 프로그램은 재미있어야 해요. 눈물을 쥐어짜는 감동적인 분위기를 원한다면 〈혀끝으로 느낀 중국〉이라는 프로그램을 보는 게 더 나을 거예요.

Q: 외국에서 방영되는 요리 프로그램 중에서 참고한 것이 있나요?

A: 나는 그런 프로그램을 모방하고 싶지 않아요. 기획 의도는 참고할 수

있지만, 그들처럼 1시간 이내에 많은 요리를 만들어내야 하는 압박감을 느끼고 싶지 않거든요. 나는 그저 전문 요리사와 비전문가 몇몇을 초대해서 20분 이내에 요리 몇 개를 만들어낼 뿐이에요.

Q: 그게 가능한가요?

A: 그럼요. 중국 요리는 대부분 고온에 삶거나 볶는 것이어서 짧은 시간 내에 만들어낼 수 있어요. 〈요리의 철인〉 같은 프로그램에 나오는 솜씨 좋은 요리사가 만든다면 1시간 이내에 한상차림을 만들어내는 것은 어려운 일도 아닐 거예요.

살짝 맛보기

나는 젊은 친구들과 대화를 나눌 때 주로 먹는 것에 관해 이야기한다. 이들뿐만 아니라 나와 교류하는 사람들 모두 음식과 관련된 토론을 즐긴다. 먹는 이야기는 해도 해도 즐거워서이다.

"제가 보기에 선생님은 원래 많이 드시는 분이 아닌 것 같아요. 게다가 주변 사람들조차도 선생님이 잘 드시지 않는다고 말하곤 해요. 도대체 왜 그러신 거죠? 이미 지겹도록 많이 먹어서 그런 것인가요 아니면 연세가 드셔서 그런 건가요?"

한 젊은 친구가 당돌하게도 단도직입적으로 물어보자 나는 진지하게 답변해주었다.

"내가 나이를 많이 먹었다는 건 잘 알고 있어요. 하지만 늙었다는 건 죄가 아니에요. 세월이 지나면 언젠가 당신도 알게 될 거예요. 지겹도록 많이 먹어서 음식이 물렸다는 말은 틀린 것 같아요. 아무리 많이 먹는다고 해도 맛있는 음식이 어떻게 물릴 수가 있죠? 단지 요즘 음식은 맛있는 것이 많지 않아서 조금 덜 먹는 것뿐이에요."

"예? 시장에 가면 과일이나 채소가 넘쳐나고, 돼지고기나 닭고기 같은 고기에서부터 우럭이나 놀래기 같은 생선까지 없는 게 없는데, 어떻게 맛있는 게 별로 없다고 말씀하세요?"

젊은 친구는 내 대답에 충격을 받은 듯 놀라며 반문했다.

"내 말은 제대로 된 음식이 없다는 뜻이에요. 요즘 시장에서 흔히 볼 수 있는 생선은 양식이 대부분이죠. 고기류는 지방 부위가 점점 줄고 있고, 채소류도 유전자 변형으로 인해 맛이 더 없어졌어요. 게다가 일부는 인위적으로 생장을 촉진하기 위해 농약을 과도하게 쓰고 있잖아요. 그뿐만 아니라 가짜라는 것을 감추기 위해 공업용 색소를 첨가하기도 하죠. 먹고 사람이 죽든 말든 상관하지 않고요. 이런 식재료로 만든 음식은 맛이 없는 것은 둘째 치고, 먹어서 탈이 날 수도 있으니 결코 웃어넘길 일은 아니라고 봐요."

내 말이 조금 심각하게 들렸는지 젊은 친구는 걱정스러운 듯 내게 다시 물었다.

"그럼 우리는 어떻게 해야 하나요?"

"살짝 맛만 보면 돼요."

"맛만 본다고요?"

"네. 간단하지만은 않은 방법이에요. 맛있는 음식을 앞에 두고 참기가 쉽지 않듯이 살짝 맛만 보는 것도 어려운 일이에요."

내가 이렇게 말하자 젊은 친구는 바짝 다가들며 궁금한 듯 질문을 이어갔다.

"그러면 도대체 무엇부터 시작하면 되나요?"

"맛있는 것을 찾아 먹으려는 노력부터 해보세요. 너무 싼 것만 찾지 말고,

조금 비싸더라도 자연산을 사 먹는 거예요. 그러면 그 깊은 맛에 점점 빠져
들어 양식이나 인공 재배한 식재료는 눈에도 안 들어올 거예요."

　젊은 친구는 내 말을 조금은 이해했다는 듯이 고개를 끄덕이더니 불쑥 내
게 다시 질문을 던졌다.

　"그런데 살짝 맛보는 거랑은 무슨 관계가 있죠?"

　"현재 여러분이 사는 시대는 금전적으로 부족한 건 없지만, 자연산을 먹
을 기회는 그리 많지 않을 거예요. 그러면 너무 욕심을 부리지 말고 조금씩
접해보면 된답니다. 만약 양식 생선이라도 그것으로 국물을 내서 새하얀 쌀
밥 위에 살짝 끼었어만 먹어도 훌륭한 한 끼 식사가 될 수 있어요."

　"쌀밥은 먹으면 살이 찌잖아요!"

"그건 속설일 뿐이에요. 요즘 사람들이 어디 밥을 많이 먹기나 하나요? 살이 찌는 건 쓰레기 같은 음식을 많이 먹기 때문이에요. 쓰레기 같은 음식이란 대부분 기름에 지지고 튀긴 것들이죠. 그런 음식을 많이 먹으니 자꾸 살이 찌죠!"

"음식은 기름에 지지고 튀겨야 맛있잖아요. 선생님은 그런 음식을 좋아하지 않으시나요?"

"물론 좋아하긴 하죠. 하지만 나는 좋은 것만 먹는답니다."

"그런 음식에도 좋고 나쁜 게 있나요?"

"그럼요. 밀가루 반죽을 두껍게 입힌 것은 기름을 꽤 많이 먹는답니다. 그래서 나는 그런 것을 보면 두렵기까지 해요. 일본의 덴푸라(Tempura) 같은 튀김 요리는 재료를 튀겨낸 후에 바로 건져서 종이 위에 올려둔답니다. 그러면 종이가 기름을 흡수해서 재료에는 기름이 거의 남지 않게 되죠. 그런 것을 먹으면 다시는 기름에 찌든 튀김을 먹지 못할 거예요."

"좋은 건 알지만, 날마다 덴푸라 같은 고급 요리를 먹고 다닐 수는 없잖아요."

"돈을 아끼려면 어쩌다 한 번씩만 가면 돼요. 그러다 보면 KFC의 닭튀김이 먹고 싶다는 생각은 점점 줄어들 거예요. 같은 이치로 좋은 초밥집에서 초밥을 먹다보면 회전식 초밥은 거들떠보지도 않게 되죠."

"무슨 말씀인지는 알겠어요. 하지만 우리 젊은이들은 한창 클 시기인데, 선생님은 왜 배불리 먹지 말라고 하시는지 잘 모르겠어요."

"배불리 먹지 말라는 말이 아니에요. 음식 하나로 배를 채우는 것보다 어묵완자, 볶음밥, 라면 등과 같은 다양한 음식을 조금씩 맛만 보는 게 더 낫다는 뜻이에요. 연애할 때는 이 사람 저 사람 만나며 바람을 피우면 안 되지만, 적어도 음식을 먹을 때는 바람피우듯이 이것저것 먹어봐야 한다고 생각해요."

"어째서 그렇죠?"

"한 가지 음식을 너무 많이 먹으면 탈이 날지도 모르니까요. 요즘 생선에서 발암물질인 말라카이트 그린이 검출된다는 말을 들어본 적이 있을 거예요. 만약 그래서 먹기가 두렵다면 조금 적게 먹으면 돼요. 그리고 샤부샤부의 일종인 휘궈(火鍋)에 질 나쁜 기름이 섞여 있다면 이것 역시 조금만 먹으면 괜찮을 거예요. 차를 마셔서 해독시키면 되니까요."

"선생님 말씀은 무엇이든 다 먹어도 괜찮지만, 가능한 한 조금만 먹으라는 뜻인 건가요?"

"맞아요. 하지만 다양한 음식을 맛보는 게 중요해요. 중국 요리를 다 맛보고 나면, 일본 요리를 먹으면 돼요. 그다음에는 한국 요리, 태국 요리, 베트남 요리, 서양 요리 등 무엇이든 다 먹어보는 게 좋은데, 그렇다고 해서 미친 듯이 많이 먹을 필요는 없어요. 그저 몇 종류의 요리를 골고루 맛보면 된답니다."

"싫어하는 건 없으신가요? 저는 치즈를 너무 싫어해서 아예 건드리지도 않아요."

"일단 억지로라도 먹어보고 좋아할지 말지를 결정하는 게 더 나을 거예요. 한번도 먹어보지 않으면 평생 그 맛을 알지 못하잖아요. 요즘 젊은 사람은 다들 호기심이 많은데, 당신은 그렇지 않은 것 같네요. 물론 치즈는 냄새가 고약해서 처음 접하는 사람은 싫어할 수도 있어요. 하지만 냄새가 나지 않는 크라프트(Kraft) 치즈부터 조금씩 맛보면 될 거예요. 단맛이 첨가되어 있어 부드러운 치즈 케이크를 먹는 느낌이 난답니다. 이것을 먹다보면 아마 다른 치즈를 찾게 될지도 몰라요. 왜냐하면, 크라프트 치즈는 우유로 만든 것이어서 맛이 조금 밍밍하거든요. 그러면 양젖으로 만든 진한 치즈를 맛보면 되는데, 그때면 이미 당신은 치즈 맛에 흠뻑 빠져들었다고 할 수 있죠."

"두리안도 치즈랑 비슷한가요?"

"맞아요. 두리안을 냉동실에 넣고 꽝꽝 얼린 뒤에 칼로 잘게 썰어 먹으면 두리안 아이스크림을 먹는 느낌이 들죠. 이렇게 먹다보면 태국산 두리안으로는 만족하지 못하고 가장 맛있다는 말레이시아산 무싱킹을 찾게 될지도 몰라요.”

“무슨 말씀인지 알겠어요. 하지만 여전히 사람들은 맥도날드나 KFC에서 패스트푸드 먹는 것을 더 좋아하죠. 그런 사람들은 어떻게 해야 하나요?”

“찾는 사람이 늘어서 그런 곳들이 더 많이 생기면 당신에게는 좋겠죠.”

그러자 젊은 친구는 비난을 받아 조금 억울하다는 듯 볼멘 목소리로 내게 말했다.

“저는 제가 좋아하는 음식을 실컷 먹을 거예요. 선생님이 뭐라고 하셔도 상관없어요.”

“알았어요. 내가 지금 뭐라고 잔소리를 해도 머릿속에 잘 들어오지 않을 거예요. 나도 당신이 내 말을 다 이해한다고 생각하지 않아요. 그저 오늘 내가 한 말이 씨앗처럼 당신의 마음속에 자리 잡아 나중에라도 깊게 뿌리내리기를 바랄 뿐이에요. 하지만 이 말만은 꼭 기억하세요. 오늘 먹은 것은 어제보다 낫고, 내일은 오늘보다 훨씬 더 나은 음식을 먹을 거라는 것을. 이 말을 이해할 때쯤이면 알게 될 거예요. 모든 음식은 조금씩 맛만 보는 것으로 충분하다는 것을…….”

소고기에 관한 나만의 생각

어릴 때 어머니는 가끔 시장에서 소고기 반 근 정도를 사 와서 잘게 썬 뒤에 채소와 함께 달달 볶아서 내게 먹이곤 하셨다. 고기가 질길 때도 있고 부드러울 때도 있었지만, 무엇이든 씹어 삼킬 수 있을 정도로 치아가 튼튼할 때인지라 가리지 않고 맛있게 먹었던 기억이 난다.

나중에 어른이 된 뒤에 서양식을 접하게 되면서 처음으로 소고기 스테이크를 맛보게 되었다. 커다란 고깃덩어리를 앞뒤로 잘 구운 뒤에 나이프로 썰어 먹으면 되는데, 전에는 이렇게 먹어본 적이 없었기 때문에 한때 나는 스테이크 먹는 재미에 푹 빠져버리기도 했다. 하지만 서양식 스테이크는 고기만 나와서 그런지 조금 밋밋한 느낌이 들었다.

영어를 배운 뒤에는 영국인들의 계급관념이 태도에만 적용되는 것이 아니라 단어에도 적용된다는 사실을 알게 되었다. 예를 들어 '비프(Beef)'라는 단어는 소고기의 부위 중에서도 가장 좋은 것을 가리킨다. 그다음 등급인 '옥스(Ox)'는 '옥스 테일(Ox-Tail)' 같은 소꼬리 부위를 말한다. 물론 과거에는 영국 요리가 그다지 맛있지는 않았지만, 등급이 낮은 소꼬리 부위라고 해도 조리만 잘하면 등뼈 부위로 만든 것보다 맛이 훨씬 나았다.

나는 과거 유학 시절에 한국에 간 적이 있는데, 그곳에서 소꼬리를 푹 고아서 만든 '곰탕'을 맛본 적이 있다. 곰탕은 소꼬리 수십 개를 깨끗이 씻은 뒤에 어른 두 사람 팔 둘레만한 솥에 툭툭 썰어 넣고 오랫동안 푹 끓여서 만든다고 한다. 가장 신기했던 것은 물 말고는 그 어떤 조미료도 넣지 않는다는 사실이었다. 과거에 한국에서는 소고기를 고급 식재료로 여겼기 때문에 황제나 고관대작들만 먹을 수 있었다고 한다. 그래서 한국 사람들은 이 귀한 식재료로 요리를 만들 때 조미료를 적게 쓰는 것이 더 좋다고 생각한 모양이다.

커다란 솥에 넣고 하룻밤 내내 푹 끓인 소꼬리 곰탕은 다음날 뜨끈뜨끈한 상태로 대접에 담아서 손님상에 내간다. 테이블 위에는 굵은 소금과 총총 썬 파가 담긴 그릇도 놓여 있는데, 손님들이 알아서 기호에 맞게 간을 맞춰 먹으라는 뜻이다. 아, 그때 먹었던 곰탕 맛이 아직도 기억에 생생하다. 그야말

로 천하일미였다!

　한국 사람들은 소고기를 먹을 줄 아는 민족이다. 어느 부위를 막론하고 모두 요리에 활용해서 먹기 때문이다. 예를 들어 육회를 만들 때는 상질의 소고기를 가늘게 채 썬 뒤에 배와 마늘쪽, 꿀, 달걀노른자 등을 함께 잘 섞어서 먹는다. 한번 먹어보면 그 맛에 반해서 타타르 스테이크 따위는 거들떠보지도 않게 될 것이다.

　타타르 스테이크는 몽골계 기마 민족인 타타르족이 먹던 것이라고 한다. 이들은 말을 타고 다닐 때 말안장 밑에 소고기 덩어리를 넣어두곤 했는데, 그러면 소고기가 부드럽게 짓이겨져서 먹기 좋은 상태가 된다. 이런 식습관이 영국으로 넘어간 뒤에는 양파와 타마린드, 엔초비를 첨가해서 먹게 되었다고 한다. 만약 영국에서 타타르 스테이크를 주문하면 종업원이 직접 눈앞에서 고기를 잘 섞어줄 것이다. 그런 뒤에 티스푼으로 살짝 떠서 간을 보고 맛이 괜찮다 싶으면 각자 접시에 덜어준다.

프랑스 사람들은 소고기를 생으로 먹을 때 이것저것 많이 첨가해서 먹지 않는다. 그저 기계에 넣고 곱게 다진 소고기에 마늘을 조금 넣고, 그 위에 올리브유를 잔뜩 뿌려서 먹을 뿐이다. 예전에 친하게 지내던 여자 친구에게 이렇게 만들어서 그녀의 쌍둥이 딸에게 한번 먹여보라고 권한 적이 있다. 요리에 서툰 그녀가 만들기 쉬울 듯했기 때문이다.

뭐니 뭐니 해도 스테이크로 유명한 나라는 미국이라고 할 수 있다. 그중에서도 가장 맛있는 것은 '포터 하우스 스테이크(Porter House Steak)'로 이것보다 더 맛있는 것은 아마 없을 것이다. 이 스테이크는 중국의 구식 철제 월병 상자만 할 정도로 크고 두껍다. 미국에서 진정한 스테이크의 맛을 보려면 텍사스 주로 가야 한다. 그곳에 가면 소 한 마리를 부위별로 모두 맛볼 수 있기 때문이다. 소고기 마니아라면 커다란 접시에 담아서 나오는 소의 뇌를 먹어보는 것도 괜찮을 것이다.

하지만 미국 사람들은 음식을 너무 단순하게만 만드는 것 같다. 스테이크에 곁들여져 나오는 것이 단지 감자쪼가리일 뿐이기 때문이다. 반면에 프랑스 사람들은 맛의 조화를 고려해서 음식을 세련되게 꾸며낼 줄 안다. 프랑스 사람 역시 스테이크를 덩어리째 내기는 하지만, 그 옆에 작은 컵 같은 것을 함께 담아낸다. 컵이라고 말하기는 했지만, 사실 이것은 소의 넓적다리뼈를 동강 낸 후에 소금을 뿌려서 구운 것이다. 티스푼으로 그 안에 들어 있는 골수를 파내서 스테이크 위에 발라 먹으면 훨씬 더 깊은 맛을 느낄 수 있다.

소 부위 중에서 가장 맛있는 것은 골수라고 할 수 있다. 레스토랑에서는 너무 조금씩 주기 때문에 먹을 때마다 항상 아쉬운 마음이 들었다. 하지만 헝가리에 가면 골수를 실컷 먹을 수 있다. 소뼈 수십 개를 한꺼번에 푹 삶아서 건진 뒤에 손님 테이블에 바로 내주기 때문이다.

소의 뇌와 골수를 맛봤다면 소의 내장도 먹어봐야 한다. 서양 요리 중에서는 소간 구이가 가장 일반적인 소 내장 요리라고 할 수 있다. 하지만 이탈리아에서는 소 내장 중에서도 소의 위로 만든 요리를 즐겨 먹는다고 한다. 만약 피렌체에 갈 기회가 있다면 광장 근처 노점에서 파는 소 위로 만든 조림을 꼭 먹어보기를 바란다. 조림이라고는 하지만, 향신료를 많이 넣지 않고 소금물로만 삶은 것이어서 맛이 꽤 담백하다. 다른 유럽 국가에서도 소의 위로 만든 요리를 즐겨 먹는데, 그곳에서는 주로 토마토를 함께 넣고 조리해서 먹는다.

송아지 콩팥으로 만든 요리는 가장 고급스러운 서양 음식이라고 할 수 있다. 하지만 요선(尿腺)을 제거하지 않은 콩팥으로 조리하면 특유의 냄새가 나기 때문에 반드시 요리 전문가가 손질해야 한다. 그리고 빌(Veal)이라고 하는 송아지 고기는 풀을 먹기 직전의 6개월 정도 된 송아지를 도축한 것이라서 고기 색이 하얗다고 한다. 하지만 풀을 먹기 시작하면 고기 색은 붉게 변해버린다.

서양 사람들은 소 내장 중에서 몇몇 부위를 제외한 나머지 부위는 거의 먹지 않는다고 한다. 그중에서도 그들이 가장 즐겨 먹는 부위는 '스위트브레드(Sweetbread)'이다. 이름에 '브레드(Bread)'가 들어가 있기는 하지만, 빵과는 전혀 관련이 없다. 이것은 송아지의 흉선(胸腺)과 췌장을 가리키는 말인데, 나는 아직도 서양 사람들이 왜 이 부위를 가장 좋아하는지 도통 이해할 수가 없다. 별맛이 없기 때문이다. 아마도 아직 내가 이 음식을 맛있게 만드는 홀륭한 요리사를 못 만난 탓인 듯했다. 나는 호기심이 많아 무슨 음식이든 마음에 드는 맛을 찾을 때까지 계속 먹어보곤 한다. 하지만 이 음식은 그다지 관심이 가지 않는다. 아마 나와 궁합이 맞지 않아서 그런 것 같다.

만약 서양 사람들이 잘 먹지 않는 소 내장을 광둥에 있는 요리사에게 보내준다면 아마 난생처음 보는 멋들어진 요리로 만들어낼 것이다. 광둥 사람들은 소 내장 요리라면 사족을 못 쓰기 때문이다. 이처럼 광둥에서는 소의 생식기까지도 요리로 만들어 먹을 정도이지만, 서양 사람들이 좋아하는 소의 흉선은 잘 먹지 않는다. 아마 나와 입맛이 비슷해서 그런 것 같다. 광둥에서는 치마살과 갈비본살로도 요리를 맛깔나게 만들어낼 줄 아는데, 아마도 고기에 지방과 힘줄, 그리고 살코기가 골고루 섞여서 있어서 특히 더 맛있게 조리되는 것 같다. 하지만 광둥 지역에서도 잘 먹지 않는 부위가 있다. 그것은 바로 소의 사태이다. 아마 광둥 사람들은 이 이름마저도 생소하게 느껴질 것이다.

일본 고베시는 소고기로 유명하지만, 도시 지역이기 때문에 따로 소를 사육할 만한 공간이 없다. 그래서 매년 최고 등급의 소고기를 선정하는 대회를 개최할 때면 주변 지역 농장에서 소를 가져다가 출품한다고 한다. 그때마다 산다(三田) 지역에서 가져온 소가 대상을 받곤 했다. 따라서 가장 좋은 품질의 소고기를 고베규(神戸牛)라고 할 것이 아니라 산다규라고 해야 마땅하다. 만약 일본에서 고베규를 먹으러 간다고 말하면 일본 사람들은 소고기에 대해서 잘 모르는 사람으로 치부해버릴 것이다.

일본에서 소를 사육하기에 가장 좋은 곳으로는 산다 지역 이외에도 마츠사카(松阪)와 오미(近江) 지역이 있다. 그 밖의 지역에서 생산되는 소고기는 품질이 그다지 좋지 않다고 한다. 일본에서는 주로 소고기를 구워서 먹는데, 아마도 육질이 너무 좋아서 다른 방식으로 조리해 먹을 필요가 없어서 그런 듯하다.

소고기를 가장 다양하게 조리해서 먹는 곳은 바로 한국이다. 나는 한국의 소고기 요리 중에서도 갈비찜이 제일 맛있다고 생각한다. 소갈비에 당근, 대추, 잣 등을 넣고 양념을 첨가해서 푹 끓이면 되니 만들어 먹기도 쉽다. 요즘은 잘 볼 수 없지만, 예전에는 오징어를 함께 넣고 갈비찜을 만들어 먹었다고 한다. 육류와 어류는 궁합이 잘 맞는 편인데, 한국 사람들은 현명하게도 예전부터 그 사실을 잘 알고 있었던 듯하다.

중국 차오저우 사람들도 소고기를 즐겨 먹는다고 말할 수 있다. 특히 이곳에서는 소고기 완자를 맛있게 잘 만든다. 게다가 요즘은 소고기 훠궈도 차오저우에서 한창 인기를 끌고 있다고 한다. 샤부샤부용으로 사용되는 부위는 어디냐고? 주로 소 등뼈 중간쯤에 있는 살코기와 비계가 섞여 있는 부위나 목살을 쓴다. 아니면 등뼈 위쪽 머리 부위의 살을 사용하기도 한다. 하지만 소에 살집이 없다면 이런 부위는 찾기 힘들 것이다.

중국 산터우에는 소고기 훠궈를 정말 맛있게 만드는 음식점이 하나 있다. 소문을 들은 각 지역 훠궈 전문점 사장들이 그곳에 가서 식재료를 구해보려고 했지만, 현지인들이 먹기에도 턱없이 부족한 양이라 헛걸음을 하는 경우가 허다했다. 일본은 소를 사육한 지 100여 년밖에 되지 않았지만, 현재 일본산 소고기는 인기가 많아 각국으로 대량 수출을 하고 있다고 한다. 그렇다고 해서 너무 걱정할 필요는 없다. 중국 역시 좋은 품종의 소가 많으니 조금만 노력하면 곧 일본을 따라잡을 수 있을 것이다.

차이란(蔡瀾)의 미식 방랑기

튀김을 향한 애증

아이들은 튀김이라면 사족을 못 쓴다. 나도 마찬가지였다. 어릴 때 튀김이라면 자다가도 벌떡 일어났기 때문이다. 우리 어머니는 음식 솜씨가 좋은 편이셨다. 어머니는 항상 튀김을 만들 때 먼저 돼지고기를 칼등으로 쳐서 힘줄을 끊은 뒤에 조각조각 써셨다. 그리고는 소다크래커를 곱게 빻아서 설탕을 뿌려두셨는데, 이것을 돼지고기에 살짝 묻혀서 튀기면 꽤 괜찮은 맛이

나기 때문이다.

커서는 오히려 튀김을 찾지 않게 되었다. 왜냐하면, 요즘 튀김은 밀가루 반죽을 너무 두껍게 입혀서 주재료인 고기나 해산물의 맛을 거의 느낄 수 없기 때문이다. 게다가 먹고 나면 입가가 온통 기름으로 범벅이 되어 찝찝한 기분이 들기도 했다.

여러 나라를 다니면서 수많은 튀김을 먹어본 후에야 요리 실력이 없는 곳일수록 기름 솥 안에 이것저것 아무거나 집어넣고 마구 튀겨낸다는 사실을 알게 되었다. 그들은 이렇게 대충 튀겨낸 것을 손님 테이블에 내면 그만이었다. 맛이 있든 없든 전혀 개의치 않은 것이다. 미국의 튀김이 그 대표적인 예라고 할 수 있다.

영국의 대표 음식은 피시 앤 칩스(Fish and Chips)이다. 중국 남쪽 지역 사람들은 신선한 생선일수록 찜으로 만들어 먹는 것이 가장 좋다는 사실을 잘 알고 있었지만, 영국 사람들은 그것을 잘 모르는 듯했다. 아니면 식재료로 쓰이는 해산물이 대부분 냉동이어서 밀가루 반죽을 두껍게 입혀서 튀겨내는 수밖에 없었을지도 모른다. 생선튀김과 함께 곁들여져 나오는 감자튀김도 너무 맛이 없어서 나는 크게 실망하고 말았다. 심지어 이런 요리를 좋아한다고 말하는 사람이 이상하게 보일 정도였다.

나는 예전에 일본에서 유학할 때, 돈이 없어서 가장 싼 음식만 찾아서 배를 채웠다. 그때 알게 된 것이 '고로케'였다. 이것은 프랑스어인 '크로켓(Croquette)'에서 유래된 말로 잘게 다진 고기나 생선, 채소 등을 둥글게 빚은 뒤에 밀가루 반죽과 빵가루를 입혀서 튀겨낸 음식이다. 호두만큼 작은 것에서부터 달걀만 하게 큰 고로케도 있었다. 내가 유학생 시절에 먹은 고로케는 안에 으깬 감자만 들어 있었다. 다들 한번 생각해보라. 이런 음식이 과연 맛있을 수 있는지 말이다.

요즘은 새우튀김도 대부분 재료로 쓰인 새우가 냉동인 것을 감추기 위해 밀가루 반죽을 두껍게 입히는 편이다. 여기에 새콤달콤한 소스까지 잔뜩 뿌리면 아마 감쪽같을 것이다. 그래서 나는 튀김을 너무 싫어한다. 쳐다보기도 싫을 정도였다.

물론 이 말은 내가 철없을 때 아무것도 모르고 내뱉은 말이다. 여러 곳을 다니며 다양한 튀김을 맛본 뒤에는 그 속에 숨어 있는 심오한 뜻을 알게 되었다. 맛 또한 내가 아직 고수를 만나지 못했을 뿐이지 세상에는 튀김을 잘 만드는 요리사들이 쇠털같이 많다.

나는 정말 맛있는 덴푸라를 맛본 적이 있는데, 어떻게 이런 맛을 낼 수 있는지 궁금할 정도로 맛있었다. 요리사에게 비법을 물어보자 그는 이렇게 말했다.

"먼저 '튀기다'라는 말을 정확하게 이해할 필요가 있어요. 사람들은 단지 이 말을 날 것을 기름에 넣고 익혀내는 것이라고만 알고 있어요. 하지만 그게 다는 아니에요. 우리는 새우튀김을 만들 때 반드시 살아 있는 새우를 사용해요. 그리고 새우의 맛을 잘 살리기 위해 가능하면 튀김옷을 얇게 입히려고 한답니다. 이렇게 튀겨낸 새우를 가다랑어포와 무즙으로 만든 소스에 찍어 먹으면 그야말로 입안에서 살살 녹는 튀김이 되는 거죠."

"그러면 기름은요? 엑스트라 버진 올리브유를 사용하시나요? 어떤 기름을 써야 이 튀김처럼 느끼하지 않을까요?"

내가 물어보자 그는 웃으며 이렇게 말했다.

"우리는 동백기름을 써요. 그동안 다양한 기름을 사용해봤지만, 이 기름이 가장 나았어요. 올리브유는 그냥 먹기에는 좋지만, 열에 약해서 튀김 기름으로는 적당치 않아요. 우리 튀김에서 기름기가 거의 느껴지지 않는 것은 수십 년간 닦아온 내공에서 비롯된 것이라고 할 수 있죠. 하하!"

언젠가 나는 영국에서 정말 맛있는 피시 앤 칩스를 맛본 적이 있다. 하지만 곁들여져 나온 감자튀김은 여전히 맛이 없었다. 프랑스에서는 거위고기로 만든 튀김을 먹어보았는데, 그제야 사람들이 왜 '프렌치프라이(French Fries)'라고 말하는지 이해할 수 있을 것 같았다. 맛있으면서도 기름지지 않아 술안주로 먹으면 제격일 듯했기 때문이다. 하지만 미국 사람들이 먹는 튀김은 미국에서 나고 자란 토박이가 아니라면 별로 좋아하지 않을 듯했다. 아마 100년 동안 줄기차게 먹는다고 해도 맛을 제대로 못 느낄 것 같았다.

이처럼 튀김 요리는 유명 음식점에서 요리사가 전문적으로 만든 것도 맛있지만, 가끔은 길거리 튀김집에서도 맛좋은 튀김을 맛볼 수 있다. 중국 전역에서 팔고 있는 유타오도 내가 좋아하는 튀김 요리 중 하나이다. 하지만 나는 고기 튀김을 먹으면 항상 알레르기 증상이 나타난다. 한번은 태국에서 종

요리 대화방

잇장처럼 얇은 고기 튀김을 먹은 적이 있는데, 바로 반응이 나타나 목구멍에 염증이 생기고 말았다. 게다가 그때는 감기몸살 증상까지 겹쳐서 무척 힘들어했던 기억이 난다.

어릴 때 나는 동남아에서 바나나를 튀긴 '피상고랭(Pisang Goreng)'을 즐겨 먹었다. 하지만 요즘은 알레르기 때문에 손도 대지 못한다. 가끔 홍콩 번화가인 몽콕(旺角) 지역을 걷다보면 길거리에서 내장 튀김을 파는 모습을 볼 수 있는데, 그럴 때면 참지 못하고 몇 조각을 먹곤 한다. 너무 맛있어 보이기 때문이다. 돼지비계 튀김을 주문하면 새우 칩은 물론이고, 돼지비계에서 기름을 뽑고 남은 주유자(猪油渣)도 함께 튀겨준다. 알레르기 따위는 개의치 않고 먹을 만큼 환상적인 맛이었다.

나는 돈가스도 무척 좋아한다. 그중에서도 지방질이 많은 흑돼지 등심으로 만든 것이 특히 더 맛있는 것 같다. 그뿐만 아니라 함께 곁들여져 나오는 새콤달콤한 돈가스 소스도 좋아한다. 이 소스는 돈가스 옆에 한 무더기씩 쌓아주는 양배추 샐러드와 궁합이 잘 맞는 듯하다.

중국 요리에는 튀긴 것이 아주 많다. 보통 튀김이라고 하면 식재료를 뜨거운 기름에 넣고 바싹하게 튀겨낸 것으로 생각할 것이다. 하지만 다롄 요리사 둥창쥐의 말에 따르면 튀김을 그렇게 한 마디로 단정 지어서 말할 수 없다고 한다.

"튀김이란 조리법 중 하나로 이것은 다시 여러 종류로 세분화할 수 있어요. 재료를 그대로 튀긴 것, 튀김옷을 입혀서 튀긴 것, 빵가루를 입혀서 튀긴 것, 재료를 먼저 익힌 후에 튀긴 것, 재료를 돌돌 말아서 튀긴 것, 바싹하게 튀긴 것, 부드럽게 튀긴 것 등 만드는 방법이 무척 다양하답니다. 어떤 때는 두 번씩 튀기기도 해요. 조리법뿐만 아니라 사용하는 식재료도 다양해서 튀김을 한마디로 딱 잘라서 규정할 수는 없어요."

두 번 튀겨서 먹는 것으로는 인도네시아의 비단잉어 튀김이 있다. 인도네시아의 시골 마을에서는 근처 연못에 알록달록한 비단잉어를 기르는데, 그 연못 옆에는 항상 성인 세 사람 팔 둘레 만한 커다란 솥이 놓여 있다. 가끔 마을 사람들이 모여서 잔치를 벌일 때면 연못에 사는 비단잉어를 건져서 산 채로 솥에 집어넣고 튀긴다고 한다. 어느 정도 익으면 한 번 꺼냈다가 다시 튀겨낸다. 그러면 생선 뼈까지 씹어 먹을 수 있을 정도로 부드럽게 익고, 게다가 살균까지 되어 안심하고 먹을 수 있다. 그리고 돌절구에 고추, 마늘, 새우 살, 라임즙을 넣고 잘 빻아서 소스로 찍어 먹으면 가히 천하일미라고 할 수 있다.

요즘 요리사들은 조리하기 귀찮을 때 튀기는 방법을 이용하는 것 같다. 무슨 음식이든 한 번 살짝 튀긴 뒤에 볶아내기 때문이다. 그들은 이렇게 하면 조리시간이 많이 줄어든다고 변명을 하지만, 나는 정말 마음에 들지 않았다. 페퍼 크랩(Pepper Crab) 같은 요리는 원래 게를 토막 낸 후에 바로 볶아야 제맛이 난다. 하지만 요즘은 튀겨낸 것이 대부분이다.

나는 식당 메뉴판에서 볶은 산초와 소금으로 만든 조미료를 뜻하는 '자오옌(椒盐)'이라는 글자가 눈에 띄면 그 요리는 절대 주문하지 않는다. 이름만 그럴싸할 뿐이지 사실 그냥 튀김 요리에 불과하기 때문이다. 어떤 식재료든 자오옌을 넣고 튀겨낸 것일 뿐이어서 맛이 거의 비슷하다고 할 수 있다.

나는 이렇게 대충 튀겨낸 음식을 정말 싫어한다. 이런 것을 사 먹으니 차라리 그냥 집에서 만들어 먹는 것이 더 낫다. 하지만 다들 집에서 튀김을 해 먹는 경우는 드물 것이다. 튀김을 할 때 기름이 너무 많이 들기 때문에 대부분 대충 지져서 먹을 뿐이다. 물론 지져도 맛은 괜찮다. 나도 집에서 자주 음식을 지져 먹곤 하기 때문이다.

튀김이나 지짐 요리 둘 다 기름으로 조리하지만, 지지는 편이 기름이 훨씬 적게 든다. 지질 때는 약한 불로 은근하게 지지는 것이 좋다. 그래야 맛있기 때문이다. 달걀부침을 직접 해 먹어보면 내 말뜻을 충분히 이해할 수 있을 것이다.

아무래도 튀긴 음식은 식당에 가서 먹는 것이 더 나을 듯하다. 집에서 튀김을 만들면 쓰고 남은 기름이 아까워서 또 재활용하기 때문에 오히려 건강에 더 안 좋을 것 같다. 그래서 일본 사람들은 집에서 튀김을 하고 나면 남은 기름에 밀가루를 집어넣는다고 한다. 그러면 기름이 잘 응고되어 버리기 쉽기 때문이다. 알아두면 좋은 생활 상식인 것 같다.

컵라면 예찬론

미국의 유명한 라면 평가 사이트 '라면 레이터(Ramen Rater)'에서 선정한 2013년 '세계에서 가장 맛있는 컵라면 10선'을 보면 다음과 같다.

---

1. 인도네시아의 인도미(Indomie) 미고랭(Mi Goreng)

2. 일본의 닛신(Nissin) 구타 데미 햄버거멘(Goo Ta Demi Hamburg-Men)

3. 한국의 농심 신라면 블랙

4. 일본의 세븐 앤 아이(Seven&I) 소유 라면(Shoyu Noodle)

5. 한국의 팔도 꼬꼬면

6. 한국의 오뚜기 백세 카레면

7. 인도네시아의 잇 앤 고(Eat&Go) 스파이시 치킨 미(Spicy Chicken Mi)

8. 한국의 팔도 곰탕

9. 일본의 닛신 합메이도(合味道) 컵 누들 시푸드 카레(Cup Noodle Seafood Curry)

10. 영국의 폿 누들(Pot Noodle) 봄베이 베드 보이 플레이버(Bombay Bad Boy Flavour)

일반적으로 음식이나 식당의 평가는 공정할 수가 없다. 평가하는 사람의 입맛에 따라 다르게 나타날 수도 있기 때문이다. 예를 들어 레스토랑 평가서로 유명한 미슐랭 가이드도 프랑스에서는 믿을 만하지만, 아시아 지역에서는 그들 입맛에 맞춘 것일 뿐이라고 여기고 있다. 다른 잡지에서 선정된 맛집들도 광고용이 대부분이다.

라면 레이터에서 순위로 매긴 컵라면 역시 '한스 리네시(Hans Lienesch)'라고 하는 블로거의 개인적인 기호에 따라 선정된 것일 뿐이다. 그는 12살 때부터 라면의 매력에 빠져들어 2002년부터는 전 세계의 라면을 모으기 시작했다고 한다. 그렇게 모은 라면이 어느덧 1,000여 종에 이르렀고, 더불어 블로그에 올린 맛 평가 글도 1,000여 편에 이르게 되었다.

나도 그의 시식 평을 읽어본 적이 있는데, 놀랄 만큼 상세했다. 면이나 육수, 재료 분석에서부터 라면 포장지나 뒷면의 제품 설명서 사진까지 모두 올려두었다. 그뿐만 아니라 끓이기 전과 끓인 후의 비교 사진까지 남길 정도로 열성을 보였다. 이런 상세한 설명 덕분에 그의 블로그 방문자 수는 200만 명에 달할 정도였다. 이렇게 그의 블로그를 찾는 사람이 많다보니 라면 제조업체도 신제품을 개발하면 그에게 보내 맛을 평가해달라고 요청하기도 했다.

나 역시도 그의 판단에 믿음이 갔다. 무슨 단체에 소속돼서 맛을 평가한 것이 아니라 순전히 개인적인 관점에서 의견을 말한 것이기 때문이다. 그의 말에 완전히 동의할 수는 없지만, 적어도 그가 공정하지 않다고는 말할 수 없다. 입맛이란 오로지 개인적으로 좋고 싫은 것을 구분하는 것뿐이기 때문이다.

비록 그처럼 많이 먹어보지는 못했지만, 나 나름대로 선정한 '맛있는 라면 10선'이 있다. 원산지가 분명한 것만 선정하였고, 브랜드만 내걸고 다른 부속공장에서 만든 제품은 포함하지 않았다.

내가 가장 좋아하는 컵라면은 닛신의 '합메이도'이다. 그중에서도 달걀과 새우, 고기 건더기가 들어있는 오리지널 제품을 특히 더 좋아한다. 카레나 다른 맛이 나는 다른 제품은 고유의 맛을 잃어버린 것 같아서 그다지 즐기지 않는다. 내가 이 라면을 좋아하는 또 다른 이유는 바로 전 세계에서 최초로 출시된 컵라면이기 때문이다. 닛신은 홍보를 위해 이미 30~40년 전부터 뉴욕 타임스퀘어에 김이 모락모락 나는 컵라면 모형 광고를 게재하기도 했다.

그뿐만 아니라 닛신은 제품의 품질 향상을 위해 항상 온 힘을 다해왔다. 다들 컵라면에 뜨거운 물을 부으면 면 덩어리가 컵 위로 둥둥 뜬다는 사실을 잘 알 것이다. 그러면 면 아래쪽은 너무 익고, 위쪽은 덜 익기 마련이다. 이런 폐해를 막기 위해 닛신은 면 덩어리를 컵 중간에 끼워서 움직이지 못하게 만드는 기술을 개발해냈다. 그런 후에 특허를 받아서 다른 업체들이 똑같은 제품을 만들지 못하도록 조치해두기도 했다. 하지만 수년 전에 특허 기간이 만료되어버려 지금은 다른 라면 제조업체들도 이 기술을 이용해서 컵라면을 만들어내고 있다.

내가 두 번째로 좋아하는 것은 '원조 닭 육수 라멘'이다. 이것은 컵라면이라기보다는 사발면에 가깝다. 비록 합메이도 컵라면처럼 중간에 면을 끼워둘 수는 없지만, 면발에 국물이 잘 배어들기 때문에 끓는 물을 붓고 3분이 지나면 바로 먹을 수 있다. 이것 역시 일본 닛신 제품으로 100% 일본산 닭고기로 만들었다고 한다. 그리고 안에는 건조한 달걀 덩어리가 들어 있어 국물맛이 더욱 좋다.

이 라면은 맛도 좋을 뿐만 아니라 먹으면 먹을수록 좋은 일도 많이 할 수 있다. 컵라면 1개를 살 때마다 0.34엔을 유엔 세계 식량 계획기구(WFP)로 자동 기부하는 시스템이기 때문이다. 이렇게 모은 기부금 중에서 3천만 엔 정도는 세계 빈곤 아동계층을 위해 쓰인다고 한다.

언젠가 타이완 네티즌들이 한스 리네시가 선정한 맛있는 컵라면 10선에

자국 제품이 들지 않은 것에 불만을 품고 댓글을 달아 강력하게 항의한 적이 있었다. 결국, 그는 타이완 국민들에게 정중하게 사과했다고 한다. 하지만 나는 타이완 사람들이 불필요한 행동을 했다고 생각한다. 단순히 개인적인 기호에 불과할 뿐인데, 항의한다고 해서 무슨 소용이 있겠는가? 아무튼, 나는 타이완 사람들의 사고는 잘 이해되지 않지만, 타이완에서 만든 '웨이리(維力)자장면'은 즐겨 먹는다. 둥그런 원통처럼 생긴 컵라면인데, 독특하게도 컵이 두 겹으로 되어 있다. 컵라면 뚜껑을 따면 그 안에 또 다른 컵라면이 들어 있는 것이다. 그리고 수프도 2종류가 담겨 있다. 먹을 때 먼저 국물용 수프를 면 위에 뿌리고 끓는 물을 붓는다. 3분 후에 비어 있는 컵라면 그릇에 국물을 따라낸 후에 마지막으로 자장 소스용 수프를 불린 면 위에 뿌리고 비벼 먹으면 된다. 이것을 먹을 때 따라둔 국물을 함께 먹으면 훨씬 더 맛있을 것이다.

이 웨이리 자장면이 내가 세 번째로 좋아하는 컵라면이다.

다음으로 내가 네 번째로 좋아하는 컵라면은 일본의 'U.F.O. 야키소바'이다. 이것 역시 닛신의 제품이다. 기존 컵라면 용기 형태가 둥글납작한 비행접시처럼 생겼다고 해서 U.F.O.라고 부르게 되었다고 한다. 새로 나온 컵라면 용기는 사각형인데, 위쪽은 넓고 아래쪽은 좁은 형태이다. 이런 형태는 1분이면 면발이 익기 때문에 원통형 용기보다 훨씬 나은 것 같다. 컵라면 뚜껑을 뜨면 액상 수프와 초록색 이끼 같은 후리카케 가루 수프가 나온다. 이것을 꺼낸 뒤에 속 뚜껑 한쪽 귀퉁이를 살짝 뜯어보면 작은 구멍이 숭숭 뚫려 있는 은박지가 드러난다. 라면을 먹을 때 뜨거운 물을 붓고 1분 정도 기다린 후에 이 구멍을 통해 국물을 흘려보내면 된다. 익힌 면발을 살짝 헤집어보면 안에 들어 있는 돼지고기 건더기가 잘 익은 것을 확인할 수 있다. 마지막으로 면발에 액상 수프를 넣고 잘 비빈 후에 후리카케 가루를 뿌려서 먹으면 된다. 아마 새콤달콤한 맛에 반해 다들 이 컵라면을 좋아하게 될 것이다.

다섯 번째로 좋아하는 것은 '삿포로 이치방(一番)' 컵라면이다. 안에는 쇼유(Shoyu) 맛 수프와 건조된 청경채, 양배추, 당근, 옥수수가 들어 있다. 이것 역시 뜨거운 물을 부은 후에 3분이 지나면 바로 먹을 수 있다. 놀랄 만큼 맛있지는 않지만, 실망스러운 맛은 아닐 것이다.

여섯 번째는 일본의 '탄탄멘(担担麵)'으로 에이스 쿡(Ace Cook)이라는 업체가 출시한 제품이다. 고기나 파 같은 건더기 수프와 양념 수프가 면과 함께 섞여 있기 때문에 바로 뜨거운 물을 붓고 3분 후에 액상 수프만 별도로 넣어주면 된다. 너무 맵지 않고, 게다가 땅콩 맛이 느껴져 무척 고소하다.

일곱 번째는 태국의 '마마(Mama) 컵라면'이다. 태국에서 파는 것은 컵라면 용기에 영문 표기가 없고, 태국어로만 되어 있다. 이 컵라면은 똠얌꿍 맛과 치킨 그린 카레 맛 두 종류뿐이라고 한다. 면발이 가늘어서 금방 잘 익을 뿐만 아니라 탄성도 좋다. 국물이 얼큰해서 매운맛을 좋아하는 사람이라면 아마 이 컵라면을 좋아하게 될 것이다.

여덟 번째는 비빔면의 일종인 인도네시아의 '인도미 미고랭'이다. 컵라면 안에 세 종류의 양념 수프가 들어 있지만, 다른 건더기 재료는 없다. 그래서 이 컵라면은 담백한 맛이 난다.

아홉 번째 역시 인도네시아 컵라면인 '잇 앤 고(Eat&Go)'이다. 이것은 다섯 종류의 수프가 들어 있는 탕 같은 라면이라고 할 수 있다.

마지막 열 번째는 컵라면계의 신귀족이라고 불리는 베트남 쌀국수 '오! 라이시(Oh! Ricey)'이다. 일본 에이스 쿡에서 연구 개발해낸 제품으로 소고기 맛과 닭고기 맛 두 종류가 있다. 이 컵라면은 면발이 진짜 쌀국수처럼 그럴 싸해 보인다. 국물 맛도 담백해서 먹을 만할 것이다. 먹을 때 피시 소스를 조금 뿌려 먹으면 더욱 맛있게 즐길 수 있다.

내가 선정한 10종류의 컵라면 중에는 한국 제품이 없다. 하지만 나는 한국 사람들의 반발이 걱정되지는 않는다. 순전히 내 개인적인 입맛에 따라 선정된 것이기 때문이다. 한국 라면은 상하이에서 파는 라면과 맛이 비슷해서 내 입맛에는 잘 맞지 않는다. 달걀과 알칼리수로만 반죽한 면보다 탄성이 떨어져 맛에 한계가 있는 듯했기 때문이다. 이것은 한스 리네시도 잘 알지 못하는 사실일 것이다.

여행 짐을 쌀 때 빼먹지 않고 한두 개쯤 꼭 챙겨 넣는 것이 바로 컵라면이다. 낯선 여행지에서 출출할 때 컵라면 하나를 끓여 먹고 자면 잠도 잘 오기 때문이다. 정말이지 컵라면은 위대한 발명품이라고 할 수 있다. 컵라면 만세!

08

찬 요리 예찬론

중국 사람들은 음식을 따끈하게 데워먹는 식습관이 있어서 음식을 차게 먹는 것을 그리 좋아하지 않는다. 만약 손님상에 찬 음식을 내놓는다면 손님은 자신을 홀대한다고 여겨 불쾌해할 것이다. 하지만 나는 생각이 다르다.

나는 찬 음식에 길이 들어 김이 모락모락 나는 뜨거운 음식이나 돼지기름으로 볶아 구수한 냄새가 나는 라오판(捞饭, 광둥(广东)성이나 산시(山西)성 지역의 전통 먹거리로 끓인 밥을 다시 건져서 찐 것-역주)이 나오더라도 일단 옆으로 밀어놓고 식기를 기다렸다가 먹는다. 이런 식습관은 아마 타고난 것인 듯하다. 어릴 적부터 밥이 식기를 기다렸다가 반찬 국물을 끼얹어서 먹곤 했기 때문이다. 그럴 때마다 항상 엄마에게 혼쭐이 났지만, 나는 고집스럽게도 이런 식습관을 고치려고 하지 않았다.

커서는 집안 형편이 좋지 않아 직접 학비를 벌어서 유학 생활을 해야 했다. 힘든 시간이었지만, 일본에서 지낸 8년 동안은 물 만난 고기처럼 늘 행복했다. 왜냐하면, 일본 사람들도 찬 음식을 즐겨 먹었기 때문이다. 이후에 영화업계로 발을 들였을 때, 나는 시작부터 책임자 역할을 맡게 되었다. 식사 시간이 되면 도시락이 배달되어 오는데, 윗사람이라고 먼저 먹을 수는 없어 스태프들에게 다 나눠준 뒤에 남는 것을 먹었다. 맨 나중에 먹다보니 음식은 항상 식어 있고, 겨울이 되면 그것은 더욱 차갑게만 느껴진다. 하지만 처음이 힘들지 쫄쫄 굶은 상태에서 먹다보면 찬 것이든 뜨거운 것이든 가리지 않게 된다.

인도로 로케이션을 갔을 때였다. 당시 식사를 담당하는 곳에서는 끼니때마다 거친 쌀로 지은 밥을 커다란 바나나 잎에 한 주걱씩 퍼 담아주었다. 카

레 소스도 없이 후추 액만 살짝 뿌린 것이었는데, 나는 이런 음식만 먹고 몇
달 동안을 버텼다. 차갑게 식은 음식이라는 것은 두말할 필요도 없을 것이다.

　태국에서 촬영했을 때는 다행히도 식사를 담당하는 업체가 매일 메뉴를
바꿔서 맛있는 음식을 준비해주었다. 스태프들은 접시에 밥을 가득 담고 그
위에 반찬을 얹어서 한쪽 구석으로 가 쪼그리고 앉아서 밥을 먹곤 했다. 나
도 항상 그들과 함께 밥을 먹었는데, 이때도 역시 밥은 차갑게 식은 것이었
다. 습관이 되었는지 홍콩으로 돌아온 뒤에도 가사도우미가 밥을 차려주면
아주 자연스럽게 음식을 접시에 담아 들고 거실 한 귀퉁이로 가서 쪼그리고
앉아 밥을 먹는다. 가족들은 질색하지만, 나는 오히려 당당하다. 자기가 먹고
싶은 대로 먹으면 그만 아닌가!

　요즘 사람들은 식재료만 신선하다면 찬 음식도 맛있게 먹을 수 있다고 여
긴다. 특히 복요리는 차가울수록 비린내가 덜하고, 차오저우의 특산 음식 중
게로 만든 둥셰(凍蟹)는 차갑게 식힌 것이 더 맛있다는 것을 알게 된 것이다.

밥도 가끔은 식은 밥이 더 맛있다. 중국 우창(五常) 지역에서 생산되는 우창미나 일본 나가타와 야마가타(山形) 지역에서 생산되는 쌀은 식은 뒤에 먹어야 그 고소한 참맛을 제대로 느낄 수 있다. 뜨거울 때 먹으면 절대 알 수 없는 맛이다.

서양 사람들은 코스요리를 먹을 때 주로 찬 음식부터 먹는다. 파르마(Parma) 햄과 멜론, 아보카도와 게살 요리, 각종 샐러드 등의 냉채를 먹지, 뜨거운 음식을 애피타이저로 잘 먹지 않는다. 애피타이저로 수프를 먹을 때도 토마토나 녹두 등을 오래 끓인 후에 차갑게 식혀서 먹는다고 한다.

술은 두말할 필요도 없이 차게 먹는 것이 제일 좋다. 특히나 최고급 중국 술 화댜오(花雕)를 마실 때는 따끈하게 데울 필요가 없다. 차가운 상태로 마셔야지 제대로 된 술맛을 느낄 수 있기 때문이다. 일본의 최고급 사케인 '주욘다이'도 뜨겁게 데워먹지 않는다. 실온에 두고 먹거나 미지근할 정도로만 살짝 데워서 먹는다고 한다. 일본 사람들은 이런 상태의 술을 '누루칸(Nurukan)'이라고 하는데, 주문할 때 이런 말을 사용한다면 주방장은 당신을 술 전문가쯤으로 여겨 극진하게 대접할 것이다.

일본의 초밥 역시 찬 음식에 속한다. 연어 알 덮밥이나 성게 알 덮밥은 밥이 너무 뜨거우면 위에 덮인 해산물이 바로 익어버리기 때문에 한 김 식힌 후에 담는다. 그렇게 하지 않으면 날로 먹어야 하는 싱싱한 해산물의 참맛을 제대로 느낄 수 없을 것이다. 주먹밥도 마찬가지로 차게 먹어야 한다. 식은 밥에 매실 장아찌나 연어 다진 것을 넣고 만든 주먹밥을 맛보면 뜨거운 음식은 생각조차 나지 않을 것이다.

일본 사람들은 기차역에서 파는 도시락을 '에키벤(駅弁)'이라고 부른다. 일본 기차여행의 최대 묘미는 이 에키벤을 맛보는 것이라고 할 수 있다. 지역마다 특색이 있는 도시락을 판매하고 있기 때문이다. 마츠사카역에 가면 소고기 도시락을 꼭 맛봐야 한다. 만약 홋카이도 여행 중이라면 게로 만든 도시락이 대부분일 것이다. 그리고 시모노세키에는 복어가 많이 잡히기 때문에 복어 도시락을 주로 판매하고 있다. 일본에 있는 백화점에서는 1년에 한두 번씩 전국의 에키벤을 쭉 전시해두고 축제를 벌이기도 한다. 그리고 도쿄나 오사카 같은 대도시 역에서는 일 년 내내 전국의 에키벤을 판매하고 있어 언제든지 다양한 일본 도시락을 맛볼 수 있다. 이것 역시 찬 음식의 일종이다.

찬 음식을 먹을 때는 따끈한 음료를 마셔서 위를 보호해줘야 한다. 예전에는 에키벤을 사면 안에 찻잎이 든 도자기 병을 무료로 줘서 따끈한 차와 함께 도시락을 먹을 수 있어서 좋았다. 하지만 수공예 도자기 병의 가격이 오르자 곧 플라스틱병으로 대체되었다. 게다가 찻잎마저도 저렴한 티백으로 교체되어 지난날의 운치가 많이 사라져버렸다.

한국의 김치는 모두 찬 음식에 속한다. 특히 한정식집에 가면 김치를 포함한 10~20종류의 밑반찬이 나오는데, 나는 이런 한국의 음식문화가 무척 마음에 든다. 게다가 냉면을 먹을 때면 안 그래도 차가운 육수에 얼음을 더 넣어주기도 한다. 듣자 하니 냉면은 추운 북쪽 지방에 있는 북한식 냉면이 가장 맛있다고 한다. 이로써 찬 음식은 무더운 여름에 먹어야 제맛을 느낄 수 있다는 주장에 반기를 들 수 있게 되었다.

일본 사람들은 일 년 내내 시릴 정도로 차가운 맥주를 마시는데, 계절마다 마시는 이유는 다 다르다. 여름에는 "더우니까 시원한 맥주나 한잔 마시자!"라고 하며 마시고, 겨울에는 "건조하니까 시원한 맥주나 한잔 마시자!"라는 핑계를 대며 마신다고 한다.

중국의 냉채 요리는 일일이 셀 수 없을 정도로 종류가 다양하다. 나는 저장 지역 방식으로 만든 절인 무, 오리 혀, 쑥부쟁이 무침, 오리고기 조림, 새끼 양고기 구이 등을 즐겨 먹는다. 특히 민물 대게인 다자셰로 만든 게장은 가히 천하일미라고 할 수 있다. 다자셰의 게살은 배탈이 날 정도로 많이 먹어도 젓가락질을 멈출 수 없는 매력이 있다.

나는 딱총새우와 피조개로 만든 요리도 즐겨 먹는다. 그리고 돼지족발을 묵처럼 굳힌 주자오둥(猪脚凍)이나 붕어조림을 냉장한 후에 생선 뱃속에서 젤리처럼 굳은 어란을 꺼내 먹는 것도 좋아한다. 물론 투쑨(土笋)이라는 해산물을 묵처럼 만든 민난의 투쑨둥(土笋凍)도 빼놓을 수 없는 별미 중 하나이다.

요즘 상하이에서는 위둥(鱼凍)을 찾아보기가 힘들다. 이것을 만드는 방법은 매우 간단하다. 그물망에 물천구(홍메치목 매퉁이과의 바닷물고기)와 잘게 썬 갓을 넣고 푹 끓인 뒤에 생선 즙만 짜내서 서늘한 곳에서 굳히면 맛있는 위둥이 만들어진다.

요즘 광둥에서도 음식을 차게 먹는 경우가 많아져서 냉채 요리의 종류가 더욱 다양해지고 있다. 물론 광둥식 새끼돼지 통구이인 사오진주(烧金猪)나 카오루주(烤乳猪)는 식으면 껍질이 눅눅해지기 때문에 차게 먹어서는 안 된다. 하지만 사오라(烧腊, 전통 광둥식 요리로 주로 고기를 소스에 재운 뒤에 구워낸 요리를 가리킴-역주) 전문점에서 파는 비계와 살코기 비율이 적당한 광둥식 차슈는 차갑게 먹을수록 더욱 감칠맛이 난다.

생선에 간을 살짝 해서 익힌 차오저우식 위판(鱼饭) 역시 차게 먹는 음식이다. 이것을 먹을 때는 푸닝(普宁)식 된장 소스를 찍어 먹으면 더욱 맛이 좋다. 그리고 게로 만든 둥셰 역시 많은 사람의 사랑을 받는 냉채 요리라고 할 수 있다.

지금까지 내가 소개한 찬 음식들은 모두 내가 좋아하는 것들이다. 차갑다는 말은 별로 마음에 들지 않지만 그건 내 소소한 불만일 뿐, 찬 음식을 사랑하는 내 마음은 변치 않을 것이다.

09

다양한 소스 이야기

간이 맞지 않는 음식은 맛이 없기 마련이다. 이럴 때 서양에서는 소금을 뿌려 먹지만, 동양에서는 콩을 소금물에 담가 발효시킨 간장을 넣어 먹는다.

간장은 종류가 꽤 많다. 광둥 지역에서는 색이 진한 간장을 라오처우(老抽)라고 하고, 연한 것은 성처우(生抽)라고 부른다. 그리고 동남아 지역에서는 전자를 씨이유 담, 후자를 씨이유 카오라고 한다. 반면에 북쪽 지역에서는 이 두 종류의 간장을 딱히 구분해서 부르지 않는다. 왜냐하면, 그곳에서는 간장보다 식초를 더 많이 사용하기 때문이다. 만약 이 지역 식당에서 식사하다가 간장을 달라고 하면 짠맛이 나는 거무튀튀한 소스를 가져다줄 것이다. 맛은 그저 그렇다.

일본 사람들도 요리할 때 간장을 많이 사용한다. 특히 초밥을 먹을 때는 간장을 꼭 찍어 먹는다. 이때 사용하는 간장을 타마리(Tamari)라고 하는데, 색이 진하고 단맛이 나는 것이 특징이다. 반면에 일반 가정집에서는 시중에서 파는 '만(萬)'자가 쓰여 있는 간장을 주로 사용한다. 요리할 때 이 간장을 사용하면 음식이 잘 변하지 않는 장점이 있다고 한다. 하지만 일본 사람들은 라면을 먹을 때는 간장을 넣지 않는다. 그래서 일본식 라면집 테이블 위에는 간장이 놓여 있는 경우가 거의 없다.

타이완에서는 일반적인 간장뿐만 아니라 농축 간장도 사용하고 있다. 구이를 할 때 전분과 설탕이 첨가된 이 걸쭉한 간장을 사용하면 더욱 깊은 맛이 난다고 한다. 보통 타이완 시뤄(西螺) 지역에서 생산되는 것이 가장 맛있는데, 그중에서도 루이춘(瑞春) 간장 공장에서 만든 '정인유(正蔭油)'가 가장 좋은 품질의 간장이라고 한다.

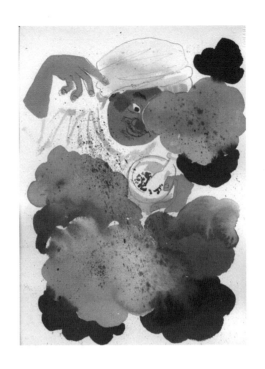

　음식을 만들 때 간장 이외에 식초도 주로 사용된다. 일반적으로 음식에 신맛이 없으면 식욕을 당기지 못하기 때문이다. 특히 장쑤성 전장(鎭江) 지역 사람들은 식초로 음료도 만들어 먹는데, 이것을 하루라도 마시지 못하면 견디지 못할 정도라고 한다. '술을 빚다가 식초로 만들어버리면 안 된다.'라는 말처럼 곡류나 과일로도 식초를 만들 수 있다. 물론 가장 일반적인 것은 쌀 식초일 것이다. 이탈리아에서도 어느 레스토랑을 가든 테이블 위에 올리브유와 함께 식초가 놓여 있을 정도로 그곳 사람들은 식초를 즐겨 먹는다. 더군다나 이탈리아에서는 오래 묵힌 식초를 아주 귀하게 여긴다. 그래서 가끔은 골동품 같은 작은 병에 든 식초가 금값보다 비싸기도 하다.

　매콤한 고추 소스는 쓰촨 사람과 동남아 사람에게 가장 중요한 조미료라고 할 수 있다. 사실 멕시코나 미국 남쪽 지역에서도 매운 소스를 즐겨 먹는다. 특히 미국에서 만든 작은 유리병에 담긴 '타바스코(Tabasco)' 핫 소스는 전 세계인들이 즐겨 먹고 있다. 그리고 인도에는 고추 소스라고 할 만한 것이 딱히 없지만, 동남아에는 소금이나 설탕, 식초 등을 넣고 만든 다양한 고추 소스가 있다.

근래에 '엑스오(XO)'라고 하는 매운맛 소스가 사람들 사이에서 인기를 끌게 되었다. 이 소스는 서양의 유명 셰프들도 놀랄 만한 맛이라고 칭찬하면서 조미료로 사용하고 있을 정도이다. 홍콩 사람이 만든 이 소스의 맛을 전 세계 사람들이 인정하게 되었다고 할 수 있다. 일각에서는 페닌슐라 호텔에 있는 스프링 문(Spring Moon, 嘉麟樓)이라는 레스토랑에서 이 매운맛 소스를 처음 만들어냈다고 하지만, 사실 이것은 홍콩 출신 영화감독 주무(朱牧)의 부인인 한페이주(韓培珠)가 만든 것이다. 당시 그녀는 직접 매운맛이 나는 소스를 만들어 친구들에게 맛보게 해주었다고 한다. 다들 맛있다고 칭찬했지만, 그녀는 좀처럼 비법을 공개하지 않았다. 나중에 맛있다는 소문이 퍼지자 유명 음식점의 요리사들도 그 소스를 흉내 내서 만들게 되었다고 한다. 하지만 맛은 그녀가 만든 것만 못하다는 평이 대부분이었다. 나는 그녀가 직접 만든 소스를 맛본 몇 안 되는 행운아 중 하나라고 할 수 있다.

다들 북쪽에 사는 사람들은 근처에 바다가 없어 액젓을 즐겨 먹지 않을 거로 생각한다. 하지만 양고기 샤부샤부를 만들 때 새우 기름이 들어가는 것을 보면 꼭 그런 것만은 아닌 것 같다. 새우 기름 역시 액젓의 일종이기 때문이다. 북쪽 지역도 이러한데 하물며 남쪽에 있는 차오저우 사람들이 액젓을 많이 사용하는 것은 당연한 일일 것이다. 과거에 이곳 사람들은 동남아 쪽으로 이민을 많이 갔다. 이로 인해 이러한 음식문화도 태국 등지로 널리 전해지게 되었다. 특히 베트남에서는 모든 국민이 액젓을 사용할 정도로 보편적인 조미료가 되었다.

일본 사람들도 음식을 만들 때 액젓을 많이 사용한다. 그중에서도 아키타(秋田) 지역에서 만든 '숏츠루(Shyotsuru)'가 유명한데, 이것은 '하타하타(Hata Hata)'라고 하는 도루묵으로 만든 액젓이다. 그리고 일반 시장에서도 각종 어류로 만든 액젓을 찾아볼 수 있다. 특히 은어로 만든 액젓이 사람들 사이에서 인기가 많다고 한다. 액젓을 만들 때 사용하는 은어는 주로 규슈 지방에서 생산되는 것을 사용한다.

서양에서 사용하는 소스 중에서 '우스터셔 소스(Worcestershire Sauce)'는 중국 요리에 가장 큰 영향을 끼친 소스라고 할 수 있다. 사람들은 보통 이것을 '우스터소스'라고 부른다. 리어 앤 페린스(Lea&Perrin)에서 만든 이 소스는 원래 약사 출신인 리어와 페린스가 만든 것이라고 한다. 우스터소스는 원래 보리로 만든 식초였다. 하지만 몇 년이 지나도 찾는 사람이 없자 그냥 버리려고 뚜껑을 열어보았다고 한다. 문득 맛을 보았는데 의외로 괜찮은 맛이 나서 이때부터 요리를 만들 때 사용하기 시작했다고 한다. 중국 음식은 튀긴 것이 많아 우스터소스와 잘 어울린다. 그래서 요리사들도 이 소스를 이용해서 각종 요리를 만들어냈다. 특히 일본에서 즐겨 먹는 돈가스 소스도 우스터소스를 변형해서 만들어낸 것이라고 한다.

케첩(Ketchup)은 원래 중국 푸젠성에서 만들어낸 소스로 케첩이라는 말 역시 푸젠 지역 사투리에서 비롯된 것이다. 이것은 말레이시아에도 전해져 그곳 사람들도 케첩을 먹게 되었다고 한다. 나중에는 서양으로 넘어가 미국 사람들에게는 없어서는 안 될 중요한 소스가 되었다. 특히 핫도그를 먹을 때 절대 빼놓을 수 없는 것이 바로 케첩이다. 사실 시중에서 흔히 볼 수 있는 케첩은 대량 생산된 것으로 고구마 전분과 설탕, 식초 등을 잔뜩 넣고 만든 것이다. 따라서 이탈리아에서 만든 천연 토마토소스와는 전혀 다른 것이라고 할 수 있다. '케첩'이라는 말은 인도네시아에서 아직도 그 잔재가 남아 현재 '걸쭉한 소스'를 가리키는 말로 사용되고 있다. 특히 인도네시아 사람들은 달콤한 소스를 즐겨 먹는데, 그런 소스를 '케첩 마니스(Kecap Manis)'라고 한다.

미국에서는 핫도그를 먹을 때 케첩 말고도 머스터드소스를 뿌려 먹는다. 이들이 먹는 것은 단맛이 가미되어 코를 자극할 정도로 맵지는 않다. 머스터드소스는 원래 영국 '콜먼(Colman)'에서 만든 제품이 원조이다. 하지만 중국 사람에게 익숙한 것은 소스 통에 소머리가 그려져 있는 '카우 헤드(Cow Head)' 제품이다. 이 소스는 중국 요리를 만들 때 다양하게 이용되고 있다. 아마 광둥 지역에 있는 식당에 가면 테이블 위에 붉은색 고추 소스와 노란색 머스터드소스가 놓여 있는 모습을 흔히 볼 수 있을 것이다. 단골손님들은 이 것을 공짜 소스라고 부르기도 한다. 그리고 전 세계적으로 잘 알려진 프랑스 디종(Dijon) 지역의 머스터드소스는 맛이 아주 순한 편이다.

마요네즈 소스를 만들 때 들어가는 기본 재료는 달걀노른자와 올리브유, 식초이다. 여기에 피망, 소금, 겨자, 설탕을 넣고 섞으면 맛있는 마요네즈가 만들어진다. 이 소스는 주로 샐러드를 먹을 때 뿌려 먹는다. 감자나 채소, 과일 등을 깍둑깍둑하게 썰어서 마요네즈 소스만 뿌리면 샐러드가 완성되기 때문에 만들어 먹기도 쉽다. 게다가 광둥 지역에서는 튀김 요리를 만들 때 마요네즈를 사용하기도 한다. 그리고 죽순을 마요네즈에 찍어 먹어도 굉장히 맛이 좋다. 이런 마요네즈 소스는 타이완 사람들도 즐겨 먹고 있다.

진정한 미식가라면 아마 '아이올리(Aioli)'라는 소스만 찾을 것이다. 이것은 마요네즈 소스의 일종으로 스페인 카탈루냐에서 만든 것이 원조라고 한다. 소스를 만들 때는 먼저 절구에 마늘을 넣고 곱게 빻은 다음, 달걀노른자와 올리브유를 넣고 잘 섞어서 만든다. 이때, 반드시 시계 방향으로 저어야 재료가 분리되지 않고 잘 섞인다. 그리고 올리브유는 한꺼번에 들이붓지 말고, 조금씩 천천히 넣으며 섞어야 한다. 아이올리 소스는 해산물이나 고기를 먹을 때 곁들여 먹으면 좋다. 아니면 빵에 발라서 술안주 대신으로 먹어도 괜찮다.

현재 마요네즈 소스는 종류도 다양하고, 만드는 방법도 많이 복잡해졌다. 그만큼 여러 사람이 즐겨 먹고 있다는 뜻일 것이다. 이런 마요네즈 소스처럼 각 나라에는 저마다 특색 있는 소스들이 있다. 일본에는 크림을 섞은 와사비 소스가 있고, 한국에는 고추장에 마늘을 섞은 초장이 있다. 그리고 태국에는 똠얌꿍 소스가 있고, 중국에는 닭고기와 땅콩을 넣고 궁바오지딩(宮保鸡丁)을 만들 때 쓰는 소스가 있다. 특히 광둥 지역에는 여러 가지 소스를 섞어서 만든 '훈장(混酱)'이 있는데, 이는 말과 행동이 제멋대로인 사람을 가리키며 욕할 때 쓰는 '훈장(混账)'이라는 말에서 유래된 것이라고 한다.

장아찌와 사랑에 빠진 나

한국 김치는 입맛에 따라 호불호가 극명하게 갈리긴 하지만, 묘한 매력이 있는 음식임에는 틀림이 없다. 덕분에 한국 김치는 유명해져 전 세계로 알려지게 되었다. 음식 연구가들은 한국 김치는 영양분이 풍부해서 우리 몸에 유익하다고 말하곤 한다. 게다가 김치 속에 들어 있는 성분이 살균 작용을 해서 질병을 예방할 수 있다고 주장한다. 전 세계적으로 '사스'가 유행했을 때 한국 사람들만 멀쩡했던 걸 보면 어느 정도 수긍이 가는 말이다.

재미있는 사실은 한국에 있는 중국 음식점에 가면 밑반찬으로 김치를 제공해준다는 것이다. 아마 그들은 하루라도 김치를 먹지 않으면 못 배기는 모양이다. 김치에 관한 또 다른 일화가 있다. 베트남 전쟁 시에 교량을 건설하기 위해 한국군이 베트남으로 파병되었는데, 하루는 보급물자를 실은 수송기가 추락해서 싣고 있던 화물이 모두 파손되어 버렸다고 한다. 물론 화물 속에는 김치도 있었다. 이로 인해 김치를 먹지 못하게 된 한국군은 아예 공사를 중단하기도 했다고 한다.

'김치'라는 글자는 한자어가 없어 중국어로 읽을 수가 없다. 하지만 최근 중국 관광객이 한국으로 많이 유입되자, 그들은 중국어 이름이 필요하다는 것을 절실히 느끼게 되었다. 그렇게 해서 만들어진 이름이 바로 '신치(辛奇)' 이다. 어떻게 발음해도 '김'을 표현할 적당한 글자가 없었기 때문에 그냥 '매울 신(辛)'을 써서 신치라고 부르게 된 것이다. 하지만 나는 오래전부터 김치를 '진쯔(金漬)'라고 불러왔다. 한국인 성씨 중에 '김(金)'이 많아서 그렇게 부르면 좋을 듯했기 때문이다.

나는 한국 김치라면 사족을 못 쓴다. 김치의 주재료는 배추, 무, 오이 등이지만, 다른 채소로도 김치를 담글 수 있다. 그뿐만 아니라 국물이 있는 것과 없는 것, 매운 것과 맵지 않은 것 등 종류도 다양하다. 게다가 김칫국물은 입가심용으로 마실 수도 있다.

중국 김치라고 할 수 있는 자차이는 갓의 일종인 개채(芥菜) 뿌리를 절여서 만들기 때문에 아삭아삭하고 개운한 맛이 난다. 매운맛도 약간 나는 이 절임 요리는 이미 전 세계 사람들이 즐겨 먹는 음식이 되었다.

쓰촨 지역에서 처음 만들어진 자차이는 쓰촨의 대표적인 절임 음식이라서 아예 쓰촨차이(四川菜)라고도 부른다. 타이완 사람들도 자차이를 즐겨 먹는데, 그들이 먹는 것은 설탕이 가미된 것이라 많이 짜지 않아서 좋다. 나는 가끔 집에서 자차이로 요리를 만들어 먹는다. 먼저 타이완산 자차이를 꺼내서 부드러운 부분만 골라서 채 썬 뒤에 다시 한번 살짝 절여둔다. 이것을 조개관자와 함께 기름에 달달 볶은 후에 냉장고에 넣고 차게 식힌다. 나중에

이것을 죽이나 밥과 함께 먹으면 그 어떤 요리 못지않게 맛있을 것이다.

광둥 지역에서는 소고기에 무와 당근을 넣고 끓인 탕을 즐겨 먹는다. 만약 집에서 이 음식을 만들어 먹는다면 자차이를 조금 집어 넣어보라고 말해주고 싶다. 그러면 훨씬 더 감칠맛이 나기 때문이다. 그리고 내가 상하이에 갈 때마다 먹는 유부와 당면을 넣고 끓인 탕에도 자차이를 넣으면 더욱 깊은 맛이 우러난다.

장아찌를 담글 때는 반드시 제철 채소를 이용해야 한다. 무가 많이 나는 시기에 일본 시골 마을에 가보면 곳곳에서 농부들이 나무로 시렁을 엮는 모습을 볼 수 있다. 이런 나무 시렁은 절인 무를 건조하기 위한 받침대로 활용된다. 이렇게 밑 작업이 끝나면 사람들은 본격적으로 무장아찌 만들기 작업에 돌입한다. 먼저 무를 나무통에 담고 소금을 뿌린 뒤에 무거운 돌로 통 뚜껑을 눌러둔다. 이렇게 한두 주 정도만 지나면 이 지역 사람들이 끼니때마다 챙겨 먹는 맛있는 다쿠앙(Takuan)이 완성된다. 일본에는 이것 말고도 '베타라즈케(Bettara Tsuke)'라는 것이 있는데, 이것은 무 사이사이에 누룩을 끼워 넣고 절인 것을 말한다. 달콤하면서도 개운한 맛이 나 술안주로 제격이다.

서양 사람들은 올리브로 만든 피클을 즐겨 먹지만, 나는 올리브를 별로 좋아하지 않는다. 가끔 드라이 마티니(Dry Martini)를 마실 때 안에 들어 있는 올리브 열매를 먹는 게 다였다. 하지만 칵테일 잔 속에 들어있는 올리브는 씨가 있고 크기가 큰 것이 대부분이라 먹기에 불편하다. 유럽에서는 레스토랑마다 올리브 피클이 나왔던 것 같다. 진한 녹색에서부터 검푸른 색, 심지어는 빨간색까지도 있었다. 주문한 음식을 기다리다가 무심코 한두 알을 집어서 입안에 넣고 나면 곧바로 후회하곤 한다. 너무 맛이 없어 목구멍으로 넘기기 힘들기 때문이다.

양배추를 절여서 만든 독일식 김치인 사우어크라우트(Sauerkraut) 역시 내 입맛에는 별로이다. 하지만 독일에서 커다란 돼지족발을 먹을 때는 이것을 꼭 곁들여 먹어야 느끼한 맛이 덜하다. 나처럼 입맛에 잘 맞지 않는다면 겨자 소스를 조금 뿌려 먹으면 괜찮을 것이다.

핫도그를 만들 때는 반드시 오이 피클이 들어가야 제맛이 난다. 오이를 소금물에 절인 뒤에 발효를 시키면 새콤한 맛이 나는데, 이것 역시 딱히 내 입맛에는 맞지 않는다.

나는 가끔 집에서 장아찌를 담가 먹는데, 그중에서도 가장 잘 만드는 것은 개채로 만든 장아찌이다. 만들 때 개채의 시든 잎은 다 떼어버리고 안에 있는 심지 부분만 사용한다. 먼저 손질한 개채를 듬성듬성 썰어서 소금을 뿌려 숨을 죽인 뒤에 유리병에 넣는다. 여기에 마늘, 설탕, 고추를 넣은 다음, 마지막으로 액젓을 조금 뿌리면 된다. 이것을 하루 정도 절이면 바로 먹을 수 있다. 개채는 추울 때가 제철이라 겨울이 되면 우리 집에는 매일 액젓이

들어간 개채 장아찌가 식탁 위에 올라온다. 가끔 친구들에게 직접 만든 장아
찌를 보내주면 하나같이 맛있다고 칭찬을 해대곤 한다. 영화감독 쉬안화(許鞍
華)에게도 보내준 적이 있는데, 그녀는 지금까지도 그 맛을 잊을 수 없다고 한다.

차오저우식으로 만든 개채 장아찌 맛도 가히 일품이라고 할 수 있다. 이
것은 죽과 함께 먹거나 돼지 위로 만든 요리를 할 때 같이 넣어도 괜찮다. 혹
은 쥐가오리나 상어, 붕장어 같은 해산물 요리를 할 때 함께 넣으면 비린 맛
이 사려져 훨씬 더 먹을 만할 것이다.

나는 베이징에 갈 때마다 겨자와 배추로 만든 '제모둔(芥末墩)'을 즐겨 먹
는다. 이것은 먹을 때마다 눈물이 핑 돌면서 코가 뻥 뚫리는 느낌이 난다. 하
지만 요즘 시중 음식점에서 파는 것은 별로 맛이 없다. 정말 맛있는 제모둔
을 먹고 싶다면 '베이징 홍콩 자키 클럽(Jockey Club)'에 있는 누들 바(Noodle Bar)
로 가면 된다. 한번 맛을 보면 아마 그 맛에 반하지 않고는 못 견딜 것이다.

한번은 베이징에서 제모둔을 사 와서 한국의 김치, 일본의 고추냉이 장아
찌와 나란히 놓아보았다. 그랬더니 각각 노랑, 빨강, 초록빛을 띠어서 너무나
도 예뻐 보였다. 모두 겨자나 생강을 넣고 만든 것이었지만, 맛은 서로 달라
무척 신기했다.

인도에서는 망고에 소금, 설탕, 식초 등을 넣고 졸여서 만든 '처트니
(Chutney)'를 즐겨 먹는다. 엄청나게 시고, 맵고, 짜지만 식욕을 돋우기에는 좋
다. 인도 식당에 가면 가장 먼저 나오는 것이 바로 이 망고 처트니이다. 이 조
리법은 영국뿐만 아니라 옛 영국 식민국가에도 전파되어 여러 나라에서 처
트니를 즐기게 되었다. 하지만 요즘은 조리법이 변질되어 이것저것 마구 섞
어서 만드는 바람에 전통적인 처트니의 맛을 느낄 수가 없다.

나는 집에서 갓으로 만든 음식을 자주 만들어 먹는다. 먼저 갓 한 다발을
사 와서 물에 담가 숨을 죽인 뒤에 잘게 썰어둔다. 그리고 팬에 기름을 두고

마늘을 볶은 다음, 여기에 새우젓과 설탕을 조금 넣고 잘 볶는다. 맛있는 냄새가 날 때쯤 갓을 넣고 익히면 된다. 만약 싱겁다면 새우젓 국물을 조금 넣고 간을 맞춘다. 이렇게 만든 갓 볶음은 내가 가장 좋아하는 요리 중 하나이다.

동남아 사람들은 대부분 전통적인 동남아식 장아찌를 좋아한다. 가장 유명한 것으로는 인도네시아의 '아차르(Achar)'가 있다. 주로 오이, 파인애플, 칡, 피망에 야자유나 코코넛 밀크를 넣고 절인 후에 설탕과 소금을 넣고 만든다. 다 만든 아차르는 위에 땅콩가루를 잔뜩 뿌려서 먹기도 한다. 아차르는 단맛, 신맛, 쓴맛, 짠맛을 모두 갖추고 있어 아무리 많이 먹어도 물리지 않는다. 만약 인도네시아로 여행 갈 기회가 있다면 꼭 한 번 맛보기를 바란다. 아마 아차르의 매력 속에 푹 빠져버리게 될 것이다.

11

물

나는 어려서부터 수도꼭지에서 흘러나온 물을 마셔본 적이 없다. 수돗물이 저장된 저수지가 깨끗하지 않은 것은 둘째 치고, 수도관이 노화되어 항상 녹이 슬어 있었기 때문에 수돗물을 틀 때마다 누런 물이 흘러나왔다. 그럴 때면 어머니는 천으로 작은 거름망 같은 것을 만들어서 수도꼭지에 동여매 두곤 하셨다. 그 상태로 한두 주 지나고 나면 거름망은 누렇게 변해버리는데, 그러면 어머니가 바로 새것으로 바꿔 다셨다.

이렇게 꼼꼼하게 불순물을 걸러냈음에도 불구하고 어른들은 우리에게 수돗물을 그냥 마시지 못하게 하셨다. 항상 수돗물을 끓인 후에 식힌 것을 먹이셨다. 이렇게 끓인 물은 식힌 뒤에 유리병에 담아서 뚜껑을 닫아 보관해두었는데, 시간이 지나면 유리병 바닥에 침전물이 생겼다. 더 심해지면 물이끼가 끼기도 했다. 지금 생각해보면 몸서리가 처지는 일이지만, 당시 어른들은 별일 아니라고 하며 그냥 넘기고 마셨다.

이런 물이 어떻게 마실 만하다고 말할 수 있겠는가! 그렇다고 해서 콜라로 갈증을 해결할 수도 없었기 때문에 나는 어릴 때 아버지에게서 차 마시는 법을 배우게 되었다. 하지만 아버지는 차를 끓일 때 조건이 너무 까다로우셨다. 아침마다 우리 네 자녀를 불러놓고 마당에서 이슬을 받아오라고 시키곤 하셨기 때문이다. 우리는 옹기종기 모여 한참 동안 이슬을 모아보았지만, 반병도 못 채우기 일쑤였다.

이처럼 나는 줄곧 끓인 물이나 차를 마시며 자랐기 때문에 진정한 물맛을 알지 못했다. 적어도 일본으로 유학을 가기 전까지는 말이다. 내가 일본에서 머물렀던 자그마한 아파트에는 냉장고조차도 없어서 물을 마시려면 그냥 수돗물을 마셔야 했다. 깨끗하지 않으면 어쩌나 하는 불안한 마음으로 수돗물을 틀어본 순간, 나는 깜짝 놀라고 말았다. 수도꼭지에서 흘러나오는 물이 너무나도 맑고 차가웠기 때문이다. 한 번 마셔보니 살짝 단맛도 느껴졌다.

도대체 어디서 공급되는 물인지 궁금해서 주변 사람에게 물어보았다. 그랬더니 지하수라고 한다. 원래 땅 위의 모든 물은 땅 밑으로 스며들기 마련이다. 이런 물이 땅 아래로 내려가면 모래와 자갈, 현무암 등을 거치면서 불순물이 걸러지게 된다. 이렇게 정화된 물은 다시 땅속의 일정한 공간에 모이게 되는데, 그곳에 관을 집어넣어 밖으로 끌어올린 것이 바로 지하수이다. 만약 근처에 화산이 있으면 물이 뜨겁게 달궈져 온천으로 분출하게 된다.

당시 시장에서 과일을 사 온 날이면 수도꼭지를 튼 채 그 밑에 과일을 두고는 한참 동안 그냥 내버려두었다. 그러면 사과나 포도가 바로 시원해졌기 때문이다. 물을 낭비한다는 생각은 전혀 하지 못했다. 다들 그렇게 했으니까 말이다. 하지만 반세기가 지나자, 도쿄의 지하수는 바닥을 드러내기 시작했다. 이로 인해 사람들은 페트병에 담긴 생수를 사서 마실 수밖에 없게 되었다.

홍콩에 정착하고 난 뒤에 제일 먼저 마셔본 생수가 바로 '라오산(崂山)'이다. '짭짤한 맛과 담백한 맛이 있어요.'라는 광고 문구는 아직도 홍콩 사람들의 기억 속에 남아 있을 것이다. 나는 이 생수를 유화(裕華, Yue Hwa) 백화점에서 박스째 사다 먹었다. 왜 이 생수가 맛있냐고? 술 마시고 난 다음 날에는 갈증을 해소하기 위해 물을 찾게 된다. 이럴 때 끓여서 식힌 물이랑 시원한 생수 중 어느 것을 마시는 게 더 낫겠는가? 물론 후자일 것이다. 이때 마시는 생수는 감미롭기까지 하다.

물이 오염되기 시작하면서부터 생수 산업은 점점 더 발전하게 되었다. 요즘은 어디를 가든 물을 사 먹어야 하기 때문이다. 생수 중에서 나는 아무 맛도 나지 않는 증류수를 가장 싫어한다. 증류수는 미네랄이나 영양소 등 모든 물질을 걸러내기 때문에 생물이 전혀 살 수 없다. 꽃에 증류수를 주면 아마 죽어버릴지도 모른다.

최근 라오산에서 생산되는 물이 점점 바닥을 드러내자 생수를 구하기가 힘들어졌다. 그래서 나는 대신에 '에비앙(Evian)'이라는 생수를 사 마시게 되었다. 이 생수는 목 넘김이 부드러울 뿐만 아니라 살짝 단맛도 났다. 다른 생수와 맛을 비교해보면 그 차이를 확연하게 느낄 수 있을 것이다. 예를 들어 프랑스산 '볼빅(Volvic)' 같은 생수는 밍밍한 데다가 단맛도 느껴지지 않아 에비앙과는 확실한 차이가 난다.

외국 여행을 다니면서 서양식만 먹다보면 너무 기름져서 쉽게 물리게 된다. 그럴 때 탄산이 가미된 생수를 마시면 느끼함이 다소 사라질 것이다. 탄산수 중에서 가장 비싼 것은 프랑스산 '페리에(Perrier)'이다. 미국 캘리포니아 사람들은 이것을 샴페인처럼 귀하게 여기지만, 내가 보기에 썩 맛있는 것 같지는 않다. 레몬이 첨가된 탄산수는 더욱 별로이다. 만약 내 말이 믿기지 않는다면 라오산 탄산수를 맛보면 된다. 그러면 내 말에 바로 수긍할 수 있을 것이다.

탄산수는 이탈리아산 '산 펠레그리노(San Pellegrino)'가 가장 맛있다. 다른 브랜드의 탄산수에서는 느낄 수 없는 독특한 맛이 있어 다들 맛있다고 입을 모아 칭찬하곤 한다. 가끔 프랑스 레스토랑에 가서 탄산수를 주문하면 페리에 탄산수를 가져다주는 경우가 있다. 그러면서 그들은 이것이 마치 가장 좋은 탄산수인 것처럼 말하기도 한다. 그런 곳은 결코 좋은 레스토랑이라고 할 수 없다. 맛을 중시하는 프랑스 레스토랑이라면 비록 이탈리아산이라고 해도 산 펠레그리노 탄산수를 내올 것이기 때문이다. 만약 이런 레스토랑이라면 믿을 만하다.

유럽 식당에서 물을 달라고 하면 어김없이 종업원이 '꼰 가스(Con Gas), 씬 가스(Sin Gas)?'라고 물어볼 것이다. 이것은 탄산이 있고 없고의 차이이다. 만약 말이 익숙지 않아 헷갈린다면, 탄산이 없는 것은 '스프링 워터(Spring Water)', 탄산이 있는 것은 '스파클링(Sparkling)'이라고 외워두면 잘못 주문하는 일이 없을 것이다.

아시아에서는 일본을 제외한 나머지 지역의 생수는 믿음이 잘 가지 않는다. 어떤 것은 수돗물을 생수로 속여서 팔기 때문이다. 그런 물을 마실 바에는 차라리 맥주나 콜라를 마시는 것이 낫다. 하지만 일본은 예외이다. 정부의 엄격한 심사기준을 통과하지 못하면 생수를 아예 판매하지 못하기 때문이다. 이로 인해 일본에서 파는 생수는 모두 믿고 마실 만하다고 할 수 있다. 어느 것이 가장 좋으냐고? 내 주변에는 다도를 전문적으로 연구하는 친구들이 많은데, 일본에 있는 거의 모든 생수를 맛본 그들 말에 따르면 홋카이도산 '히스이(秘水)'가 가장 맛있다고 한다.

요즘 한국에서도 울산 울주군에서 생산되는 '스파클'이나 해양심층수로 만든 '슈어(Sure)' 같은 우수한 품질의 생수 제품이 출시되고 있다. 이외에도 여러 종류를 맛보았는데, 맛은 별로 특별한 게 없었다. 비록 내가 한국을 좋아하는 열성 팬이긴 하지만, 사실이 그러했다. 오히려 피지 비티레브섬에서 생산되는 '피지(Fiji)'라는 생수가 더 마실 만하다. 도시에서 멀리 떨어진 청정지역에서 생산되는 제품이라 믿고 마실 수 있을 것이다.

캐나다에 사는 한 친구가 수억 년 된 빙하를 녹여서 생수로 만드는 사업을 해볼 생각이 없냐고 물어왔다. 얼핏 들으면 무제한으로 물을 공급할 수 있어 좋을 것 같지만, 나는 그 제안을 단번에 거절했다. 생수를 생산하는데 자본이 엄청나게 들기 때문이다. 생수 사업이 돈이 되고 안 되고의 문제가 아니었다. 일단 생수 사업을 하려면 대규모 유통 라인을 통해 대대적인 상품 보급이 이루어져야 한다. 광고비 역시 천문학적인 액수가 필요하다. 게다가 시장에 진입한 후에는 자금 압박에 시달릴 위험도 있다. 최근 수많은 백화점이 물건을 대량으로 들여오고도 대금을 지급하지 못하는 경우가 허다했기 때문이다.

위스키를 마실 때도 가끔 생수가 필요하다. 싱글몰트가 아니라 블렌디드 위스키라면 얼음이나 물을 첨가해서 먹어도 되기 때문이다. 하지만 반드시 좋은 생수를 사용해야 한다. 그래야 아까운 술을 낭비하지 않을 수 있다. 설령 싱글몰트 위스키라도 물을 한두 방울 정도 넣으면 나쁜 냄새가 날아가 훨씬 더 마시기 좋다. 가끔 위스키를 파는 곳에 가면 스포이트 같은 것으로 몇 방울씩 넣어주는데, 그 모습을 보면 어릴 적에 약을 먹던 기억이 떠올라 추억에 잠기게 된다.

요즘 사람들은 무엇이든 다 절약하며 살고 있지만, 물을 사는 데는 돈을 아끼면 안 된다. 깨끗한 물은 한정되어 있으니 돈을 조금 더 주고라도 믿을 만한 제품을 사서 마시는 것이 좋다.

12

어란(魚卵)과 이리(魚精)

어릴 적에 집에서 닭을 잡아 요리하는 날이면 부모님은 항상 내 밥그릇 위에 닭 다리를 올려주셨다. 형과 누나에게 미안할 정도로 나를 챙겨주셨지만, 당시 나는 닭고기를 잘 먹지 않았다. 하지만 어란이 나오는 날에는 그릇을 독차지한 채 혼자서 다 먹곤 했다.

어른이 된 후에는 차오저우식 죽집에 들렀을 때 어란이 보이면 빼놓지 않고 꼭 시켜서 먹었다. 이런 곳에서 파는 어란은 대부분 병어의 알로 병어 암놈의 몸통처럼 넓적하게 생겼다. 그리고 시가 파이프처럼 생긴 꽁치나 농어 알도 가끔 볼 수 있다.

홍콩에 온 이후로 광둥 지역에서는 어란을 '춘(春)'이라고 부른다는 사실을 알게 되었다. 주로 봄에 물고기들이 교배하기 때문에 붙여진 이름인 듯했다. 또한, 광둥 지역에는 바닷물고기의 어란에서부터 민물고기의 어란까지 종류도 다양했다. 예전에 나는 배우 중추홍의 시아버지인 주쉬화 선생 집에서 파를 넣고 만든 상하이식 붕어요리를 대접받은 적이 있는데 비록 냉동 생선이긴 했지만, 어란이 많이 들어 있어 만족스러웠다. 그때 먹었던 어란 맛이 아직도 기억에 생생하다.

어란으로 만든 요리는 찐 것이 대부분이다. 기름에 지지거나 볶아도 맛있지만, 그러면 잘 부서져서 먹기가 불편하다. 그래도 기름에 지져서 먹고 싶다면 먼저 살짝 찐 후에 조리하면 된다. 여기에 잘게 썬 자색 양파와 액젓 몇 방울을 첨가하면 훨씬 더 맛있어진다.

일본에서 유학 생활을 할 때는 직접 학비를 벌어야 했기 때문에 허리띠를 꽉 졸라매고 살아야 했다. 그래서 비싼 어란은 사 먹을 엄두조차 내지 못했다.

한번은 아버지가 나를 보러 일본에 오셨는데, 그때 나를 한 식당으로 데려가 시샤모 구이를 사주셨다. 당시 먹은 시샤모는 2인치 정도 크기의 작은 생선이었지만, 다행히도 뱃속에 알이 가득 들어 있었다. 당시 어란은 구경도 못했던 처지인지라 반가울 수밖에 없었다. 아버지는 일본 음식에 관해 많은 것을 알고 계셨다. 비록 책에서 얻은 지식이었지만, 일본에 사는 나보다도 훨씬 더 나은 것 같았다.

당시 먹었던 시샤모는 몸통 부분이 퍽퍽한 편이어서 나는 뱃살 부위만 골라서 먹었다. 시샤모 한 점을 입에 넣고 잘근잘근 씹으니 말로 표현할 수 없을 정도로 고소한 맛이 입안에 감돌았다. 안타깝게도 현재 해양 오염과 저인망 포획으로 인해 시샤모는 거의 멸종할 지경에 이르게 되었다. 지금 우리가 먹는 것은 대부분 캐나다에서 수입해온 것으로 몸통이 두꺼운 편이다. 홍콩에서는 이것을 뒤춘위(多春魚)라고 부르는데 알은 많지만, 맛은 정말 없다. 가끔 홍콩 골목길을 돌아다니다가 자연산 일본 시샤모를 파는 식당을 발견할 때가 있다. 그럴 때면 예전에 일본에서 아버지와 함께 먹었던 시샤모 구이가 생각나 추억에 잠기곤 한다.

어떤 어란은 먹으면 텁텁하지 않고 개운한 맛이 난다. 홍콩 사람들은 이 어란을 게 알로 알고 있지만, 사실 그것은 날치 알이다. 그동안 게 알로 잘못 알고 먹은 것이다. 이런 날치 알보다는 조금 딱딱하지만, 청어 알도 맛이 괜찮은 편이다. 일본에서는 명절에 이 노란 청어 알을 먹는다고 한다. 시장에서도 손쉽게 구매할 수 있는데, 한 번 맛을 보면 너무 짠맛에 깜짝 놀랄지도 모른다. 일본에서는 이것을 카즈노코(Katsunoko)라고 한다. 만드는 방법은 간단하다. 청어 알에 소금을 잔뜩 뿌린 뒤에 물을 붓고 밤새 절이면 된다. 이것을 바로 먹으면 덜 절여져서 조금 싱겁게 느껴질 것이다. 그럴 때는 가다랑어 소스로 간을 맞춰서 먹으면 된다.

일본에서는 청어가 다시마 양쪽 면에 알을 낳은 것을 최고급 카즈노코로 친다. 이것을 듬성듬성 썰면 노란색 알 사이로 초록빛 다시마가 살짝 보이게 된다. 아마 처음 본 사람은 무엇인지 몰라 무척 신기해할 것이다.

일본에서는 아침 식사 테이블 위에 명란젓이 자주 올라온다.

대구 알을 빨갛게 절인 것인데, 한국에서는 여기에 고춧가루를 섞어서 밑반찬으로 먹는다. 그리고 연어 알은 신선한 것이라면 굳이 절여서 먹지 않아도 된다. 오히려 그냥 먹어야 연어 알의 참맛을 느낄 수 있다고 한다.

일본에서 '카라스미(Karasumi)'라고 부르는 숭어 알 역시 고급 어란에 속한다. 생긴 것은 꼭 중국 당대 사용하던 먹처럼 생겼다. 타이완에서 많이 생산되기 때문에 그 지역 사람들만 주로 먹는다고 생각하겠지만, 사실 이것은 그리스나 터키에서도 즐겨 먹는다. 특히 이탈리아에서는 스파게티면 위에 이 어란을 뿌려서 먹기도 했다.

그렇다면 타이완의 어느 지역에서 생산되는 숭어 알이 가장 맛있을까? 일단 숭어 알이 가장 많이 나는 곳은 가오슝(高雄) 근처에 있는 치진(旗津) 지역이다. 이곳은 마을 전체 주민이 어란 생산 업무에 종사하고 있다. 일부 솜씨가 좋은 어란 장인은 점막이 찢어진 어란을 스타킹 깁듯이 다시 이어서 붙이기도 한다.

숭어 알을 어란계의 황금이라고 한다면, 철갑상어 알은 다이아몬드라고 할 수 있다. 그만큼 귀하다는 뜻이다. 하지만 보통 소금에 절여서 만들기 때문에 신선한 맛은 전혀 기대할 수 없다. 철갑상어 알은 이란에서 생산된 것이 가장 맛있다고 한다. 철갑상어의 뱃속에서 알을 꺼내 바로 소금에 절이는데, 이때 소금의 양이 무척 중요하다. 너무 많이 넣으면 짜고, 그렇다고 해서 너무 적게 넣으면 쉽게 상해버리기 때문이다. 이렇게 철갑상어 알은 만들기도 어렵지만, 만들 수 있는 기술자도 전 세계적으로 4~5명밖에 남지 않아 값이 비싸지 않을 수 없다.

잉어 살이 한창 통통하게 오를 철이면 길거리 생선 노점상들은 생선 배를 눌러 알이나 이리가 삐져나오는 것을 보여주면서 호객을 하곤 한다. 일반적으로 생선 알은 값이 싼 편이지만, 이리는 엄청나게 비싸다. 물고기의 정소를 가리키는 이리는 알보다 맛이 좋을 뿐만 아니라 구하기도 힘들어서 그렇다. 하지만 보통 사람들은 이리가 입맛에 잘 맞지 않는다고 말하곤 한다. 특히 여성들이 더 그런 것 같다. 어떤 사람은 먹으면 속이 메스껍다고까지 한다. 하지만 한 번 맛을 들이고 나면 계속 이리만 찾게 될지도 모른다.

초밥집에 가면 꼬불꼬불하게 엉켜 있는 눈처럼 새하얀 대구 이리를 흔하게 볼 수 있다. 먹을 때 식초를 살짝 뿌려 먹으면 더욱 맛이 좋다고 한다. 식감도 쫄깃쫄깃해서 돼지 뇌 수육보다도 백배는 더 맛이 좋다. 대구 이리는 주로 봄철에 많이 생산되는데, 그때 이것을 청주와 함께 먹으면 그 맛이 일품일 것이다.

생선 이리 중에서 가장 맛있는 것은 복어의 이리이다. 일본 영화 〈굿'바이:Good&Bye〉에서도 장의사 사장이 복어 이리를 마치 보물처럼 여기며 조심스럽게 숯불에 구워 먹는 장면이 나온다. 이 영화를 본 사람이라면 그때 아마 군침 꽤나 흘렸을 것이다.

복어의 이리는 일본어로 '시라코(白子)'라고 한다. 고급 복어요릿집에서 1인분을 시키면 작은 것 한 덩어리가 나오는데 크기는 작지만, 홍콩 돈으로 400~500달러나 할 정도로 비싸다. 물론 날것으로 그냥 먹는 것이 가장 맛있지만, 조리용 토치로 살짝 구워 먹어도 색다른 맛을 느낄 수 있다. 이렇게 먹으면 비린 맛도 전혀 느껴지지 않는다. 생긴 것 때문에 먹기 싫어하는 여성이라도 한 번 먹고 나면 그 맛에 푹 빠져들게 될 것이다.

복어요릿집에는 복어 지느러미로 만든 술인 '히레사케(鰭酒)' 말고도 복어 이리로 만든 '시라코자케(白子酒)'도 판다. 시라코자케를 만들 때는 먼저 복어의 이리를 잘게 으깨서 술잔에 넣은 다음, 그 위에 뜨겁게 데운 청주를 부으면 된다. 얼마나 맛있는지 이 술을 마시면 신선도 부럽지 않다고 한다.

복어 알 요리는 수십 년 동안 복요리를 전문적으로 만든 요리사조차도 쉽게 만들지 못한다. 복어의 난소에 맹독이 들어 있기 때문이다. 따라서 먹을 때는 반드시 독을 제거해야 한다. 이처럼 복어 알 요리는 조리하기 어렵기 때문에 일본의 이사카와(石川) 현 가나자와(金澤) 지역에서도 겨우 한두 집 정도만 다루고 있다. 먼저 복어의 난소에 소금을 뿌려 1년 동안 잘 절여둔 후에 빙어 액젓과 누룩을 넣고 2년 정도 더 발효시킨다. 그래야 독소가 완전히 제거된다고 한다. 최근 이렇게 복어 독을 제거하는 기술은 점점 사라져가고 있다. 그러니 기회가 있을 때 하루라도 빨리 맛보기를 바란다.

최근 어란과 이리는 콜레스테롤 수치를 높이는 주범으로 간주하여 사람들이 멀리하는 경향이 있다. 그래서인지 요즘 시장에서는 싼값에 팔리고 있다. 심지어 어떤 가게에서는 생선을 사면 덤으로 끼워주기도 한다. 그럴 때 공짜라고 신이 나서 여러 사람에게 자랑하지 말고, 혼자 조용히 먹기를 바란다. 자칫 잘못해서 맛있다고 소문이라도 나면 값을 올릴 게 뻔하기 때문이다.

13

짠맛, 신맛, 단맛

밥은 아무 맛도 나지 않기 때문에 간이 된 음식과 함께 먹어야 한다. 그런 음식으로는 주로 절임이 많다. 여기서 절임은 채소를 소금에 절여서 만든 것만을 가리키지 않는다. 차오저우 사람들이 흔히 말하듯이 짠맛, 신맛, 단맛이 나는 모든 절임을 말하는 것이다.

대표적인 것으로는 말레이(Malay) 사람들이 주로 먹는 '아차르'가 있다. 이 것을 만들 때는 먼저 오이, 콩꼬투리, 파인애플, 양배추, 당근을 길게 채 썰어 둔다. 썰어둔 재료 중에 오이와 양배추는 소금에 절인 후 물기를 빼두고, 나머지는 살짝 데친다. 그다음에 돌절구에 잘게 썬 양파, 마른 고추, 레몬그라스, 생강의 일종인 가랑갈(Galangal), 구황부추, 다진 잔새우, 꽃생강, 쿠쿠이나무 열매, 고수 씨앗에 마른 새우 페이스트인 벨라찬(Belachan)을 함께 넣고 곱게 갈아둔다. 그런 다음 팬에 기름을 두르고 나서 갈아둔 재료를 넣고 약한 불로 계속 볶는다. 이것을 한 김 식힌 후에 따로 준비해둔 채소에 붓고 잘 버무린다. 마지막으로 참깨와 잘게 부순 땅콩을 넣은 다음 소금, 설탕, 타마린드 소스로 간을 맞춘다. 그러면 짠맛, 신맛, 단맛이 골고루 나는 맛있는 아차르가 완성된다.

최근에 내가 자주 해 먹는 음식은 잔 새우를 넣고 만든 갓 볶음이다. 이것은 만드는 방법도 간단하다. 먼저 시장에서 절여서 말려둔 갓을 사 온다. 이것을 찬물에 3~4시간 정도 담가 둔 뒤에 건져서 자잘하게 썬다. 그리고 말린 잔 새우는 질 좋은 것으로 준비해서 물에 담가두고, 통마늘은 칼등으로 두드려서 잘게 다져둔다. 마지막으로 고추도 한두 개 정도 어슷하게 썰어서 준비해둔다.

기본 재료 준비가 끝나면 팬에 기름을 두르고 잘 달군 뒤에 먼저 다진 마늘을 넣고 볶는다. 그러다가 잔 새우와 썰어둔 갓을 넣고 다시 볶는다. 물기가 너무 없는 듯하면 잔 새우를 담가둔 물을 조금 넣어준다. 어느 정도 볶다가 설탕을 넣은 뒤에 간을 한 번 본다. 만약 갓을 너무 오래 담가둬서 짠맛이 사라졌다면, 액젓을 약간 집어넣고 다시 간을 맞춘다. 처음 만드는 사람은 입맛에 맞을 때까지 계속 맛을 보면서 간을 맞추면 된다. 간이 딱 맞으면 마지막으로 썰어둔 고추를 넣고 마무리한다.

요리가 끝나면 냉장고에 넣어두고 먹고 싶을 때 언제든지 꺼내 먹으면 된다. 아마 오래 두고 먹어도 쉽게 상하지 않을 것이다. 이것은 죽과 함께 반찬으로 곁들여 먹어도 되고, 술안주로 삼아도 손색이 없다.

나는 이것 이외에 조개 관자를 넣은 자차이 볶음도 자주 해 먹는다. 이 요리를 만들려면 먼저 남쪽 지역 식재료를 취급하는 남방 식품점에서 쓰촨 자차이를 사와야 한다. 그리고 타이완산 자차이도 필요하다. 타이완 자차이를 넣는 이유는 짠맛이 덜하고 단맛이 강해서 쓰촨 자차이의 강한 짠맛을 중화시킬 수 있기 때문이다. 아무튼, 이 두 종류의 자차이를 깨끗하게 씻은 뒤에 채 썰어둔다.

자차이 준비가 끝나면 이번에는 건어물 가게에서 말린 조개관자를 사온다. 알이 굵은 것일수록 좋지만, 일부러 비싼 돈을 들여 큰 것을 살 필요는 없다. 아예 잘게 다져진 것을 사와도 상관없다. 사 온 조개관자는 물에 담가 잠시 불린 후에 건져서 잘게 찢어둔다. 그런 다음 자차이와 조개관자를 함께 팬에 넣고 볶는다. 어느 정도 수분이 증발하면 요리가 거의 완성됐다는 신호이다. 만약 너무 짠 것이 싫다면 설탕을 조금 집어넣고 간을 맞춘다. 이렇게 완성된 요리는 그릇에 잘 담아둔 후에 먹고 싶을 때마다 꺼내서 먹으면 된다.

무절임은 그날에 만들어서 그날 먹을 수 있는 음식이다. 이것은 홍콩에 있는 텐샹러우라는 식당에서 만든 것이 가장 맛있다. 항저우에 있는 한 음식점에서도 똑같은 무절임을 팔고 있지만, 이곳만큼 맛있지는 않다. 조리법도 어렵지 않으니 집에서도 손쉽게 만들 수 있을 것이다. 먼저 무를 얇게 썬 후에 소금을 뿌려서 절여둔다. 아침에 만들었다면 점심때쯤 건져서 물기를 제거한다. 이때 맛을 보고 너무 짜다면 설탕을 조금 넣고 잘 버무린다. 잠시 그대로 둔 후에 향신료의 일종인 오향분(五香粉) 약간과 팔각(八角) 한두 개를 넣는다. 마지막으로 그 위에 진간장을 살짝 뿌리고 나면 저녁 식탁 위에 올려서 바로 먹을 수 있을 것이다.

이 요리는 즉석에서 만들어 바로 먹는 것이 가장 좋다. 냉장고에 하루 이틀 정도 두는 것은 괜찮지만, 너무 오래 묵히면 맛이 없어지기 때문이다. 텐샹러우의 무절임 역시 매일 아침 만든 것을 그날 다 소진해버리기 때문에 맛있는 것이다.

액젓으로 담근 개채 절임은 개채의 뿌리만 사용해서 만든다. 먼저 개채 뿌리를 가늘게 썬 후에 마늘과 설탕, 액젓, 고추를 넣고 잘 버무리면 된다. 자세한 조리법은 절임요리를 다룬 내 칼럼 '차이자 파오차이(蔡家泡菜)'에 나와 있으니 여기서는 긴 설명을 하지 않겠다.

최근에 나는 북한식 배속 김치를 만들어본 적이 있다. 우선 커다란 한국산 배가 필요한데, 만약 없다면 일본산 '20세기 배'를 써도 무방하다. 배가 준비되면 먼저 배 중간 부분을 뚫어서 과육을 파낸다. 그런 다음 그 안에 한국산 김치를 채워 넣으면 된다. 파낸 과육도 그냥 버리지 말고 채 썰어서 절임으로 만들어 먹도록 한다. 내가 김치를 직접 만들지 않고 한국산 김치를 그대로 쓰는 이유는 아무리 노력해도 김치만큼은 한국 사람보다 더 잘 만들 자신이 없기 때문이다. 그러니 힘들이지 말고 그냥 사 먹는 편이 나을 것이다. 원래 이 김치는 6개월에서 1년 정도 숙성시켜야 하지만, 나는 인내심이 부족하기 때문에 몇 주 정도 지나면 바로 꺼내 먹는다. 그래도 맛은 여전히 좋다.

베이징 사람들이 가장 잘 만드는 제모둔은 만든 후 이틀 정도 지나면 바로 먹을 수 있다. 제모둔은 배춧속을 노란 겨자와 설탕으로 버무려서 만든 것이다. 이것은 냉장고에 두고 살얼음이 낄 정도로 살짝 얼린 후에 먹으면 더욱 맛이 좋다.

배추를 이용해서 만든 요리 중에서 제모둔과 조리법이 비슷한 것이 몇 가지 있다. 일본산 고추냉이와 설탕을 넣고 버무린 배추절임으로 이것은 다 만들고 나면 초록빛이 된다. 그리고 고춧가루가 들어간 한국식 배추절임은 빨간빛을 띤다. 그래서 이 세 가지 요리를 함께 차려내면 노란색, 초록색, 빨간색이 잘 어우러져 더욱 맛깔스러워 보인다. 만들 때 한 가지 팁이 있는데, 배추를 절일 때 마늘을 얇게 썰어서 사이사이에 끼워두는 것이다. 이렇게 하면 마늘에서 깊은 맛이 우러나 더욱 맛있게 느껴진다. 나는 마늘을 좋아해서 이 방법을 쓰긴 하지만, 만약 싫어한다면 넣지 않아도 된다.

흰목이 버섯도 같은 방법으로 절여 먹을 수 있다. 먼저 흰목이 버섯을 물에 담가서 불린 후에 끓는 물에 넣고 살짝 데친다. 여기에 세 가지 색깔의 꽃양배추를 넣고 함께 절이면 훨씬 더 보기 좋을 것이다. 흰목이 버섯은 아무 맛

도 나지 않으니 절이기 전에 식초로 살짝 무쳐두면 더욱 깊은 맛을 낼 수 있다.

치즈로는 맛있는 간식거리도 만들 수 있다. 먼저 홍콩에 있는 시티 슈퍼(City Super)에 가서 이탈리아산 마스카르포네(Mascapone) 치즈를 산다. 이 치즈는 갈바니(Galbani)라는 브랜드에서 만든 것이 가장 맛있다고 한다. 치즈를 샀으면 다음으로 일본 식품관에 가서 해삼 내장을 절여서 만든 슈토(酒盗)도 산다. 준비한 두 가지 재료를 잘 섞은 다음 크래커 위에 얹어 먹으면 맛깔 나는 술안주 요리가 된다. 일본 사람들이 흔히 말하듯이 술을 훔쳐서라도 먹고 싶은 맛일 것이다.

치즈를 좋아하는 사람이라면 양 젖으로 만든 치즈처럼 냄새가 지독할수록 더 맛있다고 할 것이다. 하지만 이런 노릿한 냄새가 싫다면 조리를 해서 먹으면 된다. 먼저 일본산 미소 된장을 준비한 뒤에 된장에 구멍을 파서 길쭉한 치즈 덩어리를 그대로 집어넣는다. 2~3주 정도 지나면 치즈 냄새가 싹 사라져버려 먹기에 좋을 것이다. 특히 술안주로 안성맞춤이다. 아마 치즈를 좋아하지 않는 사람이라도 어느새 한 접시를 뚝딱 비우게 될 것이다.

모스크바에 갔을 때 시장에서 그곳 사람들이 즐겨 먹는 절임 음식을 구경한 적이 있다. 일일이 다 셀 수 없을 정도로 종류가 꽤 많았다. 게다가 채소뿐만 아니라 과일로 만든 절임도 있었다. 모스크바에서는 절임을 만들 때 소금물로만 발효시켜서 자연적으로 신맛이 우러나도록 했다. 그래서인지 음식 맛이 조금 밋밋한 것 같았다. 나는 간장이나 액젓을 넣고 절임을 만들 때 새콤달콤한 맛이 덜하면 식초와 설탕을 더 넣곤 한다. 그리고 양배추에 식초와 굴 소스를 넣고 절임을 만들기도 한다. 따라서 내가 만든 절임은 모스크바 사람들이 만든 것과는 완전히 다르다고 할 수 있다. 절임 음식이라면 한국을 빼놓을 수 없을 것이다. 한국 사람들은 절임을 만들 때 주로 생선 젓갈을 많이 사용하는데, 만약 구하기 힘들다면 생굴로 대체할 수 있다.

만약 상상력이 풍부한 사람이라면 맛보지 않은 음식이라도 그 맛을 떠올릴 수 있을 것이다. 나는 이것 역시 또 다른 맛의 세계라고 생각한다. 비록 직접 맛보지는 못하더라도 상상만으로도 즐겁지 아니한가!

14

쫑쯔에 관하여

어느새 쫑쯔 철이 다가왔다. 중국 사람들은 단오절이 되면 쫑쯔를 직접 만들어서 가족과 함께 나눠 먹거나 친구에게 선물하기도 한다. 그리고 지역마다 각기 다른 특색을 갖춘 쫑쯔를 만들기 때문에 종류도 다양하다. 맛도 있어서 계속 집어먹다보면 물려서 아마 한동안은 쳐다보기도 싫어질 것이다.

하지만 괜찮다. 내년에 다시 쭝쯔 철이 오면 또 먹을 것이 분명하기 때문이다.

사람들에게 어느 지역의 쭝쯔를 좋아하냐고 물어보면, 다들 자신의 고향에서 만든 것이 가장 맛있다고 할 것이다. 어릴 적에 맛있게 먹었던 기억이 평생 남아 있기 때문이다. 나는 차오저우 사람이라 물론 차오저우식 쭝쯔를 즐겨 먹는다. 차오저우에서 만든 쭝쯔에는 돼지 비곗살뿐만 아니라 팥고물도 들어 있어 짭조름하면서도 달콤하다. 아마 북쪽 지역 사람들이 이 말을 들으면 깜짝 놀랄 것이다. 어떻게 단맛이 나는 쭝쯔를 먹을 수 있냐고 하면서 입맛도 참 별나다고 흉을 볼지도 모른다.

상황이 이렇게 되면 싸움이 터질 수도 있다. 누군가가 당신 고향의 쭝쯔가 맛없다고 흉을 보는데 어찌 싸우지 않을 수 있겠는가! 아마 전쟁터에서 만난 적군처럼 죽일 듯이 달려들지도 모른다. 내 고향을 욕보인 철천지원수 취급을 하면서 말이다. 하지만 나는 싸우고 싶지 않으므로 대신에 이렇게 말할 것이다. '당신이 차오저우식 쭝쯔를 싫어해도 상관없지만, 당신 고향의 쭝쯔 맛이 어떤지 내가 한 번 먹어봐야겠소.'라고 말이다.

나는 지금껏 살면서 수많은 쭝쯔를 맛보았기 때문에 공정한 평가를 할 수 있다고 자부한다. 먼저 광둥 지역 쭝쯔 중에서 내가 가장 좋아하는 것은 둥관 다오자오(道滘)에서 만든 쭝쯔이다. 속 재료로는 소금에 절인 달걀노른자와 노란 콩 등을 넣는데, 특이하게도 이때 돼지비계를 한 덩어리씩 같이 집어넣는다. 즉, 설탕물에 담가둔 돼지비계를 다른 재료와 함께 찹쌀 속에 넣고 잎으로 싸서 찌는 것이다. 그러면 비계가 찹쌀 속에 녹아들어 고소한 맛을 더해주는데, 직접 먹어보지 않고는 알 수 없는 맛이다.

하지만 상하이에 사는 한 친구는 이 쭝쯔를 한 번 먹어보더니 달면서도 짠맛이 느껴져 별로라고 한다. 상하이 사람들이 좋아하는 것은 저장성 자싱(嘉兴) 지역에서 만든 쭝쯔이다. 길쭉하게 생긴 이 쭝쯔 안에는 고기나 달걀노른자가 들어 있다. 혹은 팥고물이나 대추, 밤 등을 넣기도 한다. 자싱 쫑쯔는 짠 것은 짜고, 단 것은 달아서 맛의 구분이 명확하다. 이처럼 상하이 사람들은 광둥 지역에서 즐겨 먹는 짜면서도 단 쫑쯔를 먹어본 적이 없기 때문에 맛이 없다고 말한 것이다. 그렇다고 해서 상하이 사람들 앞에서 자싱 쫑쯔가 맛없다고 말하면 절대 안 된다. 당신에게 우르르 달려들어 가만두지 않을지도 모르기 때문이다.

상하이에서 항저우로 가다보면 곳곳에서 각기 다른 자싱 쫑쯔를 파는 모습을 볼 수 있다. 맛은 어떠냐고? 확실히 맛은 괜찮다. 더군다나 금방 만들어서 김이 모락모락 나는 쫑쯔는 더욱 맛있게 느껴진다. 쫑쯔를 싸고 있는 잎사귀를 살짝 펼쳐보면 맛있는 냄새가 코를 자극해 맛보지 않을 수 없을 것이다. 솔직히 나는 자싱 쫑쯔를 즐겨 먹는다. 상하이에 갈 때마다 먹곤 하는데, 딱히 갈 일이 없으면 홍콩에 있는 남방 식품점에서 사다가 먹기도 한다. 그 중에서도 진화 햄을 넣은 쫑쯔는 아무리 많이 먹어도 물리지 않을 정도로 맛이 좋다. 비록 나는 광둥 사람이긴 해도 상하이 사람들이 즐겨 먹는 자싱 쫑쯔를 좋아한다.

쫑쯔는 중국의 국민 음식이라고 할 수 있다. 중국 사람이 있는 곳에는 항상 쫑쯔가 있기 때문이다. 타이완에도 역시 다양한 쫑쯔가 있다. 특히 어떤 것은 잎사귀를 펼치면 찹쌀밥이 보이지 않는 것도 있다. 이것은 일반적인 쫑쯔와는 달리 먼저 찹쌀밥을 동그랗게 빚은 다음, 그것을 돼지고기로 싸서 만들기 때문이다. 타이완 사람들은 이것을 '궈쭝(粿粽)'이라고 부른다.

요즘 타이완에서는 쫑쯔를 신경 써서 정교하게 만드는 것 같다. 전통 방식으로 만든 것 말고도 여러 형태로 변형시킨 쫑쯔를 팔고 있기 때문이다. 타이베이에 있는 '전더 하오'라고 하는 한 해산물 전문점에서는 단오절이 아니어도 언제나 쫑쯔를 맛볼 수 있다. 이곳에서 파는 쫑쯔는 작고 길쭉하게 생겼다. 게다가 특이하게도 쭝쯔 안에 해산물을 넣은 것도 있다. 이곳에서 파는 쭝쯔는 내가 먹어본 쭝쯔 중에서 가장 맛있는 것이라고 할 수 있다. 만약 타이베이에 올 기회가 있다면 이곳에 들러서 내 말이 맞는지 꼭 확인해보기를 바란다.

타이완의 쭝쯔는 민난 지역의 영향을 받았다고 할 수 있다. 민난 지역에 있는 취안저우(泉州)에 가면 독특한 오향 쭝쯔를 맛볼 수 있는데, 고기소 안에 오향분이 들어 있어 그렇게 부르게 되었다고 한다. 취안저우에서 만들어진 이 쭝쯔는 민난의 각 지역에 전파되어서 지금은 어디를 가든 오향 쭝쯔를 맛볼 수 있게 되었다.

중국의 쭝쯔는 동남아 지역에도 전해졌다. 동남아 지역으로 넘어가 살게 된 중국 사람이 말레이 사람과 결혼해서 한 가족을 이루기도 했는데, 이때 그들이 만들어 먹던 것이 바로 뇨냐(Nyonya) 쭝쯔이다. 조금 달긴 하지만, 맛은 좋다. 어떤 것은 현지에서 자라는 분가 텔랑(Bunga Telang)이라는 파란색 꽃을 넣고 만들어서 찹쌀밥이 파랗게 물들기도 한다. 그리고 쭝쯔의 소로 설탕에 절인 코코넛을 넣기도 하는데, 이것을 먹으면 달콤한 쭝쯔의 색다른 맛을 느낄 수 있을 것이다.

중국의 음식문화는 일본에도 영향을 끼쳐 그곳에서도 쭝쯔를 먹게 되었다. 일본 사람들은 이것을 '치마키(ちまき)'라고 부른다. 일본에 문을 연 초창기 중국 음식점들은 모두 고기를 넣고 만든 쭝쯔를 팔았다. 그중에서도 '민민(珉珉)'이라고 하는 음식점에서 파는 것이 가장 인기가 많았다. 중국 유학생들은 고향의 맛이 그리울 때면 그곳에 가서 쭝쯔를 먹곤 했다. 지금도 이 음식점은 영업하고 있는데, 나는 도쿄에 갈 기회가 생길 때마다 항상 그곳에 들러 쭝쯔를 맛보곤 한다. 하지만 맛은 예전만 못한 것 같다.

일본에서는 중국과는 조금 다르게 쭝쯔를 만들었다. 주로 커다랗고 두꺼

운 대나무 잎으로 만들었는데, 큰 대나무 잎사귀 하나로 쭝쯔 하나를 다 싸기도 했다. 홋카이도 삿포로에는 정치인이나 재력가들만 드나들던 요정이하나 있다. '카와진(川甚)'이라고 하는 이 요정은 게이샤가 나와서 공연도 하는 곳이다. 하지만 지금은 경기가 좋지 않아 일반 손님도 받고 있다. 이곳에가면 정교하게 잘 만든 음식을 풍성하게 맛볼 수 있을 것이다. 그중에서도가장 기억에 남는 음식은 마지막에 나오는 쭝쯔였다. 한번은 이곳에 여러 명이 우르르 몰려간 적이 있는데, 그중에는 쭝쯔를 좋아하지 않는 사람이 있어 손도 대지 않고 그대로 남기게 되었다. 그래서 나는 남은 쭝쯔를 모조리 싸 가지고 호텔로 돌아왔다. 다음 날, 우리는 아침으로 게 요리를 먹으러 갔지만, 나는 입맛에 맞지 않아 아무것도 먹지 않았다. 차라리 호텔로 돌아가서 전날 싸 온 쭝쯔를 먹는 게 더 낫겠다고 생각했기 때문이다.

내가 쭝쯔를 좋아하긴 하지만, 모든 지역의 쭝쯔가 다 맛있는 것은 아니다. 광둥성 자오칭(肇庆)에서 만든 것이 바로 그렇다. 원래 이곳은 쭝쯔의 본고장이다. 그래서 쭝쯔 파는 곳이 곳곳에 널려 있어 이곳에 가면 사계절 내내 쭝쯔를 먹을 수 있다. 하도 유명하다고 해서 나도 맛이나 보려고 몇 개를 사서 호텔로 가지고 와 보았다. 하지만 쭝쯔의 잎사귀를 펼쳐보니 대부분 찹쌀뿐이고 안에 든 소도 엄청나게 적었다. 맛은 괜찮으려니 하고 먹어보았지만, 곧 실망하고 말았다. 도대체 이런 것이 왜 유명한지 이해가 되지 않았다. 현지 사람에게 물어보니 과거 이 지역은 수재가 잦아 이재민이 많이 발생했다고 한다. 이로 인해 주민들은 수재를 피해 높은 지역으로 옮겨가 살게 되었고, 간신히 쭝쯔나 만들어 먹으며 생계를 이어나갔다. 그래서 그저 배만 불리면 되었기에 소가 많든 적든 상관하지 않게 된 것이다.

요즘은 형편이 좀 나아져서 비싼 재료를 넣고 쭝쯔를 만들기도 한다. 전복이나 푸아그라, 캐비아 같은 것을 쭝쯔의 속 재료로 넣는 것이다. 하지만 아무리 고급 재료로 만든 것이라고 해도 다 맛있는 것은 아니다. 한번은 전복을 넣은 쭝쯔를 먹어보았는데, 고무를 씹는 것처럼 너무 질겨서 삼키기도 어려울 정도였다. 반건조 전복이 아니라 다롄에서 생산된 생전복을 넣은 것이었는데도 맛이 없어 조금 실망스러웠다.

만약 고급스러운 쭝쯔를 먹고 싶다면 마카오로 가면 된다. 그곳에는 '항헝운(杏香园, Hang Heong Un)'이라는 디저트 가게가 있는데, 주로 푸딩이 든 코코넛 밀크나 은행, 아몬드가 든 달콤한 음료를 파는 집이다. 하지만 나는 이런 것들보다는 짠맛이 나는 쭝쯔가 더 맛있는 것 같다. 이곳에서는 진화 햄이나 절인 달걀노른자, 돼지비계가 든 것뿐만 아니라 커다란 조개관자가 든 쭝쯔를 팔고 있는데, 모두 제값을 할 만큼 속 재료가 많이 들고 맛도 좋다.

나는 쭝쯔의 '쭝(粽)'자를 '쭝(糭)'이라고 쓴 것을 별로 좋아하지 않는다. 비록 둘 다 같은 뜻이기는 하지만, '쭝(糭)'은 '어리석다'라는 뜻의 '사(傻)'와 비슷하게 생겨서 먹으면 바보가 될 것 같은 느낌이 들어서이다.

글자를 어떻게 쓰든 간에 아무튼 쭝쯔의 종류는 엄청나게 많다. 모든 쭝쯔를 다 먹어본 후에 가장 맛있는 것을 가려내라고 한다면 아마 삼대에 걸쳐서 먹어도 시간이 모자랄 것이다. 비록 나 역시도 이 세상의 모든 쭝쯔를 다 맛보지는 못했지만, 이것 한 가지만은 확실하게 말할 수 있다. 이 세상에서 가장 맛있는 쭝쯔는 쫄쫄 굶은 뒤에 먹는 쭝쯔라는 것을 말이다. 이 말에 반박할 수 있는 사람은 아무도 없을 것이다.

여지(荔枝)에 관하여

둥관 농업국의 초청을 받아 그 지역 특산물인 여지를 홍보하기 위해 둥관으로 가게 되었다. 사실 나는 이런 홍보대사 활동을 잘 맡지 않는 편이다. 단지 오령(五岭) 이남 지역의 여지를 모두 맛본 후에 둥관의 여지가 가장 맛있다는 판단을 내렸기 때문에 초청에 응했을 뿐이다. 둥관의 여지가 맛있다는 말은 수십 년 전에도 몇 번 말한 적이 있다.

차를 타고 광저우로 가다보면 곳곳에 여지 나무가 심겨 있는 모습을 발견할 수 있다. 듣자 하니 여지의 연간 생산량은 150만 톤에 달한다고 한다. 다들 그렇게 많은 여지를 어떻게 팔아치울지 궁금할 것이다. 현재 여지 생산업자들은 중국 최대 인터넷 쇼핑몰 타오바오(淘宝)와 합작해서 전국적으로 여지를 판매하고 있다. 인터넷으로 주문을 받으면 신속하게 고객의 집까지 배달해주는 시스템이다. 불과 몇 년 전까지만 해도 전혀 상상치도 못했던 일이지만, 물류의 발달로 인해 불가능하던 일이 지금은 가능하게 되었다.

여지의 품종은 다양하다. 뉘미츠(糯米糍), 구이웨이(桂味), 관인뤼(观音绿), 페이쯔샤오(妃子笑) 등이 바로 대표적인 품종이다. 그중 '페이쯔샤오'는 6월경이면 완전히 익기 때문에 가장 먼저 수확할 수 있다. 이 품종은 알이 굵고, 형태는 원형이나 달걀형에 가깝다. 그리고 껍질은 초록빛을 띤 담홍색이다. 과육은 부드럽고 과즙도 많은 편이지만, 약간 신맛이 나는 것이 단점이다. 씨앗도 커서 먹기에 조금 불편하다. 특히 여지를 좋아했던 양귀비는 빨리 먹고 싶은 마음에 6월경에 생산되는 이 품종을 주로 먹었다고 한다. 하지만 이것은 가장 맛있는 여지라고 할 수 없다.

과거에 소동파는 후이저우(惠州)로 귀양을 간 적이 있는데, 그 당시의 기록을 살펴보면 그곳에서 생산되는 여지는 맛이 무척 시다고 적혀 있다. 아마 그는 페이쯔샤오 품종을 먹은 듯하다. 그래도 그는 '하루에 300알이나 먹었다.'라는 글귀를 남길 정도로 그곳의 여지를 즐겼다. 하지만 소동파가 뉘미츠를 맛봤다면 아마 하루에 3,000알쯤은 너끈히 먹었을 것이다.

페이쯔샤오가 생산되는 6월이 지나면 '구이웨이' 철이 온다. 이 품종은 껍질이 새빨갛고 거북이 등처럼 오돌토돌하다. 돌기의 끝부분이 뾰족해서 찔리기 쉬우니 먹을 때 주의해야 한다. 그리고 이 품종은 열매 가운데 부분에 마치 쪼개진 것처럼 선이 둥그렇게 둘러져 있어서 구분하기 쉬울 것이다. 이것을 구이웨이라고 부르는 이유는 구이린(桂林)이 있는 광시 지역에서 이것을 생산하기 때문이라고 한다. 하지만 나는 이곳의 여지에서 계수나무 꽃향기가 나기 때문에 그렇게 부르는 것이라고 알고 있다. 아무튼, 구이웨이를 좋아하는 사람들은 다른 것은 전혀 먹지 않고 이 품종의 여지만 먹는다고 한다.

'관인뤼'는 딱히 이렇다 할 만한 개성이 없어서 별로 소개해줄 것이 없다. 마지막으로 '눠미츠'는 내가 가장 좋아하는 여지이다. 이것은 알이 굵고 선명한 붉은빛을 띠고 있어서 보기에도 좋다. 거북이 등딱지 같은 껍질은 다른 것과 비교해서 요철이 심하지 않고, 안에 든 씨도 작아서 과육이 많은 편이다. 가끔은 종잇장처럼 얇은 씨가 든 것이 있을 정도로 과육이 대부분을 차지하고 있다. 이 품종은 6월 말에서 7월 초 정도면 다 익어서 수확할 수 있다. 그러니 양귀비처럼 너무 서두르지 말고 진득하게 기다리다보면 맛있는 여지를 맛볼 수 있을 것이다.

물론 어떤 것은 종자를 변형시킨 것도 있다. 이번에도 차를 타고 가다가 어느 과수원에서 사과만한 여지를 보고는 깜짝 놀라서 차를 멈춰 세웠다. 내려서 맛을 보았지만, 과육이 딱딱한 데다가 아무 맛도 나지 않았다. 광둥 지역에서는 이렇게 큰 여지를 '소도 때려잡을 만큼 크다'라고 표현하곤 한다.

여지를 좋아하는 사람이라면 아마 여지를 입에 달고 살 것이다. 그러다 보면 부모님이나 아내가 '여지 한 알은 횃불 세 개와 같다'라는 속담을 들며 여지를 많이 먹지 못하게 한다. 어릴 때 나는 이런 말을 들을 때마다 '나는 지금껏 엄청나게 많은 여지를 먹었는데, 왜 집이 불타버리지 않았지?'라는 생각이 들곤 했다. 사실 부모님이 그렇게 말한 것은 열을 잘 오르게 하는 여지의 성질로 인해 많이 먹으면 몸에 좋지 않기 때문에 경고 차원에서 한 말이었다. 하지만 나는 집이 불타든 말든 상관없었다. 눠미츠를 보면 앉은자리에서 40~50알은 먹지 않고는 배길 수 없었으니 말이다. 더욱이 이번처럼 과수원에서 직접 따 먹는 여지는 말할 나위도 없을 것이다.

나무에서 갓 딴 여지는 당연히 맛이 좋다. 하지만 우리는 태양이 따갑게

내리쬐는 한낮에 도착한 탓에 여지가 햇볕에 뜨뜻하게 익어서 맛이 좀 덜한 듯했다. 그래서 이곳의 과수 재배농들은 어둑할 무렵에 여지를 따기 시작한 다고 한다. 그리고 여지를 따고 나면 깨끗하게 씻은 뒤에 얼음 속에 넣고 시 원하게 식혀두었다. 이것을 하나씩 꺼내 먹다보면 너무 맛있어서 손가락이 얼어붙는 것조차 모를 것이다.

열성이 강한 여지를 너무 많이 먹어서 뾰루지가 생기면 어떻게 하냐고? 이 문제는 아마 모든 여성의 최대 관심사일 것이다. 여러 가지 민간요법이 있는데, 그중에는 독을 독으로 치료한다는 말처럼 여지 껍질을 이용하는 방 법도 있다. 이 처방대로 여지 껍질을 달여서 마시면 뾰루지가 사라진다고 한 다. 하지만 껍질이 얼마나 필요한지, 물은 얼마나 넣는지, 그리고 얼마나 오 랫동안 끓여야 하는지에 대한 정보는 전혀 없다. 게다가 팔팔 끓이면 과일 껍질에 있는 세균이나 유충은 사라지겠지만, 농약은 완전히 사라지지 않을 것이다. 그래서 나는 꺼림칙한 느낌이 들어 단 한 번도 이 민간요법을 시도 해 본 적이 없다.

나는 예전에 여지를 많이 먹으면 병이 생길 수 있다고 글을 쓴 적이 있다. 그 병은 바로 저혈당증이다. 과일 속에는 다량의 과당이 함유되어 있는데, 이 과당이 위에서 흡수된 뒤에 다시 간에서 포도당으로 전환되어야 우리 몸에 활용될 수 있다. 하지만 제대로 전환되지 않으면 포도당이 부족해서 병이 생길 수도 있다. 이것을 치료하기 위해서는 당을 계속 공급해서 포도당을 보충해주면 된다. 그중에서도 가장 일반적인 치료법은 소금물을 마시는 것이다.

여지의 품종 중에는 과뤼(挂綠)라는 것도 있다. 이 품종은 주로 쩡청 지역에서 생산되는데, 나도 예전에 한 번 가본 적이 있는 곳이다. 그곳에서는 여지 나무밭 주변에 철제 난간을 쳐두고, 그것도 모자라 도랑을 파서 몰래 따가지 못하도록 철저하게 관리하고 있었다. 이 품종의 여지는 귀한데다가 값도 비싸기 때문에 일반인들은 사 먹을 엄두조차 내지 못할 것이다. 과일뿐만 아니라 이 품종은 묘목 자체도 비싸다. 매년 접목할 때면 과뤼 품종 묘목을 파는 모습을 볼 수 있는데, 아마 다들 가격을 듣고 나면 깜짝 놀랄지도 모른다. 쩡청에 사는 한 친구는 가끔 내게 과뤼 품종 여지 두 알을 잘 포장해서 예쁜 상자에 담아서 보내주곤 한다. 맛은 어떠냐고? 글쎄, 내 입에는 신맛만 느껴져 딱히 맛있는 것 같지도 않다.

과수원 참관을 마치고 동관에 도착하니 누군가가 여지로 만든 요리를 만들어서 나에게 대접해주었다. 여지에 밀가루를 묻혀서 튀겨낸 것이 있었는데, 모양이 별로여서 나는 손도 대지 않았다. 대신에 잘게 다진 돼지고기를 여지 속에 채워 넣고 쪄낸 음식을 맛보았다. 하지만 내 생각엔 새우를 넣고 쪄낸 것만 못한 듯했다. 여지는 주로 해산물과 궁합이 잘 맞기 때문이다. 만약 단것을 좋아한다면 여지로 맛탕을 만들어 먹어도 좋을 것이다.

과일이 너무 많이 생산될 때면 사람들은 통조림으로 만들어서 판매하기도 한다. 하지만 그다지 맛은 없다. 물론 여지만큼은 예외여서 통조림이라도 나는 마다하지 않는다. 게다가 여지 통조림 안에 든 국물은 그냥 마셔도 괜찮을 정도로 인체에 무해하다. 만약 제철이 아니라서 여지를 맛보기 힘들다면 통조림을 이용해서 젤리 같은 것을 만들어 먹어도 괜찮다. 그러면 맛도 좋을 뿐만 아니라 많이 먹어도 몸에 해롭지 않을 것이다.

여지는 특이하게도 한 해는 많이 열리고, 그다음 해는 적게 열린다. 아마도 나무에게 휴식을 주려는 대자연의 이치인 듯하다. 많이 열리는 해에는 온 산이 여지로 가득해진다. 이때는 인부들에게 인건비를 더 준다고 해도 인력이 부족해서 여지를 다 수확할 수 없을 정도이다. 거두지 못한 여지는 그냥 땅에 떨어진 채 썩어버려 아까울 따름이다. 만약 농업부가 적극적으로 지원만 해준다면 과학적인 방법으로 보존 기간을 늘려 사과처럼 1년 내내 여지를 먹을 수 있는 방법을 개발해낼지도 모른다.

최근 중국 정부는 농민들에게 호주로 가서 여지를 생산하도록 장려하고 있다. 중국과 호주는 날씨가 정반대이기 때문에 겨울에는 여지를 호주에서 공수해올 수 있기 때문이다. 하지만 초창기에는 이 방법이 뜻대로 잘되지 않았다. 호주에서 중국으로 실어오는 동안 여지가 검게 변해버렸기 때문이다. 하지만 점차 개선되어 지금은 아무런 문제가 없다고 한다. 만약 둥관의 여지 재배농이 호주로 가서 경작하면 더욱 빨갛고 달콤한 여지를 개발해내 큰돈을 벌 수 있을 것이다.

최근에는 물류가 발달하여 중국 전 지역에서 신선한 여지를 먹을 수 있다. 그뿐만 아니라 더 나아가 일본, 한국, 유럽 등지까지 수출하고 있을 정도이다. 나는 과거 일본 유학 시절에 긴자에 있는 '센비키야(千匹屋)'라는 고급 과일 전문점에서 여지를 파는 것을 본 적이 있다. 신선하지 않아 껍질이 검게 변해버렸는데도 비싼 가격에 팔리고 있었다. 비싸긴 했지만, 어쩌다 고향 생각이 날 때면 그곳에서 여지를 사다가 먹곤 했다. 그리고 파리나 런던에 있는 호텔 조식 뷔페에서도 가끔 여지를 내놓기도 한다. 통조림에 불과했지만, 서양 사람들은 그것도 맛있다고 하며 신나게 먹어댔다. 만약 그들이 나무에서 갓 딴 여지를 맛본다면 아마 손가락까지 쪽쪽 빨아먹을지도 모른다는 생각이 들었다.

불현듯 당나라 때 여지를 좋아하는 양귀비를 위해 얼마나 많은 말을 혹사하며 운반을 했을까 하는 생각이 들었다. 신선한 여지를 하루라도 빨리 양귀비에게 바치기 위해 아마 수많은 말이 죽어 나갔을 것이다. 그 생각을 하면 그저 안타까울 따름이다!

장어와 드렁허리

장어와 드렁허리는 어떻게 구분할까? 해양생물학자처럼 머리를 싸매고 연구할 필요는 없지만, 알아두어서 나쁠 것은 없다. 중국에서는 지역마다 이것을 다르게 부른다. 보통 한 자 정도로 길이가 짧고, 살이 충분히 올랐을 때 몸통 굵기가 엄지손가락만 한 것이 드렁허리이다. 상하이에서는 이것을 가늘게 채 썬 뒤에 주로 기름에 볶아먹는다. 그리고 식탁에 올리기 직전에 튀긴 마늘을 위에 뿌려내기도 한다. 이것이 바로 정통 '차오 산후(炒鱔糊)' 조리법이지만, 요즘은 이렇게 만들 줄 아는 사람이 드문 것 같다.

일본에서는 주로 소스를 발라서 굽는 '가바야키(蒲燒)' 방식으로 장어를 조리해서 먹는다. 먼저 살이 통통하게 오른 장어를 골라 뼈를 발라낸 후에 반으로 갈라서 펼쳐둔다. 이것을 솥에 넣고 찐 다음, 달콤한 데리야키 소스를 발라서 다시 불에 구우면 된다. 장어는 껍질 아래쪽에 지방층이 있기 때문에 껍질째 먹으면 기름기가 살짝 돌아 더욱 맛이 좋다.

서양에서는 장어를 '이엘(Eel)'이라고 한다. 예전에는 가난한 사람들이 냉동시킨 장어를 오후 티타임에 함께 곁들여 먹는 디저트로 만들어 먹었다고 한다. 그 당시에는 가난한 사람들이 부자들보다 더 잘 챙겨 먹은 듯하다. 요즘은 이 요리를 만드는 곳이 드물어 아주 비싼 값이 팔리고 있다고 한다. 나도 가끔 레스토랑 메뉴판에서 이 요리를 발견하면 꼭 주문해서 먹곤 한다.

초밥을 만들 때 사용하는 장어는 대부분 갯장어이다. 일본 사람들은 기준이 분명해서 초밥집에서는 바다 생선만 사용하고, 민물 생선은 절대 쓰지 않는다. 그래서 민물 장어를 맛보려면 민물 생선만 전문적으로 취급하는 식당으로 가야 한다. 일본에 가면 각 도시나 농촌마다 전통적인 방식으로 장어를 구워 파는 식당이 하나씩은 꼭 있다. 예전에 도쿄에 있는 내 사무실 뒤편에도 이런 식당이 있었다. 갈 때마다 보면 할아버지 한 분이 연신 부채질을 하며 열심히 숯불을 피워대곤 하셨다. 연기 때문에 계속 눈물을 흘렸지만, 부채질하는 손길을 한시도 멈추지 않았다. 당시에는 저러다가 눈이 나빠지면 어쩌나 하는 안쓰러운 마음이 들기도 했다.

일본에서는 여름철이 되면 장어를 파는 가게 문 앞에 깃발이 내걸리곤 한다. 그 깃발 위에는 '우시노히(丑の日)'라는 글자가 쓰여 있는데, 이것은 장어먹는 날이 다가왔음을 알려주는 신호이다. 일본 사람들은 날이 더울 때 장어를 먹으면 기운이 솟는다고 말하곤 한다. 이것은 당나라 때 중국에서 건너온 풍습이라고 할 수 있다. 왜냐하면, 중국에는 예로부터 '소서(小暑)에는 드렁허리가 인삼보다 낫다.'라는 말이 전해져왔기 때문이다.

만약 장어구이를 즐겨 먹는 사람이라면 도쿄에 있는 '노다이와(野田岩)'라는 식당에 가보면 좋을 것이다. 그곳에서는 자연산 장어만 팔기 때문이다. 현재 일본에서 판매되는 장어 중에서 99.5%는 양식이라고 한다. 최근 환경오

염 탓에 자연산을 구하기 힘들어져서 그런 것이다.

이렇듯 일본에서는 장어 수요가 많아 중국에서 장어의 치어를 수입해오기도 한다. 게다가 타이완에서 치어를 가져와 일본 호수에 방류해서 키우기도 했다. 따라서 일본에서 먹는 장어는 여러 지역에서 가져온 것이라고 할 수 있다. 물론 자연산과 양식은 확실하게 구분해서 팔고 있으니 걱정할 필요는 없다. 하지만 미식가들도 먹어본 후에야 알 수 있을 정도로 둘을 구분하기는 힘들다고 한다.

일본 장어집에서 파는 장어는 종류가 다양한데, 살이 통통하게 오른 것일수록 비싸다. 그렇다고 해서 싼 것만 찾으면 비쩍 말라서 먹을 것이 별로 없을 것이다. 중국 산터우에도 장어구이를 팔긴 하는데, 일본에서 장어를 진공포장해와 현지에서 굽기만 해서 파는 것이었다.

일본에서는 장어에 달콤한 소스를 발라 굽는 것 말고도 소금만 살짝 뿌려서 구워 먹기도 한다. 이런 것을 일본에서는 '시라야키(白燒)'라고 한다. 여기에 산초가루를 조금만 뿌리면 술안주로도 괜찮을 것이다. 장어는 이렇게 살코기뿐만 아니라 간이나 내장을 조리해서 먹어도 맛이 좋다. 게다가 일본에서는 장어 살을 잘게 다져 넣고 달걀말이를 만들어 먹기도 한다.

일본의 자연산 장어가 너무 비싸서 먹기 꺼려진다면 한국으로 가보자. 한국은 장어를 먹는 사람이 많지 않아서 민물에서 잡히는 자연산 장어가 풍부한 편이기 때문이다. 한국에서도 일본처럼 달콤한 소스를 장어에 발라서 구워 먹지만, 일부는 고추장을 발라서 구워 먹기도 한다. 가격도 저렴해서 다들 만족해할 것이다.

한국 사람들은 장어 중에서도 먹장어를 즐겨 먹는다. 이것은 심해에 사는 바닷물고기로 해초를 먹고 자란다고 한다. 그래서 따로 먹잇감을 사냥할 필요가 없어서 눈이 퇴화해버렸다. 크기는 상하이 사람들이 즐겨 먹는 드렁허

리만 하다. 한국에서는 이런 먹장어를 그대로 구워서 먹는다고 한다. 그럼 뼈
가 씹히지 않느냐고? 먹장어는 뼈도 눈처럼 퇴화해서 그냥 먹어도 뼈가 씹히
지 않는다. 온통 쫄깃쫄깃한 살뿐이어서 먹기에 편할 뿐만 아니라 맛도 좋다.

　가끔은 홍콩에서도 커다란 무태장어를 찾아볼 수 있다. 몸 전체에 얼룩
무늬가 있어서 광둥에서는 이것을 '화진산(花錦鱔)'이라고도 부른다. 큰 것
은 매우 진귀해서 허가가 있어야만 도살할 수 있다. 사람들이 특히 즐겨 먹
는 부위는 기름지고 살집이 두툼한 껍질 부분이다. 그중에서도 주로 머리와
목 주변의 껍질을 먹기 때문에 그 부위가 가장 비싼 값에 팔린다고 한다. 나

도 여러 해 전에 1인분에 3,000위안이나 하는 것을 먹어본 적이 있다. 다른 부위는 토막을 내서 마늘을 잔뜩 넣고 간장으로 조려 먹는다고 한다. 이렇게 만든 요리도 가격이 꽤 비쌌던 기억이 난다.

부모님 말씀에 따르면 옛날에는 강변에서 무태장어같이 큰 물고기를 잡는 날이면 북이나 징을 쳐서 마을 사람들을 불러놓고 함께 요리를 만들어 먹었다고 한다. 하지만 요즘은 예전에 먹었던 것처럼 큰 장어는 거의 멸종되다시피 했다. 현재 음식점에서 팔고 있는 것은 대부분 미얀마 같은 동남아 등지에서 수입해오는 것이다. 다행스럽게도 장어는 생명력이 강해서 운송해오는 도중에 죽는 일이 잘 없다고 한다.

차오저우 사람들 역시 장어를 좋아해서 수많은 조리법을 개발해내기도 했다. 가장 간단하게 조리해 먹는 방법으로는 칼로 배를 가른 다음, 껍질째 둥그렇게 말아서 새콤달콤한 맛이 나는 절임과 함께 푹 삶는 것이다. 나는 예전에 어떤 유명한 요리사가 장어 손질하는 모습을 본 적이 있는데, 신기하게도 그가 장어 등뼈를 잡고 힘껏 당기니 장어가 홀라당 뒤집혔다. 즉, 생선 살이 껍질을 싸는 형태가 되어버린 것이다. 지금껏 살면서 한 번도 그런 장면을 본 적이 없어서 당시에는 무척 놀랐다. 아마 앞으로도 그런 모습은 보기 힘들 것이다.

내 어머니도 장어를 무척 좋아하셨다. 그래서 나는 홍콩에 체류하고 있을 때면 시장에서 장어를 사서 어머니께 요리를 만들어 드리곤 했다. 먼저 살이 가장 많이 오른 장어를 사 온 뒤에 소금으로 문질러서 껍질에 붙어 있는 불순물을 제거한다. 그런 다음 토막을 내면 되는데, 장어는 생명력이 강하기 때문에 머리를 잘라내도 한동안은 펄떡대며 움직일 것이다. 한번은 내가 장어 손질하는 모습을 본 필리핀 가사도우미가 놀라서 기함한 적이 있다. 아무튼, 손질한 장어를 깨끗이 씻은 후에 구기자와 천마를 넣고 푹 끓이면 된다. 먹기 전에 국물 위에 떠 있는 기름기를 살짝 걷어내면 국물까지 시원하게 마실 수 있다. 하지만 지금은 어머니가 계시지 않아 이 장어 요리를 만드는 일이 자연스럽게 줄어버렸다.

나는 외국 여행을 할 때 호수만 보면 물속을 자세히 살펴보곤 한다. 그러다가 가끔 살이 통통하게 오른 장어를 발견할 때도 있다. 하지만 아무도 잡아먹지 않고 그냥 두는 것을 보면 아까운 생각이 들었다. 예전에 멜버른에서 살았을 때, 식물원으로 피크닉을 갈 때면 그곳 호수 안에 있는 장어를 물끄러미 바라보며 입맛만 다시기도 했다.

나는 남태평양 지역에서 엄청나게 큰 장어도 본 적이 있다. 당시 그곳 사람들은 무속신앙처럼 장어를 숭배하는 경향이 있어서 민물에서 장어를 키우기도 했다. 내가 본 것은 3~4m는 족히 되는 것이었는데, 동네 꼬마 아이들은 마치 무슨 장난감인 양 장어를 만지며 놀았다. 그래서 타히티 섬에 갈 때면 내 머릿속에는 온통 커다란 장어로 조림을 만들어 먹을 생각밖에 들지 않았다.

예전에 홍콩에 있는 철판요릿집에서는 철판에서 직접 구운 장어를 팔기도 했다. 당시 살이 통통하게 오른 큼지막한 장어를 철판 위에 올려서 천천히 구워주었는데, 어느 정도 익었을 때 철판 뒤집개로 장어를 누르면 기름이 주르륵 흘러나오기도 했다. 이렇게 살짝 태우듯이 구운 장어 위에 달콤한 소스를 뿌리면 '칙'하는 소리를 내며 맛있는 냄새가 코를 자극해 식욕을 돋워주었다. 한참 지난 후에 이 가게를 다시 찾아가 보았지만, 주방장이 바뀌는 바람에 예전 그 맛이 느껴지지 않았다. 그래서 요즘은 시간이 날 때마다 철판요릿집을 찾아다니고 있다. 이곳저곳 다니면서 먹다보면, 예전 그 맛을 다시 찾을 수 있을지도 모른다는 일말의 희망 때문이었다.

17

생선계의 귀족

'치르셴(七日鮮)'이라고 하는 생선은 맛이 꽤 괜찮은 편이다. 이것은 몸통이 납작하게 생긴 생선으로 비목어(比目魚)나 가자밋과에 속한다. 가자밋과에 속하는 어류는 종류가 꽤 많은데, 눈의 방향에 따라 좌구(左口) 혹은 우구(右口)라고도 부른다. 크기도 종류에 따라 각양각색이다. 대서양에서 잡은 것중에서 큰 것은 길이가 365cm에 달하고, 무게도 150kg이나 나간다고 한다. 회를 뜨면 아마도 천 명 정도는 거뜬히 먹을 수 있는 양이 나올 것이다.

이 생선은 그동안 너무 많이 포획한 탓에 거의 멸종할 위기에 처해 있다. 지금 남아 있는 것은 팡리(方脷)라고 하는 서대과 생선뿐인데, 이것마저도 찾아보기 쉽지 않다. 그래서 시장에 이 생선이 들어오는 날이면 나는 물고기 전문가인 니쾅과 함께 생선을 사러 가곤 한다. 그는 생선을 고를 때 뒤집어서 배 부분을 꼭 살펴보았다. 그의 말에 따르는 하얀 뱃살에 핑크빛이 살짝도는 것이 자연산이라고 한다. 그러면서 배 부분에 검은 반점이 있는 것은 찌고 나면 생선 살이 퍽퍽하고 부스러기도 많이 생긴다고 일러주었다. 생선을 고를 때도 혜안이 필요하다는 사실을 새삼 깨닫게 되었다.

니쾅은 지금껏 살면서 무수히 많은 생선 요리를 먹어보았다고 자랑스럽게 말하곤 한다. 수십 년 전에 나는 그와 함께 '베이위안(北园)'이라는 음식점에 간 적이 있다. 그때 그곳의 주방장이 나와서 놀래기 한 마리가 들어왔는데, 한번 맛보겠냐고 우리의 의향을 물어왔다. 그러자 니쾅은 미간을 찌푸리며 그런 잡어를 어떻게 먹을 수 있냐고 버럭 화를 냈던 기억이 난다. 하지만 요즘은 그런 생선조차도 귀해진 것 같다.

이렇게 된 가장 큰 원인으로 해양 오염을 들 수 있다. 그리고 환경보호 캠

페인에서 '사지 않으면, 잡지도 않는다.'라고 말하는 것처럼 무분별한 포획도 해양생물 멸종에 한몫하고 있다. 나는 생선을 좋아하고 많이 먹으라고 권하기도 하지만, 그렇게 함부로 잡아들인 생선을 먹으라고 말한 적은 단 한 번도 없다.

최근 일본 음식점에서 가장 비싸게 팔리는 생선은 홋카이도에서 생산되는 홍살치이다. 이 생선은 날씨가 추워지면 지방층이 생기기 시작하면서 몸 전체에 기름기가 돌아 맛이 더욱 좋아진다. 특히 지느러미 주변에는 반투명하고 끈적끈적한 물질이 있기 때문에 맛이 훨씬 더 부드럽다고 한다.

생선을 금방 잡았을 때는 회로 먹는 것이 가장 좋다. 그리고 냉동한 후에는 니츠케(煮付け), 즉 조림으로 만들어 먹을 수 있다. 생선을 조릴 때는 생선에 간장, 생강 채, 우엉, 표고버섯, 청주 등을 넣고 조리다가 적당한 때에 불을 끄면 된다. 내 생각에는 이것이 회 다음으로 생선을 가장 맛있게 먹는 방법인 것 같다. 잘 만든 일본의 생선 조림은 중국의 일류 생선찜 못지않게 맛있기 때문이다.

사실 조림을 할 때 가장 어려운 것은 시간 조절이다. 얼마나 끓여야 맛있게 조려지는지는 수십 년 동안 내공 쌓은 사람만이 알 수 있기 때문이다. 내가 집필한 책에는 생선조림을 할 때 냄비에 물, 청주, 간장, 설탕, 생강을 넣고 끓이다가 깨끗하게 손질한 생선을 넣고 조리라고 적어두었다. 이렇게 조림을 만들면 훨씬 더 간단하기 때문이다. 한참 조리다가 생선 살이 익은 듯하면 바로 꺼내서 먹으면 된다. 사실 생선을 조리면서 바로 먹으면 더욱 맛있지만, 그렇게 먹으면 주변 사람들이 왜 제대로 차려서 먹지 않느냐고 핀잔을 줄지도 모른다.

일반적으로 도쿄 사람들은 홍살치를 좋아하지만, 오사카 사람들은 눈볼대라면 사족을 못 쓴다. 이 생선은 아마 한눈에 쉽게 구분해낼 수 있을 것이다. 아가미를 살짝 뒤집어보면 안쪽 전체가 검은색이기 때문이다. 이것 역시 홍살치처럼 지방이 많아 신선한 것은 회로 먹고, 나머지 대부분은 소금을 뿌려서 불에 구워 먹는다고 한다.

이것 말고도 일본에서는 생선계의 귀족이라고 불리는 '긴메다이(金目鯛, 금눈돔)'도 즐겨 먹는다. 500m 깊이의 심해에 서식하고 있는 이 생선은 몸 전체에 붉은빛이 돌고, 5월 하순쯤에 포획한 것이 살이 많이 올라 가장 맛있다고 한다. 일본에서는 당일에 잡아서 바로 먹는 긴메다이를 '지긴메다이(地金目鯛)'라고 부른다. 그중에서도 이즈 이나토리(伊豆稲取) 지역에서 생산되는 것이 가장 맛좋기로 유명하다. 일본에서는 이것을 '이나토리 긴메이(稲取金目)'라고 부르는데, 엄청나게 맛있으니 기회가 된다면 꼭 한 번 맛보기를 바란다.

우리 세대는 행복한 편이라고 할 수 있다. 왜냐하면, 진귀한 어종의 생선들을 많이 먹을 수 있었기 때문이다. 당시는 규제도 심하지 않아 돈만 있으면 얼마든지 사 먹을 수 있었다. 하지만 먹을 줄을 몰라 제대로 즐기지는 못한 것 같다.

일본에서 먹는 생선 중에서 황제급은 참다랑어라고 할 수 있다. 이것은 굳이 부드러운 뱃살 부위만 골라 먹을 필요가 없을 정도로 모든 부위가 다 맛있다. 하지만 과거 미식가들은 '토로(Toro, 참다랑어 부위 중 가장 맛있는 뱃살 부위)'는 너무 기름지다고 하면서 잘 먹지 않고, 오히려 '마구로(Maguro)'라고 하는 색이 짙은 부위를 즐겨 먹었다. 하지만 요즘 사람들이라면 마구로는 질이 낮은 것이라고 하며 손도 대지 않을 것이다. 아마 예전 사람들은 일본 주변 바다에서 잡은 제대로 된 참다랑어를 맛보지 못해 그 맛을 잘 몰랐던 것 같다. 요즘 인도나 스페인에서 포획한 참다랑어는 뱃살을 제외한 나머지 부위는 모두 퍽퍽해서 통조림으로나 만들고 있기 때문이다.

당시 일본에서는 고래 고기도 즐겨 먹었다. 그렇게 큰 물고기가 맛있냐고? 한마디로 말해서 정말 맛있다. 특히 꼬리 부분이 더 그렇다. 일본 사람들은 이 부위를 '오노미(Onomi)'라고 하는데, 살도 많은 데다가 감칠맛까지 난다. 한 번 직접 맛을 보면 일본 사람들이 왜 그렇게 고래 고기를 좋아하는지 바로 이해할 수 있을 것이다.

1960년대에 홍콩 사람들이 즐겨 먹던 어류는 '팬더 그루퍼(Panther Grouper)'라는 생선이다. 새하얀 몸통에 검은색 반점이 있는 이 물고기는 입이 뒤로 젖혀져 있어서 어찌 보면 쥐를 조금 닮은 것 같기도 하다. 그래서 중국에서는 이 물고기를 '쥐'라는 뜻의 '라오수(老鼠)'를 붙여서 '라오수반(老鼠斑)'이라고 부르고 있다. 1970년대로 들어서면서 경기가 좋아진 탓에 홍콩 사람들은 비싼 생선이라도 마다하지 않고 사 먹게 되었다. 그 결과, 홍콩 사람들이 좋아하는 이 생선은 씨가 마를 지경이 되었다. 다행스럽게도 현재 홍콩의 사이쿵(西貢)이나 레이위문(鯉魚門) 해안 지역에서는 아직도 찾아볼 수 있지만, 가격이 너무 비싼 게 흠이다. 게다가 품종이 비슷한 필리핀산을 판매하고 있어 예전 먹던 그 생선이라고 할 수도 없다. 그저 허명만 요란할 뿐, 예전 그 맛이 아니어서 별로 권해주고 싶지 않다.

예전에 먹던 팬더 그루퍼는 주로 난사군도(南沙群島)에서 포획되었다. 생선이라는 생선은 죄다 맛본 니쾅은 이 생선에 대해 이렇게 평가하기도 했다.

"생선 살이 부드럽고, 색다른 맛이 나서 마치 침향(沉香) 같아요."

최근 나는 한 친구 집에서 이 생선을 먹어본 적이 있다. 동사군도(東沙群島)에서 포획한 것으로 살이 꽤 부드러웠다. 하지만 니쾅이 말한 것과 같은 그런 맛은 나지 않았다.

예전에는 준치가 많이 잡혀 베이징이나 상하이에 가면 사계절 내내 준치를 맛볼 수 있었다. 비록 꽁꽁 얼려서 운송해온 것이긴 하지만, 맛은 천하일미였다. 이 준치는 바닷물고기가 아니라 바다와 민물의 경계 지역에서 사는 물고기이다. 특히 준치는 푸춘장(富春江)에서 생산되는 것이 맛좋기로 유명하다.

요즘은 예전 사람들이 깡그리 먹어치워 버렸는지 준치를 거의 찾아볼 수가 없다. 지금 음식점에서 흔히 볼 수 있는 것은 대부분 동남아산이다. 하지만 사람들은 생선에서 감칠맛이 난다고 하며 비싼 값에도 아랑곳하지 않고 이 생선을 즐겨 찾았다. 그럴 때면 니쾅은 그건 비린내일 뿐 진정한 준치의 맛이 아니라고 빈정대곤 했다.

예전에 우리는 다양한 민물고기를 맛보기 위해 말레이시아로 간 적이 있다. 그곳에는 맛있는 민물고기가 많아 일부러 비싼 돈을 내고 구하기 힘든 생선을 사 먹을 필요가 없다. 말레이시아에서 가장 흔하게 볼 수 있는 생선은 텅갈란(Tenggalan)이나 가이양 등으로 맛도 꽤 괜찮은 편이다. 생선 뱃살 부위에 지방이 두툼해 기름지기 때문이다. 이곳 물고기들은 어찌나 힘이 좋은지 가끔 물 위로 뛰어올라 강물 위에 드리워진 나뭇가지에서 열매를 따 먹기도 한다.

중국 여류소설가 장아이링(張愛玲)은 준치는 맛있지만, 가시가 너무 많은 것이 흠이라고 한탄하듯 말한 적이 있다. 그래서 나는 니쾅에게 준치와 말레이시아의 민물고기 중 어느 것이 더 나은지 물어보았다. 그랬더니 그가 이렇게 대답했다.

"말레이시아에서 생산되는 민물고기는 준치보다 훨씬 더 맛있어요. 생선살이 부드러우면서 기름기가 더 많이 돌거든요. 게다가 등뼈를 제거하고 나면 잔가시도 거의 없어서 먹기에도 편해요."

서양에서는 홍살치를 '빅핸드 쓰로니헤드(Bighand Thornyhead)'라고 부른다. 이 생선은 유럽에서나 미국 등지에서도 흔히 찾아볼 수 있다. 중국에서는 이런 생선을 주로 쪄서 먹지만, 서양에서는 바싹 구운 다음 레몬즙을 잔뜩 뿌려서 먹는다. 과거에는 상한 생선이 많아서 냄새를 감추기 위해 레몬즙을 짜넣었다. 이후로도 이런 나쁜 습관은 개선되지 않고 그대로 전해져 지금까지도 서양 사람들은 이렇게 먹고 있다.

중국에서는 생선을 찔 때 살이 생선 머리에서 떨어지지 않을 정도로만 살짝 익힌다. 만약 생선을 좋아하는 미식가에게 실수로 생선을 너무 많이 익혀서 냈다면, 아마 그는 생선 요리를 망쳤다고 하며 테이블을 뒤엎을 정도로 크게 화를 낼 것이다.

생선찜은 푸산(浮山)의 해안가 지역에서 만든 것이 가장 맛이 좋다. 가끔 그 지역 음식점 여사장이 자연산 새눈치가 들어왔다고 연락을 해오면, 나와 내 친구들은 맛있는 생선찜을 맛보기 위해 부랴부랴 길 떠날 준비를 한다. 음식점에 도착해서 자리를 잡고 앉으면 어디선가 생선 찌는 냄새가 코끝을 자극해온다. 요리가 완성되면 푸짐한 생선찜이 테이블 위에 바로 차려지는데, 생선 크기는 제각각이지만 하나같이 잘 익어서 정말 맛이 좋다. 이곳에서 생선계의 귀족이라고 불리는 새눈치를 먹다보면 어느새 나 자신도 귀족이 된 듯한 느낌이 들 것이다.

18

주문 잘하는 법

한번은 중국에서 강연을 진행하게 되었다. 참석한 사람 대부분은 지식과 교양을 갖춘 성인 여성들이었다. 그래서 나는 강연을 시작하기 전에 그들을 향해 이렇게 말했다.

"여러분, 저는 강연을 할 때 특별히 원고를 준비하지 않는답니다. 여러분이 가장 듣고 싶어 하는 내용을 들려주기 위해서지요. 알고 싶은 것이 있다면 친구와 대화하듯이 편안하게 물어보시면 됩니다. 형식에 너무 구애받을 필요는 없어요."

이렇게 말했는데도 아무런 반응이 없자 나는 다시 큰소리로 말했다.

"그럼 이렇게 합시다. 강연 주제를 정하지 않으면 주최 측에서도 좋아하지 않을 테니 '주문 잘하는 법'에 관해서 얘기해보도록 하죠. 먼저 제가 질문을 해볼게요. 여러분은 영어를 할 줄 아시나요?"

내 질문에 대다수가 고개를 끄덕였다.

"그럼 프랑스어나 이탈리아어는요?"

이번에는 대다수가 고개를 가로저었다.

"좋습니다. 그럼, 프랑스 요리 주문하는 법부터 시작해보죠. 일단 프랑스 요리는 이름부터가 무척 어렵습니다. 심지어는 여성명사와 남성명사로 구분되기까지 하죠. 같은 수프라고 해도 국물이 맑은 '콩소메(Consomme)'는 남성명사이고, 일반적인 '수프(Soupe)'는 여성명사랍니다. 그리고 닭고기로 만든 수프 '콩소메 드 볼라이유(Consomme De Volaille)'는 남성명사, 양파로 만든 수프 '수프 아 로그논(Soupe a L'oignon)'은 여성명사에요.

내 설명을 듣자 청중들은 '와!'하고 탄식에 가까운 함성을 지르며 이렇게 말했다.

"너무 어려워서 못할 것 같아요."

"그래서 나는 항상 이런 규칙에 너무 신경을 쓰지 말라고 조언을 하곤 하죠. 그저 콩소메는 수프류, 푸아송(Poisson)은 생선류, 카나르(Cannard)는 오리고기, 뵈프(Boeuf)는 소고기라는 것만 기억하면 돼요. 프랑스 레스토랑에 가서 배운 것을 자주 써먹다보면 곧 익숙해질 거예요."

그때 청중석 어디선가 질문하는 소리가 들려왔다.

"이탈리아 요리는 어떻게 주문하죠?"

"이탈리아어에도 남성명사와 여성명사가 있어요. 하지만 프랑스어와 마찬가지로 이런 것에 너무 얽매이지 않아도 돼요. 먼저 이탈리아에서는 수프류를 '주파(Zuppa)'라고 한답니다. 그리고 전채요리는 '안티파스티(Antipasti)', 첫 번째 요리는 '프라미 피아티(Primi Piatti)', 두 번째 요리는 '세콘디 피아티(Secondi Piatti)'라고 해요. 또 하나의 팁을 알려주자면 '카르네(Carne)'라는 말이 들어간 것은 대부분 고기요리이고, '페세(Pesce)'가 들어간 것은 생선요리라고 보면 돼요."

"그럼 디저트류는 뭐라고 하죠?"

"혹시 이탈리아 감독 페데리코 펠리니(Federico Fellini)가 제작한 〈달콤한 인생(La Dolce Vita)〉이라는 영화를 본 적이 있나요?"

"네."

"그럼 그 영화 속에서 디저트를 '돌치(Dolci)'라고 말한 것도 기억하시겠군요."

이어서 또 다른 누군가가 질문을 해왔다.

"양고기는 뭐라고 하나요? 제가 양고기를 무척 좋아해서요."

"프랑스어로는 '양뉴(Agneau)', 그리고 이탈리아어로는 '아녤로(Agnello)'라고 해요.”

“가끔 메뉴판에서 ‘카르파초(Carpaccio)’라는 요리를 보곤 하는데, 그건 무슨 고기로 만든 건가요?”

“카르파초는 고기를 가리키는 말이 아니라 일종의 조리법이에요. 최상품의 소고기를 나무 방망이로 두드려서 얇게 편 다음, 그 위에 소스를 뿌려서 먹는 음식이에요. 소고기뿐만 아니라 생선이나 바닷가재를 이런 방식으로 만들어 날로 먹을 수도 있답니다. 이탈리아 베니스에서 처음 만들어 먹기 시작하면서 차츰 다른 지역으로도 전파되었어요. 그래서 프랑스에서도 이 요리를 카르파초라고 부른답니다.”

“돼지고기는 뭐라고 하나요?”

“프랑스어로는 ‘포어(Pore)’라고 하는데, 영어의 ‘포크(Pork)’와 발음이 꽤 비슷하죠. 하지만 이탈리아어는 완전히 달라요. ‘마이알레(Maiale)’라고 부르니까요.”

“‘프로슈토(Prosciutto)’라는 건 도대체 뭔가요?”

“이탈리아 사람들이 햄을 가리킬 때 쓰는 말이에요.”

“그런데 왜 서양 레스토랑에서는 이것을 ‘파르마 햄(Parma Ham)’이라고 부르는 거죠?”

“그건 영국과 미국에서 통용되는 말이에요. 이탈리아에서는 햄을 프로슈토라고 하고, 파르마 지역에서 생산되는 햄은 ‘프로슈토 디 파르마(Prociutto Di Parma)’라고 불러요.”

“‘하몬(Jamon)’은요?”

“스페인어로 햄이라는 뜻이에요. 프랑스어로 하면 ‘잠봉(Jambon)’이 되죠.”

“스페인에서는 ‘이베리코(Iberico)’라는 말도 쓰던데, 그건 왜 그런 거죠?”

“그건 이베리아(Iberia) 지역에서 생산된 햄을 가리키는 말이에요. 세라노

차이란(差異) 의 미식 방랑기

(Serrano) 햄과는 또 다른 것이죠."

"'푸아그라(Foie Gras)'라고 하는 거위 간 요리는 어째서 가격이 천차만별인 건가요?"

"푸아그라 함유량에 따라 가격 차이가 나기 때문이에요. 특히 프랑스산이 비싸고, 헝가리산이 조금 저렴한 편이랍니다."

"메뉴판에 함유량에 대한 자세한 설명이 나와 있나요?"

"그렇지는 않아요. 그럼 지금 간단하게 설명해드리죠. 발라 먹기 좋게 무스 형태로 나오는 파테 드 푸아그라(Pate De Foie Gras)'는 거위 간이 50%밖에 들지 않았어요. 그리고 '파르페 드 푸아그라(Parfait De Foie Gras)'는 75% 이상의 거위 간이 함유되어 있답니다. '블록 드 푸아그라(Bloc De Foie Gras)'는 거위 간을 그대로 익혀서 납작한 덩어리 형태로 만든 것을 말해요. 그리고 만약 메뉴판에 '아베크 모흐쏘(Avec Morceaux)'라고 쓰여 있다면 거위 간 50%, 오리 간 30%를 섞어서 만든 것으로 생각하면 돼요."

"메뉴판에서 '아베크(Avec)'라는 글자를 자주 본 것 같아요."

"프랑스어로 '~와 함께'라는 뜻이에요. 만약 생수를 주문할 때 '아베크 가스(Avec Gas)'라고 하면 탄산수를 달라는 말이 돼요."

"이탈리아어도 똑같나요?"

"아니에요. 이탈리아에서는 '꼰(Con)'이라고 해요. 이탈리아에서는 탄산수를 주문할 때 '꼰 가스'라고 하면 된답니다. 그리고 '씬 가스'는 탄산이 들어 있지 않은 그냥 물이에요. 이런 것 몇 개만 외워둬도 외국에 가서 유용하게 사용할 수 있을 거예요."

"영어의 '오믈렛(Omelet)'과 프랑스어의 '오믈렛(Omelette)'은 발음이나 철자가 꽤 비슷한 것 같아요. 이탈리아에서도 비슷하게 부르나요?"

"완전히 달라요. 이탈리아어로는 '프리타타(Frittata)'라고 한답니다."

"치즈(Cheese)는요?"

"재미있게도 치즈는 프랑스어와 이탈리아어가 상당히 유사해요. 프랑스어로는 '프로마주(Fromage)'라고 하고, 이탈리아어로는 '포르마지오(Formaggio)'라고 하거든요."

"그럼 설탕은요?"

"프랑스어로는 '수크레(Sucre)'라고 하는데, 발음이 영어의 '슈거(Sugar)'와 비슷하죠. 반면에 이탈리아에서는 설탕을 '주케로(Zucchero)'라고 해요."

"아, 그렇군요. 생각보다 너무 복잡해서 머리가 터질 것 같아요. 좀 더 쉽게 주문하는 방법은 없을까요?"

"물론 있죠. 손님이 뜸한 레스토랑에 가지 말고, 사람들로 북적이는 레스토랑으로 가도록 하세요. 그리고 안으로 들어가 자리에 앉아서 주변 사람들이 어떤 요리를 시켜 먹는지 잘 지켜보세요. 그러다가 맛있어 보이는 요리가 눈에 띄면 바로 종업원을 불러서 손짓으로 가리키면 돼요. 그러면 복잡하게 메뉴판을 보고 주문하지 않아도 된답니다. 아마 이 방법은 세계 어느 곳을 가든 다 통용될 거예요."

향운사(香云纱)와 룬자오가오(伦教糕)

나는 전통적인 방식으로 염색 가공한 향운사를 무척 좋아한다. 얇고 통기성이 뛰어나 여름에 이 옷감으로 만든 옷을 입으면 무척 시원하기 때문이다.

내가 어릴 때 어머니는 항상 거무칙칙한 옷만 입고 다니셨다. 언뜻 보면 옷감이 두꺼운 듯했지만, 실제로 만져보면 매우 얇은 것이었다. 게다가 옷 한

벌을 얼마나 오래 입으셨는지 주름진 부분이 닳아서 그곳에 갈색 얼룩이 생겨날 정도였다. 얼룩이 점점 더 번져서 보기 흉해질 때가 되면 어머니는 그제야 새로 하나 장만해야겠다고 말씀하시곤 하셨다.

조금 자라서는 주변에 있는 사촌들을 눈여겨보게 되었다. 그들이 입은 옷 역시 어머니가 입었던 옷과 비슷한 천으로 만든 것이었다. 하지만 굉장히 촌스러웠다는 것 말고는 딱히 기억에 남는 것이 없다. 나중에 나이가 들고 나서 나는 우연한 기회에 기성복 한 벌을 사 입게 되었다. 몹시 더운 날에 한번 입고 나가 보았는데, 가볍고 통풍도 잘 되어서 시원한 느낌이 들었다. 세상에 이런 옷감이 있었다니! 정말 놀라울 따름이었다.

요즘 나는 중국 전통 의상인 창파오(长袍)에 푹 빠져 있다. 주로 겨울에 입는 옷이지만, 옛 문인들은 여름에도 이 옷을 즐겨 입었다고 한다. 멋들어진 창파오를 입은 문인들이 손에는 부채를 들고 나타나 서로 어느 화가의 작품인지 비교해보는 모습은 그야말로 우아함의 극치일 것이다.

여름옷을 만드는 천은 그리 많지 않은 편이다. 얇고 가벼워야 하는데, 그렇지 않으면 창파오 같은 옷은 더워서 입지도 못하기 때문이다. 여름옷 천으로 가장 적당한 것은 바로 일본 니가타현에서 생산되는 오지야 지지미(小千谷縮)이다. 이 천은 마로 짠 것이어서 매미 날개처럼 매우 얇다. 그리고 겨울 눈밭 위에 천을 펼쳐두고 눈에 반사되는 자외선을 이용해서 표백한다고 한다. 만약 이 천으로 옷을 만들어 입으면 천이 얇으면서도 피부에 잘 닿지 않아 여름에 아주 시원할 것이다.

중국에서 생산되는 옷감 중에서 여름옷을 만들기에 가장 좋은 것은 향운사이다. 나는 이 천을 사기 위해 순더를 방문한 적이 있다. 그곳에 요즘 보기 드문 향운사 공방이 있기 때문이다. 현지 문화유산이 된 이 공방의 책임자는 량주(梁珠)라는 사람으로 다들 그를 '주(珠) 아저씨'라고 불렀다. 그는 향운사

직조 기술 보유자였는데, 아마 일본이었으면 벌써 인간문화재로 지정되었을 것이다.

"먼저 식사부터 하세요."

인사를 하자마자 그는 먼저 공방에 딸린 주방으로 나를 데리고 갔다. 안으로 들어가니 공방의 넓은 뜰 안에는 꽃과 채소가 가득 심겨 있었다. 그뿐만 아니라 닭과 오리는 먹이를 찾아 마당 위를 이리저리 돌아다니고 있고, 연못에는 살이 통통하게 오른 물고기가 헤엄치고 있어서 무척 낭만적으로 보였다. 분위기 탓인지 나는 오랜만에 기분 좋은 포식을 했다. 반찬이라고는 돼지기름을 두르고 부친 달걀부침밖에 없었지만, 어찌나 맛있던지 순식간에 5개나 먹어치웠다.

식사를 마친 후에 우리는 향운사 제작과정을 참관하기 위해 공방으로 향했다. 천을 만드는 과정은 복잡하기 그지없었다. 먼저 견사로 짠 새하얀 천을 푹 삶아서 물에 헹군 후에 풀밭에 펼쳐두고 햇볕에 말린다. 그런 다음에 '서랑(薯莨)' 뿌리에서 추출한 즙으로 물을 들인다. 향운사를 만들기 위해서는 이런 과정을 30~40여 차례 반복해야 한다고 한다. 가장 신기했던 것은 진흙으로 다시 한번 염색하는 과정이었다. 누가 감히 진흙으로 염색을 할 수 있다고 상상이나 했겠는가!

광둥에서는 교질(膠質)이 풍부한 서랑 즙으로 염색한 천을 '헤이자오왕(黑胶网)'이라고 불렀다. 하지만 어감이 별로 좋지 않아 상하이로 전파된 이후에는 향운사로 명칭을 바꾸게 되었다. 이렇게 이름을 붙이고 나니 엄청 고급스러운 천 같은 느낌이 들어서 원산지인 이 공방에서도 향운사라고 부르게 되었다고 한다.

그러면 향운사라는 이름은 어떻게 만들어지게 되었을까? 향운사는 얇고 가볍기는 하지만, 교질이 함유된 서랑 즙으로 물을 들였기 때문에 질감이 뻣

뺏한 편이다. 그래서 이 천으로 옷을 만들어 입고 다니면 '사각사각' 하는 소리가 나서 향운사라고 부르게 되었다는 설이 있다. 혹은 진흙으로 염색한 탓에 천에서 담뱃잎 같은 짙은 갈색이 돌자 '향연사(香烟纱)'라고 부르다가 차츰 향운사로 바뀌게 되었다고도 한다.

과거에는 해외에 거주하는 중국인들 대다수가 향운사로 만든 옷을 입고 다녔다. 따라서 향운사 직조기술은 베트남에까지 전해져 향운사로 만든 옷이 크게 유행하게 되었다. 당시 베트남의 모든 여성은 흰옷에 향운사로 만든 검은 바지를 입고 다녔는데, 그 모습은 본 프랑스 사람들은 무척 놀라워했다고 한다. 디자인이 너무 천편일률적이어서 그랬던 것 같다. 이후로도 디자인에 큰 변화가 없었기 때문에 패션업계에서 획기적인 돌풍을 일으키지는 못했다.

공방 내에 있는 매점에서는 향운사로 만든 각종 남녀 기성복을 팔았다. 나도 참관을 마친 후에 매점에 들러서 바지 두 벌과 옷을 지어 입을 천도 조금 샀다. 보통 창파오 한 벌을 만들려면 150폭짜리 천을 기준으로 해서 4.5마 정도가 필요하다. 하지만 향운사는 폭이 114cm밖에 되지 않아 5.7마 정도를 사야 했다. 향운사로 만든 옷을 빨리 입고 싶은 생각에 나는 홍콩으로 돌아오자마자 양장점부터 들렀다. 하지만 입추로 들어설 무렵이라 옷이 완성된다고 해도 내년 여름에나 입을 수 있을 듯했다.

향운사(香云纱) 박물관
佛山市顺德区伦教龙川中路香云纱博物馆
TEL . +86-757-2775-7756

기왕 순더까지 왔는데, 인근 지역 룬자오(倫敎)의 명물인 '바이탕가오(白糖糕)'를 맛보지 않을 수 없어 잠시 들러보았다. 바이탕가오는 찹쌀가루와 설탕으로 만든 간식거리로 중국 어디를 가든 이것을 맛볼 수 있다. 그중에서도 장시와 광둥 지역의 바이탕가오가 유명한데, 맛은 두 지역이 서로 완전히 다르다. 광둥식 바이탕가오 중에서는 룬자오 지역에서 만든 것이 가장 맛있다고 한다. 그래서 사람들은 아예 이것을 룬자오가오(倫敎糕)라고 부르기도 한다.

바이탕가오를 만드는 방법은 무척 간단하다. 재료도 찹쌀가루와 흰 설탕, 그리고 물만 있으면 된다. 먼저 찹쌀가루를 체에 내린 뒤에 흰 설탕과 물을 넣고, 한 방향으로만 돌려가며 고르게 잘 섞는다. 이 반죽을 약한 불에 올려서 다시 천천히 저어가면서 익힌다. 어느 정도 점성이 생기기 시작하면 효모를 넣는다.

그런 다음, 커다란 대나무 광주리를 뒤집어서 흰 천을 깔고 그 위에 찹쌀 반죽을 펴 바른다. 이것을 커다란 화덕에 넣고 찌면 맛있는 바이탕가오가 완성된다.

설명은 쉽지만, 일반 가정집에 성인 두 사람 팔 둘레만한 광주리를 넣을 화덕이 어디 있단 말인가! 역시 맛있는 바이탕가오를 맛보려면 룬자오로 가는 편이 더 나을 듯하다. 듣자 하니 룬허위안(倫禾園)이라는 곳에서 만든 것이 가장 유명하면서도 맛있다고 한다. 이곳의 사장은 량구이환(梁桂欢)이라는 여성인데, 사람들은 그녀를 친근하게 환(欢) 언니라는 뜻의 '환제(欢姐)'라고 불렀다. 그녀가 만든 바이탕가오는 맛이 좋다는 입소문이 난 덕분에 이제 그녀는 어엿한 기업가로 크게 성공하게 되었다.

환제의 가게 건물은 찾기가 쉽지 않았다. 향운사 공방에서 길을 안내해주기 위해 함께 와준 미스 우(伍)가 없었다면 찾지도 못했을 것이다. 차를 타고 이리저리 한참을 돌아다닌 끝에 간신히 조용한 주택가 사이에 자리 잡고 있는 그녀의 가게를 찾아내게 되었다. 가게의 규모는 엄청나게 컸다. 대형 버스 여러 대를 주차할 수 있을 정도로 공간이 무척 넓었기 때문이다. 아마도 이곳에서 만든 바이탕가오의 명성이 높아지자 많은 사람이 찾는 관광 필수 코스가 되어서 그런 듯하다.

안으로 들어가니 내부 홀이랑 정원, 그리고 주방에도 상품이 진열된 것이 보였다. 그리고 가게 곳곳에는 테이블을 놓아두어 구경하던 사람들이 잠시 앉아서 쉴 수 있게 배려해두었다. 나는 바이탕가오를 빨리 맛보고 싶은 마음에 사방에 있는 구경거리는 다 제쳐두고 얼른 주방부터 찾아 들어갔다.

주방으로 들어서니 나무 선반 위에 바이탕가오가 담긴 광주리가 잔뜩 얹혀 있는 것이 보였다. 나는 염치불구하고 갓 쪄낸 바이탕가오를 집어먹어 보았다. 그러자 입안에서 바이탕가오가 부드럽게 씹히면서 구수한 찹쌀 향과 함께 단맛이 은근하게 느껴졌다. 아, 이것을 진정 인간이 만들었단 말인가!

"뭐라고요? 바이탕가오에서 신맛이 느껴지지 않는다고요?"

아마 룬자오에서 만든 바이탕가오를 맛보지 못한 사람은 이렇게 말할 수도 있을 것이다. 홍콩의 센트럴 지역에서 파는 바이탕가오에는 단맛뿐만 아니라 신맛도 느껴지기 때문이다. 하지만 룬자오에서 만든 것은 단맛만 느껴질 뿐 신맛은 전혀 나지 않았다.

왕웨이(王伟)라고 하는 내 친구는 광둥성 판위(番禺)에서 '쯔웨이저우(滋味粥)'라는 죽집을 하고 있다. 그 식당에서도 바이탕가오를 팔기는 했지만, 직접 만든 것은 아니었다. 그의 말에 따르면 아무리 만들어도 제맛이 나지 않아 어쩔 수 없이 환제의 가게에서 바이탕가오를 사 오게 되었다고 한다. 그제야 나는 알게 되었다. 환제의 가게에서 관광객을 상대로 하는 장사는 그녀의 사업 중 극히 일부분일 뿐이라는 것을. 내 친구가 환제의 가게에서 바이탕가오를 사 오는 것처럼 도매로 중국 전역에 판매하고 있는 물량까지 합친다면 그 양은 가히 엄청날 것이다.

내가 바이탕가오를 맛있게 만드는 비법을 물어보자 환제는 이렇게 말했다.

"비법은 따로 없어요. 대대로 전해져 내려오는 방법 그대로 만들거든요. 그냥 찹쌀을 곱게 간 뒤에 물과 설탕을 넣고 반죽하면 끝이에요. 참, 비법이 하나 있긴 하네요. 우리는 발효할 때 기존 반죽을 조금 남겨서 새 반죽에 넣는답니다. 이것을 '씨 반죽'이라고 하죠. 이게 없으면 바이탕가오를 만들지도 못해요."

룬허위안(伦禾园)
佛山市顺德伦教北海大道北五十号
TEL . +86-757-2775-0961

20

오뎅(Oden)

일본 요릿집은 어느 곳을 가든 흔히 찾아볼 수 있다. 이런 식당은 대부분 초창기에 회, 튀김, 철판구이, 우동, 라면 등 여러 종류의 음식을 한꺼번에 다 팔았다. 나는 일본 요리에 대해 조금 알게 된 이후로는 어떤 것이 정통인지 아닌지 딱 보면 알 수 있게 되었다. 일본 사람들을 한결같은 방법으로 음식을 만들기 때문에 구분하기가 쉬웠다. 하지만 보통 한 가지 음식도 잘 만들기가 힘든데, 도대체 예전에는 그 많은 음식을 어떻게 다 만들어서 팔았던 것일까?

시간이 흐른 뒤에는 이런 일본 요릿집도 전문성을 갖추어 요리를 구분해서 판매하기 시작했다. 즉, 생선요리와 고기요리를 각각 따로 파는 전문 식당이 생겨난 것이다. 이때부터 장어구이와 일본식 전골 요리인 스키야키를 동시에 파는 모습을 더는 볼 수 없게 되었다. 게다가 어묵과 무, 곤약 등을 넣고 끓인 탕의 일종인 '오뎅'을 파는 가게도 생겨났지만, 그 수는 극히 적었다. 하지만 오뎅이라는 음식은 편의점에서도 사 먹을 수 있을 정도로 일본에서는 대중화되었다. 물론 편의점에서 파는 것은 맛이 별로 없다.

오뎅은 일본의 서민 음식이어서 그런지 제대로 된 한자조차 없었다. 굳이 중국어로 번역하자면 '위톈(御田)' 쯤이 될 것이다. 과거 일본 무로마치 시대에는 두부를 나무 꼬챙이에 꿰어서 익힌 후에 단맛이 나는 미소 소스를 발라서 먹었다고 한다. 일본에서는 이것을 '덴가쿠(田樂)'라고도 부른다. 이 이름은 모내기 철에 신에게 제를 올릴 때 덴가쿠라는 춤을 추며 이 음식을 먹던 풍습에서 유래된 것이라고 한다.

오뎅을 만드는 방법은 도쿄식과 오사카식 두 종류가 있다. 먼저 도쿄에서는 가다랑어포를 우려낸 육수에 진간장과 설탕, 맛술 등을 넣고 맛을 낸다. 반면에 오사카에서는 가다랑어포 대신에 다시마를 사용해서 육수를 낸다. 하지만 중국 사람들은 조리법에는 크게 상관하지 않고, 도쿄는 간토(関東) 지역에 있으니 관둥주(关东煮), 그리고 오사카는 간사이 지역에 있으니 관시주(关西煮)라고 불렀다. 타이완에서는 특이하게도 오뎅을 '헤이룬(黑轮)'이라고 하는데, 푸젠성 사투리로 발음하면 왜 그렇게 부르는지 바로 이해할 수 있을 것이다. 푸젠성에서는 '헤이(黑)'를 '우(乌)', '룬(轮)'을 '덴(den)'이라고 발음한다. 이 두 글자를 이어서 발음하면 오뎅과 얼추 비슷하게 들릴 것이다.

그럼, 오뎅을 만들 때 주로 어떤 재료를 사용할까? 일단 듬성듬성 썬 무

는 모든 종류의 오뎅에 공통으로 들어간다. 그리고 어묵은 지역마다 다른 것을 넣는다고 한다. 먼저 일본어로 '간토니'라고 하는 관동주에는 생선 살에 마를 갈아 넣고 만든 '한펜(Hanpen)'이 들어가는 것이 가장 큰 특징이다. 한펜 이외에 '시노다마키(信田卷き)'라고 하는 재료를 넣기도 하는데, 이는 고기와 채소 등을 유부에 넣고 찐 후에 다시 튀긴 것을 말한다. 이 밖에도 생선 껍질과 연골을 갈아서 동그랗게 만든 후에 튀긴 것이나 밀가루 반죽에 소금을 넣고 튀겨낸 '치쿠와부'를 넣기도 한다. 치쿠와부를 한자로 쓰면 '죽륜부(竹輪麩)'라고 하니 그 모양을 대충 짐작할 수 있을 것이다. 그리고 잡어를 간 것을 길쭉하게 만들어서 튀긴 '사츠마아게(Satuma Age)'를 넣기도 한다.

간사이식 오뎅인 관시주는 고래의 다양한 부위를 이용해서 만든 어묵을 넣고 끓인 것이다. 고래 혀로 만든 '사에주리(Saezuri)', 고래 힘줄로 만든 '쿠지라스지(鯨すじ)', 고래 껍질로 만든 '코로(Goro)' 등이 바로 그것이다. 그리고 '히로우스(Hirousu)'라는 것도 넣는데, 이는 당근, 우엉, 은행, 백합 뿌리 등을 유부 주머니에 안에 넣고 튀긴 것을 말한다. 간사이식 오뎅 재료 중에서 가장 대표적인 것은 생선 살을 넓적하게 눌러서 만든 '히라텐(Hiraten)'이라고 할 수 있다. 특히 홋카이도에서 만든 히라텐은 크면서도 두꺼워 사람들은 이 것을 목도리라는 뜻의 '마후라'라고도 부른다.

오뎅에 들어가는 재료 중에서 사람들이 특히 좋아하는 것은 소 힘줄인 '스지(牛筋)'와 '하루사메(春雨)'라고 하는 당면, 그리고 절인 달걀 등이다. 여기에 아무 맛도 나지 않는 곤약을 함께 넣고 끓이면 오뎅이 꽤 풍성해보일 것이다. 그리고 문어나 무를 넣고 함께 끓이면 풍미가 한층 더 깊어진다. 언뜻 보면 문어가 무척 질길 것 같지만, 먹어보면 부드럽게 잘 익어서 꽤 먹을 만하다.

일본 국립 국회도서관에 가보면 1858년에 그린 그림이 있는데, 그 속에는 커다란 통을 짊어지고 이리저리 다니며 오뎅을 파는 행상의 모습이 그려져 있다. 그만큼 오뎅의 역사는 오래된 것이다. 1950~60년대에 들어서는 늦은 밤 길가 노점에서 오뎅을 파는 모습을 흔히 볼 수 있었다. 사람들은 추운 겨울철에 그곳에 앉아 따끈하게 데운 청주와 어묵꼬치 한두 개를 먹곤 했다. 나도 자주 그곳에 들르곤 했는데, 그때 먹었던 오뎅 맛은 추억만큼이나 따뜻했던 기억이 난다.

요즘은 이런 노점들이 모두 건물 안으로 들어가 있다. 이런 형태의 오뎅집 중에서 도쿄에 있는 '오타코(お多幸)' 본점은 역사가 오래되어서 꽤 유명하다. 1923년부터 지금까지 쭉 운영하고 있기 때문이다. 이곳은 아래층은 카운터석이고, 2~3층은 테이블에 앉아서 먹을 수 있는 구조로 되어 있다. 이 점포의 점장은 사카노 젠히로(坂野善弘)였는데, 그의 말에 따르면 이곳에서 가장 잘 팔리는 것은 두부 덮밥의 일종인 '도우메시(Tomeshi)'라고 한다. 흰 쌀밥 위에 튀긴 두부를 올려놓은 다음, 국물을 끼얹어서 먹는 것으로 단돈 390엔이면 먹을 수 있다.

나는 도쿄에 갈 때마다 생선이나 고기요리에 싫증이 나면 항상 이곳을 찾곤 한다. 추운 겨울밤이면 더욱 간절하게 이곳의 음식이 생각났다. 이곳에 들른 날이면 나는 늘 만족스럽게 배를 두드리며 산책하듯이 걸어서 호텔로 돌아오는 것을 즐겼다. 이곳은 정오 12시 반에서 2시까지, 그리고 오후 5시에서 11시까지만 영업을 하고 일요일에는 쉰다. 신용카드는 사용할 수 없으니 반드시 기억해두자.

'오타코(お多幸)' 본점
東京中央區日本橋 2,2,3
TEL . +813-3243-8282

도쿄에서도 간사이식 오뎅, 즉 관시주를 맛볼 수 있다. 1915년부터 오늘날까지 줄곧 영업해온 '오타후쿠(大多福)'가 바로 그곳이다. 이곳의 점주는 5대 계승자인 후나다이크 사카에(舩大工 栄)라고 한다. 특히 이곳의 오뎅은 홋카이도 히다카(日高)에서 생산되는 다시마로 육수를 낸 후에 밀을 주원료로 해서 만든 시로쇼유(白醬油)로 간을 맞춰서 꽤 먹을 만하다. 하지만 이곳의 오뎅은 고래를 재료로 많이 사용하는 오사카의 간사이식 오뎅과는 조금 다르다. 도쿄 사람들은 환경보호를 위해 고래와 관련된 재료를 가능하면 사용하지 않으려고 노력하기 때문이다.

이 오뎅집은 호젠지(法善寺)라는 절 근처에 있다. 입구에는 커다란 낡은 초롱이 달려 있는데, 그 위에 붓글씨로 '오타후쿠'라는 점포 이름이 한자로 쓰여 있다. 테이크아웃을 하면 도자기 병에 오뎅 재료와 국물을 담아주는데, 무척 고풍스러워 보여 추억의 맛을 느낄 수 있을 것이다.

오타후쿠(大多福)
東京都臺東千區末1,6,2
TEL . +813-3871-2521

이곳은 평일에는 오후 5시에서 11시까지 저녁 시간에만 영업을 한다. 그리고 일요일과 공휴일에는 정오 12시에서 2시까지, 저녁 6시에서 10시까지 문을 연다.

오사카에 가면 유명한 '다코우메(たこ梅)'라는 노포가 있는데, 1711년부터 영업을 했기 때문에 일본에서 가장 오래된 오뎅집이라고 할 수 있다. 현재 오사카 시내에는 4개의 분점이 있지만, 가능하면 본점으로 가는 것이 좋다. 역시 본점의 음식이 훨씬 맛있기 때문이다. 이곳에 가면 고래의 여러 부위를 맛볼 수 있지만, 별로 맛이 없으니 웬만하며 먹지 않는 것이 낫다. 차라리 문어를 달짝지근하게 조린 '간로니(甘露煮)'를 먹어보라고 권하고 싶다. 아마 기억에 남을 정도로 인상적인 맛일 것이다.

다코우메(たこ梅) 본점

大阪區道頓堀 1,1,8

TEL . +816-6211-6201

이곳 역시 저녁에만 영업한다. 평일에는 오후 5시부터 11시 반까지, 토요
일과 일요일에는 오전 11시 반부터 오후 2시 반까지 문을 연다. 그리고 이곳
은 연중무휴이다.

교토에 가면 1883년부터 영업하고 있는 '다코초(蛸長)'라는 점포가 있다.
이곳은 예로부터 문인들이 자주 찾던 곳이라고 한다. 나는 게이샤가 나오는
교토 기온(祇園)의 한 음식점에서 실컷 먹고 마시며 논 후에 게이샤들과 함께
다코초로 오뎅을 먹으러 가보았다. 안으로 들어서니 커다란 철제 냄비 안에
각종 오뎅 재료들이 담겨 있는 것이 보였다. 종류별로 차곡차곡 정리가 잘
되어 있어서 먹고 싶은 것을 손가락으로 가리키면 되니 따로 일본말을 할 필
요도 없을 것이다.

다코초(蛸長)

京都市東山區宮川筋 1,237

TEL . +8175-525-0170

오뎅을 다 먹고 나니 접시 위에 자작하게 남은 국물이 보였다. 나는 맛이 궁금해서 슬쩍 마셔보았다. 하지만 일본 사람들은 국물을 절대 마시지 않는 다고 한다. 그러다가 문득 함께 곁들여져 나온 노란 고추냉이를 보니 예전에 본 영화 속 한 장면이 떠올랐다. 〈자토이치(座頭市)〉라는 일본 영화였는데, 주 인공인 맹인 검객이 오뎅에 고추냉이를 잔뜩 찍어 먹다가 너무 매워서 눈물 을 펑펑 흘리는 장면이 나온다. 주인공은 가츠 신타로(勝新太郞)가 맡았는데, 당시 그 장면이 굉장히 인상 깊어 아직도 기억에 생생하게 남아 있다.

21 아홍량미 (阿紅靚米)

중국 사람은 쌀을 먹고 자란 민족이다. 다들 김이 모락모락 나는 뜨끈한 쌀밥을 보면 달아난 입맛도 다시 되돌아올 것이다. 왜냐하면, 우리가 젖을 뗀 이후로 처음 맛본 것이 밥이고, 죽어서도 생각날 것이 밥이기 때문이다. 아마 이렇게 맛있는 밥을 대체할 수 있는 음식은 이 세상 어디에도 없을 것이다.

만약 밥을 먹을 때 백옥 같은 돼지비계 한 덩어리를 얹어놓으면, 뜨끈뜨 끈한 밥의 열기로 인해 비곗덩어리가 서서히 녹아내릴 것이다. 그러면 밥과 돼지기름이 뒤섞여 더욱더 고소한 맛을 내게 된다. 이렇게 한번 맛을 들이고 나면 그 맛이 생각나 계속 이런 방식으로만 먹게 될 것이다. 하지만 최근 돼 지기름이 건강에 좋지 않다는 말이 돌자, 이런 식습관은 사라져버리고 말았 다. 정말 안타까운 일이 아닐 수 없다.

보통 외국에 가면 맛있는 프랑스 요리나 이탈리아 요리를 자주 먹게 된 다. 하지만 아무리 맛있는 음식이라도 사흘 내내 먹게 되면, 뱃속에서 밥을 달라고 애걸복걸할 것이다. 그럴 때면 나는 허름한 중국 식당이라도 찾아간다. 딱히 먹을 만한 게 없다면 그냥 밥 한 그릇만 시켜서 간장 소스를 뿌리거나 반찬 국물을 끼얹어서 먹는다. 그러면 한 끼를 만족스럽게 때울 수 있다.

아마 우리는 죽을 때까지 밥을 먹고 살 것이다. 하지만 사람들은 밥에 대한 기대치가 그리 높지 않은 것 같다. 외국의 이름난 레스토랑의 경우에는 대부분 빵을 직접 구워서 판다. 하지만 중국 음식점들은 유명하든 않든 간에 밥이 대부분 거칠고 맛이 없다. 아마 중국은 음식이 맛있어 밥에는 크게 신경을 쓰지 않은 듯하다. 어쨌든 이것은 평생을 함께할 밥에게 너무나도 미안한 일이다.

이런 중국과는 달리 밥에 대한 일본인들의 생각은 달랐다. 그들은 요리를 술과 함께 먹기 때문에 일단 요리를 다 먹은 후에야 밥을 먹는다. 밥을 먹을 때는 절인 채소와 된장국을 곁들여서 먹는데, 이것을 '쇼쿠지(食事)'라고 한다. 이렇게 그들은 밥의 풍미를 항상 느긋하게 즐기면서 먹는다. 이것이야말로 밥을 소중하게 여기는 마음일 것이다.

배가 고프면 하얀 쌀밥 한 그릇의 소중함을 새삼 느끼게 된다. 예전에 니쾅이 홍콩을 방문했을 때 제일 먼저 먹으러 간 것이 바로 차슈 덮밥이었다. 밥을 좋아했던 그는 이것을 먹으면서 굉장히 기뻐했다. 그러면서 내게 예전에 군대에서 있었던 일을 들려주었다. 그는 젊은 시절에 군에 입대한 적이 있는데, 당시 한 노병이 그에게 밥을 뜰 때 항상 반 공기쯤 더 뜨라고 일러주었다고 한다. 그래야 밥이 모자라지 않는다는 것이다. 한 공기만 떴다가 모자라서 더 담으러 가면 다른 사람들이 다 가져가버려 남는 밥이 없는 경우가 허다하다고 한다. 별것 아니었지만, 니쾅은 그에게 항상 감사하는 마음을 가졌다고 한다.

요즘 사람들은 가난을 겪어보지 않아서 밥의 소중함을 잘 모르는 것 같다. 게다가 신문에서 쌀밥을 먹으면 살이 찐다고 연일 떠들어대니 이제는 아예 다들 거들떠보지도 않게 되었다. 이렇게 사람들이 쌀은 적게 먹을수록 좋다고 생각하게 된 탓에 최근 쌀 판매량은 급격하게 줄어버렸다. 그러니 이제 더는 쌀이 건강에 좋지 않다고 광고하고 다닐 필요가 없을 것이다.

적게 먹을 때 적게 먹더라도 일단 먹게 되면 좋은 것을 먹어야 한다. 홍콩에서는 주로 태국 향미(香米)를 먹는데, 이 쌀은 확실히 향도 좋고 맛도 있다. 하지만 식감은 일본 쌀보다 훨씬 떨어진다. 일본 쌀은 희고 토실토실하면서 점성 또한 뛰어나기 때문이다. 그래서 일본 사람은 밥을 먹을 때 젓가락으로 집어서 먹는다. 하지만 중국에서 먹는 쌀알은 점성이 많이 없기 때문에 일본 사람처럼 그렇게 먹으면 밥알이 온 사방으로 다 흩어져버리게 된다. 그래서 중국 사람은 밥을 먹을 때 그릇을 들고 밥을 입안으로 긁어 넣어서 먹는다.

일본 쌀은 맛있기는 하지만, 먹으면 살이 찔 것 같은 느낌이 든다. 밥 한 그릇을 먹으면 설탕 한 그릇을 퍼먹은 듯해서 많이 먹기가 꺼려진다. 하지만 일본 쌀을 먹으면 살이 찐다는 말은 다 속설일 뿐이다. 그 말이 사실이라면 일본 사람은 다들 뚱뚱해야 하지 않겠는가?

일본 쌀도 다 맛있는 건 아니다. 지역마다 맛이 천차만별이라고 한다. 일본 쌀 중에서는 니가타(新潟)에서 생산되는 닛코(日光) 쌀이 유명한데, 특히 우오누마(魚沼) 지역의 쌀로 지은 밥이 가장 맛이 좋은 편이다. 게다가 이 쌀로 죽을 끓이면 무척 부드러워서 아무리 많이 먹어도 질리지 않는다고 한다. 하지만 니가타 지역의 쌀보다 더 좋은 것은 야마가타에서 생산되는 츠야히메(つや姫) 쌀이다. 이 두 쌀을 모두 맛보면 어느 것이 나은지 바로 알 수 있을 것이다.

가끔은 고급 마트에서 사 온 쌀로 밥을 지어도 구수한 향이 나지 않는 경우가 있다. 그렇다면 그것은 묵은쌀일 것이다. 묵은쌀로 밥을 지으면 맛이 별로 없어서 곧바로 햅쌀을 찾게 된다.

나는 우창(五常) 지역에서 생산되는 쌀을 맛보기 전까지 일본의 츠야히메 쌀이 가장 찰지고 맛있는 줄 알았다. 하지만 한번은 중추홍의 친구가 내게 동북 우창에서 생산한 쌀을 보내왔는데, 정말이지 내 평생 먹어본 쌀 중에서 가장 맛있는 것이었다. 우창미는 원래 여러 종류가 있다고 한다. 대량 생산되는 것은 질이 떨어지지만, 내가 맛봤던 품종은 쌀알에서 반질반질하게 윤이 날 정도로 잘 여문 것이었다.

이렇게 질 좋은 쌀을 생산하려면 우선 물이 좋아야 한다. 그래서 우창 지역에서는 룽펑산(龙凤山)의 깨끗한 지하수를 끌어다 농수로 사용하고 있다. 게다가 수질을 철저하게 관리하기 위해 주변 5km 안팎에 오염이 될 만한 것의 접근을 철저하게 막았다. 그뿐만 아니라 이곳에서는 어떠한 화학비료도 사용하지 않는다고 한다. 그리고 좋은 쌀을 생산하기 위해서는 물뿐만 아니라 좋은 품종의 씨앗도 필요하다. 그래서 이곳에서는 농업 전문가 왕샹쿤(王象坤) 교수의 조언을 받아 유전자 변형을 거치지 않은 순수 품종의 씨앗들만 엄선해서 재배하고 있다.

전문가들은 북위 45도에 위치한 우창 지역이 벼를 재배하기에 최적지라고 말한다. 이 지역은 열을 축적하는 성질을 가진 비옥한 흑토(黑土)로 이루어져 일 년에 한 계절이면 벼가 다 익는다고 한다. 더군다나 벼는 낮과 밤의 기온 차가 큰 경우에 훨씬 더 잘 익는데, 바로 이곳이 그러했다.

벼를 재배할 때는 토양뿐만 아니라 일조량도 중요한데, 이 지역은 일조시간에 1년에 2,500시간이나 된다고 한다. 그리고 위치도 무척 중요하다. 이 지역의 논은 대부분 도시나 광공업 지역, 그리고 도로에서 적어도 5km 이상은 떨어져 있을 뿐만 아니라 주변에 산림이 밀집해 있어 생태 환경이 우수하다. 다시 말해, 이곳은 벼가 생장하기에 좋은 환경이 모두 갖춰져 있다고 할 수 있다.

특히 이곳 사람들은 오랜 세월에 걸쳐서 벼농사만 지어온 농업 전문가들이다. 그들은 대대로 전해오는 가장 전통적인 방식으로 쌀을 한 알 한 알 정성 들여 재배해왔다. 그뿐만 아니라 다른 지역의 농사 방식은 절대 따라 하지 않을 정도로 자부심도 강했다.

이 지역의 쌀 생산을 담당하는 둥팡(东方) 그룹은 제9차 중국 쌀 무역박람회에서 금상을 받았다. 또한, 국제 ISO 9001 품질관리시스템, ISO 14001 환경시스템, ISO 22000 식물안전관리시스템의 인증을 받기도 했다. 그만큼 이 지역에서 생산되는 쌀은 철저한 관리를 받고 있다는 뜻이다. 이런 구구절절한 설명에도 불구하고 몇몇 사람은 여전히 유기농 재배가 맞는지 묻곤 한다. 두말할 필요 없이 우창미는 유기농 쌀이다!

품질이 좋은 물건이라면 다들 열광하기 마련이다. 그래서 나와 중추홍은 둥팡그룹과 제휴해서 '아흥량미'라는 쌀을 생산하고 있다. 이 쌀은 인터넷 쇼핑몰 타오바오에서도 구매할 수 있으므로 되도록 많은 사람이 맛보기를 바란다. 하지만 중국 당국이 쌀 수출에 대해 엄격하게 규제를 한 탓에 홍콩은 아직도 쌀 수출 허가증을 발부받지 못했다. 따라서 지금은 중국 내지인들만 인터넷상으로 구매할 수 있다. 앞으로는 이 품종의 쌀이 전 세계로 뻗어 나가 쌀을 주식으로 하는 국가의 모든 사람이 맛보기를 바랄 뿐이다.

22

인도에는 카레(Curry)가 없다

카레 하면 인도가 떠오를 것이다. 하지만 인도 현지나 세계 곳곳에 있는 인도 식당에도 카레라는 요리는 없다. 인도 사람들은 주로 고기에 크림을 넣고 만든 코르마(Korma)나 토마토소스와 고기를 넣고 만든 로간 조쉬(Rogan Josh), 인도 감자와 콜리플라워를 넣고 만든 알루 고비(Aloo Gobi) 등을 먹는다. 소스를 만드는 방법은 간단하다. 각종 향신료를 곱게 빻은 뒤에 기름을 붓고 천천히 달이면 좋은 향이 우러나는데, 여기에 생선이나 고기, 채소 등을 넣고 충분히 끓이면 우리가 알고 있는 카레가 만들어진다.

카레, 즉 커리(Curry)라는 이름의 유래를 알기 위해서는 먼저 남인도에서 사용하는 식재료에 대한 이해가 필요하다. 남인도에서는 향신료로 만든 소스를 '카리(Kari)'라고 하는데, 이것은 타밀(Tamil)어이다. 그곳에서는 요리에 쓰이는 모든 소스를 이렇게 부른다.

커리는 영국 사람들이 만들어낸 말이다. 포르투갈에서는 '카릴(Karil)'이라고 부르는데, 17세기 요리책에서 그 단어가 발견되었다고 한다. 하지만 커리라고 쓰인 영국의 문헌상 기록이 이미 1598년부터 나타나고 있어 포르투갈을 훨씬 앞선다고 할 수 있다.

나는 궁금증을 참을 수 없어 인도에 갔을 때 사람들에게 어떻게 카레를 만들어 먹게 되었는지 캐묻고 다녔다. 하지만 그 어떤 요리 전문가나 학자들도 뾰족한 답변을 내놓지 못했다. 그러던 어느 날, 우연히 버스 안에서 점심으로 카레라이스를 먹고 있는 한 사내아이를 만나게 되었다. 그 녀석이 내게 이런 말을 해주었다.

"카레는 방부제 같아요."

아, 드디어 답을 찾았다! 과거 인도의 일반 서민들은 해가 뜨면 일을 하고, 해가 지면 쉬는 생활을 반복했다. 푹푹 찌는 날씨에 냉장고마저 없으니 집에서 싸 온 음식이 상해버리는 것은 순식간이었을 것이다. 오직 카레만이 잘 상하지 않아 늦은 저녁 시간까지 두고 먹을 수 있었다.

나는 어릴 때 싱가포르의 한 시장에서 인도 여성이 카레를 팔고 있는 것을 본 적이 있다. 요즘처럼 유리병에 든 카레 가루나 하나씩 포장된 즉석 카레 소스가 아닌 노점에서 직접 만들어 파는 원형 그대로의 카레였다. 그 노점에서는 카레를 만들 때 돌절구가 아니라 길쭉하고 평평한 화강암을 사용했다. 먼저 노점상 주인은 향신료를 돌판 위에 뿌린 다음, 양 끝은 뾰족하고 가운데 부분은 두툼한 돌 밀대로 밀어서 곱게 가루를 만들었다. 그녀는 이렇게 향신료를 갈면서 삶은 콩을 조금씩 집어넣는 작업을 계속 반복했다. 마지막으로 여기에 물을 조금 섞으면 향신료 고형이 완성된다.

카레를 만들 때 도대체 어떤 향신료를 넣을까? 고수, 커민, 겨자 씨앗, 호로파, 타마린드, 계피, 정향, 카르다몬, 청홍 고추가 바로 카레를 만드는 향신료의 기본 재료들이다. 이 세상의 모든 카레는 이 재료 중에서 몇 가지를 배

합해서 만든다고 할 수 있다.

완성된 고형 카레는 알록달록한 게 색이 참 예뻤다. 노점상 주인은 손님이 오면 이 고형 카레를 철판으로 쓱쓱 긁어서 줬다. 값도 저렴한 데다가 즉석에서 갈아 만든 것이라 향도 유달리 진했다. 당시 나도 이것을 조금 사 와서 집에서 카레를 만들어보았다. 먼저 기름을 두른 팬에 다진 양파와 고형 카레를 넣고 잘 볶은 다음 준비한 재료를 넣고 반쯤 익힌다. 이것을 다시 큰 솥에 옮겨 담고 물을 부은 다음 천천히 끓이면 카레가 완성된다.

카레를 만들 때는 다양한 재료가 들어간다. 앞서 말한 인도 카레 중에서 로간 조쉬에는 치즈를 넣기도 하고, 코르마에는 캐슈너트 소스를 첨가할 때도 있다. 그리고 알루 고비는 토마토소스를 첨가해서 만들기도 한다. 나중에 영국에서는 도수가 높은 술을 넣어 카레를 만들어 먹기도 했는데, 결국 카레는 영국의 국민 요리로 등극하게 되었다.

이런 카레 조리법은 인도네시아에도 전해지게 되었다. 이어서 인도네시아에서 말레이시아로 전해지는 과정 중에 진한 코코넛 밀크가 첨가되어 향이 더욱 짙은 카레가 만들어졌다. 그리고 고추도 들어가 자극적인 맛이 한층 더 강해지게 되었다.

카레가 태국으로 전해진 뒤에는 그린 카레(Green Curry)와 레드 카레(Red Curry)로 분화되기 시작했다. 그린 카레는 닭고기에 푸른 고추, 레몬그라스, 마늘, 강황, 레몬즙, 고수 씨앗, 회향, 타마린드를 넣고 조리한 것을 말한다. 태국에서는 그린 카레를 만들 때 닭고기 말고도 가지를 넣기도 하는데, 이는 태국 카레만의 특색이라고 할 수 있다. 이때 쓰이는 가지는 일반적인 가지가 아니라 손톱만한 크기의 작은 가지이다. 크기는 작지만, 가지 고유의 맛은 충분히 느낄 수 있다. 레드 카레는 주로 해산물로 만든다. 해산물에 토마토와 새우젓을 넣고, 향신료는 그린 카레와 비슷하게 들어간다. 그리고 레드 카레에도 가지를 꼭 넣는다.

홍콩에서 먹던 초창기 카레는 대부분 파키스탄식이다. 영국 군대와 경찰서에서 일하던 파키스탄 출신의 요리사를 통해 전파되어서 그런 것이라고 한다. 그들은 카레에 코코넛 밀크를 넣지 않고, 단지 기존의 카레 가루(오래된 향신료 가게에서 파는 유리병에 담긴 것)만으로 카레를 만들었다. 파키스탄식 카레는 양파를 잔뜩 볶은 뒤에 물을 붓고 양파가 무를 때까지 푹 끓이기 때문에 소스에서 단맛이 많이 느껴진다. 만약 파키스탄식 카레 전문점 앞을 지난다면, 입구에 커다란 양파 포대가 잔뜩 쌓인 것을 발견할 수 있을 것이다.

동남아에서 생선 머리로 피시 헤드 카레(Fish Head Curry)를 만들 때는 오크라를 넣기도 한다. 이것은 여자 손가락처럼 생겼다고 해서 '레이디핑거'라고도 부른다. 푹 삶을수록 점성이 더 강해지는데, 특히 맛있는 부분은 오크라의 씨앗이다. 소스를 머금은 오크라 씨앗을 씹었을 때 입안에서 터지는 그 느낌은 가히 일품이라고 할 수 있다.

일본 라면이 처음 발명된 1960년대에 일본에도 드디어 카레 열풍이 불기 시작했다. 일본 사람들이 맨 처음에 라면을 '주카멘(中華麵)'이라고 불렀던 것처럼 카레도 처음에는 '자바 카레'라고 불렀다. 하지만 초창기 일본 카레는 정말 맛이 없었다. 달기만 하고 카레 가루도 너무 적게 들어갔기 때문이다. 더군다나 일본 사람들은 매운 것을 잘 먹지 못하기 때문에 단맛을 계속 추가하다 보니 맛이 더 없어졌다. 이름만 자바 카레였지 정통 자바 카레의 맛은 전혀 느낄 수 없었다.

하지만 외국 관광객이 점점 늘어나자, 일본에서는 그들의 입맛에 맞춰 카레에 매운맛을 추가하기 시작했다. 현재 일본 마트에서 파는 레토르트 식품 중에 'LEE'라는 이름의 즉석 카레 소스가 있다. 이 브랜드는 매운맛 카레를 개발해서 맨 처음에는 매운맛을 두 배로 증가시킨 '가라미(辛味)×2' 카레 소스를 출시하였다. 그러다가 후에 매운맛이 5배, 10배 증가한 '×5', '×10' 제품을 줄줄이 판매하게 되었다. 현재는 매운맛이 50배나 강화된 '×50'까지 출시된 상태이다.

한국 사람들은 카레를 그다지 좋아하지 않는 것 같다. 매운 것을 즐겨 먹는 민족이지만, 서울을 방문했을 때 카레 전문점이 별로 눈에 띄지 않았기 때문이다. 하지만 최근 해외로 나가는 여행객들이 증가하면서 카레를 접해본 사람들이 점점 카레의 매력 속에 빠져들고 있었다.

내 제자 알리바바도 카레를 무척 좋아한다. 한번은 일본에서 매운맛 50배의 'LEE' 카레를 사다준 적이 있는데, 그는 거기에 매운맛을 더 추가해서 먹었더니 그제야 먹을 만했다고 내게 시식 소감을 털어놓았다.

카레가 맛있다는 것은 두말할 필요도 없을 것이다. 가끔 여행 중에 감기에 걸리면 입맛이 뚝 떨어져버리는 경우가 있는데, 그렇다고 해서 아무것도 먹지 않으면 저항력마저 떨어지기 때문에 뭐라도 먹어야 했다. 그럴 때면 나는 호텔에서 카레라이스를 시켜 먹는다. 억지로라도 먹으면 신기하게도 체력이 회복되기 때문이다.

여행을 자주 다니는 나는 줄곧 기내식으로 카레라이스를 제공해야 한다고 주장해왔다. 비행 중에 입맛이 없을 때 카레를 보면 몇 술이라도 뜰 수 있기 때문이다. 한번은 일본의 항공사 사장인 친구가 내게 기내식 메뉴를 선정해달라고 부탁했다. 나는 오래 생각할 것도 없이 즉시 카레를 메뉴로 추가하였다. 결과는 매우 성공적이었다. 내가 예상한 대로 카레는 사람들에게 큰 사랑을 받았기 때문이다. 하지만 아쉽게도 그 항공사가 전일본공수(全日本空輸, ANA)로 넘어가게 되면서 더는 기내에서 카레를 먹을 수 없게 되었다.

23

당신은 채식주의자?

어릴 때, 일요일이라서 급식소가 문을 닫으면 우리 가족은 항상 근처 식당에 가서 식사를 해결하곤 했다.

"엄마, 오늘은 뭐 먹으러 가요?"

나는 여느 때와 같이 메뉴가 궁금해서 어머니에게 물어보았다. 그러자 그날따라 어머니는 이렇게 대답하셨다.

"오늘은 할머니 기일이라 자이판(斋饭)을 먹어야 한단다."

"'자이'는 어떻게 쓰나요?"

내가 재차 물어보자 어머니는 옆에 있는 종이에서 '치(齐)'자처럼 보이는 글자를 가리키면서 이렇게 말씀하셨다.

"이게 바로 '자이(斋)'라는 글자란다."

식탁 위에는 음식이 가득했다. 콩고기를 조각조각 편으로 썬 차사오(叉烧)에서부터 두부피를 돌돌 말아서 튀긴 쑤어(素鹅)도 있었다. 음식들을 쭉 살펴보다가 나는 그럴싸하게 만들어진 모형 닭을 보고는 웃음이 터져버렸다.

보통 이런 음식을 먹으면 입가에 기름이 잔뜩 묻어난다. 그리고 맛도 새콤달콤한 것이 대부분이다. 신기하게도 맛뿐만 아니라 식감도 엇비슷하다. 당시 10개 정도의 요리를 주문했지만, 세 번째 요리까지 먹고 나니 위장이 꽉 차버려서 더는 먹을 수 없는 지경이 되었다.

"이건 뭐로 만든 거예요?"

내가 고기 같이 생긴 음식을 가리키며 물어보자 아버지가 대답하셨다.

"콩으로 만든 거란다."

"그냥 고기를 먹지 뭐하러 콩으로 만든 가짜 고기를 먹나요?"

　나는 지금도 같은 생각이다. 서양의 종교인은 마음속에 욕망을 품는 것

조차 죄가 된다고 말하곤 한다. 하지만 중국의 종교인은 이들과는 조금 다른

듯하다. 이렇게 가짜 고기를 만들어서 먹는 것을 보니 말이다. 내 생각에는

가짜 고기를 먹는 것도 진짜 고기를 먹는 것과 별반 다를 바가 없는 것 같았다.

그래서 그때부터 나는 이런 것을 먹는 사람을 위선자로 치부해버리게 되었다.

　나는 '채식 불가(未能食素)'라는 제목으로 20여 년간 음식비평 칼럼을 기고

한 적이 있다. 그러자 한 독자가 내게 제목 속에 어떤 뜻이 담겨 있냐고 물어왔다. 그래서 나는 이렇게 대답해주었다.

"나는 먹는 것에 욕심이 많아 채식주의자가 될 수 없다는 뜻이에요. 그렇다고 해서 채식을 절대 먹지 않는 것도 아니랍니다."

"좋아하기는 하시나요?

"아니요."

나는 한 마디로 딱 잘라서 말했다. 내가 이렇게 단호하게 대답할 수 있었던 것은 가장 형편없는 햄버거에서부터 가장 고급스러운 산다규까지 이 세상의 고기란 고기는 다 맛보았기 때문이다. 그래서 나는 채식주의자가 될 수 없다. 고기가 그렇게 맛있냐고? 물론이다. 그중에서도 비곗살이 많이 붙어 있는 동파육을 제일 좋아한다.

그러면 채소는 맛이 없냐고? 물론 아니다. 날이 추워지면 먹을 수 있는 차이신 같은 채소는 말로 표현할 수 없을 정도로 맛이 좋다. 그런데도 채식을 좋아하지 않는 이유는 맛있게 만든 채식요리가 없기 때문이다. 맛만 좋다면 뭐 하러 고기만 먹겠는가?

지금까지 먹어본 채식요리 중에서 '궁더린(功德林)'이라는 음식점에서 만든 것이 가장 맛있었던 것 같다. 궁더린은 중국에서 가장 먼저 채식요리를 선보인 곳이다. 예전에 나는 이곳에서 튀긴 옥수수수염에 설탕과 깨를 뿌린 것을 먹어본 적이 있다. 너무 맛있어서 그 맛이 아직도 생생하게 기억날 정도이다. 하지만 요즘은 이곳의 음식이 예전 같지 않다고들 한다.

일본 사원에서 먹는 덴푸라라는 튀김 요리는 그 어떤 요리보다도 맛이 좋다. 교토에 있는 다이토쿠지(大德寺)라는 사원 앞에는 사찰요리 전문점 '잇큐(一久)'가 있는데, 500여 년의 역사를 간직한 전통 있는 음식점이다. 이곳은 대대로 이십 몇 대에 걸쳐서 사찰요리를 계승해왔다고 한다. 한번은 이곳에 가서 메뉴판을 살펴보니 일본 정식요리의 기본 형태 중 하나인 '2즙7채(二汁七菜)'가 있었다. 이것은 2가지 국과 7종류의 반찬이 나온다는 뜻이다. 그리고 여기에 쌀밥이 한 그릇 더 곁들여져 나온다.

첫 번째로 나온 국은 된장국이었다. 그리고 나무그릇에 오이와 동고 버섯 초무침이 함께 곁들여져 나왔다. 또 다른 나무그릇 위에는 두부, 포두부 구이, 밀기울 조림, 고구마, 고추가 담겨 있고, 히라완(平椀)이라고 하는 평평한 그릇에는 시금치와 우엉이 들어 있었다. 이것 이외에도 초코(猪口, 한자어대로 돼지고기를 뜻하는 말이 아님)라고 하는 작은 그릇 안에는 참깨 두부가 담아져 나왔다. 그리고 가볍게 마실 음료로는 포도 주스가 놓여 있었다. 메인 요리격인 핫슨(八寸)으로는 두부 튀김, 호두 설탕 조림, 콩, 무와 가지 절임, 고추가 나왔고, 두 번째 국그릇에는 맑은 국이 담겨 있었다.

이곳에서 사용하는 식기는 붉은 칠을 한 칠기 그릇으로 중국에서 전해진 불교 식기를 참고해서 제작한 것이라고 한다. 이 그릇을 만든 칠기 공예가는 에도시대의 명장 나카무라 소테츠(中村宗哲)이다. 200년을 사용했는데도 이렇게 새것 같을 수 있다는 사실이 참으로 놀라웠다. 물론 관리를 잘한 덕분일 것이다. 과거에는 사원에서 이렇게 좋은 식기를 사용하는 것이 스님에게 할 수 있는 최고의 대접이었다고 한다.

어떤 사람은 스님이 그렇게 잘 먹으면 수양은 어떻게 할지 걱정된다고 우스갯소리를 하곤 한다. 그러면서 밥 한 그릇, 국 한 그릇, 그리고 채소절임 약간이면 충분하지 않느냐고 반문한다. 물론 스님이 하는 공양이나 채식은 모두 간단하게 먹을수록 좋다. 하지만 문학가 펑쯔카이(丰子恺) 선생은 물도 끓여 마시면 물속에 있는 세균을 죽이는 것이나 마찬가지라고 하면서 수양은 모두 마음에 달려 있다고 말했다. 그뿐만 아니라 불경에도 고기를 먹으면 안 된다는 기록은 없다. 모두 후대 불교계 관련자들이 만들어낸 계율일 뿐이라고 한다.

일본에서는 사찰음식을 '쇼진요리(精進料理)'라고 한다. 여기서 '쇼진(精進)'은 선종(禪宗)의 교리를 뜻하는 것이 아니라 단지 채소를 먹는다는 의미이다. 주로 산에서 나는 채소를 먹는데, 식재료를 찾기 위해 산속을 이리저리 헤매고 다니는 것도 일종의 수행이라고 할 수 있다. 또한, 그럴듯하게 잘 만들어진 요리를 먹는다고 해서 불교 교리에 어긋나는 것도 아니다. 수양은 모두 마음에 달린 것이기 때문이다. 그래서 일본에서는 음식도 하나의 수행이라는 의미에서 이것을 '쇼진요리'라고 부르게 되었다.

요즘은 곳곳에 쇼진요리를 파는 음식점이 들어서 있어 이 음식을 맛보지 않은 사람이 거의 없을 정도이다. 아마 중국 대도시에 쇼진요리 전문점을 열어도 큰돈을 벌 수 있을 것이다. 타이완에서는 한 블록만 가도 채식요리 전문점이 있을 정도로 장사가 잘되었다.

나는 채식을 반대하는 것이 아니라 단지 식재료의 단순함이 싫을 뿐이다. 굳이 두부만 사용해서 채식요리를 만들 필요는 없지 않은가! 도쿄에 가면 '사사노유키(笹乃雪)'라는 감성적인 이름의 두부 요리 전문점을 찾아볼 수 있다. 이곳에서 가장 비싼 코스요리를 주문하면 10~20여 개의 두부 요리가 나오는데, 나는 4~5번째 요리까지 먹고 나자 바로 질려버렸다. 두부가 입으로 도로 나올 것 같았기 때문이다.

왜 채식요리를 만들 때는 두부나 포두부, 곤약 같은 재료만 사용하는 걸까? 콩나물이나 동갓, 양배추, 토마토, 고구마 등등 만들 수 있는 재료가 수도 없이 많을 텐데 말이다. 조금만 머리를 쓰면 특별한 재료도 찾아낼 수 있을 것이다. 예를 들어 다시마의 일종인 바다포도는 식감이 캐비아와 비슷하고 맛도 좋아 채식요리에 이용하면 좋을 것이다. 이런! 맛있는 것들을 생각하다 보니 또 고기가 먹고 싶어지네.

채식요리에 사용할 수 있는 버섯도 종류가 꽤 다양하다. 예전에 윈난에 갔을 때 나는 성대한 연회에 초대받은 적이 있다. 그때 마지막으로 먹었던 요리가 바로 냄비에 여러 종류의 버섯을 넣고 끓인 훠궈였다. 육수가 너무 달긴 했지만, 버섯을 실컷 먹을 수는 있었다.

내가 가장 좋아하는 채소는 봄철에 나는 콜리플라워이다. 달면서도 쓴맛이 나서 많이 먹어도 물리지 않기 때문이다. 그뿐만 아니라 쉽게 잘 익기 때문에 라면을 끓일 때 넣어도 좋다. 라면 국물이 끓을 때 콜리플라워를 넣고 잠시 두면 금방 익는데, 너무 오래두면 맛이 없어지니 반드시 주의하자. 아쉽게도 홍콩 시장에서는 콜리플라워를 팔지 않아서 나는 일본에 갈 때마다 한 무더기씩 사가지고 돌아오곤 한다.

나는 콜리플라워뿐만 아니라 여주도 무척 좋아한다. 여주 볶음을 만들 때 먼저 여주를 잘게 썬 다음, 반은 데치고 반은 그대로 둔다. 그러면 먹을 때 다양한 식감을 느낄 수 있기 때문이다. 이 둘을 함께 볶은 후에 콩을 발효시켜 만든 더우츠(豆豉)를 넣고 간을 맞추면 맛있는 여주 볶음이 완성된다. 만약 달걀까지 먹는 채식주의자라면 달걀을 함께 넣고 볶아먹어도 괜찮다.

사람은 나이가 들면 그 어떤 산해진미보다도 뜨끈한 쌀밥 한 그릇이 더 맛있게 느껴진다. 나 역시도 마찬가지이다. 하지만 나는 줄곧 우창미나 일본의 츠야히메 쌀만 먹는다. 이런 쌀로 밥을 지어야 맛있기 때문이다. 이렇게 말하고 보니 나는 식탐이 꽤 많은 사람인 것 같다. 그런데 어떻게 감히 채식에 관해 논할 수 있겠는가. 나는 역시 채식 불가 인생인가보다!

차 이 란 의   미 식   방 랑 기

3장

영화와 여인

리안(李安)을 말하다

　　극장에서 〈라이프 오브 파이(Life Of Pi)〉라는 영화를 보았다. 중국어로 하면 〈샤오녠 파이더 치환 퍄오류(少年派的奇幻漂流)〉가 되는데, 굳이 풀어서 말하자면 '소년 파이의 기묘한 표류기'쯤 될 것이다. 영화평은 그리 좋은 편이 아니었다. 뭐 그렇게 실망스러울 정도는 아니었지만, 영화를 보는 내내 뒤에 앉은 꼬마가 엄마와 아빠에게 재미없다고 계속 칭얼댔다. 하지만 이건 어린 아이를 위한 영화가 아니다. 단지 아이들에게 어렴풋한 환상만 심어줄 뿐, 나중에 어른이 돼서 다시 보면 어떤 내용인지 충분히 이해할 수 있을 것이다.

　　원작과 비교하기 좋아하는 사람들은 영화 속에서는 종교에 관한 내용을 깊게 다루지 않아 몰입감이 떨어진다고 말하곤 한다. 하지만 제작자의 입장에서는 충분히 묘사했기 때문에 더 깊게 다룰 필요가 없다고 생각한 모양이다. 나 역시도 세상 모든 것에 대해 사랑이 가득한 소년의 순수한 마음을 잘 표현한 것으로 충분하다고 생각한다.

　　영화는 소설 속에서 글로밖에 표현할 수 없는 장면을 특수효과를 이용해 아름다운 영상으로 보여줄 수 있다는 장점이 있다. 바로 이 영화가 그렇다. 바다에 거꾸로 비치는 저녁노을, 날아오르는 날치 떼, 커다란 범고래, 무시무시한 호랑이와 정체불명의 섬을 사실적이면서도 몽환적으로 잘 묘사했기 때문이다. 게다가 스토리 구성도 탄탄해서 이런 시각적 효과가 더욱 잘 드러난 듯했다. 제임스 카메론(James Cameron) 감독도 이런 기법으로 3D 영화를 촬영할 수 있다는 사실을 전혀 몰랐을 것이다.

보통 제작자와 감독은 항상 대립적이다. 이 영화를 제작할 당시 할리우드 측에서는 원작대로 프랑스 주방장이 사람을 먹는 장면을 넣으라고 리안 감독에게 요구했다고 한다. 잔인한 장면으로 이슈를 일으켜 관객을 끌어보겠다는 속셈이었다. 처음에는 리안 감독도 그들의 요구대로 프랑스 대배우 제라르 드빠르디유(Gerard Depardieu)를 스카우트해서 그 장면을 찍었다. 하지만 결국 그 부분은 편집되었고, 대신 과거를 고백하는 장면으로 대체해 넣었다. 이것이 마음 여린 리안 감독이 용인할 수 있는 한계치였다.

영화촬영을 마친 후에 감독은 계약에 따라 각국을 돌아다니며 홍보를 해야 한다. 리안도 마찬가지로 각국의 수많은 매체와 인터뷰를 진행했는데, 그 중에서 가장 많이 받은 질문은 역시 영화의 테마가 무엇이냐는 것이었다. 그럴 때면 그는 항상 이렇게 대답하곤 했다.

"우리가 생각하는 이 세상 모든 아름다운 것들은 현실의 참혹함을 인정하지 않는다는 것입니다."

이것은 원작 소설의 테마이기도 하다. 소설은 우리에게 두 가지 버전의 이야기를 들려주고 있는데, 어느 이야기가 진실인지는 직접 읽어보고 판단하는 것이 좋을 것이다. 리안도 이런 원작의 독특한 스토리 구성에 빠져들어 영화를 찍게 되었다고 한다.

그러면 영화 속 호랑이는 무엇을 상징하는 걸까? 리안도 한마디로 설명하

영화와 여인

기는 어렵지만, 결국 그것은 일종의 공포감일 거라고 말했다. 즉, 나 자신에게 경각심을 불러일으키는 것을 나타낸다. 이런 심리상태를 유지하고 있으면 험난한 세상을 헤쳐 나가고 새로운 지식을 습득하기에 좋을 수 있다. 두려운 마음이 들어 자포자기하면 세상살이에 뒤처져 쉽게 도태되기 때문이다.

리안 감독도 영화업계에 발을 들이면서 이런 심리상태 속에서 끝도 없이 발버둥을 쳐왔다고 한다. 그동안 그가 찍은 영화 중에 어떤 것은 상을 받기도 했지만, 일부는 마치 영화 속 호랑이에게 물어뜯기는 것처럼 혹평을 받기도 했다. 영화 〈헐크〉를 찍을 때, 그는 단순히 만화의 틀을 벗어나보겠다는 의도로 인물의 심리상태를 연구했다고 한다. 하지만 만화는 만화일 뿐인데, 연구 따위가 왜 필요하단 말인가?

과거에는 영화감독 중에 소위 지식인이라는 사람이 많았다. 하지만 요즘은 영화 속에 학문적인 요소가 많이 부족한 것 같다. 영화를 만들 때는 지식인의 소양을 바탕으로 해야 문자를 영상화하는 작업을 충분히 소화해낼 수 있다. 또한, 지식이 결부되어야만 어떤 소재라도 연출할 수 있어 권위 있는 작품이 탄생하게 되는 것이다.

리안은 지식과 재능을 겸비한 유능한 감독이라고 할 수 있다. 과거 우리는 그가 연출한 〈센스 앤드 센서빌리티(Sense And Sensibility)〉를 통해 그의 풍부한 문학적 소양을 발견하게 되었다. 그는 국적을 초월해서 영국 사람들도 잘 모르는 그들만의 감성을 영화에 담아낸 것이다.

이것은 모두 영화에 대한 기초가 탄탄해야만 실현 가능한 것이다. 리안은 이러한 기초를 '부친 삼부곡(父親三部曲, 리안이 감독을 맡은 3편의 영화[〈쿵후 선생(推手, Pushing Hands)〉, 〈결혼 피로연(喜宴)〉, 〈음식남녀(飮食男女)〉]로 아버지의 삶을 각기 다른 각도로 연출해 냄)'을 통해 다지게 되었다고 한다. 그중에서도 〈음식남녀(飮食男女)〉는 흥미로운 소재와 탁월한 촬영기법으로 인해 전 세계 관객의 호평을 받기도 했다. 나중에 이 영화는 한 외국 감독에 의해 리메이크되기도 했다고 한다. 그리고 리안이 연출한 또 다른 영화 〈와호장룡(臥虎藏龙)〉은 영화 속 무술 동작이 사실적이면서도 주도면밀해 허무맹랑한 기존 무협 영화들과는 전혀 다르다는 평가를 받았다. 이로써 그는 국제적인 감독으로서의 자질을 인정받게 되었다.

하지만 할리우드 진출 후에는 상황이 녹록지 않았다. 무조건 제작자들의 말을 따라야 했기 때문이다. 그뿐만 아니라 예산을 초과하는 보험 비용이라든지, 함부로 수정할 수도 없는 시나리오 등등 수많은 난관에 부딪히게 되었다. 〈아이스 스톰(The Ice Storm)〉이나 〈라이드 위드 데블(Ride With The Devil)〉은 이런 어려운 환경 속에서 힘겹게 탄생한 작품들이다. 하지만 그는 영화판에서 살아남기 위해 맹수처럼 싸워가며 계속 도전을 멈추지 않았다. 그래서 결국 그는 〈브로크백 마운틴(Brokeback Mountain)〉이라는 걸작을 만들게 되었다.

한 심리학자는 모든 남성에게는 동성애 성향이 조금씩은 있다고 한다. 리안 감독에게도 이런 성향이 있는지 알 수 없지만, 아무튼 그쪽 방면에 관심이 있는 것만은 확실하다. 〈결혼 피로연(喜宴)〉 속에서 은연중에 그것을 내비쳤고, 〈브로크백 마운틴〉에서는 확연히 드러내놓고 동성애를 다루었기 때문이다.

하지만 그는 이성애에 대해서는 잘 모르는 것 같다. 영화 〈색, 계(色, 戒)〉를 촬영할 당시 무척 힘들었다고 털어놓은 적이 있는데, 여성을 좋아하는 남성이라면 과연 그런 말을 할 수 있을지 의문이다. 사실 그는 여성의 신체 구조에 대해서도 연구가 부족한 것 같다. 영화 속 여배우는 성 경험이 없는 여성으로 나오는데, 유두가 어쩜 그렇게 검을 수가 있는가? 그가 조금이라도 신경을 썼다면 분장사를 불러 분장이라도 살짝 했을 것이다.

리안 감독이 다음 작품으로 어떤 소재를 선택할지 모르겠지만, 아무튼 무척 기대된다. 아마도 그의 개성이 작품 속에 그대로 묻어나는 영화일 것이다. 게다가 그는 문학적 소양도 풍부하기 때문에 앞으로 수많은 걸작이 그의 손을 통해 심도 있는 영화로 재탄생할 거라고 본다. 예전에 그는 자신이 졸작을 20여 편이나 만들어내도 돈을 내고 보려는 사람이 있을 거라고 농담처럼 말한 적이 있다. 물론 그가 실제로 그런 영화를 만들지는 않을 것이다. 하지만 전쟁 영화, SF영화, 공포영화 등등 그에게 주어진 선택권은 다양하다고 할 수 있다.

코미디 영화는 어떨까? 다양한 분야에 관심이 많은 사람이라 코미디 쪽도 간과하지는 않을 것 같다. 재미있는 면도 있어서 그라면 분명 관객들에게 큰 웃음을 줄 수 있는 영화를 만들어낼 것이다.

아무튼, 나는 그에게 다 때가 있는 법이니 항상 전쟁처럼 격렬하게 싸우며 살아갈 필요는 없다고 조언해주고 싶다. 그런 면에서 〈석가모니〉라는 종교 영화를 한 편 찍어보는 건 어떨까?

성실함에 관해서

가끔은 너무 기쁜데도 눈물이 날 때가 있다. 예전에 〈행복한 사전(The Great Passage)〉이라는 영화를 보고 펑펑 운 적이 있는데, 그러고 나니 속이 후련해지는 기분이 들었다. 이 영화는 일본에서 제작한 것으로 내용이 일반적이지는 않다. 〈행복한 사전〉은 사전을 만드는 출판사 직원들의 이야기를 다룬 잔잔한 영화이다. 만약 이 영화를 할리우드로 진출시키자고 하면 미쳤다는 소리를 들을지도 모른다. 이런 영화를 누가 보러 오겠냐고 하면서 말이다.

일본 사람들은 특히 이런 종류의 영화를 잘 만드는 것 같다. 그들은 어떤 일이든 성실하게 하려는 본능이 있어 그런 것을 소재로 한 영화조차도 잘 만들었다. 이것 말고도 죽은 자를 배웅하는 장의사의 이야기를 다룬 〈굿'바이:Good&Bye〉라는 영화도 심금을 울리는 잔잔한 영화라고 할 수 있다.

이제 더는 암으로 죽거나 애절한 이별 이야기 따위가 관객들의 눈물샘을 자극하지 않는다. 〈행복한 사전〉이라는 영화를 보면 내 말을 이해할 수 있을 것이다. 이 영화는 그저 책만 좋아하는 순박한 청년의 일생을 잔잔하게 묘사했을 뿐인데도 관객들은 감동했기 때문이다.

영화의 줄거리는 대충 이러했다. 주인공은 순박한 일본 청년으로 그는 오로지 책에만 관심 있을 뿐, 세상 물정에 대해서는 전혀 모르는 사람이다. 어느 날 이 청년은 아내를 돌보기 위해 일을 곧 그만둬야 할 편집장과 운명적으로 만나 그를 대신해서 사전 만드는 작업을 진행하게 된다. 그는 이 도전을 받아들인 후에 점점 일에 빠져들어 자부심마저 느끼게 되었다. 결국, 15년 동안 꿋꿋하게 버티며 열심히 일해서 사전을 완성하게 되는 내용이다.

그가 만든 것은 그저 일반적인 사전일 뿐이었다. 하지만 그는 4~5번에 걸친 꼼꼼한 교정 작업을 진행하면서 이런 말을 했다.

"사람에게 글자의 뜻을 알려주는 책인데, 어떻게 잘못된 내용을 실을 수 있겠어요?"

이것은 평소에 일본 사람이 어떤 마음가짐으로 일하는지를 제대로 보여주는 대사라고 할 수 있다. 이렇게 일본에서는 소설을 영화화한 〈행복한 사전〉을 통해 성실함을 잊고 사는 요즘 젊은이들을 일깨워주었다.

사전에는 기존의 글자는 물론이고 신조어, 즉 요즘 사람들이 대화하면서 쓰는 말들도 모두 기재되어야 한다. 따라서 끊임없이 생성되는 글자를 모두 수록하기 위해 지금까지도 사전 편찬 작업은 계속되고 있다. 이렇게 기존 글자와 새로운 글자를 모두 담아서 꾸준하게 사전을 만드는 작업이야말로 일본의 정신이라고 할 수 있다. 지금까지 우리가 일본이라는 나라에서 보아온 것은 신구(新舊) 문화의 융합, 병행, 공존이기 때문이다.

이 영화를 보기 전까지 사람들은 사전 만드는 일이 이렇게까지 어렵다는 사실을 잘 몰랐던 것 같다. 하지만 영화를 보면서 극 중 인물들의 이야기에 동화되어 감동한 듯하다. 영화를 보러온 관객들은 서로 나이도 다르고, 일하는 분야나 가치관도 다 달랐다. 영화 속에 등장하는 보수적인 성격의 주인공이나 그의 젊은 동료, 그리고 영화 후반부에 나오는 신세대 여비서 등처럼 말이다. 관객들은 편집 일에 관해서 아무것도 모르던 사람이 점점 일에 빠져들어 결국에는 자기 일을 사랑하게 된 주인공이나 주인공을 도와주는 오랜 경력의 편집장과 하숙집 주인 할머니, 그리고 주인공의 여자 친구 등이 성장해가는 모습을 지켜보며 자신도 모르게 이야기 속으로 빠져들게 되었다. 이처럼 우리네 삶과 너무나도 닮은 이 영화의 스토리는 잔잔한 감동을 주어 우리를 눈물짓게 했다. 더불어 성실함이 무엇인지 다시 한번 일깨워주는 좋은 기회를 제공해주었다.

미우라 시온(三浦しをん)이 집필한 원작 소설 〈배를 엮다〉는 2012년에 베스트셀러로 선정되었을 뿐만 아니라 수상 경력도 많은 책이다. 그 인기에 힘입어 2013년에는 소설을 원작으로 한 영화가 만들어지게 되었다. 이 소설의 인기를 빠르게 감지한 타이완 사람들은 일찌감치 중국어로 번역해서 판매하고 있었다. 책 제목은 일본 원서와 비슷하게 〈출항하라!:배를 엮는 계획(启航吧！编舟计划)〉이라고 번역해서 지었다. 이 책은 타이완의 신징뎬(新经典) 출판사에서 출간했고, 황비쥔(黄碧君)이라는 사람이 번역했다고 한다.

홍콩에서는 이 영화를 〈글자 속 세상(字里人间)〉이라는 제목으로 상영하였다. 원제목처럼 시적이지 않고 현실적인 제목이라 조금 실망스러웠다. 듣자 하니 이 제목에는 '학문의 바다에는 언덕이 없으니 배를 타고 항해하듯 계속 정진해야 한다(学海无涯苦作舟)'라는 뜻이 담겨 있다고 한다.

소설 속에 등장하는 남자 주인공의 이름은 마지메 미츠야(馬締光也)이다. '마지메'를 일본어 발음대로 해석하면 '성실'이라는 뜻이 된다. 가끔은 촌스럽고 쓸모없는 사람을 가리킬 때 농담처럼 이 말을 사용하기도 한다. 영화 속에서는 마츠다 류헤이(松田龍平)가 이 배역을 맡았다. 그의 아버지는 마츠다 유사쿠(松田優作)라는 배우로 강렬한 카리스마가 있어 주로 반항적이면서도 암울한 이미지의 배역을 많이 맡았다. 하지만 안타깝게도 그는 젊은 나이에 요절하고 말았다. 그의 아들인 류헤이의 데뷔작은 오시마 나기사(大島渚) 감독이 연출한 〈고하토(御法度)〉(1999)인데, 당시 그는 그저 잘생긴 배우에 불과할 뿐이어서 연기에 깊이가 없었다고 한다. 그 후, 여러 해 동안 연기 실력을 충분히 갈고닦은 후에 〈행복한 사전〉이라는 영화에서 꽉 막히고 답답한 등장인물의 캐릭터를 멋지게 소화해냈다. 덕분에 그는 크게 명성을 얻었지만, 결코 쉽게 이루어진 일은 아니었다.

주인공 마지메의 동료로 나오는 니시오카 마사시(西岡正志) 역할은 유명 배우 오다기리 죠(小田切讓)가 맡았다. 평소에 그가 출연한 작품을 보면 매번 로큰롤 가수처럼 기괴한 복장을 하고 등장하곤 했다. 맡은 역할도 대부분 범상치 않은 인물이었다. 게다가 그는 긴 머리에 안색도 파리해서 어찌 보면 마약 중독자처럼 보이기도 한다. 하지만 뜻밖에도 이 영화에서는 수준 높은 연기를 선보여 대중에게 많은 호평을 받았다.

여자 주인공 미야자키 아오이(宮崎葵)는 1999년도에 이 영화로 스크린에 데뷔하였다. 그녀는 뛰어난 미인은 아니지만, 개성이 강한 역할을 잘 소화해냈다. 특히 그녀는 에도 막부 시대를 배경으로 한 대하드라마 〈아츠히메(篤姬)〉의 주인공으로 출연해 모두에게 깊은 인상을 심어주기도 했다.

아내의 병간호를 위해 퇴직하게 된 편집자 역할은 고바야시 가오루(小林

薰)가 맡았다. 그는 개성 강한 역할을 주로 맡았는데, 그중에서도 〈심야식당〉에서 요리사 역할을 하던 그의 모습이 모두의 기억 속에 깊이 남아 있을 것이다.

베테랑 편집장 역할을 맡은 가토 고(加藤剛)는 왕년에 청년 역할을 주로 했던 탓에 이 영화에서 노인 역할로 나왔을 때 하마터면 누구인지 못 알아볼 뻔했다. 분장을 잘한 덕분인지 실제 나이보다 훨씬 더 늙어보였기 때문이다. 더군다나 암에 걸려 병마에 시달리는 모습으로 나올 때는 더욱 수척해보여서 깜짝 놀랐다. 분장을 잘해서가 아니라 그의 노력으로 빚어낸 모습인 듯했다. 그리고 하숙집 할머니 역할은 와타나베 미사코(渡邊美佐子)가 맡았는데, 그녀 역시 자신보다 나이가 훨씬 더 많은 노인 역할을 훌륭하게 소화해냈다.

야치구사 가오루(八千草薰) 역시 이 영화에 조연으로 출연했다. 그녀는 가장 아름다운 일본 배우 중 하나로 무수히 많은 영화에 주인공으로 출연해서 아름답고 우아한 일본 여성의 모습을 보여주었다. 비록 지금은 나이가 들긴 했지만, 여전히 활기차게 자신의 역할을 잘 소화해내며 왕성하게 활동하고 있었다. 아마 그녀가 평생 일본 영화계에 끼친 공로를 생각하면 감탄하지 않을 수 없을 것이다.

이 영화의 연출을 맡은 이시이 유야(石井裕也)는 오사카 예술대학 영상학과를 졸업한 뒤에 니혼(日本)대학 예술연구과에 진학하여 석사학위를 받은 사람이다. 그가 연출한 작품으로는 〈엔드롤(End Roll): 전설의 아버지〉, 〈미츠코, 출산하다〉, 〈논두렁 댄디〉, 〈사와코 결심하다!〉 등이 있다. 스트리밍 사이트에서 찾아 다운을 받으면 그의 작품을 감상해 볼 수 있을 것이다.

1983년에 출생한 이시이 감독은 〈행복한 사전〉이라는 영화를 찍을 당시에 겨우 30살에 불과했다. 남자 주인공인 마츠다 류헤이 역시 1983년생으로 이시이 감독과 같은 나이였다. 그뿐만 아니라 여자 주인공 미야자키 아오이도 1985년생으로 다들 비슷한 또래였다. 이렇게 젊은 사람들이 모여 훌륭한 영화를 만들어낸 것을 보면, 당시 일본 신세대들이 먹고 노는 것에만 치중했다고 볼 수는 없을 것 같다. 물론 그들만으로 이렇게 멋진 영화가 만들어졌다고 볼 수는 없다. 당시 82세였던 야치구사 가오루와 75세의 가토 고, 그리고 81세의 와타나베 미사코처럼 맡은 일에 최선을 다하는 구세대가 함께했기에 가능한 일이었다.

일본은 신구 문화가 공존하는 사회이다. 마치 〈행복한 사전〉이라는 영화처럼 일본 사람들은 구세대와 신세대가 함께 어울려 '성실'하게 맡은 일에 최선을 다하며 살아가고 있다.

차이란(差異)의 미식 방랑기

영화에 관한 나만의 생각

내가 영화판에 몸을 담은 지 어언 40년이라는 세월이 흘렀다. 하지만 아직도 나는 이 길이 옳은 것인지 알 수가 없다. 영화계의 황금시대 속에만 살아와 무슨 영화를 찍든 모두 성공을 거뒀기 때문이다. 그래서 당시에는 예산이 많지 않더라도 무조건 영화를 찍어내기만 하면 되었다. 하지만 요즘은 영화계가 그리 낙관적이지만은 않다. 투자자를 찾기가 쉽지만은 않기 때문이다. 그런데 영화계 상황이 이런데도 계속 새로운 영화가 출시되는 것은 어째서일까?

단 하나 분명한 것은 영화는 우리의 꿈이라는 사실이다. 현실 세계에서는 실현될 수 없는 일들이 영화 속에서는 모두 실현되기 때문이다. 어릴 적에 어두컴컴한 영화관에서 꿈을 실현하는 즐거움을 만끽했다면, 커서도 계속 영화 보는 재미에 빠져들게 된다. 서양에서는 이런 상태를 필름 벌레에게 물렸다고 표현하기도 한다.

영화에 심취해서 많은 영화를 보다보면 가끔 졸작도 접하게 된다. 그럴 때면 '무슨 영화를 이렇게 엉터리로 만들었지?'라고 하며 내가 대충 찍어도 이것보다는 훨씬 낫겠다는 생각을 하게 될 것이다. 그러면서 자연스럽게 자신이 영화감독이 되어 더 좋은 영화를 만들겠다는 꿈을 키우게 된다.

이렇게 영화감독의 꿈을 키워온 사람은 나중에 커서 자신의 영화를 만들기 위해 여러 사람을 만나 돈을 투자하도록 설득하게 된다. 특히 돈 많은 사람을 부추겨 투자하게 만들곤 하는데, 가끔은 이들 사이에 영화를 제작하는 사람이 끼어 중재자 역할을 하는 경우도 있다. 결국, 이들 셋이 한데 모이면 꿈이 이루어진다고 말할 수 있다. 다시 말해 영화감독, 투자자, 제작자가 만

나면 한 편의 영화가 탄생하게 되는 것이다. 이것이 바로 새로운 영화가 끊임없이 출시되는 이유이기도 하다.

물론 기업화된 대형 영화사도 있다. 이런 영화사는 배후에 은행이나 펀드 같은 것이 조성되어 있어 자금이 풍부하다. 따라서 1년에 십여 편 정도의 영화도 거뜬하게 소화해낼 수 있다. 하지만 대형 영화사는 영화를 많이 찍어낼 수 있는 장점이 있는 반면에 위험 부담도 크다. 출시한 영화가 매번 성공을 거두면 좋겠지만, 손해를 볼 때도 있기 때문이다. 그래서 이런 영화사는 영화를 줄줄이 출시하다가 적자투성이가 되면 곧바로 파산하기 마련이다.

미국의 할리우드와 비교해보면, 아시아 영화계는 싸구려 조화를 만드는 공장이라고 할 수 있다. 자본이 많지 않은 편이라 어떤 때는 제대로 된 시나리오도 없이 영화를 찍기도 한다. 그뿐만 아니라 시나리오를 즉석에서 수정하면서 영화를 촬영할 때도 있다. 이런 영화사는 졸속으로 영화를 제작하기 때문에 찍다가 마음에 들지 않으면 원고를 구겨서 쓰레기통에 던져버리듯 필름을 바로 폐기해버리기도 한다.

하지만 할리우드에서는 이런 일이 절대 없다. 야외 촬영 비용만 해도 하루에 100~200만 달러가 들기 때문이다. 그래서 그들은 철저하게 시나리오를 준비해서 촬영에 임한다. 따라서 촬영을 길게 하거나 촬영한 필름을 통으로 편집하는 일은 결코 있을 수 없다.

그럼 할리우드에서는 매번 상업적인 영화만 찍을까? 꼭 그렇지는 않다. 소자본으로 만든 예술 영화도 있긴 하다. 하지만 할리우드 영화계는 목적이 분명해서 어느 쪽에 시장성이 있는지를 잘 알고 있다. 그렇다고 해서 무작정 돈을 벌기 위해 욕심을 부리며 영화를 제작하지도 않는다. 수준 높은 예술 영화를 찍어 영화제에서 여러 차례 상을 받기도 했기 때문이다.

이런 것과 비교해보면 아시아 영화계는 제멋대로 구는 아이와도 같다. 쓸

데없이 제작비를 낭비하는 데다가 영화가 너무 길면 바로 편집해버리기 일 쑤이기 때문이다. 대부분 일단 찍고 보자는 식이었다. 심지어 어떤 감독은 자 신이 촬영한 장면을 모두 영화 속에 담기 위해 영화를 상하 두 편으로 나누 어 상영하기도 한다. 하지만 이런 영화는 대부분 실패하기 마련이다.

물론 할리우드 영화에도 이런 것이 있기는 하다. 그곳에서도 영화 한 편 을 찍은 뒤에 흥행이 되면 이야기를 확장해서 속편인 시퀄(Sequel)을 제작하 기 때문이다. 혹은 오리지널 영화에 선행하는 사건을 담은 프리퀄(Prequel)을 만들기도 한다. 할리우드에서도 이렇게 영화를 여러 편으로 만들긴 하지만, 뒤죽박죽 섞인 것이 아니라 각각 독립적인 스토리가 있다. 그래서 어느 한 편만 보아도 이해가 가능하기에 전편이나 속편 모두 보지 않아도 된다.

영화가 대량으로 제작되던 시기에는 제작자의 권위가 대단해서 그들이 원하는 대로 영화를 만들어야 했다. 그래서 대부분 장처(張徹) 감독이 만든 영화처럼 상영시간이 너무 길었다. 그러다 보니 상영관 수가 점차 줄고, 더 불어 수입도 감소하게 되었다. 그래서 당시 영화계의 대부 샤오이푸(邵逸 夫) 선생은 영화 편집자 장싱룽(姜興隆)과 나에게 영화를 편집하라고 지시 하기도 했다.

가끔 편집할 때 영화 전체 줄거리와 무관한 내용이 있으면 우리는 과감하 게 그 부분을 통째로 삭제해버렸다. 만약 스토리가 연결되지 않는다면 감독 에게 추가로 촬영을 해서 내용을 보충하라고 요청하면 되었다. 그뿐만 아니 라 우리는 불필요하게 반복되는 지루한 격투 장면은 아예 편집해버리기도 했다. 이렇게 과감하게 삭제해버리고 나니 영화가 한결 산뜻해진 듯했다. 이 렇게 편집한 영화를 감독에게 보여주었더니 반응이 나쁘지는 않았다.

하지만 삭제해버린 장면도 다 돈과 노력을 들여서 힘들게 찍은 것이다. 이렇게 나중에 편집해서 버리느니 차라리 미리 철저하게 준비해서 촬영에 임하는 것이 더 낫지 않을까? 이럴 때 필요한 것이 바로 사전 시나리오 분석이다. 어느 장면이 불필요한지, 어떤 인물이 극 중 스토리 진행에 도움이 되지 않는지를 미리 파악하는 것이 중요하다. 하지만 요즘 누가 그렇게 꼼꼼하게 시나리오를 본단 말인가?

만약 누군가가 영화감독에게 이런 조언을 한다면, 그 사람을 마치 자신의 귀한 자식에게 해코지하는 악당 취급을 할지도 모른다. 이런 감독은 이미 자신만의 세계에 깊이 빠져들어 다른 사람의 말을 전혀 듣지 않기 때문이다. 이럴 때 힘이 있는 투자자나 제작자가 나서서 한마디를 해야 한다. 그래도 고집을 버리지 않는다면 악순환은 계속될 것이다.

할리우드 영화계에서 가장 중요하게 여기는 것은 제작비 엄수이다. 영화를 찍을 때 반드시 장면마다 정해진 일정과 예산 내에서 촬영을 마쳐야 한다. 만약 예산을 초과하면 제작자는 감독에게 다른 촬영을 취소해서라도 제작비를 맞추라고 요구할 것이다. 상황이 이렇다 보니 아시아계 영화감독이 할리우드에 가서 일하게 되면 기분 상하는 일이 꽤 많이 벌어진다. 아마 그들은 이렇게 제약이 많아서야 어떻게 좋은 작품을 만들 수 있냐고 하며 불만을 토로할 것이다.

물론 영화 제작자의 말이 항상 옳은 것은 아니다. 영화를 직접 찍는 것이 아니어서 전체적인 상황을 제대로 파악할 수 없기 때문이다. 하지만 그들의 의견을 결코 소홀히 해서도 안 된다. 어찌 보면 제작자와 감독은 부부와도 같다. 항상 싸우기는 하지만, 결국 서로 의지하며 공생해야 하는 관계라고 할 수 있다.

나는 지금까지 살면서 무수히 많은 시나리오를 보아왔다. 그래서 영화에 관해서 자신 있게 내 의견을 말할 수 있다.

첫째, 자신이 만들고 싶은 영화 장르가 무엇인지 생각해보아야 한다. 예술적인 영화를 찍고 싶은지, 상 받을 만한 걸작을 만들고 싶은지, 그것도 아니면 돈이 될 만한 상업 영화를 찍고 싶은지를 확실하게 결정해야 한다. 그리고 너무 수준 높은 영화를 만들다보면 관객이 들지 않을 수도 있으니 주의해야 한다. 그렇다고 해서 너무 수입만 생각해서도 안 된다.

둘째, 시나리오를 꼼꼼하게 분석해야 한다. 이 장면에서는 어떤 것에 중점을 두어야 하는지, 전후 스토리가 매끄럽게 이어지는지, 상영시간이 얼마나 되는지 등을 사전에 체크 하는 것이 중요하다. 만약 상영시간이 4시간이나 될 것 같으면, 시나리오 검토 단계에서 불필요한 장면을 미리 삭제해야 한다.

셋째, 영화 내용은 대중이 쉽게 이해할 수 있어야 한다. 욕심을 부려서 너무 추상적인 내용을 담다보면 아무도 이해하지 못할 것이다. 영화제 수상이 목표여서 이런 영화를 굳이 만들어야 한다면, 돈 벌 생각은 아예 포기하는 것이 좋다. 하지만 영화의 기본은 역시 모두가 이해할 수 있는 내용이어야 한다는 것이다.

넷째, 제작비를 적절하게 잘 사용해야 한다. 스타급 배우를 캐스팅하면 흥행은 보장되지만, 비용이 너무 많이 든다는 단점이 있다. 반면에 무명 배우를 쓰면 비용은 아낄 수 있지만, 흥행을 보장할 수 없다. 그래서 제작비가 얼마인지 먼저 파악한 뒤에 관객이 얼마나 들어야 제작비를 회수할 수 있는지 꼼꼼하게 계산해야 한다. 그리고 제작비가 아무리 많더라도 먼저 돈이 덜 드는 장면부터 찍어야지 나중에 촬영을 무사히 마칠 수 있다. 자칫 잘못해서 촬영 도중에 제작비가 바닥나 버리면 실컷 고생만 하고, 영화를 제대로 마무리하지 못할 수도 있기 때문이다.

다섯째, 아무리 유명한 영화감독이라도 성격을 확실하게 파악한 후에 영입해야 한다. 자기주장이 강한 사람이라면 다른 사람의 의견을 잘 듣지 않을 수도 있기 때문이다.

여섯째, 영화를 찍어서 스타를 만들어보겠다는 생각은 아예 버려야 한다.

영화와 여인

그렇게 자신이 키운 스타를 이용해서 돈을 벌 생각이라면 영화를 만들지 말고 차라리 집이나 보석을 사서 돈을 버는 게 더 낫다.

그리고 일곱째는……. 에고, 하고 싶은 말은 많지만, 누구 하나 새겨듣는 사람이 없으니 그냥 여기서 마무리하는 게 나을 듯하다.

어느 노부부 이야기

나는 영화판에서 한평생을 보낸 사람이다. 그동안 흥행시킨 영화가 많아 돈도 많이 벌었지만, 관리를 제대로 하지 못한 탓에 늘그막에 한창 고생 중이다. 하지만 배우 청장(曾江)과 역시 배우 출신인 그의 부인 자오자오(焦姣)는 달랐다. 만족할 줄 알았기 때문이다. 덕분에 지금 이 부부는 큰 부자는 아니지만, 행복한 나날을 보내고 있다.

청장은 내가 홍콩에 처음 왔을 때 알게 된 사람이다. 당시 나는 싱가포르에서 비행기를 타고 홍콩에 와서 겨울옷을 조금 산 뒤에 배를 타고 다시 일본으로 넘어갈 생각이었다. 그때 청장이 홍콩 카이탁 공항으로 나를 마중 나와 주었다. 당시 그는 첫 번째 부인인 란디(藍娣)와 막 사귀기 시작할 무렵이었다. 우연히도 내 아버지는 란디의 언니인 장라이라이(張萊萊)와 잘 아는 사이였다. 그래서 아버지는 내가 홍콩에 갈 때 란디 자매에게 나를 잘 돌봐달라고 부탁을 했었다.

청장이 누구냐고? 아마 염색약 광고나 1940~70년대에 광둥어로 제작된 장편영화 속에서 다들 한 번쯤은 그를 본 기억이 있을 것이다. 특히 그가 출연한 염색약 광고는 수십 년 동안 계속 방송되었기 때문에 그의 젊었을 적

모습도 볼 수 있다. 나중에 그와 함께 출연한 두 여성 모델은 헤어스타일이나 복장이 시대에 뒤떨어진다고 해서 다른 사람으로 합성하였지만, 청장의 모습만은 그대로 두었다.

최근에 나는 청장 부부와 함께 여행을 갔다. 나는 그들과 여행 기간 내내 즐거웠던 옛일을 추억하며 담소를 나누었다. 그러다가 문득 그의 오른쪽 귀가 잘 들리지 않는다는 사실을 알게 되었다. 왼쪽 귀마저도 보청기를 사용해야 할 정도였다. 그래서 그는 마음에 들지 않는 사람을 만나면 아예 보청기를 꺼버리고 그 사람의 말을 듣지 않는다고 한다. 하지만 나 같이 말 많은 친구를 만나면 싫어도 대꾸하지 않을 수 없을 것이다.

나는 그에게 현재 부인인 자오자오와 어떻게 결혼하게 되었는지 물어보았다. 그러자 청장은 그녀와의 사연을 솔직하게 털어놓기 시작했다. 자오자오는 고상하면서도 상당히 보수적인 여성이었다. 과거 배우 겸 감독인 황쭝쉰(黃宗迅)과 결혼했지만, 오토바이 타는 것을 즐겼던 그는 안타깝게도 사고로 죽고 말았다. 이후에 그녀는 죽은 남편을 잊지 못한 채 줄곧 혼자 지내고 있었다.

그 당시 청장은 란디와 이혼한 후에 칼럼니스트 덩궁비(邓拱璧)와 재혼한 상태였다. 둘 사이에는 청무쉐(曾慕雪)라는 딸이 하나 있었다.

월극(粤劇)에 심취해 있던 덩궁비가 유명한 월극 배우 바이쉐셴(白雪仙)를 흠모(慕)한다는 의미에서 딸의 이름을 그렇게 지었다고 한다. 하지만 두 사람은 성향이 너무나도 달라 결국 이혼하고 말았다. 이 무렵 청장은 자오자오를 알게 되었다. 청장 역시 오토바이 타는 것을 좋아해서 한 번은 그녀를 태우고 교외로 나갔다고 한다. 그러자 그녀는 갑자기 사고로 잃은 남편이 생각나 울음을 터뜨려버렸다. 그런 그녀의 모습을 본 청장은 평생 옆에서 그녀를 지켜주겠다고 결심하게 되었다고 한다. 그들은 결혼한 후에 미국으로 신혼여행을 떠났다. 렌트한 차를 타고 동부에서 서부로 달리면서 청장은 로맨틱하게도 그녀에게 뤄다유(罗大佑)의 〈연곡(恋曲) 1990〉을 불러 주었다고 한다. 지금 그들은 결혼한 지 20여 년이 지났지만, 여전히 다정해보였다.

"배우 위무롄(余慕莲)을 울린 적이 있다고 들었는데, 사실인가요?"

나는 언뜻 예전에 들은 소문이 생각나 그에게 물어보았다. 그러자 그가 멋쩍은 듯 웃으며 이렇게 말했다.

"대본에 그녀가 나에게 다가와 키스하라고 나와 있었어요. 하지만 그녀는 머뭇거렸죠. 그래서 내가 뭐가 겁나냐고 하면서 대본에 나온 대로 하라고 말했을 뿐이에요. 그랬더니 바로 울음을 터뜨리더군요. 참나!"

"사람들은 왜 당신이 흥분을 잘한다고 비난할까요?"

"영화를 많이 찍다보니 잘못된 주장이 모든 사람을 힘들게 만든다는 것을 알게 되었어요. 나는 하고 싶은 말을 다 하는 성격이라 그럴 때면 그냥 넘어가지 않고 잘못된 것을 지적하곤 했죠. 그랬더니 젊은 사람들이 자존심이 상했는지 내가 욕을 잘한다고 소문을 내버리더군요. 어쩔 도리가 없어서 해명하지 않고 그냥 내버려뒀어요."

"그랬군요."

다시 나는 화제를 돌려서 이렇게 말했다.

"당신은 영화를 참 많이 찍었죠? 그런 경험은 돈 주고도 살 수 없을 거예요."

"맞아요. 덕분에 많은 것을 배우게 되었죠. 당신도 잘 알 거예요. 배우는 연기도 잘해야 하지만, 카메라 앵글에 잘 잡히도록 위치도 잘 잡아야 한다는 사실을요. 카메라에 잘 잡힐 수 있게 움직여야 NG가 나지 않는답니다. 예전에 나는 저우룬파(周润发, 주윤발)와 함께 할리우드에서 영화를 찍은 적이 있어요. 당시 우리가 촬영 위치를 정확하게 기억한 덕분에 NG 한 번 내지 않고 촬영을 끝낼 수 있었죠. 그때 스텝들이 굉장히 놀라워했답니다. 하긴 그 사람들이 우리가 수백 편의 영화를 찍은 베테랑이라는 걸 어디 짐작이나 했겠어요?"

"당신은 할리우드 배우 협회에 가입되어 있지요?"

"네. 〈리플레이스먼트 킬러(The Replacement Killers)〉를 찍을 때 이미 가입했죠. 미국은 영화를 주요 산업으로 여기기 때문에 확고한 제도로 배우의 인권을 보호하고 있거든요."

"출연료는 어떻게 배분되죠?"

"많을 때는 출연료의 30%를 협회에서 가져가요."

"와! 그렇게나 많이요?"

"그렇게 공제하고 나면 따로 국가에 세금을 낼 필요가 없으니 훨씬 더 나아요. 그리고 계산이 확실해서 어떤 나라에 판권을 팔고 나면 수익의 얼마를 보내주곤 하죠. 그렇게 여기저기 받는 돈이 꽤 된답니다. 게다가 지금은 매달 수백 달러에 달하는 연금도 받고 있어요. 죽을 때까지 받을 수 있어서 수익이 꽤 쏠쏠한 편이죠."

"배우라면 누구나 가입할 수 있나요?"

"영화 속 출연 비중을 보고 나서 협회에서 먼저 가입 요청을 해온답니다. 협회에서 제공하는 복지 혜택도 꽤 괜찮은 편이에요. 007 영화 출연 당시에는 영국과 미국을 드나들 때 항상 퍼스트클래스를 타고, 호텔도 5성급 호텔에서만 묵었어요. 먹는 것도 스테이크나 랍스터 등 먹고 싶은 것은 죄다 먹을 수 있었죠. 〈게이샤의 추억〉을 찍을 때가 혜택이 가장 좋았어요."

자오자오는 처음에는 타이완에 있는 영화배우 양성소에 입학하였고, 졸업 후에는 수많은 영화에 출연했다고 한다. 그리고 홍콩에 와서는 쇼브라더스 영화사에서 제작한 영화에 출연하게 되었다. 아마 다들 〈의리의 사나이 외팔이〉에 출연한 그녀의 모습을 기억하고 있을 것이다. 그녀는 차분한 성격의 배우였다. 대인 관계도 원만해서 웬만한 배우들은 거의 다 그녀와 연락을 하고 지냈다. 해외에 있던 배우가 홍콩에 오게 되면 항상 그녀를 찾을 정도였다.

"젊을 때 어머니 배역을 맡으면 느낌이 어떤가요?"

내가 단도직입적으로 물어보자 그녀는 이렇게 대답했다.

"예전에는 돈을 벌기 위해서 무슨 역할이든 마다하지 않고 했기 때문에 그런 감상에 젖을 만한 여유가 없었어요. 예전에 〈히로시마 28〉이라는 영화에 출연할 당시 나는 함께 출연한 배우 샤오팡팡(蕭芳芳)과 동년배였지만, 그녀의 엄마 역할을 맡게 되었죠. 하지만 나는 전혀 신경을 쓰지 않았어요. 그저 연기를 잘한다는 말을 듣는 거로 족했으니까요."

나는 자오자오와 여행하는 내내 쉴 새 없이 대화를 나누었다. 과거에 알고 지내던 여배우의 근황조차도 그녀는 속속들이 다 알고 있었다. 그녀는 마치 영화계의 산증인과도 같았다. 만약 영화 관련 자료가 필요한 사람이 있다면 그녀에게 물어보면 모두 해결될 것이다.

청장은 요즘도 왕성한 활동을 했다. 자오자오도 역시 가끔 영화에 출연하면서 일을 하고 있었다. 두 사람은 부부였지만, 각자 독립적인 생활을 했다. 특히 청장은 여전히 오토바이 타는 것을 즐겨 작년에는 노년층 라이더 모임에 참가하여 스쿠터를 타고 타이완을 일주하기도 했다.

이 부부는 홍콩에 있는 가우룽 시티 마켓에서 가끔 장을 보기도 했다. 그래서 한 번은 그 건물 3층에 있는 음식점에서 둘을 만나 함께 아침을 먹었다. 재미있게도 두 사람의 식성은 완전히 달랐다. 청장은 아직도 음식을 풍성하게 차려 먹는 것을 좋아했고, 자오자오는 담백한 음식을 즐겼다. 이 부부는 취미도 다른 것 같았다. 식사를 마친 후에 청장은 크리켓을 하러 가고, 자오자오는 마작을 하러 갔기 때문이다. 그녀는 타이완 마작 고수여서 지금껏 마작으로 그녀를 이긴 사람이 거의 없다고 한다.

두 사람은 가끔 건강문제로 다투기도 했다. 그럴 때마다 지는 쪽은 항상 청장이었다. 하지만 그는 내게 이렇게 살짝 귀띔해주었다.

"자오자오가 옆에 있어서 다행이에요. 그녀는 좋은 아내거든요."

2013년은 청장이 여든 살이 되는 해이다. 자오자오 역시 거의 일흔이 되었다. 우리 주변에서 70~80대 노부부는 흔히 볼 수 있지만, 이 둘만은 영원히 나이가 들지 않고 청춘을 즐기는 듯했다.

05

타이완의 여인들

나는 지난 1960~70년대부터 지금까지 타이완을 줄기차게 드나들었다. 덕분에 그곳에서 많은 여성을 만나고, 친분을 쌓은 여성이 적지 않다. 따라서 나는 타이완 여성에 관해 논할 자격이 있다고 당당하게 말할 수 있다.

당시 타이완에는 아름다운 여성이 정말 많았다. 그래서 홍콩 남성이 타이완에 가면 그녀들의 매력에 빠져들지 않을 수 없었다. 이로 인해 당시 타이완에 가면 공항에 아이를 안고 마중을 나온 여성들을 흔히 볼 수 있었다고 한다. 소문대로 타이완 여성들은 정말 아름다울까? 그렇다! 타이완에는 미인이 꽤 많다.

대표적인 타이완 미인을 예로 들어보겠다. 먼저 린칭샤(林青霞, 임청하)는 다들 잘 알고 있으니 길게 설명하지 않아도 될 것이다. 그리고 린펑자오(林鳳嬌, 임봉교) 역시 미모가 뛰어난 타이완 여성이라고 할 수 있다. 만약 그녀를 가까이서 본다면 백옥 같은 피부가 어떤 것인지를 바로 알 수 있을 것이다. 그녀의 피부는 그야말로 혈관이 다 내비칠 정도로 새하얗기 때문이다.

타이완 여성들은 아름답기도 하지만, 수줍음도 많은 것 같다. 당시 홍콩 스타 청룽의 인기는 하늘을 찌를 듯해서 열성 팬들이 많았지만, 타이완 여성들은 속마음을 잘 드러내지 않았기 때문이다. 그중에서도 장메이야오(張美瑤)가 가장 수줍음이 많은 성격인 듯했다. 그녀는 막 데뷔했을 때 그런 자신의 성격 때문에 굉장히 힘들어했다고 한다. 하지만 그녀 역시 타이완에서 손꼽히는 미인 중 하나였다.

도도한 이미지의 여성으로는 〈협녀(俠女)〉에 출연했던 쉬펑(徐枫)을 빼놓을 수 없다. 하지만 원래 그녀는 밝은 성격의 소유자라고 한다. 웃을 때도 아줌마처럼 깔깔거리며 크게 웃어댔기 때문이다. 도도한 이미지가 만들어지게 된 것은 영화 〈협녀〉에 출연한 이후부터였다. 그러니 그녀는 〈협녀〉의 감독 후진취안(胡金铨)에게 감사해야 할 것이다.

쉬펑은 원래 가난한 집안 출신이라 근검절약 정신이 몸에 배어 있었다. 과거 〈협녀〉에서 무사 역할을 맡았던 연기자들은 그녀를 따라다니면 밥을 잘 얻어먹을 줄 알았다고 한다. 하지만 여주인공인 그녀가 반찬으로 소금에 절인 달걀만 먹을 줄 누가 알았겠는가! 그나마 다 먹지도 않고 반을 남겨서 항상 싸 가지고 갔다. 그 모습을 본 이후로 그들은 그녀에게 얻어먹을 생각을 일절 하지 않게 되었다고 한다. 과거에 있었던 이 일화는 그녀가 스스로 털어놓은 이야기였다.

징리(井莉)는 타이완에 살기는 했지만, 원래 산둥성 지난시 사람이다. 한때 부친인 원로 배우 징먀오(井淼)를 따라 쇼브라더스 영화사와 전속 계약을 맺고 일한 적이 있다. 그녀는 1945년생으로 지금 나이가 꽤 들었지만, 여전히 아름다웠다. 당시 쇼브라더스에는 그녀처럼 타이완에서 온 배우가 적지 않는데, 그중에서도 허리리(何莉莉)가 가장 유명했다. 그녀가 인기를 얻게 된 것은 다 그녀의 어머니 덕분이라고 할 수 있다. 하지만 드센 성격으로 인해 모든 감독이 그녀의 어머니를 굉장히 무서워했다. 사실 어머니의 입장에서는 딸을 보호하기 위한 행동이었을 것이다. 이런 괄괄한 성격의 어머니

와는 달리 허리리는 매우 온순한 성격이었다. 말할 때마다 항상 배시시 웃곤 했기 때문이다. 하지만 의외로 그녀는 사업가 체질이라 일찍부터 자신의 패션 숍을 직접 운영하기도 했다. 이런 사실을 모르고, 당시 해외 유명 패션업체에서는 키가 크다는 이유로 그녀에게 그들 브랜드의 옷을 입히려고 한 적도 있었다.

허리리와 함께 영화 〈애노(爱奴)〉에 출연했던 베티(Betty)는 요염한 이미지가 있는 여성이다. 이런 외모는 백 년에 한 번 나올까 말까 할 정도였지만, 모든 남성이 다 그녀를 좋아한 것은 아니었다. 그녀가 출연한 영화를 한번 찾아보면 내 말뜻을 이해할 수 있을 것이다.

여성의 아름다움을 논할 때 왕핑(汪萍)을 빼놓을 수 없다. 그녀는 초롱초롱한 눈망울을 가진 여성으로 다들 처음 봤을 때는 곱게 자란 아가씨로만 여겼다. 하지만 리한샹(李翰祥) 감독은 그녀에게서 모든 남자의 마음을 녹여버릴 수 있는 숨겨진 요부 기질을 발견해냈다. 그녀는 여우주연상을 받은 〈무송(武松)〉이라는 영화 속에서 요염한 반금련(潘金莲)을 연기했다. 마지막에 무송의 칼에 찔려 죽는 장면에서 고통스러운 표정을 지어야 했지만, 뜻밖에도 그녀는 의미심장한 미소를 지었다고 한다.

만약 여성스럽다는 말이 당최 무슨 뜻인지 모르겠다면, 리샹(李湘)이 출연한 작품을 보면 바로 이해하게 될 것이다. 그녀는 겉모습은 단정해보였지만, 그 이면에 사랑을 갈구하는 여성의 모습이 내재해 있었기 때문이다. 말로는 형용할 수 없으니 그녀가 출연한 〈월만서루(月满西楼)〉나 〈내 집은 타이베이(家在台北, Home Sweet Home)〉를 찾아보기 바란다. 은퇴한 이후에는 요가 강사로 변신해 직접 강습을 하고 있다고 한다. 나도 기회만 된다면 꼭 한번 가보고 싶다.

타이완 배우 중에 샤판(夏凡)도 꽤 여성스러운 면이 있다. 본명은 천룽메이(陈荣美)로 그녀를 직접 만나거나 출연한 영화를 본 사람이라면 매력적인 그녀의 모습을 절대 잊지 못할 것이다. 하지만 아쉽게도 그녀의 여성스러운 매력을 알아봐주는 남자가 많지 않았던 것 같다. 〈월만서루〉에 출연한 이후에 영화 몇 편을 더 찍고는 바로 은퇴해버려서 사람들에게 아쉬움을 남겨주었기 때문이다.

후인멍(胡茵梦)은 지금도 여전히 여성스러움을 간직하고 있었다. 어느 해에 금마장(金马奖) 영화제 시상식에서 사회 보는 모습을 본 적이 있는데, 무대 위에 서 있는 그녀 모습은 늘씬하면서도 머리카락도 길어서 굉장히 여성스러워 보였다. 게다가 드레스 사이로 드러난 어깨와 다리는 마치 백옥을 깎아놓은 듯이 새하얗고 매끄러웠다. 그녀를 한 번이라도 본 사람은 그녀의 매력에 빠져들지 않을 수 없을 것이다.

타이완에는 후(胡) 씨 성을 가진 여성 스타가 꽤 있다. 후후이중(胡慧中, 호혜중)도 그중 하나였다. 그녀는 이름처럼 어질고 총명한 사람이다. 영화 〈환옌(欢颜, Your Smiling Face)〉에서 보았던 그녀의 청순한 모습은 아직도 잊히지 않고 내 기억 속에 남아 있다.

후 씨 성을 가진 또 다른 여배우로는 후진(胡锦)이 있다. 사람들은 입술 아래에 있는 점을 보고 그녀가 섹시할 거라고 여겼지만, 사실 그녀는 매우 얌전한 성격이다. 영화 속에서 보여준 육감적인 모습은 연기일 뿐, 그녀는 사생활도 깨끗한 편이었다.

린전치(林珍奇)가 홍콩 영화계로 진출했을 때 그녀의 밝고 싱그러운 모습은 홍콩 사람들에게 큰 활력을 불어 넣어주었다. 생긴 모습도 약간 혼혈아 같아서 많은 사람이 그녀의 매력 속으로 빠져들었다. 더군다나 똑똑하고 개방적인 사고방식을 가지고 있어서 그녀는 좀처럼 보기 힘든 스마트한 여성이라고 할 수 있다.

과거의 타이완 사회는 상당히 보수적이라 여배우들이 카메라 앞에서 벗은 몸을 잘 드러내려고 하지 않았다. 하지만 성격이 개방적이었던 루샤오펀(陆小芬)은 〈온 더 소사이어티 파일 오브 상하이(On The Society File Of Shanghai, 上海社会档案)〉라는 영화에서 당당하게 노출을 감행했다. 이후에도 에로틱한 영화를 많이 찍었지만, 이 영화처럼 대담한 장면은 없었다. 사실 그녀는 노력파 배우였다. 열심히 연기 실력을 갈고닦은 덕분에 결국에는 감독과 관객들에게 인정을 받게 되었다. 루샤오펀은 썩 아름다운 편은 아니었지만, 사람을 끄는 매력이 다분했다. 그녀가 쇼브라더스 영화사에서 촬영할 때, 나는 차이양밍(蔡扬名) 감독으로부터 그녀를 좀 보살펴달라는 부탁을 받게 되었다. 친한 친구의 부탁인지라 거절할 수 없어 나는 한동안 그녀의 뒷바라지를 해주었다. 하루는 그녀가 차이양밍 감독에게 안부 전화를 걸며 이렇게 말했다고 한다.

"차이란 선생님이 안팎으로 너무 신경을 많이 써주세요."

다른 사람들은 그 말을 듣고 나와 그녀가 그렇고 그런 사이인 줄로 오해했다고 한다.

양후이산(杨惠姗) 역시 노력파 배우 중 하나이다. 섹시 아이콘이었던 그녀는 금마장 영화제에서 여우주연상을 받기도 했다. 특히 〈형수 옥경(玉卿嫂)〉이라는 영화를 보면 그녀가 타이완에서 보기 드문 연기파 배우라는 것을 알수 있을 것이다. 하지만 그녀는 배우의 생명이 짧다는 것을 잘 알고 있었다. 그래서 그녀는 유리 공예를 배워서 지금은 전 세계가 인정하는 유명한 공예가가 되었다.

타이완 미인을 거론할 때 가수 탕란화(汤兰花)도 빼놓을 수 없다. 작곡가겸 작가인 황잔(黄霑)은 그녀의 열성 팬이었다고 한다. 유명 모델 린즈링(林志玲, 임지령)은 아름답지만, 다들 목소리가 별로라고 한다. 나 역시도 그녀가 예쁘다는 것은 인정한다. 하지만 목소리가 마음에 들지 않아 여성으로서의 매

력은 떨어지는 듯했다.

지금까지 내가 소개한 미인들과 비교해서 소위 요즘 한창 뜨고 있는 여성 스타들은 저속하기 그지없다. 단지 몸매에만 신경 쓸 뿐이어서 조금도 아름답게 여겨지지 않기 때문이다.

타이완에는 스타들 말고도 수많은 미인이 존재한다. 한번은 '헤이메이런 (黑美人)'이라는 술집에서 검은색 치파오를 입은 여성을 본 적이 있는데, 모든 남자가 홀딱 반한 정도로 아름다웠다. 당시 나도 그렇게 아름다운 여성을 내 두 눈으로 직접 본 것을 행운으로 여길 정도였다.

상처 입은 여인

어느새 내 웨이보 팔로워가 530만 명(현재 960만 명)이 넘어버렸다. 그냥 내 웨이보를 슬쩍 훑어보고 간 사람의 숫자는 셈에 넣지도 않았다. 이렇게 많은 내 SNS 친구들은 매번 내게 수없이 많은 질문을 해댔다. 날카로운 질문도 많았지만, 그들이 한 질문 중에는 이런 것도 있었다.

"사랑 고백을 해보신 적 있으세요? 그러다가 거절당한 적은요?"

"셀 수 없이 많죠."

이런 질문을 받을 때마다 나는 항상 솔직하게 답을 해주지만, 상대방은 끈질기게 되묻곤 한다.

"그럼, 고백을 받으신 적은요? 거절해보신 적도 있으세요?"

"물론 있죠."

"얘기 좀 해주세요. 도대체 누구인가요?"

그들은 얘기를 듣기 위해서 세상 끝까지라도 쫓아올 기세로 캐물었다. 하지만 나는 이런 질문에는 절대 대답을 해주지 않는다. 왜 상대 여성의 이름을 공개하지 않느냐고? 허세를 부리는 거냐고? 절대 그런 것은 아니다. 나는 자신과 사귄 여성을 떠벌리듯 공개하는 그런 남자를 경멸한다. 그것은 상대 여성에 대한 매너가 아니기 때문이다. 이런 기본적인 매너를 지키지 않으면 다른 여성들이 당신에게 다가가려고 하지 않을 것이다. 고백한 사람의 이름을 그렇게 떠벌리고 다니는 남자를 누가 좋아하겠는가? 정말 어리석은 짓이다.

정 내 얘기가 듣고 싶다면 상대방의 이름은 말하지 않고, 과거에 만났던 장소나 시점을 살짝 바꿔서 얘기할 수는 있을 것이다. 그렇게 하면 상대방에게 상처를 주지 않고 내 과거 연애담을 공개할 수 있지 않을까? 설령 지금 내가 얘기하는 것을 듣고 상대방이 눈치채더라도 이미 70~80대 고령이 되었기 때문에 득달같이 달려와서 내게 욕을 해대지는 않을 듯하다.

인제 와서 하는 말이지만, 젊었을 때 나는 성공하기 전까지 절대 연애 따위는 하지 않겠다고 결심한 적이 있다. 일과 공부를 병행하던 시절이었으므로 마음에 여유가 없어서 어쩔 수 없이 수도승의 길을 걸어야 했는지도 모른다. 일하면서 알게 된 여배우들이 나에게 먼저 고백한 적도 있지만, 토끼는 제 굴 옆의 풀을 뜯어 먹지 않는다는 옛 어른들의 말씀을 철석같이 믿었던 나는 호감이 느껴져도 내 쪽에서 먼저 피해버렸다. 그 당시 나는 아직 뚜렷하게 이루어놓은 것이 없었기 때문이다.

젊었을 때 나는 또래의 보통 청년들처럼 몹시 아둔하게 굴었다. 친구 간의 의리를 중시해서 나 자신을 희생하기도 했기 때문이다. 내가 좋아하는 여성을 내 친구도 좋아하게 되면, 어리석게도 나는 〈두 도시 이야기(A Tale of Two Cities)〉에 나오는 남자 주인공처럼 친구를 위해 마음에 드는 여성을 포기하기도 했다. 이것도 거절이라고 할 수 있으면 나도 상대방의 호의를 사양한 적이 있다고 말할 수 있다.

그렇게 혈기왕성한 시기에 감정 조절이 가능하냐고? 그때는 그랬던 것 같다. 다들 좋고 싫은 것이 분명했으니 말이다. 지금 생각해보니 1960~70년대의 도덕관은 지금보다 훨씬 개방적이었던 것 같다. 누군가를 좋아하면 바로 마음을 전하고 교제를 했기 때문이다. 아니, 다시 생각해보니 당시 사람들이 개방적인 것이 아니라 단순해서 요즘 사람들처럼 복잡하게 생각하지 않아서 그랬던 것일지도 모르겠다.

남자들에게는 사냥 본능이 있지만, 항상 본능대로 움직이는 것은 아니다. 여자를 만났을 때도 마찬가지이다. 여자들은 마음에 드는 사람이 있으면 직접 말하는 편이지만, 남자들은 생각할 것이 너무 많다. 나를 싫어하면 어쩌지? 내가 고백한 걸 다른 사람에게 얘기하면 어떡하지? 그러면 놀림을 당할 텐데, 부끄러워서 어떻게 살지? 남자들은 이렇게 고민하고 또 고민한다. 그러다가 결국 말도 못 꺼내고 포기해버리는 경우가 허다하다.

저돌적인 스타일의 여성은 아주 간단한 방법으로 남자를 유혹한다. 테이블 아래로 손을 집어넣고 옆에 앉은 남자의 허벅지 안쪽을 슬쩍 만지기만 해도 넘어오기 때문이다. 하지만 여성의 외모가 별로라면 이 수법이 통하지 않을 수도 있다. 혹은 아무리 뛰어난 미인이라도 남자가 유혹에 넘어가지 않는 경우가 있는데, 그 경우는 바로 그 여성의 남편이 내 친구일 때이다.

나는 고백을 거절할 때 먼저 여성에게 거듭 감사의 마음을 표시한다. 여자 쪽에서 먼저 적극적으로 나오는 것은 오랜 고민 끝에 용기를 내는 것이기 때문이다. 그러니 어찌 감사하지 않을 수 있겠는가? 이렇게 여성이 먼저 고백하면 나는 자상하게 손을 잡고 그녀의 귓불에 입을 맞추며 이렇게 말하곤 했다.

"고마워요. 기회가 되면 다음에 만나요."

그런 후에 나는 일부러 그녀를 피해 다닌다. 고백한 그녀가 창피해하지 않도록 배려하는 것이다. 이렇게 나에게 고백한 여성들이 훗날 결혼에 실패하고 돌아온다면 그때는 다시 만날 여지가 있을지도 모르겠다.

어떤 여성은 머리를 써서 아주 오래전부터 통용되는 고전적인 수법을 사용하기도 한다. 그것은 바로 술기운을 빌려서 고백하는 것이다. 술을 진탕 마시고 고주망태로 취한 채로 남자에게 좋아한다고 말한 뒤에 다음날 남자의 반응이 시큰둥하다면 아무것도 기억나지 않는다고 말해버리면 되기 때문이다. 만약 자신에게 이런 방식으로 고백하려는 여성이 있다면, 약간 취기가 오른다 싶을 때 바로 부모님의 전화번호를 묻고 연락을 취하면 된다. 그러면 신기하게도 대부분 여성은 술이 깬다고 하며 정신을 차리곤 한다.

만약 이런 여성을 외국이나 낯선 장소에서 만났다면 부모님 전화번호 대신에 택시를 부르면 된다. 그리고 기사에게 목적지까지 얼마냐고 물은 뒤에 팁을 두둑이 챙겨주고 나서 택시번호를 적어둔다. 그런 뒤에 기사에게 그 여성을 잘 데려다달라고 부탁하면 해결될 것이다.

가끔은 전화로 사랑 고백을 하는 여성도 있다. 이럴 때는 거절하기가 쉽지 않다. 단칼에 싫다고 말할 수 없기 때문이다. 이럴 때는 딱 잘라 말하지 말고 적절하게 둘러서 말해야 한다. 고백을 거절한 여성과도 좋은 친구로 남을 수 있어 이럴 때일수록 세심하게 대처하는 것이 좋다.

고백을 거절하는 가장 좋은 방법은 상대 여성의 비위를 맞추면서 잘 구슬리는 것이다. 나도 당신에게 호감이 있지만, 아직 마음의 준비가 되지 않았으니 당분간 연락만 주고받는 것이 어떠냐고 하면서 말이다. 하지만 이런 말을 하고 나서 절대 먼저 연락을 해서는 안 된다. 이렇게 뜨뜻미지근한 반응을 몇 차례 보이다 보면 상대방도 내 속뜻을 알아채고 더는 성가시게 굴지 않을 것이다. 만약 이렇게까지 했는데도 눈치를 채지 못하고 죽기 살기로 매달린다면, 그때는 더는 그 여성을 배려해줄 필요가 없다.

가끔은 거절당해서 기분이 상한 여성이 친구 관계도 원하지 않고 그냥 떠나버리는 경우가 있다. 그럴 때는 화내지 말고, 영원히 기억하겠다고 말해야 한다. 그러면 상대 여성은 일말의 미련이 남아 다음 생애라도 다시 만날 것을 바랄지도 모른다.

요즘 인터넷에서는 실명을 사용하지 않기 때문에 여성들이 더욱 대담해졌다. 일부 여성은 단도직입적으로 '사랑해요!'라고 하며 고백하기도 한다. 하지만 제발 이 말에 속지 말기를 바란다. 요즘 여성들이 아무 생각 없이 남발하는 사랑이라는 말은 헌신하겠다는 의미가 아니기 때문이다. 만약 인터넷상에서 사귄 예쁜 여성이 당신에게 사랑한다고 고백하면 당신은 그저 예의 바르게 거절하면 된다.

 07

열두 살 반의 여인

오래전에 영화제 참석을 위해 도쿄를 방문했다가 한 귀여운 여자아이를 만나게 되었다. 고양이처럼 동글동글한 얼굴에 커다란 눈망울을 가진 그 아이의 이름은 하니 미오(羽仁未央)였다.

"몇 살이니?"

"네 살이에요."

내가 나이를 물어보자 미오는 손가락 네 개를 펼쳐 보이며 귀여운 목소리로 대답했다. 핑크빛이 도는 손바닥을 보니 더욱 고양이를 닮았다는 생각이 들었다. 그런데 10살은 훨씬 넘어 보이는 아이가 네 살이라고 하기에 내가 잘못 들었나 싶어 되물어보았다.

"네 살이라고?"

"2월 29일에 태어났거든요. 그래서 생일이 4년에 한 번씩 돌아와요."

알고 보니 윤달에 태어나서 그렇게 대답한 것이었다. 당시 미오는 대담하게도 브래지어를 착용하고 있지 않았다. 궁금해서 물어보니 그 아이는 이렇게 대답했다.

"나는 구속받는 것을 싫어하거든요."

확실히 미오는 어릴 때부터 구속받지 않고 자유롭게 자란 것 같았다. 미오의 아버지는 전위적인 작품을 주로 만드는 하니 스스무(羽仁進) 감독이었다. 그는 아프리카에서 다큐멘터리를 제작할 때 자신의 딸을 함께 데리고 가 동물들과 함께 어울리며 자라도록 내버려두었다고 한다. 동물은 사람과는 달리 증오라는 감정이 없다. 이런 동물들과 함께 뛰놀며 자라서인지 미오는 증오라는 단어 자체를 모르는 듯 티 없이 밝기만 했다.

일본으로 돌아온 후에 미오는 한사코 학교에 가려고 하지 않았다. 엄격한 학교의 규율이 그녀에게 맞지 않아서였다. 미오의 아버지도 딸의 뜻을 존중해주고 싶었지만, 그렇게 할 수는 없었다. 일본 사회에서 자녀를 학교에 보내지 않는 것은 큰 죄이기 때문이다. 그래서 그는 딸을 이탈리아에 있는 사르데냐 섬으로 떠나보내게 되었다.

학교에 가지 않는다고 해서 미오가 배움을 포기한 것은 아니었다. 아버지의 권유로 그녀는 여러 분야의 책을 많이 읽었다고 한다. 미오는 아주 어릴 때부터 글을 쓰기 시작해서 지금까지 여러 권의 책을 내기도 했다. 학교 문제로 모진 풍파를 겪긴 했지만, 그녀는 다시 일본으로 돌아와 수많은 TV 프로그램 진행자로 출연해 방송계의 호평을 받기도 했다.

미오가 이렇게 제멋대로 굴게 된 데는 아버지 하니 스스무의 영향도 컸다. 스스무의 부친은 일본 공산주의 연구의 선구자인 하니 고로(羽仁五郎) 선생이다. 이로 인해 그는 학교에 다닐 때부터 주변 사람들에게 괴롭힘을 많이 당했다고 한다. 그래서 스스무는 딸에게는 자신이 당한 일을 겪게 하지 않으려고 그만의 방식으로 딸을 보호하려다가 그렇게 된 것이다.

재능이 뛰어난 스스무 감독은 당시 일본의 인기 스타 히다리 사치코(左幸子)와 결혼을 했다. 그녀는 일본의 수많은 고전 영화에 출연했을 뿐만 아니라 자신이 직접 감독을 맡아서 영화를 찍기도 했다. 대담한 성격의 그녀는 시나리오만 훌륭하다면 알몸을 드러내는 연기도 마다하지 않았다. 영화 〈일본 곤충기(The Insect Women)〉는 그녀가 주연을 맡은 대표적인 작품이라고 할 수 있다. 하지만 스스무 감독은 사치코와 이혼한 후에 그녀의 여동생과 재혼하게 되었다. 당시 미오는 너무 어린 나이여서 계모를 친엄마로 알고 자랐다고 한다.

미오는 홍콩 영화에 관심이 많아 혼자서 홍콩으로 넘어오기도 했다. 어려서부터 영어를 능숙하게 사용했고, 광둥어도 익혔기 때문에 의사소통에는 문제가 없었다. 그녀는 좋아하는 음악도 남달랐다. 홍콩에서 생활할 때 비욘드(Beyond)라고 하는 한 무명 밴드의 음악에 심취했기 때문이다. 그래서 그녀는 자신의 인맥을 이용해서 일본 연예계에 이 밴드를 진출시키기도 했다. 물론 그때는 나중에 일어나게 될 비극은 전혀 예상치 못했을 것이다. 그 일은 멤버 중 한 명이 일본 공연 중에 사고를 당해 요절한 일을 말한다.

미오가 홍콩에서 오래 머물 수 있었던 이유는 홍콩 사회의 개방적인 분위기 덕분인 듯했다. 그녀는 인터넷상에서 학교에 다니지 않는 젊은이들의 모임을 결성하기도 했는데, 주로 자신들의 자유로운 삶과 감정에 관해서 토론하였다. 이로써 그녀는 일종의 온라인 대학을 설립한 셈이 되었다.

이렇게 당당하고 구김살 없는 미오였지만, 한 가지 단점이 있었다. 술을 좋아했던 그녀는 한번 술을 마시면 끝장을 보는 스타일이었기 때문이다. 게다가 매일 술을 마셔서 항상 술에 취해 있었다. 심지어 술에 취해 길고양이처럼 길에서 노숙한 적도 있다고 한다.

한 번은 길에서 우연히 마주친 적이 있는데, 너무 말라서 하마터면 몰라 볼 뻔했다. 걱정돼서 요즘도 잘 먹지 않느냐고 물어보니, 고개를 끄덕이며 그렇다고 대답했다. 그녀는 음식을 잘 먹지 않았다. 누군가가 억지로라도 먹이려고 들면, 그녀는 신경질을 내며 먹지 않겠다고 고함을 치곤 했다. 아버지 스스무도 그녀의 성격에 관해 이렇게 말한 적이 있다.

"미오는 날카로운 울음소리를 내는 태즈메이니아데빌(Tasmanian Devil) 같아요. 착하게 굴 때는 한없이 귀엽지만, 성질을 부리면 몹시 난폭해지거든요."

이후에 그녀는 자신이 설립한 온라인 대학의 자금이 바닥을 드러내자, 컴퓨터 프로그래머의 인건비가 덜 드는 말레이시아 페낭으로 보금자리를 옮겨 갔다. 그러다가 그녀는 그곳만의 순수한 매력에 빠져들어 쉽게 떠나지 못하고 몇 년을 더 머물게 되었다. 나중에 그녀는 싱가포르에서 자금을 구한 뒤에 다시 페낭으로 돌아가 인터넷 정보회사를 설립하였다. 그녀의 회사에는 일본인 직원이 하나 있었는데, 외로움을 몹시도 많이 탔다고 한다. 하루는 그가 갑자기 그녀에게 이런 말을 했다.

"내 평생소원은 아들 하나를 낳는 거예요."

그 말을 듣자마자 그녀는 자신이 낳아주겠다고 말했다고 한다. 다행스럽게도 아들을 낳은 후에 미오는 평범한 엄마가 되었다. 하지만 자신처럼 자식을 독립적으로 키우기 위해 구속을 전혀 하지 않았다고 한다. 미오의 아들은 어릴 때부터 필리핀 유모의 손에서 자라 영어와 필리핀어를 둘 다 할 줄 알았다. 나중에 유모가 고향으로 돌아가려고 하자, 아들은 자신도 그녀와 함께 필리핀에 가서 살겠다고 말했다고 한다. 그러자 미오는 조금도 망설이지 않고, 아들이 원하는 대로 해주었다. 그러면서 그녀는 사람들에게 이렇게 말했다.

"그 아이는 괴짜예요. 나는 그런 아이를 좋아하죠. 나도 괴짜거든요."

미오가 가장 좋아하는 영화는 1931년에 토드 브라우닝(Tod Browning) 감독이 제작한 흑백영화 〈프릭스(Freaks)〉였다. 영화 속에는 난쟁이나 털북숭이 인간 등 순수한 마음을 가진 기형 인간들이 나온다. 괴짜 같은 이들은 서커스단을 조직하여 여러 지역을 돌아다니며 공연을 했다. 뜻밖에도 영화 속에서 악역으로 나오는 사람은 기형 인간이 아닌 정상인 두 사람이었다.

미오의 남편이 싱가포르에서 세상을 떠난 뒤에는 괴짜 같은 그녀의 행동이 소위 정상인이라고 불리는 사람들로부터 비난을 받게 되었다. 설상가상으로 금전적인 상황도 나빠져 아들이 있는 필리핀으로 돈을 보내지도 못하는 지경에 이르고 말았다. 결국, 필리핀 유모는 그녀의 아들을 그냥 방치해버렸다. 하지만 다행스럽게도 아들이 다시 자신의 품으로 돌아온 뒤에는 아들과 둘이서 서로를 의지하며 살게 되었다.

일본으로 돌아온 뒤에도 그녀는 종종 그녀를 싫어하고 질투하는 사람들에게 뭇매를 얻어맞았다. 하지만 그녀는 이런 일도 농담처럼 말하며 웃어넘겼다. 한번은 술에 취해 넘어져서 머리를 심하게 다치는 일이 발생하기도 했다. 듣자 하니 피가 철철 날 정도로 중상을 입어 병원에서 몇 달 동안을 입원해 있었다고 한다. 다들 그녀가 얼마 살지 못할 것이라고 여겼지만, 그녀는 곧 건강을 회복했다. 마치 아홉 개의 목숨을 가진 고양이처럼 그녀는 생명력이 강했다.

이처럼 미오는 술을 너무 많이 마셔서 병원 출입을 밥 먹듯이 했다. 나중에는 홍콩에 머물면서 글을 쓰며 지냈다고 한다. 이렇게 쓴 글을 일본에서 발표하면서 여생을 보내게 된 것이다. 그러던 어느 날 나쁜 소식이 들려왔다. 미오가 심장마비로 세상을 떠났다는 것이다. 배우 다카쿠라 겐(高倉健)이 우리 곁을 떠난 바로 그날이었다. 그녀의 셈법으로 치면 미오는 향년 12살 반의 나이에 세상을 떠난 것이다.

차이란의 미식 방랑기